春秋左傳今註今譯

（中）

李宗侗註譯
葉慶炳校訂
王雲五主編

臺灣商務印書館

本書經
中華文化復興運動推行委員會（國家文化總會）審定

永恆的經典，智慧的泉源

馬英九（總統暨文化總會會長）

中國傳統經典是民族智慧與經驗的結晶。在五千年的歷史中，這些典籍經歷戰亂的傷害，飽受文革的摧殘，然而書中蘊含的哲理，不只啟迪世世代代的炎黃子孫，且遠播於東亞及世界各國。如今學習國學經典同在兩岸盛行，並非偶然，反映這些古籍的價值跨越了時空，對二十一世紀兩岸人民，依然發揮積極的引導作用。

古人從小開始的經典教育，對一個孩子建立正確的人生觀，有非常重要的意義。而古文最迷人的地方，正在於它能將博大精深的知識，凝煉為言簡意賅的文字；將複雜的人生經驗，濃縮為一語道破的智慧。而這些修身、齊家、治國、平天下的理念，即使經過千百年的時空變遷，仍能與現代生活相結合。

我念小學二年級的時候，跟著在石門水庫任職的母親住在桃園龍潭。民國四十七年的臺灣，沒有電視可看，也沒有電晶體收音機可聽。晚上沒事，媽媽常常燈下課子，教我念古文。啟蒙的第一課是《左傳》的〈鄭伯克段於鄢〉，其中我記得最牢的一句話，就是鄭莊公對他從小被母親寵壞、長大後又驕縱謀反的弟弟共叔段所作的評語：「多行不義必自斃，子姑待之。」這句話我一直作為自惕與觀人的警語。放在今天的臺灣與世界的時空中，不也是很適用嗎？

上高中後，父親常常以晚清名臣曾國藩的家訓「唯天下至誠能勝天下至偽，唯天下至拙能勝天下至巧」來訓勉我。當初覺得陳義過高，似乎不切實際，但年紀愈大，閱歷愈多，愈覺得有道理。「尚誠尚拙、去偽去巧」的理念，也成為我為人處事的哲學。

民國八十年（一九九一）十二月，聯合國大會通過決議，要求各國全面禁止漁民在海洋使用「流刺網」（driftnet）捕魚，以免因為網目太小，造成大小通吃而使漁源枯竭。讀過《孟子》梁惠王篇的人，一定會覺得這個國際規範似曾相識。這位兩千多年前的亞聖不早就說過「數罟不入洿池，魚鱉不可勝食也」嗎？我不能不承認，孟子的保育觀念，實在非常先進。同樣的，他對齊宣王所說大小諸侯之間交往的原則，也可適用到今天的兩岸關係：「惟仁者為能以大事小……惟智者為能以小事大……以大事小者，樂天者也，以小事大者，畏天者也。樂天者，保天下；畏天者，保其國。」兩岸真能照辦，臺海還會不和平繁榮嗎？

民國九十五年（二〇〇六）十月，臺灣被貪腐的烏雲籠罩，民怨沸騰，當時總統府前廣場群眾豎起兩層樓高的海報標語，上面寫的就是「禮義廉恥」四個大字。二十一世紀臺灣街頭群眾運動的訴求，居然是二千五百多年前春秋時代齊國宰相管仲的名言，這是民主化後的臺灣，人生觀與價值觀的回歸，同時也是古典智慧的再現！

國家文化總會的前身是「中華文化復興運動推行委員會」（文復會），四十多年前曾與國立編譯館、臺灣商務印書館邀集國內多位國學大師共同出版《古籍今註今譯》系列，各界評價甚高，一時洛陽紙貴。如今重新刊印，邀我作序，實不敢當，忝為會長，礙難不從。謹在此分享一些讀經的親身感受，並期待古典文化的智慧，就像在歷史長河中的一盞明燈，繼續照亮中華民族的未來。

在時間的長河中

楊渡（文化總會祕書長）

時間是殘酷的，因為它會淘洗去所有的肉體與外在，虛華與偽飾。所有的慶典，權柄和武器，都有寂寞、生鏽、消逝的一天。

時間是溫柔的，因為它也留存了文明的光。唐朝沒有了宮殿，卻為我們留下李白和李商隱的詩句。長安的美麗，不是存在於西安，而是存在於詩句裡。

所有的政治風暴都會消逝，所有的權力都會轉移，所有的歷史，都見證著朝代的不斷更迭，才是進步的必然。然而到最後，什麼會留存下來？

文化總會的前身是「文化復興總會」，它是為了因應文化大革命對中國傳統文化的破壞，以「復興中華文化」為宗旨，而設立起來的。為了反制文革，總會特地請當時最好的學者，對四書、詩經、周易、老莊、春秋等進行今註今譯，以推廣典籍閱讀。當時聘請的學者，包括了南懷瑾、屈萬里、林尹、王夢鷗、史次耘、陳鼓應等，堪稱一時之選，連續出版了諸子百家的經典。這工作也持續了好幾年。

文化大革命的風暴過去之後，文復會性質慢慢改變，直到李登輝時代，它變成民間文化團體，舉辦一些文化活動。等到民進黨執政，由於去中國化，這些傳統文化的研究被忽略，束之高閣。然而，歷史多麼反諷。當文革過去，在經濟富裕後的現代大陸，由於缺少思想的指引，人們卻開始重讀古代典籍，而有諸子百家講堂與各種當代閱讀，古書今讀，竟成顯學。當年搞文革的卻已經悄悄的「復興中華文化」了。

反觀臺灣，這些由學養深厚的專家所寫的典籍今註今譯，卻因政治原因未受到重視。現在回頭看經典，細心體會古代的智慧，而不是用政治符號去切割知識典籍，我們才會開始懂得謙卑。歷史這樣長，而我們只是風中的塵埃。一如聖嚴法師所留下的偈：「無事忙中過，空裡有哭笑。」能留下的，只是無形的智慧，美麗的詩句，和千年的夢想。

當政治的風暴過去之後，什麼會留存下來？時間有多殘酷，我不知道。我只知道，中國傳統經典的生命，一定會生存得比政權更遠，更深，更厚。

我只知道，當古老的「禮義廉恥」，成為二十一世紀反貪腐抗議群眾運動的標語時，整個中華文明已經走向另一個階段。那是作為人的價值觀的百劫回歸，那是自信自省的開端。古老的，或許比現代更新、更有力，更象徵著數千年文明的總結。

而我們，只是千年文明裡的小小學生，仍在古老的經籍中，探詢著生命終極的意義，並且，尋找前行的力量。

《古籍今註今譯》總統推薦版序

中華文化精深博大，傳承頌讀，達數千年，源遠流長，影響深遠。當今之世，海內海外，莫不重新體認肯定固有傳統，中華文化歷久彌新、累積智慧的價值，更獲普世推崇。

語言的定義與運用，隨著時代的變動而轉化；古籍的價值與傳承，也須給予新的註釋與解析。商務印書館在先父王雲五先生的主持下，民國一〇年代曾經選譯註解數十種學生國學叢書，流傳至今。

臺灣商務印書館在臺成立六十餘年，繼承上海商務印書館傳統精神，以「宏揚文化、匡輔教育」為己任。五〇年代，王雲五先生自行政院副院長卸任，重新主持臺灣商務印書館，仍以「出版好書，匡輔教育」為宗旨。當時適逢國立編譯館中華叢書編審委員會編成《資治通鑑今註》（李宗侗、夏德儀等校註），委請臺灣商務印書館出版，全書十五冊，千餘萬言，一年之間，全部問世。

王雲五先生認為，「今註資治通鑑，雖較學生國學叢書已進一步，然因若干古籍，文義晦澀，今註之外，能有今譯，則相互為用，今註可明個別意義，今譯更有助於通達大體，寧非更進一步歟？」

因此，他於民國五十七年決定編纂「經部今註今譯」第一集十種，包括：詩經、尚書、周易、周禮、禮記、春秋左氏傳、大學、中庸、論語、孟子，後來又加上老子、莊子，共計十二種，改稱《古籍今註今譯》，參與註譯的學者，均為一時之選。

臺灣商務印書館以純民間企業的出版社，來肩負中華文化古籍的今註今譯工作，確實相當辛苦。中華文化復興運動總會（國家文化總會前身）成立後，一向由總統擔任會長，號召推動文化復興重任，素有成效。六〇年代，王雲五先生承蒙層峰賞識，委以重任，擔任文復會副會長。他乃將古籍今註今譯列入文復會工作計畫，廣邀文史學者碩彥，參與註解經典古籍的行列。文復會與國立編譯館中華叢書編審委員會攜手合作，列出四十二種古籍，除了已出版的第一批十二種是由王雲五先生主編外，文復會與國立編譯館主編的有二十一種，另有八種雖列入出版計畫，卻因各種因素沒有完稿出版。臺灣商務印書館另外約請學者註譯了九種，加上《資治通鑑今註》，共計出版古籍今註今譯四十三種。茲將書名及註譯者姓名臚列如下，以誌其盛：

序號	書名	註譯者	主編	初版時間
1	尚書	屈萬里	王雲五（臺灣商務印書館）	五八年九月
2	詩經	馬持盈	王雲五（臺灣商務印書館）	六〇年七月
3	周易	南懷瑾	王雲五（臺灣商務印書館）	六三年十二月
4	周禮	林尹	王雲五（臺灣商務印書館）	六一年九月
5	禮記	王夢鷗	王雲五（臺灣商務印書館）	七三年一月
6	春秋左氏傳	李宗侗	王雲五（臺灣商務印書館）	六〇年一月
7	大學	宋天正	王雲五（臺灣商務印書館）	六六年二月
8	中庸	宋天正	王雲五（臺灣商務印書館）	六六年二月
9	論語	毛子水	王雲五（臺灣商務印書館）	六四年十月
10	孟子	史次耘	王雲五（臺灣商務印書館）	六二年二月
11	老子	陳鼓應	王雲五（臺灣商務印書館）	五九年五月

12	莊子	陳鼓應	王雲五（臺灣商務印書館）	六四年十二月
13	大戴禮記	高明	文復會、國立編譯館	六四年四月
14	春秋公羊傳	李宗侗	文復會、國立編譯館	六二年五月
15	春秋穀梁傳	薛安勤	文復會、國立編譯館	八三年八月
16	韓詩外傳	賴炎元	文復會、國立編譯館	六一年九月
17	孝經	黃得時	文復會、國立編譯館	六一年七月
18	列女傳	張敬	文復會、國立編譯館	八三年六月
19	新序	盧元駿	文復會、國立編譯館	六四年四月
20	說苑	盧元駿	文復會、國立編譯館	六六年二月
21	墨子	李漁叔	文復會、國立編譯館	六三年五月
22	荀子	熊公哲	文復會、國立編譯館	六四年九月
23	韓非子	邵增樺	文復會、國立編譯館	七一年九月
24	管子	李勉	文復會、國立編譯館	七七年七月
25	孫子	魏汝霖	文復會、國立編譯館	六一年八月
26	史記	馬持盈	文復會、國立編譯館	六八年七月
27	商君書	賀凌虛	文復會、國立編譯館	七六年三月
28	太公六韜	徐培根	文復會、國立編譯館	六五年二月
29	黃石公三略	魏汝霖	文復會、國立編譯館	六四年六月
30	司馬法	劉仲平	文復會、國立編譯館	六四年十一月
31	尉繚子	劉仲平	文復會、國立編譯館	六四年十一月
32	吳子	傅紹傑	文復會、國立編譯館	六五年四月
33	唐太宗李衛公問對	曾振	文復會、國立編譯館	六四年九月
34	資治通鑑今註	李宗侗等	國立編譯館	五五年十月
35	春秋繁露	賴炎元	文復會、國立編譯館	七三年五月

36	公孫龍子	陳癸淼	文復會、國立編譯館	七五年一月
37	晏子春秋	王更生	文復會、國立編譯館	七六年八月
38	呂氏春秋	林品石	文復會、國立編譯館	七四年二月
39	黃帝四經	陳鼓應	臺灣商務印書館	八四年六月
40	人物志	陳喬楚	文復會、國立編譯館	八五年十二月
41	近思錄、大學問	古清美	文復會、國立編譯館	八九年九月
42	抱朴子內篇	陳飛龍	文復會、國立編譯館	九〇年一月
43	抱朴子外篇	陳飛龍	文復會、國立編譯館	九一年一月
44	四書（合訂本）	楊亮功等	王雲五（臺灣商務印書館）	六八年四月

已列計畫而未出版：

序號	書名	譯註者	主編	
1	國語	張以仁	文復會、國立編譯館	
2	戰國策	程發軔	文復會、國立編譯館	
3	淮南子	于大成	文復會、國立編譯館	
4	論衡	阮廷焯	文復會、國立編譯館	
5	楚辭	楊向時	文復會、國立編譯館	
6	文心雕龍	余培林	文復會、國立編譯館	
7	說文解字	趙友培	國立編譯館	
8	世說新語	楊向時	國立編譯館	

民國七十年，文復會秘書長陳奇祿先生、國立編譯館與臺灣商務印書館再度合作，將當時已出版的二十九種古籍今註今譯，商請原註譯學者和適當人選重加修訂再版，使整套古籍今註今譯更加完善。

九十八年春，國家文化總會秘書長楊渡先生，約請臺灣商務印書館總編輯方鵬程研商，計議重新編輯出版《古籍今註今譯》，懇請總統會長撰寫序言予以推薦，並繼續約聘學者註譯古籍，協助青年學子與國人閱讀古籍，重新體認固有傳統與智慧，推廣發揚中華文化。

臺灣商務印書館經過詳細規劃後，決定與國家文化總會、國立編譯館再度合作，重新編印《古籍今註今譯》，首批十二冊，以儒家文化四書五經為主，在今年十一月十二日中華文化復興節出版，以後每三個月出版一批，將來並在適當時機推出電子版本，使青年學子與海內外想要了解中華文化的人士，有適當的版本可研讀。二十一世紀必將是中華文化復興的新時代，讓我們共同努力。

臺灣商務印書館董事長**王學哲**謹序　民國九十八年九月

編纂古籍今註今譯序

由於語言文字習俗之演變，古代文字原為通俗者，在今日頗多不可解。以故，讀古書者，尤以在具有數千年文化之我國中，往往苦其文義之難通。余為協助現代青年對古書之閱讀，在距今四十餘年前，曾為本館創編學生國學叢書數十種，其凡例如左：

一、中學以上國文功課，重在課外閱讀，自力攻求；教師則為之指導焉耳。惟重篇巨帙，釋解紛繁，得失互見，將使學生披沙而得金，貫散以成統，殊非時力所許；是有需乎經過整理之書篇矣。本館鑒此，遂有學生國學叢書之輯。

一、本叢書所收，均重要著作，略舉大凡；經部如詩、禮、春秋；史部如史、漢、五代；子部如莊、孟、荀、韓，並皆列入；文辭則上溯漢、魏，下迄五代；詩歌則陶、謝、李、杜，均有單本；詞則多採五代、兩宋；曲則擷取元、明大家；傳奇、小說，亦選其英。

一、諸書選輯各篇，以足以表見其書，其作家之思想精神、文學技術者為準；其無關宏旨者，從刪削。所選之篇類不省節，以免割裂之病。

一、諸書均為分段落，作句讀，以便省覽。

一、諸書均有註釋；古籍異釋紛如，即採其較長者。

一、諸書較為罕見之字，均注音切，並附注音字母，以便諷誦。

一、諸書卷首，均有新序，述作者生平，本書概要。凡所以示學生研究門徑者，不厭其詳。

然而此一叢書，僅各選輯全書之若干片段，猶之嘗其一臠，而未窺全豹。及民國五十三年，余謝政後重主本館，適國立編譯館有今註資治通鑑之編纂，甫出版三冊，以經費及流通兩方面，均有借助於出版家之必要，商之於余，以其係就全書詳註，足以彌補余四十年前編纂學生國學叢書之闕，遂予接受。甫歲餘，而全書十有五冊，千餘萬言，已全部問世矣。

余又以今註資治通鑑，雖較學生國學叢書已進一步，然因若干古籍，文義晦澀，今註以外，能有今譯，則相互為用，今註可明個別意義，今譯更有助於通達大體，寧非更進一步歟？幾經考慮，乃於五十六年秋決定編纂經部今註今譯第一集十種，其凡例如左：

一、經部今註今譯第一集，暫定十種，其書名及白文字數如左。

詩　經	三九一二四字
尚　書	二五七〇〇字
周　易	二四二〇七字
周　禮	四五八〇六字
禮　記	九九〇二〇字
春秋左氏傳	一九六八四五字

大　學　一七四七字
中　庸　三五四五字
論　語　一二七〇〇字
孟　子　三四六八五字
以上共白文四八三三七九字

二、今註仿資治通鑑今註體例，除對單字詞語詳加註釋外，地名必註今名，年份兼註公元，衣冠文物莫不詳釋，必要時並附古今比較地圖與衣冠文物圖案。

三、全書白文四十七萬餘字，今註假定佔白文百分之七十，今譯等於白文百分之一百三十，合計白文連註譯約為一百四十餘萬言。

四、各書按其分量及難易，分別定期於半年內，一年內或一年半內繳清全稿。

五、各書除付稿費外，倘銷數超過二千部者，所有超出之部數，均加送版稅百分之十。

稍後，中華文化復興運動推行委員會制定工作實施計畫，余以古籍之有待於今註今譯者，不限於經部，且此種艱巨工作，不宜由獨一出版家擔任，因即本此原則，向推行委員會建議，幸承接納，經於工作計畫中加入古籍今註今譯一項，並由其學術研究出版促進委員會決議，選定第一期應行今註今譯之古籍約三十種，除本館已先後擔任經部十種及子部二種外，徵求各出版家分別擔任。深盼羣起共鳴，一集告成，二集繼之，則於復興中華文化，定有相當貢獻。

本館所任之古籍今註今譯十有二種，經愼選專家定約從事，閱時最久者將及二年，較短者不下一年，則以屬稿諸君，無不敬恭將事，求備求詳；迄今祇有尚書及禮記二種繳稿，所有註譯字數，均超出原預算甚多，以禮記一書言，竟超過倍數以上。玆當第一種之尚書今註今譯排印完成，問世有日，謹述緣起及經過如右。

王雲五

民國五十八年九月二十五日

自序

王雲五先生近年有古籍今註今譯的提議，嘉惠後學實在並非淺鮮。今註這兩個字實在是十二年前，我對張曉峯先生注資治通鑑時所建議的，經過十二年的工夫，由我及朋友同學生合力完成，但後任教育部長並無充足的校刊費用能將全書刊行，於是就商諸商務印書館，王雲五先生欣然答應為之完成。就是因為這種原因，他也用今註這個名字。至於今譯乃為王老先生所獨創。我所擔任的是春秋左傳今註今譯，對此書我當在序中略有說明。

㈠隋書經籍志載有春秋左氏解誼三十一卷，漢九江太守服虔注。他所分卷數與杜預的春秋左傳經傳集解三十卷不同。杜預書亦載於隋書經籍志，自唐作正義就用了他，遂為唐後學者通用的書。今也照服虔例分為三十一卷，所不同的是莊公杜預只有一卷，而我分為二卷，其餘如僖公三卷，襄公六卷，昭公七卷，與杜預相同。我固然不能詳悉服虔的分卷方法，但我只能想到莊公可以分為二卷而已。

㈡至於左氏春秋的作者，是否即論語公冶長篇之「左丘明恥之，丘亦恥之」所說的左丘明？據姚鼐說：左氏之書，非出一人所成。自左丘明作傳以授曾申，申傳吳起，起傳其子期，期傳楚人鐸椒，椒傳趙人虞卿，虞卿傳荀卿。蓋後人屢有附益，其為丘明說經之舊，及為後所益者，今不知孰為多寡矣。余考其書，於魏氏事造飾尤甚，竊以為吳起為之者蓋尤多。夫魏絳在晉悼公時，甫佐新軍，在七人下耳，安得平鄭之後，賜欒獨以與絳？魏獻子合諸侯於位之人，而述其為政之美，詞不恤其夸，此豈信史所為論本事而為之傳者耶？國風之魏，至季札時，亡久矣，與邶、鄘、鄶等，而札胡獨美之曰：「以德輔此，則明主也」。此與「魏大名」「公侯子孫必復其始」之談，皆造飾以媚魏君者耳。又明主之稱，乃三晉篡位後之稱，非季札時所宜有，適以見其誣焉耳。自東漢以來，其書獨重，世皆溺其文詞，宋儒頗知其言之不盡信，然遂以譏及左氏，則過矣。彼儒者親承孔子學以授其徒，言亦約耳，烏知後人增飾若是之多也哉！若乃其文既富，則以存賢人君子之法言，三代之典章，雖不必丘明所記，而固已足貴，君子擇焉可也。（見左傳補注序）

㈢孔子春秋與左氏春秋實在是兩部書，所以顧炎武日知錄也說：「春秋因魯史而修者也；故所書晉事，自文公主夏盟，交於中國，則以創列之史參之，而一從周正；自惠公以前，則間用夏正，其不出一人明矣。」左氏春秋是集合各國的史書而成，此種議論實由唐朝趙匡發其端，他在「春秋集傳纂例」書中說：「蓋左氏廣集諸國之史釋春秋，傳成以後，蓋其弟子及門人見嘉謀事迹多不入傳或有雖入而復不同，故各隨國編之而成此書，以廣異聞爾。」所說集諸國之史甚確，但說「以釋春秋」則非，然較為春秋作傳比較更近於真象。不如說他們是兩部書更可靠。並且左邱明雙姓與左氏春秋的左不同，所以朱熹在「語類」中就以為「左氏倚相之後」，所以後來記載楚事甚多。並且比如隱公元年，春秋所記共七條，而左氏春秋就有十三條，有時春秋有而左氏春秋沒有的。也有相反的時候。這些皆能證兩書的不同。

細看春秋與左氏春秋皆開始自魯隱公，而所書紀年只以晉國事而論，亦始於晉文侯，早過於曲沃莊伯，而杜預曾見過真本紀年，他在後序中說：「曲沃莊伯三十一年十一月，魯隱公之元年正月也。」就是公元前七百二十二年，從此以後各國史料始見豐富，這也不足為奇怪的事。觀詩經中，雅多作於西周，彼時東方列國尚無國風，衛武公所作抑篇尚用雅的詩調，即因衛尚無他自有的詩調。國風的開始在於平王東遷以後，由此可見。東遷是在公元前七百七十年。再以出土的銅器而論，東周時代者多屬列國的作品，與西周銅器多屬王室者不同。由此觀之，東遷以後，文化中心也隨著政治中心而漸向東方轉移，列國的史料開始愈加發達，這也是自然的現象。漢書藝文志尚載有「公羊外傳五十篇，公羊雜記八十三篇，穀梁外傳二十篇」，內容雖然不能詳細知道，大約也是記載同左氏春秋相類的故事。

(四)再細研究，兩書不太相連，並非如公羊傳穀梁傳的為的解釋春秋而作。茲舉一兩條為例作證據比如桓公元年末尾說：(1)「宋華父督見孔父之妻于路，目逆而送之，曰『美而艷。』」而二年開首就說(2)「宋華督攻孔氏，殺孔父而取其妻。」可見(1)同(2)兩條本來相連，後經劉歆或杜預兩書相合後，始有現在的現象。又如桓公五年(1)「冬，淳于公如曹，度其國危，遂不復。」六年就說：(2)「春，自曹來朝，書曰『實來』，不復其國也」此類尚多，舉此例以概其餘。

所謂左氏春秋是「以列國之史參之」，這話甚有道理。比如宋國的事常舉六官的姓名，晉事常舉三軍或六軍帥佐的姓名，必是抄自宋晉各國史官所記載的。

至於漢以後又發生劉歆請立左氏傳於學官的問題，見漢書三十六卷楚元王傳，劉向是楚元王的玄孫，而劉歆是他的兒子。他移書太常博士書責讓他們，他又將左氏傳與公羊穀梁二傳並列為釋經的傳。其實漢朝學官已近於功名的途徑，多立一科目則舊者必有所畏懼，因此必引起爭端，所謂「利祿之途然也」就是這種理由，書甚長現在不能博引，閱者可翻楚元王傳即能明白，所以在此不必細講。因為這種原因，劉歆必須將左氏春秋改為春秋左氏傳，而博士弟子必說「左氏不傳春秋」，以不抵制。至西晉杜預更「分經之年與傳之年相附」（見杜預春秋序）遂成現行的體系，杜並解釋為「故傳或先經以始事，或後經以終義（見上序中）以辨別兩書的不同各點，而不欲說他們是兩部書。自唐以後遂相仍而不改，商務此書也不好例外；若獨創一格，反使讀者莫名其妙了，只在序中略說明我的見解。

至於編纂的經過亦當略述如後，最初今註由我口述而由文長徐女士筆錄，至於今譯則由劉翠溶女士擔任，這是僖公二十八年城濮之戰以前的情形。這時劉女士往美國哈佛大學讀書，自隱公元年至僖公二十八年共九十一年，恰與春秋二百四十二年的三分之一相近。以後我自己寫了幾年就由我口述而由李敏慧女士筆錄，輔以其妹李素貞襄助抄寫，以底於成，特記於此並誌對諸位的感謝。後又請中央研究院史語所黃慶樂技士為畫得春秋時代全圖，以成全書。

高陽**李宗侗**序　民國五十九年二月夏正元旦

目次

【上冊】

【中冊】

【下冊】

卷十一　宣公上

宣公元年（公元前六百〇八年）

(一)經 宣公元年春王正月，公即位。

【今註】此經無傳。

【今譯】元年春王正月，公即位。

(二)經 公子遂如齊逆女。

傳 宣公元年，春王正月，公子遂如齊逆女，尊君命也㈠。

【今註】㈠公子遂如齊逆女，尊君命也：公子遂是卿，往齊國去迎接夫人，這是尊重君的命令。

【今譯】公子遂到齊國去，接齊國的女子，這是尊重君的命令。

(三)經 三月遂以夫人婦姜至自齊。

傳 三月，遂以夫人婦姜㈠至自齊，尊夫人也㈡。

【今註】㈠婦姜：稱夫人為婦姜，因為上有姑存在。㈡至自齊尊夫人也：從齊國來，這是因為尊敬夫人的意思。

【今譯】三月公子遂以夫人姜氏從齊國來，這是尊重夫人。

㈣經 夏季孫行父如齊。

傳 夏季文子如齊，納賂以請會㈠。

【今註】㈠納賂以請會：因為宣公是等於簒位，所以季文子賄賂齊國，請求參加盟會，以後就不再說簒位。

【今譯】夏，季孫行父到齊國去，納賄賂以請求會盟。

㈤經 晉放其大夫胥甲父于衛。

傳 晉人討不用命者，放胥甲父于衛㈠，而立胥克㈡，先辛奔齊㈢。

【今註】㈠放胥甲父于衛：胥甲父是晉國的下軍佐。㈡胥克：是胥甲父的兒子。㈢先辛奔齊：先辛是胥甲父的屬大夫，逃到齊國。

【今譯】晉國人討不聽命令者，就放逐胥甲父到衛國去，而立了他的兒子胥克，他的屬大夫先辛就逃到齊國去。

(六)經 公會齊侯于平洲。

傳 會于平洲㊀以定公位㊁。

【今註】㊀平洲：在今山東省，萊蕪縣東北約三十里。㊁以定公位：為著定宣公的君位。

【今譯】宣公會齊侯在平洲，於是公的君位就定了。

(七)經 公子遂如齊。

傳 東門襄仲，如齊拜成㊀。

【今註】㊀如齊拜成：到齊國去謝准許開會。

【今譯】東門襄仲就到齊國去，謝齊國准許參加會盟。

(八)經 六月齊人取濟西田。

傳 六月齊人取濟西之田㊀，為立公故，以賂齊也。

【今註】㊀濟西之田：濟水西邊的田地，本來是屬於曹國的，僖公三十一年，晉文公將它分給魯國。

【今譯】六月齊國人拿魯國濟水西邊的田地，因為齊國答應立魯宣公，給他田地以表示賄賂。

(九)【經】秋，郲子來朝㈠。

【今註】㈠此經無傳。

【今譯】郲國的君來魯國朝見。

(十)【經】楚子鄭人侵陳，遂侵宋。晉趙盾帥師救陳。

(十一)【經】宋公、陳侯、衛侯、曹伯、會晉師于棐林伐鄭。

【傳】宋人之弒昭公也，晉荀林父以諸侯之師伐宋，宋及晉平，宋文公受盟于晉。又會諸侯于扈，將為魯討齊，皆取賂而還㈠。鄭穆公曰：「晉不足與也。」遂受盟于楚。陳共公之卒，楚人不禮焉㈡。陳靈公受盟于晉。秋，楚子侵陳，遂侵宋。晉趙盾帥師救陳宋，會于棐林㈢，以伐鄭也。楚蔿賈救鄭，遇于北林㈣囚晉解揚㈤，晉人乃還。

【今註】㈠皆取賂而還：文公十五年同十七年兩次盟扈，晉國皆受到賄賂後回國。㈡楚人不禮焉：陳共公的死在魯文公十三年，楚國人對他沒有禮貌。㈢棐林：是鄭地，在今河南省新鄭縣東二十五里。㈣北林，鄭地，水經注說：「林亭在鄭北，南去新鄭故城四十里，以南有林鄉亭，故杜預據是為北林，最為密矣。」㊄解揚：是晉大夫。

【今譯】宋國人弒了他的君昭公，於是晉國的荀林父拿諸侯的軍隊討伐宋國。宋國就與晉國講和，宋文公受盟誓於晉國。又會盟諸侯在扈的地方，將為魯國討伐齊國。伐宋討齊，晉國全都受到賄賂就走了。鄭穆公說：「晉國不值得與他和好。」就受楚國的盟誓。陳共公死的時候，楚國人對他不敬禮。他的兒子陳靈公就受晉國的盟誓。秋，楚王侵略陳國，隨著侵略宋國，晉國趙盾帥領軍隊救陳國與宋國，在棐林盟會，為的是討伐鄭國。楚國蔿賈救鄭國，在北林的地方與晉國軍隊相遇，逮捕晉國大夫解揚，晉國軍隊就回國了。

㈩經　冬晉趙穿帥師侵崇。

傳　晉欲求成於秦，趙穿曰：「我侵崇㊀，秦急崇，必救之，吾以求成焉㊁。」冬，趙穿侵崇，秦弗與成㊂。

【今註】㊀崇：在今陝西省，鄠縣東五里。㊁吾以求成焉：我就可以要求和好。㊂秦弗與成：秦國不與晉國和好。

【今譯】晉國想與秦國和好，趙穿說：「我要侵略崇國，秦國知崇國危急必定去救他，我就因此可以求和好。」冬天，趙穿侵了崇國，秦國仍不與晉國和好。

(十三)經 晉人、宋人伐鄭。

傳 晉人伐鄭以報北林之役，於是晉侯侈㈠，趙宣子為政。驟諫而不入㈡，故不競於楚。

【今註】㈠晉侯侈：晉侯很豪華。㈡驟諫而不入：常常進諫而晉侯不聽。

【今譯】晉國人伐鄭國，以報北林戰役的失敗，於是晉靈公侈奢，趙盾掌政權，屢次進諫而不聽，所以不能與楚國競爭。

宣公二年（公元前六百〇七年）

(一)經 宣公二年春王二月壬子，宋華元帥師及鄭公子歸生帥師戰于大棘，宋師敗績，獲宋華元。

(二)傳 二年春，鄭公子歸生受命于楚伐宋，宋師敗績，囚華元，獲樂呂㈠，及甲車四百六十乘，俘二百五十人，馘百人，狂狡輅鄭人㈡。鄭人入於井，倒戟而出之，獲狂狡，君子曰：「失禮違命，宜其為禽也㈢，戎㈣，昭果毅以聽之之謂禮㈤，殺敵為果，致果為毅㈥，易之戮也。」將戰，華元殺羊食士，其御羊斟不與，及戰，曰：「疇昔之羊，子為政，今日之事，我為政。」與入鄭師，故敗，君子謂：「羊斟非人也，以其私憾，敗國殄民㈦，於是刑孰大焉？詩所謂人之無良者，其羊斟之謂乎！殘民以逞！」宋人以兵車百乘，文馬百駟，以贖華元于鄭，半入，華元逃歸㈧，立于門外，告而入，見叔牂，曰：「子之馬然也。」對曰：「非馬也，其人也。」既合而來奔㈨，宋城，華元為植，巡功，城者謳曰：「睅其目，皤其腹，棄甲而復，于思于思⑩，棄甲復來⑪。」使其驂乘謂之曰：「牛則有皮，犀兕尚多，棄甲則那⑫。」役人曰：「從其有皮，丹漆若何⑬？」華元曰：「去之！夫其口眾我寡⑭。」

【今註】㈠樂呂：宋司空。㈡狂狡輅鄭人：狂狡是宋人，他迎戰鄭人。㈢失禮違命，宜其為禽也：失掉禮節違背命令他被禽是相宜的。㈣戎：用兵之事。㈤昭果毅以聽之之謂禮：上面宣佈果敢，下面聽從命令，這叫做禮。㈥殺敵為果，致果為毅：努力殺敵是果敢，達到這個果敢就叫做毅。㈦以其私憾，敗國殄民：拿他私人的怨恨敗了國家而傷害人民。㈧半入，華元逃歸：剛送去一半，華元就逃回來了。㈨既合而來奔：回答了這句話，就逃奔到魯國來了。㈩于思于思：鬍子很多。㈡棄甲復來：丟掉了兵器又逃回來了。㈢牛則有皮，犀兕尚多，棄甲則那：牛有很多皮，水牛尚有很多，那麼甲胄丟掉有什麼關係。㈢從其有皮，丹漆若何：雖然有很多牛皮，漆甲胄的顏色怎麼辦？㈣去之！夫其口眾我寡：躲開吧！他們的嘴太多，我們的嘴太少。

【今譯】　鄭國的公子歸生，受了楚國的命令，去伐宋國，宋師大敗，元帥華元都被鄭人囚住，樂呂也給鄭人捉去。丟掉鐵甲車四百六十乘；捉去俘虜二百五十人，割去左耳的一百人。有個大夫叫狂狡的，正迎著鄭人交戰，一個鄭人便跳入井中避他，他想倒戟下去將他拉上來，這鄭人卻趁勢反把狂狡捉去。君子道：「失掉戰爭的規矩，違反殺敵的命令。應該給他捉去的。用兵之事，上面宣佈果敢，下面聽從命令，這才合禮。能殺敵便算勇敢，能儘量勇敢便算堅決，要不是這麼，便該正法的。」快要戰的時候華元殺了羊請兵士吃，他自己趕車子的羊斟，卻不給他吃。等到戰的時候，羊斟道：「前日的羊，是你作主的，今天的戰事，卻要我作主了！」便故意把兵車趕進敵人中去，所以大敗的。君子說：「羊斟真不是人啊，只因一些兒的私恨，便敗國殃民，照刑法上講起來，罪惡沒有比此再大的了。詩經上說：『人沒有好的。』這真對羊斟說的嗎？殘害了宋國的人民，暢快他個人的心願。」宋人便把兵車一百乘，和裝扮著紋的馬四百匹，向鄭國去贖回華元；那知只送進一半時，華元卻早已逃回來了。走到城門外面，竟立著告訴明白了守門的，方纔進城。後來碰見了叔牂（羊斟）就說：「莫非是你馬弄得那麼的罷？」回答說：「不關馬的事，倒是人呢！」叔牂回答了這句話，便逃到魯國來。後來宋國築城，華元做了督工的監著工，築城頭的唱道：「睜了眼珠子，凸出臭肚子，丟掉甲衣，卻又回轉來了，拖著一蓬蓬的鬍子，丟掉甲衣，倒又轉來了！」華元就差陪坐車子的，向他們道：「牛身上有著皮呢！犀牛野牛還多著呢！丟掉甲衣便怎麼樣？」工作的人道：「就是有了皮，那上面的紅漆怎麼樣呢？」華元道：「離開他們罷！他們的嘴多，我們少呢！」

(二)經 秦師伐晉。

(三)經 夏晉人、宋人、衛人、陳人侵鄭。

傳 秦師伐晉，以報崇也㈠，遂圍焦㈡。夏、晉趙盾救焦。遂自陰地㈢，及諸侯之師侵鄭，以報大棘之役，楚鬬椒㈣救鄭，曰：「能欲諸侯而惡其難乎㈤？」遂次于鄭，以待晉師，趙盾曰：「彼宗競于楚，殆將斃矣㈥！姑益其疾㈦。」乃去之。

【今註】㈠以報崇也：崇之役在宣公元年。㈡焦：在今河南省陝縣的西邊。㈢陰地：據方輿紀要說陰地城在河南盧氏縣東北。㈣楚鬬椒：鬬椒是若敖的族人。他當時做楚國的令尹。㈤能欲諸侯而惡其難乎：能想得到諸侯而怕他的困難嗎？㈥彼宗競于楚，殆將斃矣：他的族在楚國極強盛，大約將死亡。㈦姑益其疾：姑且再增加他的病狀

【今譯】秦國軍隊討伐晉國是為的報復崇的戰役，就圍了晉國的焦邑。夏，晉國趙盾帥兵救焦。遂從陰地同諸侯的軍隊侵了鄭國，以報大棘的戰役。楚令尹鬬椒救鄭國，他說：「能夠得到諸侯而怕他的禍難嗎？」就駐在鄭國以等待晉軍的來。趙盾說：「他的宗族在楚國很有勢力，他就將完了，姑且增加他的疾病罷。」就離開鄭國。

(四)經 秋九月乙丑，晉趙盾弒其君夷皐。

傳 晉靈公不君㈠，厚斂以彫牆㈡，從臺上彈人，而觀其辟丸也㈢。宰夫胹熊蹯不熟㈣，殺之，寘諸畚，使婦人載以過朝㈤，趙盾、士季見其手，問其故而患之。將諫，士季曰：「諫而不入，則莫之繼也，會請先。不入，則子繼之。」三進，及溜，而後視之㈥，曰：「吾知所過矣，將改之。」稽首而對㈦曰：「人誰無過，過而能改，善莫大焉。」詩曰：『靡不有初，鮮克有終㈧。』夫如是則能補過者鮮矣。君能有終，則社稷之固也，豈唯羣臣賴之㈨。又曰：『袞職有闕，惟仲山甫補之㈩。』能補過也。君能補過，袞不廢矣。」猶不改，宣子驟諫㈡，公患之，使鉏麑賊之㈢。晨往，寢門闢矣㈢，盛服將朝㈣，尚早，坐而假寐⑮。麑退，歎而言曰：「不忘恭敬，民之主也。賊民之主，不忠，棄君之命，不信。有一于此，不如死也。」觸槐而死⑯。秋九月，晉侯飲趙盾酒，伏甲將攻之。其右提彌明⑰知之，趨登⑱曰：「臣侍君宴，過三爵，非禮也。」遂扶以下，公嗾夫獒⑲焉，明搏而殺之。盾曰：「棄人用犬，雖猛何為。」鬬且出，提彌明死之。初，宣子田於首山⑳，舍于翳桑㉑，見靈輒㉒餓，問其病，曰：「不食三日矣。」食之，舍其半，問之，曰：「宦㉓三年矣，未知母之存否，今近焉㉔，請以遺之。」使盡之，而為之簞食，與肉㉕，寘諸橐以與之㉖。既而與為公介㉗，倒戟以禦公徒而免之㉘。問何故。對曰：「翳桑之餓人也。」問其名居，不告而退㉙，遂自亡也㉚。乙丑，趙穿㉛攻靈公於桃園㉜。宣子未出山而復㉝。太史書曰：「趙盾弒其君。」以示于朝，宣子曰：「不然」。對曰：「子為正卿，亡不越竟，反不討賊㉞，非子而誰。」宣子曰：「嗚呼，我之懷矣，自詒伊慼㉟，其我之謂矣。」孔子曰：「董狐㊱，古之良史也，書法不隱㊲，趙宣子，古之良大夫也，為法受惡㊳。惜也，越竟乃免㊴。」宣子使趙穿逆公子黑臀㊵于周而立之。壬申朝于武宮㊶。

【今註】㊀不君：不守君道。㊁厚斂以彫牆：常常收斂人民的租稅用以彩畫宮中的牆壁。㊂從臺上彈人而觀其辟丸也：在宮中的臺上面用彈丸射人，看人們能不能躲避。㊃宰夫胹熊蹯不熟：胹音ㄦ，做飯的煮熊掌不熟。㊄寘諸畚，使婦人載以過朝：擱到畚箕裡使女子拿著他經過朝庭。㊅三進，及溜，而後視之：等到士會三次往前進到了房簷以下然後才抬頭看他。㊆稽首而對：士會叩頭投到地下然後對答說。㊇靡不有初，鮮克有終：這是詩經大雅烝民篇詩句：沒有不有初開始的，但是很難有始有終。㊈豈唯羣臣賴之：如果能補過羣臣全都要仰賴著你。㊉袞職有闕，唯仲山甫補之：袞是天子禮服。當天子有了過失，祇有仲山甫能夠來修補。⑪驟諫：趙盾累次諫諍。⑫鉏麑賊之：鉏麑是晉國的力士，來殺趙盾。⑬寢門闢矣：睡覺的房間已經開了門。⑭盛服將朝：穿好衣服已預備上朝。⑮坐而假寐：坐在那裡，閉著眼睛養神。⑯觸槐而死：在趙盾院裡一棵槐樹撞死了。⑰其右提彌明：趙盾車右叫提彌明。⑱趨登：趕緊上到靈公的堂上。⑲公嗾夫獒：靈公叫他的惡犬去咬趙盾。⑳首山：在今山西省永濟縣南。㉑翳桑：桑樹很多的地方。㉒靈輒：是晉國人。㉓寘諸宦：宦是遊學。㉔今近焉：現在離得很近。㉕簞食與肉：簞食是拿著竹管子裝飯還裝肉。㉖寘諸橐以與之：把這些吃的放在袋裏給他。㉗既而以為公介：後來做了晉靈公的衛兵。㉘倒戟以禦公徒而免之：把兵器倒過來，反向晉靈公的衛隊開戰好讓趙盾逃走。㉙問其名居，不告而退：問他名字，同住在什麼地方，不說就走了。㉚遂自亡也：靈輒也自己逃走。㉛趙穿：是趙盾的堂弟。㉜攻靈公於桃園：攻打靈公在宮裡的桃園。㉝宣子未出山而復：趙盾沒有離開晉國邊境上的山林就回來了。㉞子為正卿，亡不越竟，反不討賊：你是做晉國最高的卿，逃亡沒有越過晉國的邊境，回來後也不討趙穿。㉟我之懷矣自詒伊慼：這是一句逸詩，我因為懷念國家就自己留下了憂愁。㊱董狐：是晉國史官。㊲書法不隱：在史書上不隱藏趙盾的罪狀。㊳為法受惡：他因為法律受到壞的聲名。㊴惜也，越竟乃免：可惜啊，要超過邊境就可以免罪。㊵公子黑臀：是晉文公最小的兒子，他的母親是周國的女兒。㊶朝于武宮：朝見在晉武公的廟裡。

【今譯】晉靈公失了為君的道理，重征賦稅，來繪畫雕刻宮中的牆壁；又常從臺上用彈子彈人們，看他們的躲避作為笑樂，廚子燒了熊掌沒有燒熟便把他殺了，放在畚箕中，差個婦人裝著走過朝上。趙盾士會看見了一隻手，問明緣故，心上很愁著，要去勸諫。士會道：「我和你一同去諫，倘他不聽便沒有相繼的人了，讓我先去進諫，如果不聽那末你再繼續去諫。」進去三次，靈公只裝做不看見；直到了簷頭下，方纔看他說：「我知道錯了，就快要改了。」士會便叩頭回復說：「人們那個沒有錯處，有了錯處能夠改正，就是最大的好處。詩經上說：『無論什麼不會沒有起初的，祇是少有能夠有始有終的。』能夠如是，那末能夠補過的人很少了。現在君能有終，這便是安固社稷的道理呢。難道只是我們羣臣有靠托嗎？詩經上又說：『著衮服的有了錯處，只有仲山甫能夠補救他。』這是說能夠補過啊，君能夠補過，那衮服可不丟掉了！」從此以後，卻仍舊不肯改。趙宣子屢次去諫，靈公反而厭惡他，便差個力士鉏麑去刺死他。鉏麑第二天早晨去刺，見房門已開，趙盾正著好了朝服，將要上朝去。只因時候還早，坐著打盹。麑就退下來歎口氣說：「不忘恭敬，這真是人民的主子；殺害人民的主子便是不忠，丟棄君的吩咐，便是不信，這二事只有了一件，便不如死了罷！」就把頭腦撞在趙盾家中的槐樹上死了。秋天九月中，晉侯請趙盾飲酒，埋伏了甲兵，要想攻他，他的車右提彌明卻早知道，便跑上殿去對趙盾說：「人臣陪了君宴過了三杯就不是禮呢！」便扶了他下來。靈公卻喚了一隻惡狗來咬，提彌明就把牠搏殺。趙盾說：「棄人不用，卻用狗，雖然兇猛，有什麼用處呢？」便和公的甲士一面鬬，一面退出，提彌明就鬬死在中間。當初趙宣子曾經打獵在首山那裏，歇在桑樹蔭中，看見個靈輒餓著，問他害什麼病，靈輒道：「不吃東西已有三天了。」趙盾便把食物給他吃，靈輒吃時卻剩了一半。趙盾問他做什麼，輒說：「出外求學三年了，不知道母親的存亡，現在離家不遠了，要求你賞這給老母吃罷。」趙盾便叫他只管吃完了，另外把一籃飯和些肉，放在袋中給他。後來靈輒卻參與在靈公的甲士中，當趙盾危險的當兒，靈輒便倒過戟來攔擋公的徒眾免卻趙盾的禍。趙盾詑異問他為什麼如此？輒道：「我就是桑蔭下的餓人呢！」問他什麼名字？住在那裏？他不肯告訴卻退了下去，便從此逃避不見。乙丑這一天，趙穿攻靈公於桃園中弒掉他，宣子本預先知道有禍，逃出去的，卻沒有走出國境已聽到靈公死了，便回來。太史記在簡冊上說：「趙盾弒其君。」拿著給朝中人看。宣子說：「不是我啊！」太史說：「你身居正卿逃走，沒有出國境，回來又不辦那兇手，不是你卻是誰？」宣子道：「唉！詩上說：『我多戀了一回子了！自己給自己受累！』這就是對我說的了。」孔子道：「董狐是古時的良史，書法一些不肯隱瞞；趙宣子是古時的良大夫，卻為國法受了委屈，可惜呀！只要走出國境就可免掉罪了！」後來宣子就差趙穿到周王朝去迎接公子黑臀回來，立他做君。壬申那日，朝見於武公的廟中。

㈤**傳**初，麗姬之亂，詛無畜羣公子㈠，自是晉無公族㈡。及成公即位，乃宦卿之適子而為之田，以為公族㈢。又宦其餘子，亦為餘子㈣，其庶子為公行㈤。晉於是有公族餘子公行。趙盾請以括為公族，曰：「君姬氏之愛子也㈥！微君姬氏，則臣狄人也。」公許之。冬，趙盾為旄車之族㈦。使屏季以其故族為公族大夫㈧。

【今註】㈠麗姬之亂，詛無畜羣公子：這是麗姬在的時候，她同晉獻公起誓使各公子到旁的國家去。㈡自是晉無公族：從此以後晉國沒有公子，所以就廢了公族的官名。㈢乃宦卿之適子而為之田，以為公族：就把卿的適出的兒子配給田地叫他做公族的官。㈣宦其餘子，亦為餘子：又把適長子的母弟們做餘子官。㈤其庶子為公行：他的庶出的兒子就做公行官。㈥君姬氏之愛子也：君姬氏是文公的女兒嫁給趙衰。她的喜愛的兒子趙括。㈦趙盾為旄車之族：旄車是公行的官。㈧屏季以其故族為公族大夫：屏季即趙括，他帥領著趙衰的舊官屬做公族大夫。以上通嫡。

【今譯】最初的時候，因為麗姬亂的原故於是晉國設盟誓，不要留羣公子在國都，從此晉國沒有公族。到了成公做君的時候，就讓卿的適出兒子給他田地，以做公族的官。又讓卿的旁的兒子，做餘子的官。他妾生的兒子就做公行的官。晉國於是才有公族餘子公行各種官。趙盾請求把趙括列為公族，他說：「這是趙姬喜歡的兒子，要沒有趙姬，那麼我就是狄人。」晉成公答應他。冬天，趙盾為公行掌旄車的族。使趙括以趙家舊的官屬做公族大夫。

㈥經冬十月乙亥天王崩。

【今譯】冬十月周天王死了。

宣公三年（公元前六百〇六年）

㈠經三年，春王正月，郊牛之口傷，改卜牛，牛死乃不郊，猶三望。

傳三年春，不郊而望，皆非禮也。望，郊之屬也，不郊，亦無望可也㈠。

【今註】㊀望，郊之屬也，不郊，亦無望可也：望祭是郊祭的附屬，不郊祭也可以不望祭。

【今譯】三年春天，不祭天而望祭山川，這皆不合禮節。望祭就是郊的附屬品，要是不郊天就不必行望禮。

（二）經 葬匡王㊀。

【今註】㊀匡王：是周天子，定王的父親。此經無傳。

【今譯】對周匡王行下葬的典禮。

（二）傳 晉侯伐鄭，及郔㊀，鄭及晉平，士會入盟。

【今註】㊀郔：是鄭地在河南省鄭縣東方。

【今譯】晉成公伐鄭國到郔這地方，鄭國遂與晉國講和，晉國的士會就入盟鄭國。

（三）經 楚子伐陸渾之戎。

傳 楚子伐陸渾之戎㊀，遂至於雒，觀兵于周疆㊁，定王使王孫滿勞楚子㊂，楚子問鼎之大小輕重焉。對曰：「在德不在鼎㊃。昔夏之方有德也㊄，遠方圖物㊅，貢金九牧㊆，鑄鼎象物㊇，百物而為之備⑨，使民知神姦⑩，故民入川澤山林，不逢不若⑪，螭魅罔兩⑫，莫能逢之⑬！用能協于上下⑭，以承天休⑮，桀有昏德，鼎遷于商，載祀六百⑯。商紂暴虐，鼎遷于周。德之休明，雖小重也⑰；其姦回昏亂，雖大輕也⑱。天祚明德，有所底止⑲。成王定鼎于郟鄏⑳，卜世三十，卜年七百，天所命也。周德雖衰，天命未改㉑。鼎之輕重，未可問也㉒！」

【今註】① 陸渾之戎：在今河南省嵩縣東北五十里。② 遂至於雒，觀兵于周疆：雒即洛，周疆水經註說：「周王城東南門，名曰鼎門，蓋九鼎所從入也，故謂是地為鼎中，楚之問鼎於此。」③ 王孫滿勞楚子：王孫滿是周大夫，慰勞楚王。④ 在德不在鼎：在於德性而不在於有鼎或者沒有鼎。⑤ 昔夏之方有德也：在從前夏朝方有德性的時候。⑥ 遠方圖物：遠的地方圖畫，當地奇怪的物件。⑦ 貢金九牧：使九州的長官貢獻銅。⑧ 鑄鼎象物：於是拿這銅去做成了三足的鼎並且刻畫各種物樣在鼎上面。⑨ 百物而為之備：各種的物件全都完備了。⑩ 使民知神姦：使人民可以知道那一種是好的神，那一種是不好的神。⑪ 故民入川澤山林，不逢不若：因此人民到山上或樹林中不會遇見不合適的東西。⑫ 螭魅罔兩：螭魅讀如蚩（ㄔ）味（ㄇㄟˋ）是山中的怪物，罔兩是獸形的水神。⑬ 莫能逢之：這些怪物，人民全不會碰見。⑭ 能協于上下：使能和協上下。⑮ 以承天休：以承受上天的善命。㈥載祀六百：商朝共享受了六百年。㈦德之休明，雖小重也：德性要很好，鼎雖然小也是重的。㈧其姦回昏亂，雖大輕也：如果他的政治非常的亂，鼎雖然大也是輕的。㈨天祚明德，有所底止：上天給有德性的人天下是有限制的。㈩郟鄏：一統志：「今河南洛陽城西有郟鄏陌。」㈪周德雖衰，天命未改：周朝的德性雖然衰微，然而天命尚未改變。㈫鼎之輕重，未可問也：鼎是輕或是重，現在尚不可以問。

【今譯】楚莊王去征伐陸渾的戎人，乘勢就到雒邑地方，閱兵於周朝的疆界上，周定王就差王孫滿去慰勞楚莊王，楚莊王卻問起九鼎的大小輕重。王孫滿答說：「有天下的，是在於有德不在於有鼎，從前夏朝方有德性的時候，遠方的圖物，九州貢來的銅器，並且在鼎上畫著物象，各種物件都齊備了。使得一般人民都識得神異姦怪；因此人民進了川澤山林中去，不會遇著妖怪不順的東西，就是山魈鬼魅，水妖等也不至逢人為害；因此便能使上下和協，這是承受上天所賜的福分。到了夏桀有昏亂的行為，鼎就遷到商朝去，共總經過六百年。到得商紂又暴虐了，鼎就遷到周朝去。只要君主的仁德光明，那末九鼎雖小，卻似很重；如果奸邪昏亂的君，那末九鼎雖大，卻似很輕。上天保佑有明德的人，也有一定的數限，不可強取的。從前周成王定鼎於郟鄏地方，曾經占卜世運有三十代，占卜年數有七百年，這是上天的命令。現在周朝的仁德雖然比前衰敗，可是上天的命令，還沒有改；所以這九鼎的輕重，不是可以問得的。」

(四)經夏楚人侵鄭。

傳夏楚人侵鄭，鄭即晉故也㈠。

【今註】㈠鄭即晉故也：因為鄭國接近晉國的原故。

【今譯】楚國人侵略鄭國，因為鄭國與晉國聯絡的關係。

(五)經秋赤狄侵齊㈠。

【今註】㈠此經無傳。

【今譯】秋天，赤狄侵了齊國。

(六)經宋師圍曹。

傳宋文公即位三年，殺母弟須及昭公子，武氏之謀也㈠。使戴桓之族攻武氏於司馬子伯之館㈡，盡逐武穆之族㈢。武穆之族以曹師伐宋。秋，宋師圍曹，報武氏之亂也。

【今註】㈠武氏之謀也：武氏尊奉司城須同昭公的兒子，想做亂事，見於文公十八年左傳。㈡司馬子伯之館：做司馬官名叫子伯的房屋。㈢盡逐武穆之族：去把武公的後人穆公的後人全都驅逐出國。

【今譯】 宋文公即位以後的三年殺了同母的弟弟須與昭公的兒子，這是武氏的謀算。就派戴公同桓公的後人，在司馬子伯的館舍，攻打武氏，就驅逐盡了武公同穆公的後人，武穆之族就用曹國的軍隊伐宋國。到了秋天，宋國軍隊就圍了曹國都城，這為的報復武氏的作亂。

(七)

經 冬十月丙戌，鄭伯蘭卒。

傳 冬鄭穆公卒。初，鄭文公有賤妾曰燕姞㈠，夢天使與己蘭㈡，曰：「余為伯儵，余而祖也㈢。以是為而子，以蘭有國香，人服媚之如是㈣。」既而文公見之，與之蘭而御之。辭曰：「妾不才，幸而有子，將不信，敢徵蘭乎㈤？」公曰：「諾！」生穆公，名之曰蘭。文公報鄭子之妃曰陳嬀㈥，生子華、子臧。子臧得罪而出㈦，誘子華而殺之南里㈧，使盜殺子臧于陳宋之間㈨。又娶于江，生公子士，朝于楚，楚人酖之，及葉而死㈩。又娶于蘇，生子瑕、子俞彌。俞彌早卒，洩駕惡瑕，文公亦惡之，故不立也。公逐羣公子，公子蘭奔晉，從晉文公伐鄭⑪。石癸曰：「吾聞姬姞耦，其子孫必蕃⑫。姞，吉人也，后稷之元妃也⑬。今公子蘭，姞甥也，天或啟之，必將為君，其後必蕃⑭，先納之，可以亢寵⑮！」與孔將鉏，侯宣多納之，盟于大宮而立之⑯，以與晉平。穆公有疾，曰：「蘭死，吾其死乎！吾所以生也⑰。」刈蘭而卒⑱。

【今註】㈠燕姞：是姞姓，南燕國人。㈡夢天使與己蘭：夢見天使給她蘭花。㈢余為伯鯈，余而祖也：我是南燕的祖先，也就是你的祖先。鯈音（ㄔㄡˊ）仇。㈣以是為而子，以蘭有國香，人服媚之如是：拿這蘭花做你兒子的名字，因為蘭花有國家的香味人人愛它。㈤將不信，敢徵蘭乎：將來人家會不會相信我，敢以蘭花為證據。㈥報鄭子之妃曰陳嬀：鄭子是文公的叔父子儀，與叔父的妃陳嬀相通叫做報。㈦子臧得罪而出：子臧出奔到宋國。㈧南里：鄭地一統志說：「在河南省，新鄭縣故城南。」㈨陳宋之間：陳、宋國的邊境，這件事在僖公二十四年。㈩楚人酖之，及葉而死：楚人給他吃了毒藥到楚國葉的地方就死了。葉在今河南省葉縣南三十里，有葉城。⑪晉文公伐鄭：晉文公伐鄭見僖公三十年。⑫吾聞姬姞耦，其子孫必蕃：我聽說姬、姞兩姓配偶，他的子孫必眾多。⑬姞吉人也，后稷之元妃也：姞是吉人，是周的祖先后稷的長妃。⑭必將為君，其後必蕃：必定將為鄭國的君，他的後代必定很繁盛。⑮先納之，可以亢寵：我們要先把他讓回國來，必定可以得到寵信。⑯盟于大宮而立之：在鄭國的祖廟盟誓，而立他為太子。⑰蘭死，吾其死乎！吾所以生也：蘭花死了，我也就死，我是為它所生的。⑱刈蘭而卒：用刀子割掉蘭花，他就死了。

【今譯】冬十月，鄭穆公死了。較早的時候，鄭文公有一個低賤的妾叫做燕姞，夢見上天派人給她一種蘭草，並且說：「我是伯儵，是你的祖先；拿這個蘭花做你兒子的名，蘭花是有國家的香味，人聞到它就非常的喜愛它。」後來文公看見她，給她蘭花，並與她交合。她就道謝說：「我沒有才幹，假設我有個兒子，人們將不信任，可以用蘭花做證據嗎？」鄭文公說：「好吧！」後來生了穆公，就給他取了名字做蘭。另外鄭文公娶了他叔父的妃子叫陳嬀，就生了兩個兒子子華、子臧。子臧犯罪逃奔宋國，文公引誘子華殺於鄭國的地方南里。又使強盜殺子臧在陳國與宋國的中間。文公又娶了一位妃子在江國，生了一個兒子公子士，公子士到楚國去朝見，楚國人給他毒藥吃了，回來的時候到了楚國葉這個地方就死了。又在蘇國娶了妃子，生了兩個兒子，子瑕同子俞彌。俞彌早就死了，鄭國的大夫洩駕很討厭瑕，文公也討厭他，所以不立他為太子。文公驅逐各公子，全出鄭國以外，公子蘭逃到晉國去了，跟著晉文公伐鄭國。鄭國大夫石癸說：「我聽見說姬姓同姞姓相配合，他的子孫必定很繁昌。姞姓是吉祥的人，后稷的長妃，現在公子蘭是姞姓的外甥，上天或將開啟他，他必定要做鄭國的君，他的後人必定很繁昌，先把他接回到鄭國，可以得到很多的寵信。」同孔將鉏，侯宣多引接他回鄭國，在鄭國的祖廟中盟誓，就立他為太子。因此就同晉國和好了。穆公有病就說：「等到蘭花死了，我也會死的！我就是因為蘭花才生的。」割去蘭花，他就死了。

(八)經　葬鄭穆公(一)。

【今註】㈠此經無傳。

【今譯】為鄭穆公舉行葬禮。

宣公四年（公元前六百〇五年）

㈠經　宣公四年春王正月，公及齊侯平莒及郯，莒人不肯，公伐莒取向。

傳　四年春，公及齊侯平莒及郯㈠，莒人不肯。公伐莒取向㈡，非禮也。平國以禮不以亂，伐而不治，亂也㈢。以亂平亂，何治之有㈣？無治何以行禮㈤？

【今註】㈠郯：一統志說：「今山東郯城縣西南三十里有古郯城。」㈡向：莒邑，今山東省莒縣南七十里有向城。㈢伐而不治，亂也：討伐他，而不能治理，結果是亂。㈣以亂平亂，何治之有：拿亂來平定亂，那有什麼治理。㈤無治何以行禮：沒有方法治理，那麼怎樣行禮節。

【今譯】四年春天，魯宣公同齊侯給莒國及郯國講和，但是莒國人不肯。魯宣公就伐莒，取了向這地方，這不是合禮的。平定國家應該以禮不應以亂，討伐而不治理這是亂事。拿著亂對付亂有什麼治理的話可講。沒有治理，怎樣能夠行禮。

(二)**經**秦伯稻卒㊀。

【今註】㊀此經無傳。

【今譯】秦伯名叫稻的死了。

(三)**經**夏六月乙酉，鄭公子歸生弒其君夷。

傳楚人獻黿於鄭靈公㊀，公子宋㊁與子家將見，子公之食指㊂動，以示子家，曰：「他日我如此，必嘗異味。」及入，宰夫將解黿，相視而笑㊃。公問之，子家以告。及食大夫黿（羹）㊄，召子公而弗與㊅也，子公怒，染指於鼎，嘗之而出。公怒，欲殺子公。子公與子家謀先㊆，子家曰：「畜老猶憚殺之㊇，而況君乎？」反譖子家㊈，子家懼而從之。夏，弒靈公。書曰：「鄭公子歸生弒其君夷。」權不足也㊉。君子曰：「人而不武，無能達也⑪。」鄭人立子良⑫，辭曰：「以賢則去疾不足，以順則公子堅長⑬。」乃立襄公，襄公將去穆氏⑭，而舍子良⑮，子良不可，曰：「穆氏宜存，則固願也，若將亡之，則亦皆亡，去疾何為㈥？」乃舍之，皆為大夫㈦。

【今註】㈠鄭靈公：是穆公的太子夷。㈡公子宋：公子宋字子公，鄭大夫。㈢食指：是第二個手指頭。㈣「他日我如此，必嘗異味。」及入，宰夫將解黿，相視而笑：「以前我若食指動的時候，必定嘗到特別的菜。」等到進到宮裡，廚子將烏龜殺了，他們互相看著就笑了。㈤黿羹：王懷祖說：「黿下當有羹字謂為黿羹以食大夫也，下文染指於鼎嘗之而出，所嘗者羹也，則上文原有羹字可知。自唐石經脫羹字，而各本遂沿其誤。」㈥召子公而弗與：叫子公去而不給他吃。㈦謀先：商量先下手。㈧畜老猶憚殺之：六畜老了，人還不忍殺牠。㈨反譖子家：子公反向靈公說子家壞話威脅他。㈩權不足也：他的政權不夠。⑪人而不武，無能達也：子家（歸生）最初說：六畜老了還不忍殺，這是仁慈，但是他沒有力量討伐子公，這是沒有勇氣。所以說仁慈而沒有勇氣，就沒法達到。⑫子良：鄭穆公的庶子。⑬以賢則去疾不足，以順則公子堅長：去疾是子良名字。論賢能則子良不夠，按順序則公子堅比我年長。⑭穆氏：是穆公的兒子們。⑮舍子良：免除子良。因為公子良曾讓位給他。⑯穆氏宜存，則固願也，若將亡之，則亦皆亡，去疾何為：如果要穆氏全都存在，這是我很願意的，若全都去掉，則當全都去掉，我為什麼獨自留下。⑰乃舍之，皆為大夫：於是全都留下做大夫的官。

【今譯】楚國人獻隻癩頭黿給鄭靈公，公子宋和子家將進去朝見，公子宋的食指忽然自己動起來，就給子家看道：「他日我這種現象，一定是要嘗稀奇的滋味了。」等到進去後，卻果真見廚子正要殺黿，二人便面對面看著笑。靈公問他們為什麼笑？子家便如此這般的告訴了。等到後來靈公把黿羹分給諸大夫吃的當兒，卻招了子公來，偏偏不把黿羹給他吃。子公動了怒便用手指在鼎中蘸了一蘸，嘗著了些滋味纔出去。靈公怒他無禮要想殺死子公。子公便和子家打算先動手，子家道：「畜牲老了，人們還不忍殺，況且是個君呢？」子公看見子家不依，便反而在靈公前說子家不好，子家害怕著，便依了他，夏天就弒掉靈公。春秋上反說：「鄭公子歸生弒其君夷。」因為他的權略不足的緣故。君子說：「人要沒有勇敢，亦無法達到政治目的。」鄭人想立公子良為君，他辭謝說：「論才力我去疾不夠資格，論次序就是公子堅年長。」就立了襄公。襄公想去掉穆公的後人只留下公子良。公子良反對說：「穆公後人皆留下，這當然是我的願望，若皆須出亡，就一齊出亡好了，何必留我去疾呢？」於是全都留下，皆作大夫的官。

(四)**經** 赤狄侵齊㈠。

【今註】 ㈠此經無傳。

【今譯】 赤狄侵齊國。

(五)**經** 秋公如齊，公自至齊㈠。

【今註】此經無傳。

【今譯】秋天，魯宣公往齊國，而後從齊國回來。

(六)經 冬，楚子伐鄭。

傳 初，楚司馬子良㈠生子越椒㈡，子文㈢曰：「必殺之，是子也，熊虎之狀，而豺狼之聲，弗殺，必滅若敖氏㈣矣。諺曰：『狼子野心㈤。』是乃狼也，其可畜乎？」子良不可。子文以為大慼，及將死，聚其族曰：「椒也知政，乃速行㈥矣，無及於難。」且泣曰：「鬼猶求食，若敖氏之鬼，不其餒而㈦。」及令尹子文卒，鬭般㈧為令尹，子越為司馬。蔿賈㈨為工正，譖子揚而殺之，子越為令尹，己為司馬。子越又惡之㈩，乃以若敖氏之族，圄⑪伯嬴於轑陽⑫而殺之，遂處烝野⑬，將攻王⑭。王以三王之子⑮為質焉，弗受。師于漳澨⑯。秋七月戊戌，楚子與若敖氏戰于皋滸⑰。伯棼射王，汰輈⑱及鼓跗⑲著於丁寧⑳，又射，汰輈，以貫笠轂㉑。師懼，退㉒。王使巡師㉓曰：「吾先君文王克息，獲三矢焉，伯棼竊其二，盡於是矣㉔。」鼓而進之，遂滅若敖氏。初，若敖娶於䢵㉕，生鬬伯比。若敖卒，從其母畜於䢵，淫於䢵子之女，生子文焉。䢵夫人使棄諸夢中㉖，虎乳之㉗。䢵子田，見之，懼而歸，夫人以告㉘。遂使收之。楚人謂乳穀㉙，謂虎於菟㉚，故命之曰鬬穀於菟，以其女妻伯比，實為令尹子文㉛。其孫箴尹克黃㉜，使於齊，還及宋，聞亂，其人㉝曰：「不可以入矣。」箴尹曰：「棄君之命，獨誰受之㉞。君天也，天可逃乎？」遂歸復命，而自拘於司敗㉟。王思子文之治楚國也，曰：「子文無後，何以勸善？」使復其所㊱，改命曰生㊲。

【今註】㈠司馬子良：令尹子文的弟弟時為司馬的職官。㈡越椒：越椒即鬬椒，已見前，伯棼子越俱是他的別稱。㈢子文：子文即令尹子文，楚國賢執政。㈣若敖氏：若敖的子孫，子文、子良，皆若敖的孫子。若敖即楚王熊儀。㈤狼子野心：當時諺語。言豺狼之子心在山野，不可以馴服。㈥速行：急速離楚往他國。㈦不其餒而：言不將受餓嗎。餒是飢餓。而是語助辭。㈧鬬般：鬬般亦作鬬班，字子揚，令尹子文子，一稱申公鬬班。㈨蔿賈：字伯嬴。工正，掌百工之長。㈩子越為令尹，已為司馬。子越又惡之：言子越既為令尹，蔿賈做了司馬，子越又惡蔿賈的偪己。⑪圄：讀如語

（ㄩ），囚禁。⑫轑陽：楚邑，春秋釋地「以轑陽在今湖北省鍾祥縣臼水入漢處。」⑬烝野：烝野楚邑，當在湖北省江陵縣附近。⑭將攻王：子越將攻楚莊王。⑮三王之子：楚文王、成王、穆王的兒子。⑯漳澨：漳水之濱當漳水會沮水處，在今湖北當陽縣東南，名合溶渡。⑰皋滸：楚地，當距漳澨不遠。⑱汰輈：輈是車轅。汰輈就是箭過車轅的上邊。⑲及鼓跗：跗是鼓架，箭到了鼓架上。⑳著於丁寧：丁寧就是鉦，箭著於鉦上。㉑以貫笠轂：兵車無蓋，尊者則邊人執笠依轂而立，以禦寒暑，名為笠轂。此言子越初射過轅著於鉦，再射又過轅穿及王的蓋上。㉒師懼退：莊王的軍隊見子越射害怕而後退。㉓使巡師：使人巡行於師中，有所傳諭。㉔吾先君，文王克息獲三矢焉。伯棼竊其二，盡於是矣：莊王安定人心的話，所以釋楚師的懼心。㉕䢵：國名，子爵一作鄖，在今湖北省安陸縣。㉖夢中：雲夢澤中。當時為藪，澤在今湖北省雲夢縣。㉗虎乳之：有母虎以乳哺養子文。㉘夫人以告：䢵夫人明告䢵子，此䢵女私通伯比所生的兒子。㉙楚人謂乳穀：言楚的方言稱乳哺為「穀」，穀讀如耨（ㄋㄡˋ）。㉚謂虎於菟：言楚方言稱虎為「於菟」，於讀如烏（ㄨ），菟讀如吐（ㄊㄨ）。㉛故命之曰鬬穀於菟，以其女妻伯比，實為令尹子文：言䢵子收養子文，且正式以女妻伯比，子文後遂為楚令尹。㉜箴尹克黃：子揚的兒子，子文的孫子，箴尹是官名。㉝其人：克黃左右的人。㉞棄君之命，獨誰受之：言君命使齊，不歸復命，是棄君命，雖奔他國，誰肯獨收此棄命的他人？㉟自拘於司敗：束身待罪於刑官。司敗即司寇，楚的刑官名。㊱使復其所：使克黃復所任箴尹官。㊲改命曰生：言越椒之亂，合誅絕其族，今更存立，故命曰生，表示應死而重生。

【今譯】當初楚國的司馬子良，生個兒子名叫樾椒。子文就說：「定要殺死他的，因為這個孩子，有了熊虎一般的形狀，又有了豺狼一般的聲音，如果不殺死他一定要滅絕若敖氏的。俗語道：『豺狼的兒子，野了心，不能養乖的。』這真是狼，難道可以養的麼？」子良不肯。子文當做一樁大愁事，等到快要死的時候，聚集了他的族人囑咐道：「越椒如果當了政權，你們趕快走罷，不要受他的累！」而且哭泣道：「鬼還要求食吃呢！若敖氏的鬼，不是要餓著嗎？」等到令尹子文既死，他的兒子鬬般做了令尹，子越做了司馬，蔿賈做了工正，後來蔿賈替椒說子揚壞話于王那裏，把子揚殺了。子越就做了令尹，賈做了司馬。子越卻又恨蔿賈要逼害自己，就領了若敖氏的族人，囚住蔿賈在轑陽，把他殺死，便住在烝野那裏，要想攻打楚王；干拿文、成、穆三王的兒子給他做抵押物，子越還是不受，排軍隊在漳水邊。秋天七月戊戌這一天，楚王和若敖氏在皋滸那裏開戰，伯棼拿箭射著王，穿過車輈和鼓架子，著在銅鉦上；又射一箭穿過了車轅反彈上去，穿在傘頂上，兵嚇著要向後退，楚王便差人巡師說：「我先君文王，滅息國的時候得著三枝箭，伯棼偷去兩枝現在已經用完了。」擂起鼓來進兵，就此滅掉若敖氏。從前若敖娶妻於䢵國，生一個兒子叫鬬伯比，若敖死後，伯比便跟他母親養大在䢵國，私通了䢵子的女兒，生下了子文。䢵夫人便差人拋棄在雲夢澤中，那知卻有個老虎給他奶吃，䢵子出去打獵，看見了，嚇得逃回來，夫人便告訴是女兒私生的，便差個人去收回來。楚人喊吃奶叫穀，喊老虎叫於菟，所以就叫他鬬穀於菟，便把女兒給伯比做妻，這私生兒子就是令尹子文。他的孫子名叫克黃，這時候做了箴尹的官，正出使到齊國去，回來剛到宋國，聽到越椒謀亂伏誅的事，他手下人說：「不可再進楚國了。」箴尹道：「棄掉君命的人，那個肯收受呢？君猶天，天可以逃避麼？」便回去復命，而且自己拘囚起來，到司寇那邊自首去。楚王想著子文治楚國的功勞就說：「像子文那人沒有了後代，怎能勸人為善呢？」便使克黃仍舊做箴尹，改他的名字叫做生。

(七)**經** 冬，楚子伐鄭。

傳 冬，楚子伐鄭，鄭未服也㊀。

【今註】㊀鄭未服也：楚王伐鄭國，因為鄭國沒有服從他。

【今譯】冬天，楚王伐鄭國，因為鄭國沒有服從他。

宣公五年（公元前六〇四年）

(一)**經** 宣公五年春公如齊。

傳 五年春，公如齊，高固使齊侯止公㊀，請叔姬焉㊁。

【今註】㊀高固使齊侯止公：高固是齊國的卿，叫齊侯使魯宣公不走。㊁請叔姬焉：請宣公的女兒叔姬與他結婚。

【今譯】宣公五年春天的時候，宣公到齊國去，齊國的卿高固，使齊侯阻住宣公，要求宣公的女兒叔姬嫁給他。

(二)**經**夏公至自齊。

傳夏，公至自齊，書過也㊀。

【今註】㊀書過也：寫到春秋上，以表示魯宣公的過錯。

【今譯】夏季，宣公從齊國回來，寫在春秋上，以表示宣公的過錯。

(三)**經**秋九月齊高固來逆叔姬。

傳秋九月，齊高固來逆女，自為也㊀，故書曰逆叔姬，即自逆也㊁。

【今註】㊀自為也：他自己親自來迎接他的夫人。㊁逆叔姬即自逆也：迎接叔姬這是齊國的卿自己來迎接。

【今譯】秋季九月，齊國的卿高固親自到魯國來迎接叔姬，春秋寫上逆叔姬，是表示卿為他自己來迎接。

(四)**經**叔孫得臣卒㊀。

【今註】㈠此經無傳。

【今譯】叔孫得臣於這時候死了。

㈤經　冬，齊高固及子叔姬來。

傳　冬來反馬也㈠。

【今註】㈠來反馬也：送還女子叔姬去齊國時所乘的馬。

【今譯】冬季，齊國的卿高固與他的夫人叔姬送還當時嫁到齊國時所乘的馬。

㈥經　楚人伐鄭。

傳　楚子伐鄭，陳及楚平。晉荀林父救鄭，伐陳。

【今譯】楚王討伐鄭國，陳國同楚國講和，晉國的荀林父救援鄭國，討伐陳國。

宣公六年（公元前六百〇三年）

㈠經　六年春，晉趙盾，衛孫免侵陳。

傳　六年春，晉、衛侵陳，陳即楚故也㈠。

【今註】㊀晉衛侵陳，陳即楚故也：晉國與衛國攻打陳國，是因為陳國與楚國聯合的原故。

【今譯】宣公六年春季時，晉國趙盾、衛國孫免聯合攻打陳國，是因為陳國與楚國聯盟的原故。

(二)經夏四月。

傳夏定王使子服㊀求后于齊㊁。

【今註】㊀子服：是周大夫。㊁求后于齊：向齊國要王后。

【今譯】夏天四月時，周定王使周大夫名叫子服的到齊國去求娶王后。

(三)經秋八月螽㊀。

【今註】㊀此經無傳。

【今譯】秋季八月蝗蟲很多。

(四)傳秋赤狄伐晉，圍懷及邢丘㊀，晉侯欲伐之，中行桓子曰：「使疾其民㊁。以盈其貫，將可殪也㊂，周書曰：『殪戎殷㊃。』此類之謂也。」

【今註】㊀懷及邢丘：邢丘就是平皋，河南通志：「在河南省溫縣城東二十里，故平皋城東北隅。」

懷大事表：「今河南武陟縣西南十一里有故懷城。」㈡使疾其民：使他的人民怨恨。㈢以盈其貫，將可殪也：使他滿了他的惡貫就可全被掃除。㈣殪戎殷：這是尚書康誥篇的文章，就是將殷國全都滅掉。

【今譯】秋季赤狄侵略晉國，包圍懷及邢丘兩個地方。晉侯想討赤狄，荀林父說：「使他為他的人民所怨恨，將來惡貫滿了，就可以被掃除。周書康誥：『把殷人全都滅掉。』就是等於說這件事。」

㈤經冬十月。

傳冬，召桓公㈠逆王后于齊㈡。

【今註】㈠召桓公：是周王的卿士。㈡逆王后于齊：到齊國去迎接周定王的王后。

【今譯】冬季十月召桓公到齊國去迎接周定王的王后。

㈥傳楚人伐鄭，取成而還㈠。

【今註】㈠取成而還：得到和平就回來了。

【今譯】楚國人攻打鄭國，得到和平就回來了。

㈦傳鄭公子曼滿與王子伯廖㈠語欲為卿。伯廖告人曰：「無德而貪㈡，其在周易豐之離㈢，弗過之矣㈣。」間一歲，鄭人殺之㈤。

【今註】㈠公子曼滿與王子伯廖：公子曼滿與王子伯廖全部都是鄭大夫。㈡無德而貪：沒有德性而貪卿的位置。㈢其在周易豐之離：在周易中說就是由豐卦變到離卦。意思是他沒法過了三年。㈣弗過之矣：他就是不能過三年。㈤間一歲鄭人殺之：隔了一年鄭人就把他殺了。

【今譯】鄭國的公子曼滿向王子伯廖說想做卿，伯廖告訴人家說：「沒有德性而又貪心，這在周易中由豐卦變到離卦，也不能超過了三年。」隔了一年鄭人就殺了公子曼滿。

宣公七年（公元前六百〇二年）

㈠經 春，衛侯使孫良夫來盟。

傳 七年春，衛孫桓子來盟㈠，始通，且謀會晉也㈡。

【今註】㈠孫桓子來盟：孫桓子即孫良夫到魯國來盟。㈡始通，且謀會晉也：因為宣公初即位，所以他就來與魯國通盟好，並且計算同會盟晉國。

【今譯】七年春天，衛國大夫孫桓子來魯國盟會。這是在宣公即位以後，衛國始同魯國修好，並且計劃與晉國會盟。

(二)經夏公會齊侯伐萊。

傳夏，公會齊侯伐萊㊀，不與謀也。凡師出與謀曰及㊁，不與謀曰會㊂。

【今註】㊀伐萊：萊是姜姓國，彙纂說：「在今山東平陰縣境。」㊁凡師出與謀曰及：凡是軍隊作戰參加謀計就叫做及。㊂不與謀曰會：不參加計謀叫做會。

【今譯】夏天，宣公會齊侯討伐萊國，事先未與齊商量。凡是軍隊作戰事先參與計謀的就叫做及。不參加計謀就叫做會。

(三)經秋公至自伐萊㊀。

【今註】㊀此經無傳。

【今譯】秋天，宣公從伐萊回到魯國。

(四)經大旱㊀。

【今註】㊀此經無傳。

【今譯】天不下雨，魯國有旱災。

(五)傳 赤狄㈠侵晉，取向陰之禾㈡。

【今註】㈠赤狄：國名在山西省，長治縣西方。㈡向陰之禾：江永說：「山西省濟源縣西南有向城，向陰其在此歟？」

【今譯】赤狄侵略晉國，拿了向陰地方的禾稼。

(六)經 冬公會晉侯宋公衛侯鄭伯曹伯于黑壤。

傳 鄭及晉平，公子宋之謀也㈠，故相鄭伯以會。冬，盟于黑壤㈡，王叔桓公臨之㈢，以謀不睦㈣。

【今註】㈠公子宋之謀也：這是公子宋的計劃。㈡黑壤：又名黃父在今山西省翼城縣東北與沁水縣接近。㈢王叔桓公臨之：周卿士親自監臨。㈣以謀不睦：以使諸侯不和睦的能和好。

【今譯】鄭國與晉國和平，這是公子宋的計劃，所以他陪侍鄭伯參加盟會。冬天，在黑壤盟會，周卿士王叔桓公監臨著這盟誓，使不和睦的諸侯能和睦。

(七)傳 晉侯之立也㈠，公不朝焉，又不使大夫聘，晉人止公于會，盟于黃父㈡，公不與盟，以賂免㈢。故黑壤之盟不書，諱之也。

【今註】㈠晉侯之立也：晉成公即位，在魯宣公二年。㈡黃父：即黑壤。㈢公不與盟，以賂免：宣公不參加盟誓，用賄賂才逃走。

【今譯】晉成公即位的時候，魯宣公不去朝見，並且不使大夫去聘問晉國。晉人在會場上阻止魯宣公參加盟會。諸侯盟於黑壤，宣公未能參加，並且用賄賂始得逃回魯國。所以黑壤的盟會春秋不書，就是避諱這種恥辱。

宣公八年（公元前六百〇一年）

㈠經　八年春，公至自會。

㈡傳　八年春，白狄㈠及晉平。夏，會晉伐秦㈡。晉人獲秦諜㈢，殺諸絳市，六日而蘇㈣。

【今註】㈠白狄：國名，在今陝西省，延安縣附近。㈡夏，會晉伐秦：見經㈥。㈢秦諜：秦國的間諜。㈣殺諸絳市，六日而蘇：在晉國都城絳市面殺掉他，過了六天又復活了。

【今譯】八年春天，白狄與晉國和平。到了夏天，白狄同晉國伐秦國，晉國人捕獲秦的間諜，在晉國首都絳的市上殺了他，經過六天又復活了。

㈢經夏六月，公子遂如齊，至黃㈠乃復㈡。

【今註】㈠黃：在今山東省，周平縣境。㈡乃復：就回來了。

【今譯】夏天六月，公子遂往齊國去，到了黃的地方就回來了。

㈣經辛巳，有事於大廟，仲遂卒于垂。壬午猶繹，萬入去籥。

傳有事于大廟㈠，襄仲卒，而繹㈡，非禮也。

【今註】㈠有事于大廟：有事是指著祭祀。就是祭祀祖廟。㈡襄仲卒，而繹：公子遂死了，祭祀了以後，重新再祭祀。

【今譯】在辛巳這天祭祀魯國的祖廟，仲遂死了。祭祀過後，重新再祭祀。這是不合於禮的。

㈤經戊子夫人嬴氏薨。

【今註】此經無傳。

【今譯】宣公的母親敬嬴死了。

㈥經晉師白狄伐秦。

傳 請見傳一。

(七) 經 楚人滅舒蓼。

傳 楚人為眾舒㊀叛故，伐舒蓼，滅之㊁，楚子疆之㊂，及滑汭㊃，盟吳越而還㊄。

【今註】 ㊀眾舒：就是羣舒。㊁伐舒蓼，滅之：在今安徽省，舒城縣境。㊂楚子疆之：楚王親自劃疆界。㊃及滑汭：彙纂說：「在今安徽合肥縣東。」㊄盟吳越而還：吳是姬姓國，紀要：「梅里今江蘇無錫東南三十里。」即今江蘇吳縣。越是姒姓國，今浙江紹興縣治。

【今譯】 楚國因為羣舒的叛亂，所以滅了舒同蓼兩國，楚王親自劃他的疆界，到了滑汭的水邊上，與吳國及越國盟誓後回到楚國。

(八) 經 秋七月甲子日有食之既㊀。

【今註】 ㊀日有食之既：有日食完全看不見。此經無傳。

【今譯】 秋七月的時候，甲子日有日食完全看不見。

(九) 傳 晉胥克有蠱疾㊀，郤缺為政㊁，秋，廢胥克，使趙朔佐下軍㊂。

【今註】㈠胥克有蠱疾：胥童的兒子胥克有精神病。㈡郤缺為政：郤缺替代趙盾。㈢趙朔佐下軍：趙朔是趙盾的兒子替代胥克。

【今譯】晉國佐下軍胥克有精神病，郤缺接代趙盾管晉國的政權。秋天，廢免了胥克，使趙盾的兒子趙朔當佐下軍。

(八)經 冬十月己丑，葬我小君敬嬴，雨不克葬，庚寅，日中而克葬。

傳 冬，葬敬嬴㈠，旱無麻，始用葛茀㈡。雨不克葬，禮也。禮卜葬先遠日，辟不懷也㈢。

【今註】㈠敬嬴：宣公的母親。㈡旱無麻，始用葛茀：天旱得不到麻，始用葛做成繩子。㈢禮卜葬先遠日，辟不懷也：按照道理，占卜下葬的，事先用遠的日子，以避免不懷念。

【今譯】冬天，葬宣公的母親敬嬴，因為沒有下雨，所以沒有麻，始用葛做成繩子。這一天突然下雨，所以沒法下葬，這是很合禮的。按照禮節占卜下葬先用遠的日期，為的避免不懷念。

(九)經 城平陽。

傳 城平陽㈠，書時也。

【今註】㈠平陽：彙纂說：「今山東省，新泰縣，西北四里有平陽古城。」

【今譯】修建平陽的城池，春秋有記載，這是很合於時的。

(十)經 楚師伐陳。

傳 陳及晉平，楚師伐陳，取成而還㊀。

【今註】㊀取成而還：得到和平就回來了。

【今譯】陳國同晉國和平了。楚國軍隊討伐陳國，得到和平就回去了。

宣公九年（公元前六百年）

(一)經 九年，春王正月公如齊㊀。

【今註】㊀此經無傳。

【今譯】九年春天魯宣公到齊國去。

(二)經 公至自齊㊀，

【今註】㊀此經無傳。

【今譯】宣公從齊國回來。

(三)經夏仲孫蔑如京師。

傳九年春，王使來徵聘㈠。夏，孟獻子㈡聘於周。王以為有禮，厚賄之㈢。

【今註】㈠王使來徵聘：周定王派人來魯國徵召聘問王使。㈡孟獻子：孟文伯的兒子。到周都城去聘問。㈢厚賄之：贈送他厚禮。

【今譯】春天，周定王派人來魯國徵召他去聘問。夏天，孟獻子到周國去聘問。周定王以為他很有禮貌，加以重厚的賄賂。

(四)經齊侯伐萊㈠，

【今註】㈠此經無傳。

【今譯】齊侯去征伐萊國。

(五)經秋取根牟。

傳秋，取根牟㈠，言易也㈡。

【今註】㈠根牟：在今山東省，沂水縣東南。㈡言易也：表示很容易可以拿到。

【今譯】秋天，魯國佔據了根牟國，這樣寫法，表示很容易。

(六)經 八月滕子卒。

傳 滕昭公卒㊀。

【今註】㊀滕昭公卒：與宣公未同盟。

【今譯】八月滕昭公死了。

(七)經 九月，晉侯宋公，衛侯鄭伯曹伯會于扈。

(八)傳 晉荀林父帥師伐陳。

(九)經 辛酉，晉侯黑臀卒于扈。

傳 會于扈，討不睦也。陳侯不會㊀，晉荀林父以諸侯之師伐陳。晉侯卒于扈乃還。

【今註】㊀陳侯不會：陳侯不參加會盟，因為他已經與楚國會盟。

【今譯】九月，各諸侯在扈會盟，是要討伐對晉國不和睦的國家。陳侯不去開會，晉國荀林父用諸侯的軍隊來討伐陳國，晉成公病死在扈的地方，他們就回去了。

(十)經 冬十月癸酉衛侯鄭卒㈠。

【今註】㈠此經無傳。

【今譯】冬天十月癸酉，衛侯鄭死了。

(土)經 宋人圍滕。

傳 冬，宋人圍滕，因其喪也㈠。

【今註】㈠宋人圍滕，因其喪也：因為滕昭公的喪事，所以宋人利用這個機會，包圍滕國的都城。

【今譯】因為滕昭公的喪事，所以宋人利用這個機會，包圍滕國的都城。

(圭)經 楚子伐鄭。

傳 楚子為厲之役㈠故伐鄭。

【今註】㈠楚子為厲之役：厲之役在宣公六年，楚王為盟於厲的事情，而鄭伯逃走。（見文公十一年）

【今譯】楚王為厲盟的原故，討伐鄭國。

(圭)經 晉郤缺帥師救鄭。

傳 晉郤缺救鄭，鄭伯敗楚師于柳棼㈠。國人皆喜，唯子良憂，曰：「是國之災也，吾死無日矣㈡！」

【今註】㈠柳棼：鄭地，當在今河南省，襄城縣東汾邱。㈡是國之災也，吾死無日矣：是國家的災害，我不知道那天會死了。

【今譯】晉國郤缺救鄭國，鄭伯在柳棼這地方打敗了楚國的軍隊。鄭國的人全都高興，祇有鄭公子良發愁說：「這是國家的災害，我不知道那一天會死亡。」

㈣經 陳殺其大夫洩冶。

傳 陳靈公與孔寧、儀行父㈠通於夏姬㈡，皆衷其衵服，以戲于朝㈢。洩冶㈣諫曰：「公卿宣淫，民無効焉㈤！且聞不令，君其納之㈥！」公曰：「吾能改矣。」公告二子㈦，二子請殺之，公弗禁，遂殺洩冶。孔子曰：「詩云：『民之多辟，無自立辟㈧！』其洩冶之謂乎！」

【今註】㈠孔寧、儀行父：全都是陳國的卿。㈡夏姬：是鄭穆公的女兒陳大夫御叔的妻子。㈢皆衷其衵服，以戲于朝：他們三個人衣服裡頭都穿著夏姬的內衣，在朝上互相玩笑。㈣洩冶：是陳國大夫。㈤公卿宣淫，民無効焉：陳靈公同卿全部都宣示淫亂，人民是不能効法的。㈥且聞不令，君其納之：而且讓人家聽見也不好，你趕緊把內衣收藏起來。㈦二子：即孔寧、儀行父。㈧民之多辟，無自立辟：人民多邪辟時，不必自己立法。這是毛詩大雅的句子。

【今譯】陳靈公同陳國兩個卿孔寧與儀行父和夏姬私通，都穿著她的內衣，在朝上玩笑。陳國大夫洩治諫諍說：「君同卿全在表示淫亂，人民又怎麼樣効法呢？並且使人聽見也不好，你趕緊把內衣藏起來吧。」陳靈公說：「我能改過來。」可是另外他也告訴孔寧與儀行父，他們贊成將洩治殺死，陳靈公沒有禁止，就把洩治殺了。孔子說：『大雅的詩說：『人民都有邪辟，就不必自己立法律。』這豈不是指著洩治而說的嗎？」

宣公十年（公元前五百九十九年）

㈠**經**宣公十年春公如齊。

【今譯】十年春天，魯宣公到齊國去。

㈡**經**公至自齊㈠。

【今註】㈠此經無傳。

【今譯】 魯宣公從齊國回來。

(三)經 齊人歸我濟西田。

傳 十年春，公如齊。齊侯以我服故，歸濟西之田㈠。

【今註】 ㈠濟西之田：在濟水西邊的田地。

【今譯】 十年春宣公到齊國的時候，齊侯以為魯國很服從他，就把濟水西邊的田地歸還給魯國。

(四)經 夏四月丙辰，日有食之㈠。

【今註】 ㈠此經無傳。

【今譯】 夏四月丙辰，有日蝕。

(五)經 己巳，齊侯元卒。

(六)經 齊崔氏出奔衛。

傳 夏齊惠公卒㈠。崔杼有寵於惠公，高國畏其偪也㈡，公卒而逐之，奔衛。書曰，崔氏，非其罪也。且告以族，不以名。凡諸侯之大夫違㊂，告於諸侯曰，某氏之守臣某㊃，失守宗廟，敢告。所有玉帛之使者則告㊄，不然則否。

【今註】㊀齊惠公卒：就是齊侯元。㊁崔杼有寵於惠公，高國畏其偪也：崔杼是齊大夫，他甚為惠公所寵愛。高氏同國氏是齊國世襲的命卿，他們恐怕崔杼逼迫。㊂凡諸侯之大夫違：諸侯大夫被放逐。㊃某氏之守臣某：某氏是姓氏，守臣某是名字。㊄所有玉帛之使者則告：所有出聘他國的使者，就通告。

【今譯】夏四月己巳，齊惠公死了。崔杼很得齊惠公的寵愛，齊國的命卿高氏與國氏兩家，很怕他的逼迫，恰好惠公死了，就把他驅逐出境，他逃到衛國去。春秋上寫著崔氏，是說他不是有罪的，並且用族來稱呼他，不用崔杼一個人的名字。凡是諸侯的大夫逃奔出國，就告訴其他的諸侯說，某氏的守臣某人，不能奉守宗廟，敢告訴你。所有曾經派出國聘問的人就告訴，沒有就不告訴。

(七)經 公如齊。

傳 公如齊奔喪㊀。

【今註】㊀公如齊奔喪：宣公自己到齊國奔喪，這是不合於禮節的。

【今譯】魯宣公到齊國去奔齊惠公的喪事。

(八)經 五月公至自齊。

【今譯】五月，宣公從齊國回來。

(九)經 癸巳陳夏徵舒弒其君平國。

傳 陳靈公與孔寧、儀行父飲酒於夏氏，公謂行父曰：「徵舒似女。」對曰：「亦似君。」徵舒病之㈠，公出，自其廄射而殺之㈡。二子奔楚㈢。

【今註】㈠徵舒病之：徵舒以這為恥辱，非常的生氣。㈡自其廄射而殺之：從他的馬蓬裏，用箭射擊陳靈公，把他殺掉了。㈢二子奔楚：孔寧、儀行父全逃到楚國去了。

【今譯】陳靈公同孔寧及儀行父在夏家（即前述夏姬之家）喝酒。陳靈公對儀行父說：「徵舒長得像你。」儀行父說：「也像你。」徵舒以為這件事是在侮辱他。等到陳靈公出來的時候，夏徵舒就從馬蓬中用箭射殺他。孔寧、儀行父兩人害怕了，就逃到楚國。

(十)經 六月宋師伐滕。

傳 滕人恃晉而不事宋㈠，六月，宋師伐滕。

【今註】㊀滕人恃晉而不事宋：滕國人依仗晉國的力量，而不事奉宋國。

【今譯】滕國人依靠著晉國，而不事奉宋國。六月，宋人伐滕國。

(十一)經　公孫歸父如齊㊀。

【今註】㊀此經無傳。

【今譯】魯國的公孫歸父到齊國去，為的參加齊惠公的葬禮。

(十二)經　葬齊惠公㊀。

【今註】㊀此經無傳。

【今譯】給齊惠公行葬禮。

(十三)經　晉人、宋人、衛人、曹人、伐鄭。

傳　鄭及楚平，諸侯之師伐鄭，取成而還㊀。

【今註】㊀取成而還：得了和平就回來了。

【今譯】鄭國與楚國和平，諸侯的軍隊就來伐鄭國。得到和平就回來了。

㈣經秋天王使王季子來聘。

傳秋，劉康公來報聘㈠。

【今註】㈠劉康公來報聘：劉康公即王季子來報孟獻子到周的聘問。

【今譯】到了秋天，周王派劉康公來回報孟獻子的聘問。

㈤經公孫歸父帥師伐邾，取繹。

傳師伐邾，取繹㈠。

【今註】㈠繹：在今山東省鄒縣嶧山的西北。

【今譯】公孫歸父帥領軍隊討伐邾國，佔領繹這地方。

㈥經大水㈠。

【今註】㈠此經無傳。

【今譯】魯國大水。

㈦經季孫行父如齊。

傳 季文子初聘于齊㈠。

【今註】㈠季文子初聘于齊：因為齊侯初即位的緣故。

【今譯】季文子頭一次到齊國去，因為齊侯初即位的緣故。

㈧經 冬，公孫歸父如齊。齊侯使國佐來聘。

傳 冬，子家如齊，伐邾故也㈠，國武子來報聘㈡。

【今註】㈠伐邾故也：因為魯國曾經討伐邾國，恐怕齊國認為魯國侵小國，故使子家前往謝罪。㈡國武子來報聘：齊卿國佐來回報季文子的訪聘。

【今譯】冬天，公孫歸父到齊國去，因為侵了邾國，使齊國不滿意的緣故。齊卿國佐來回報季孫行父的聘問。

㈨經 饑㈠。

【今註】㈠饑：饑因為有水災，所以食糧不足。此經無傳。

【今譯】魯大饑是因為有水災，所以收成不好。

㈩經楚子伐鄭。

傳楚子伐鄭，晉士會救鄭，逐楚師于潁北㊀。諸侯之師戍鄭。鄭子家卒，鄭人討幽公之亂㊁，斲子家之棺，而逐其族㊂，改葬幽公，謚之曰靈㊃。

【今註】㊀潁北：大概是指著河南省，禹縣，襄城，同許昌等縣皆在潁水以北的地方。㊁幽公之亂：在宣公四年，鄭幽公被弒。㊂斲子家之棺，而逐其族：把子家的棺材，斲得薄了，就表示不以卿的禮來下葬，而驅逐他的族人。㊃改葬幽公，謚之曰靈：改禮節來葬幽公，並且改了他的謚號叫鄭靈公。

【今譯】楚王征伐鄭國，晉國的士會救鄭國，追逐楚國的軍隊到了潁水以北，諸侯的軍隊看守鄭國都城。鄭國的卿子家死了，鄭國人討宣公四年弒幽公的亂事，斲薄了子家的棺材，而驅逐他的族人，並且對幽公改行葬禮，並改了他的謚號叫靈公。

宣公十有一年（公元前五百九十八年）

㈠經十有一年，春王正月㊀。

【今註】㊀此經無傳。

【今譯】十一年春天，周王的正月。

(二)經 夏楚子陳侯，鄭伯盟于辰陵。

傳 十一年春，楚子伐鄭，及櫟㊀。子良曰：「晉楚不務德而兵爭，與其來者可也㊁！晉楚無信，我焉得有信㊂？」乃從楚。夏，楚盟于辰陵㊃，陳鄭服也。

【今註】㊀櫟：今河南省禹縣。㊁晉楚不務德而兵爭，與其來者可也：晉國同楚國，不注意德性，而祇注意拿軍隊來爭執，祇要先來的人我們就可以與他和好。㊂晉楚無信，我焉得有信：晉與楚全沒有信實，我們安得有信實？㊃辰陵：河南通志說：「辰亭在西華縣西。」

【今譯】十一年春天，楚王征伐鄭國到了櫟這地方。鄭國子良說：「晉國與楚國全不用德性而用軍隊鬭爭，那個先來我們就同他講和。晉同楚全都沒有信用，我們安能有信用？」於是就服從楚國。夏天，楚國跟他們在辰陵盟誓，這時陳國與鄭國全都服從楚國。

(三)經 公孫歸父會齊人伐莒。

傳 楚左尹子重侵宋㊀，王待諸郔㊁。

【今註】㊀子重：公子嬰齊，楚莊王的弟弟。㊁郔：楚地在今河南省項城縣境。與鄭國的郔同名而異地。

【今譯】楚國的左尹官叫子重侵略宋國，楚王在楚地郔這地方等待他。

(四)傳 令尹蔿艾獵城沂㈠，使封人慮事㈡，以授司徒㈢，量功命日㈣，分財用㈤，平板榦㈥，稱畚築㈦，程土物㈧，議遠邇㈨，略基趾㈩，具餱糧㈡，度有司㈢。事三旬而成㈢，不愆于素㈣。

【今註】㈠令尹蔿艾獵城沂：蔿艾獵即孫叔敖，令尹是楚國最高的官名，在沂這地方修城，沂在今安徽省，正陽縣境。㈡使封人慮事：封人是管築城的人。意思是計算修城的時間。㈢以授司徒：在交給管召集人民工作的司徒官。㈣量功命日：計算工程時間。㈤分財用：然後分配築城的工具。㈥平板榦：分配築城的木板同木料。㈦稱畚築：量稱容土輕重的畚箕。㈧程土物：計量各種土材。㈨議遠邇：商量遠近的工作。㈩略基趾：計劃築城的根基。㈡具餱糧：預備乾的糧食。㈢度有司：然後還有監工的人。㈢事三旬而成：各種事情三十天就成功了。㈣不愆于素：比所預期的時間不多。

【今譯】楚國令尹孫叔敖，在楚國沂這地方，修築城池，使管築城的人計算工作，交給司徒，研究工作的日數，分配建築城池的工具，及築城的木板同木料，量稱容土的畚箕的輕重，計量各種土材，商量遠近的工作，然後計劃城角的根基，具備食物，計劃監工的人。經過三十天就成功了，不超過以前所定的限期。

㈤經 秋晉侯會狄于欑函。

傳 晉郤成子求成于眾狄，眾狄疾赤狄㈠之役，遂服于晉。秋，會于欑函㈡，眾狄服也。是行也，諸大夫欲召狄。郤成子曰：「吾聞之，非德莫如勤，非勤何以求人㈢？能勤有繼，其從之也㈣。詩曰：『文王既勤止㈤！』文王猶勤，況寡德乎？」

【今註】㈠赤狄：即潞氏。㈡欑函：是狄地，杜說：地闕。左傳補注說：「以為即欑茅之邑，在今河南修武縣。」㈢非德莫如勤，非勤何以求人：沒有德就不如勤勞，如果不勤勞，怎麼樣能夠求到旁人。㈣能勤有繼，其從之也：能夠勤勞，就有功勞來繼續他，那麼人家才會遵從。㈤文王既勤止：文王既已勤勞創立事業。這是詩經周頌的詞句。

【今譯】晉國下軍佐郤成子向眾狄要求和平，各狄深恨赤狄的勞役，所以服從晉國。秋天在欑函會盟，這時眾狄全都服從晉國了。這次本來諸大夫都想召用狄人。郤成子說：「我聽說沒有德性不如勤勞，不勤勞怎麼樣去求人？能夠勤勞就有功勞去繼續，這樣人家才會遵從。詩經周頌說：『文王能夠勤勞以創業。』文王尚能勤勞，何況我們這種人？」

㈥經 冬十月楚人殺陳夏徵舒。

(七)經　丁亥，楚子入陳。

(八)經　納公孫寧儀行父于陳。

傳　冬，楚子為陳夏氏亂，故伐陳(一)，謂陳人無動(二)，將討於少西氏(三)。遂入陳，殺夏徵舒，轘諸栗門(四)。因縣陳(五)，陳侯在晉(六)。申叔時使於齊，反復命而退(七)。王使讓之曰：「夏徵舒為不道，弒其君，寡人以諸侯討而戮之。諸侯縣公(八)皆慶寡人，女獨不慶寡人，何故？」對曰：「猶可辭乎(九)？」王曰：「可哉。」曰：「夏徵舒弒其君，其罪大矣。討而戮之，君之義也(一〇)！抑人亦有言曰：『牽牛以蹊人之田(一一)，而奪之牛，牽牛以蹊者，信有罪矣！而奪之牛，罰已重矣？』諸侯之從也，曰：『討有罪也！』今縣陳，貪其富也！以討召諸侯，而以貪歸之，無乃不可乎？」王曰：「善哉，吾未之聞也！反之可乎？」對曰：「吾儕小人，所謂取諸其懷而與之也。」乃復封陳，鄉取一人焉以歸，謂之夏州(一二)。故書曰，楚子入陳，納公孫寧、儀行父于陳，書有禮也。

【今註】㊀楚子為陳夏氏亂，故伐陳：在宣公十年夏徵舒弒君，這就是所謂陳夏氏亂。㊁陳人無動：叫陳國人不要驚動，不要畏懼。㊂討於少西氏：少西是夏徵舒的祖父，子夏的名字。㊃轘諸栗門：栗門是陳國都城的城門。將夏徵舒用幾輛車分屍。㊄因縣陳：因此就把陳國滅了改為楚國的縣。㊅陳侯在晉：陳靈公的兒子成公午，在晉國。㊆申叔時使於齊，反復命而退：申叔是楚大夫，出使到齊國去，反回來報告後，就退走。㊇諸侯縣公：各國的諸侯同楚國各縣的大夫。㊈猶可辭乎：我還能有話說嗎？㊉討而戮之，君之義也：討伐而殺了他，是你的義氣。⑪牽牛以蹊人之田：牽著牛，經過旁人的田地。⑫夏州：江永說：「在大江北岸江漢合流之間，其後漢水遂有夏水之名。」

【今譯】冬天十月，楚王因為陳國的夏氏亂的緣故就伐陳國的都城，告訴陳國人說，你們不要驚動，我祇討伐少西這一族。就進入陳國，殺死夏徵舒在陳國栗門這地方，將夏徵舒用馬車分屍。隨把陳國做為楚國的縣。陳成公正在晉國。楚國的申叔時派到齊國去出使，回來報告完成使命就退走了。楚王就責讓他說：「夏徵舒不合道理，弒他的君，寡人用諸侯的力量去討殺他，各諸侯同楚國各縣公都來慶賀我，唯獨你不來慶賀我，這是什麼緣故？」申叔時說：「尚可有話辯白嗎？」楚王說：「可以。」申叔時說：「夏徵舒殺了他的君，他的罪惡重大，你去討殺他，這是你的義氣。但是有人說：『牽著牛去踩別人的田地，就奪掉他的牛。牽牛去踩別人的田地真是有罪過，奪掉他的牛，這個處罰已經很重了。』諸侯跟著你來就說：『是討伐有罪的夏徵舒。』可是現在把陳國做為楚國的縣，是貪楚國的富庶；用討罪來召集諸侯，而以貪陳國的富庶作終結，這大約是不可以的？」楚王說：「好極了，我沒有聽見說過！退回陳國可以不可以？」他就回答說：「這是可以的。我們小人等於從懷裡掐出來而還給他。」於是又重新封建陳國，每鄉裡取一個人回來，這地方就叫做夏州。所以春秋上寫著，楚王進入陳國，使公孫寧、儀行父回到陳國，這是表示楚王很有禮節。

卷十二　宣公下

宣公十有二年（公元前五百九十七年）

㈠經　十有二年（公元前五百九十七年）春，葬陳靈公㊀。

【今註】㊀陳國復後始得下葬，此經無傳。

【今譯】十二年春，為陳靈公行葬禮。

㈡經　楚子圍鄭。

傳　十二年春，楚子圍鄭旬有七日，鄭人卜行成，不吉，卜臨于大宮㊀，且巷出車㊁，吉。國人大臨，守陴者皆哭㊂。楚子退師，鄭人脩城，進復圍之。三月，克之。入自皇門，至于逵路㊃，鄭伯肉袒牽羊以逆㊄，曰：「孤不天㊅，不能事君，使君懷怒，以及敝邑，孤之罪也！敢不唯命是聽！其俘諸江南，以實海濱，亦唯命，其翦以賜諸侯，使臣妾之㊆，亦唯命。若惠顧前好㈧，徼福於厲、宣、桓、武，不泯其社稷㈨，使改事君，夷於九縣㈩，君之惠也，孤之願也，非所敢望也！敢布腹心，君實圖之！」左右曰：「不可許也，得國無赦⑪！」王曰：「其君能下人，必能信用其民矣！庸可幾乎⑫？」退三十里而許之平，潘尫入盟，子良出質⑬。

【今註】㈠卜臨于大宮：賈逵說：「臨哭也。」大音泰，大宮是鄭國祖廟。㈡且巷出車：惠棟說：賈逵謂「巷出車陳于街巷，示雖困不降，必欲戰也。」案下鄭復修城，則賈說良是。㈢守陴者皆哭：陴是城上小牆，守者皆哭。㈣入自皇門，至于逵路：皇門是鄭都城門，逵路是鄭都城內大道，在皇門內。㈤鄭伯肉袒牽羊以逆：鄭襄公赤身手牽著羊迎接，表示服從。㈥孤不天：我不為天所保佑。㈦其翦以賜諸侯，使臣妾之：翦是削翦。削翦鄭國，而以我賞給各國使為臣僕。㈧若惠顧前好：若加恩想念兩國的舊盟好。㈨徼福於厲、宣、桓、武，不泯其社稷：若能託福於周厲王、平王及鄭桓公、武公，而不滅他們的國家。㈩夷於九縣：杜註：「莊十四年滅息；十六年滅鄧；僖五年滅絃，十二年滅黃，二十六年滅夔；文四年滅江；五年滅六，滅蓼；十六年滅庸。」而正義以為楚滅國甚多不只此九國。侗案九縣與九州有關，請看我所著「九族、九州與九鼎」文。⑪不可許也，得國無赦：不可以答應他，得人之國，不可再赦他。⑫庸可幾乎：即使鄭國被滅，又能有希望嗎？⑬

潘尪入盟，子良出質：楚國大夫潘尪至鄭國入盟誓，而鄭國公子良往楚國為押質。

【今譯】楚莊王圍住鄭國十七天，鄭國人占卜了，想和他講和；卻不吉利。占卜哭在祖廟中，且每條巷出一乘兵車，倒是吉利的。國人於是都到廟中去大哭，連守城的都哭起來。楚子便退兵，鄭國趕快修好了城牆，楚軍再前去圍城。圍了三個月，方纔攻破，從皇門進去，到了大路上，鄭伯去了上衣，露出肢體，牽著羊迎接楚王，表示是臣僕的禮數，而且說道：「我得不到天的保佑不會服事你君，使你君懷著恨，親到敝邑來，這都是孤的罪失，怎敢不聽從你的命令呢？你們如果俘虜我的人民到江南去，填塞在海邊無人的地方，也只請你吩咐就是了；如果分割了鄭地，賜給從楚的諸侯使鄭民做著臣妾，也只請吩咐就是了，如果你楚君肯寬恩，顧念從前的盟好，讓我邀到周厲王、宣王和鄭桓公、武公的福佑，不滅他的社稷，使他改換面目奉事你君，低降他的名位，比著九縣一樣，這便是你楚君的大恩惠了，這是我的大願，但卻不敢指望呢？敢於布告這心事，請你酌量罷。」莊王左右的人說：「不可以應許他的，得了國不可再赦他了！」莊王說：「他的國君能把身分低過他人，一定能信用他的百姓了，難道還有什麼想頭麼？」楚兵便退下三十里去，許鄭國講和，楚大夫潘尪進城去訂盟，鄭國的公子良便出來做人質。

㈢經 夏六月乙卯晉荀林父帥師及楚子戰于邲，晉師敗績。

傳 夏，六月，晉師救鄭，荀林父將中軍㈠，先縠佐之㈡。士會將上軍㊂，郤克佐之㊃。趙朔將下軍㊄，欒書佐之㊅。趙括、趙嬰齊為中軍大夫㊆，鞏朔、韓穿為上軍大夫㊇，荀首、趙同為下軍大夫㊈。韓厥為司馬㊉。及河，聞鄭既及楚平，桓子欲還，曰：「無及於鄭，而勦民，焉用之⑪？楚歸而動，不後⑫。」隨武子曰：「善，會聞用師觀釁而動⑬，德刑政事典禮不易，不可敵也，不為是征⑭，楚軍討鄭，怒其貳而哀其卑⑮。叛而伐之，服而舍之，德刑成矣⑯，伐叛刑也，柔服德也，二者立矣⑰！昔歲入陳⑱，今茲入鄭，民不罷勞，君無怨讟⑲，政有經矣⑳！荊尸而舉㉑，商農工賈，不敗其業，而卒乘輯睦㉒，事不奸矣㉓！蔿敖為宰，擇楚國之令典㉔，軍行，右轅，左追蓐㉕，前茅慮無，中權後勁㉖，百官象物而動，軍政不戒而備㉗，能用典矣！其君之舉也，內姓選於親，外姓選於舊㉘，舉不失德，賞不失勞㉙，老有加惠㉚，旅有施捨㉛，君子小人，物有服章㉜，貴有常尊，賤有等威㉝，禮不逆矣㉞，德立、刑行、政成、事時、典從、禮順，若之何敵之㉟？見可而進，知難而退，軍之善政也[36]。兼弱攻昧，武之善經也[37]。子姑整軍，而經武乎[38]？猶有弱而昧者，何必楚[39]？仲虺[40]有言曰：『取亂侮亡[41]。』兼弱也。汋曰：『於鑠王師，尊養時晦[42]。』耆昧也[43]。武曰：『無競惟烈[44]。』撫弱耆昧，以務烈所，可也[45]。』」彘子曰：「不可。晉所以霸，師武臣力也[46]。今失諸侯，不可謂力，有敵而不從，不可謂武[47]，由我失霸，不如死！且成師以出，聞敵彊而退，非夫也[48]！命有軍師，而卒以非夫，唯羣子能，我弗為也！」以中軍佐濟[49]。知莊子[50]曰：「此師殆哉[51]！周易有之，在師䷆之臨䷒[52]曰：『師出以律，否臧凶[53]。』執事順成為臧，逆為否[54]，眾散為弱[55]，川壅為澤[56]，有律以如己也[57]。故曰：『律否臧[58]。』且律竭也，盈而以竭，夭且不整，所以凶也[59]。不行謂之臨[60]，有帥而不從，臨孰甚焉[61]？此之謂矣。果遇必敗，彘子尸之[62]。雖免而歸，必有大咎[63]。」韓獻子謂桓子[64]曰：「彘子以偏師陷，子罪大矣！子為元帥，師不用命，誰之罪也？失屬亡師，為罪已重，不如進也(六五)！事之不捷，惡有所分(六六)，與其專罪，六人同之，不猶愈乎(六七)？」師遂濟。楚子北師，次於郔(六八)。沈尹將中軍(六九)，子重將左，子反將右，將飲馬於河而歸(七〇)。聞晉師既濟，王欲還，嬖人伍參欲戰(七一)。令尹孫叔敖弗欲，曰：「昔歲入陳，今茲入鄭，不無事矣。戰而不捷，參之肉其足食乎？」參曰：「若事之捷，孫叔為無謀矣。不捷，參之肉將在晉師，可得食乎(七二)？」令尹南轅反旆(七三)。伍參言於王曰：「晉之從政者新，未能行令(七四)，其佐先穀，剛愎不仁，未肯用命(七五)，其三帥者，專行不獲(七六)，聽而無上，眾誰適從(七七)？此行也，晉師必敗。且君而逃臣，若社稷何？」王病之，告令尹，改乘轅而北之，次于管(七八)以待之。晉師在敖、鄗之間(七九)。鄭皇戌使如晉師曰：「鄭之從楚，社稷之故也，未有貳心。楚師驟勝而驕(八〇)，其師老矣，而不設備(八一)，子擊之，鄭師為承(八二)，楚師必敗。」彘子曰：「敗楚服鄭，於此在矣！必許之。」欒武子曰：「楚自克庸以來(八三)，其君無日不討國人而訓之(八四)，于民生之不易，禍至之無日，戒懼之不可以怠[85]。在軍無日不討軍實而申儆之[86]，于勝之不可保，紂之百克，而卒無後[87]。訓之以若敖蚡冒，篳路藍縷，以啟山林[88]。箴之曰：『民生在勤，勤則不匱[89]。』不可謂驕！先大夫子犯有言曰：『師直為壯，曲為老[90]。』我則不德，而徼怨于楚[91]，我曲楚直，不可謂老。其君之戎，分為二廣[92]，廣有一卒，卒偏之兩[93]。右廣初駕，數及日中，左則受之，以至于昏[94]。內官序當其夜，以待不虞[95]，不可謂無備，子良，鄭之良也，師叔，楚之崇也。師叔入盟，子良在楚，楚鄭親矣[96]！來勸我戰，我克則來，不克遂往，以我卜也！鄭不可從。」趙括趙同曰：「率師以來，唯敵是求。克敵得屬，又何俟[97]！必從彘子。」知季曰：「原屏咎之徒也！」趙莊子曰：「欒伯善哉！實其言，必長晉國[98]！」楚少宰如晉師，曰：「寡君少遭閔凶，不能文，聞二先君之出入此行也[99]，將鄭是訓定，豈敢求罪于晉？二三子無淹久[100]！」隨季對曰：「昔平王命我先君文侯曰：『與鄭夾輔周室，毋廢王命！』今鄭不率㉑，寡君使羣臣問諸鄭，豈敢辱候人㉒？敢拜君命之辱。」彘子以為諂，使趙括從而更之曰：「行人失辭㉓。寡君使羣臣遷大國之跡於鄭㉔曰無辟敵㉕。羣臣無所逃命。」楚子又使求成于晉，晉人許之，盟有日矣㉖。楚許伯御樂伯，攝叔為右，以致晉師㉗。許伯曰：「吾聞致師者，御靡旌摩壘而還㉘。」樂伯曰：「吾聞致師者，左射以菆㉙，代御執轡，御下兩馬，掉鞅而還㉚。」攝叔曰：「吾聞致師者，右入壘，折馘，執俘而還㉛。」皆行其所聞而復。晉人逐之，左右角之㉜。樂伯左射馬而右射人，角不能進，矢一而已，麋興於前，射麋麗龜㉝。晉鮑癸當其後㉞，使攝叔奉麋獻焉㉟，曰：「以歲之非時，獻禽之未至，敢膳諸從者㊱！」鮑癸止之曰：「其左善射，其右有辭，君子也。」既免㊲。晉魏錡求公族未得。而怒㊳，欲敗晉師，請致師，弗許，請使，許之。遂往，請戰而還㊴。楚潘黨逐之，及滎澤㊵，見六麋，射一麋以顧獻曰：「子有軍事，獸人無乃不給於鮮，敢獻於從者㊶。」叔黨命去之㉒。趙旃求卿未得㉓，且怒於失楚之致師者，請挑戰，弗許，請召盟，許之，與魏錡皆命而往㉔。郤獻子曰：「二憾往矣！弗備必敗㉕。」彘子曰：「鄭人勸戰，弗敢從也㉖；楚人求成，弗能好也㉗。師無成命，多備何為㉘？」士季曰：「備之善。若二子怒楚，楚人乘我，喪師無日矣㉙！不如備之。楚之無惡，除備而盟，何損於好㉚？若以惡來，有備不敗㉛。且雖諸侯相見，軍衛不徹，警也㉜。」彘子不可。士季使鞏朔韓穿帥七覆于敖前㉝，故上軍不敗。趙嬰齊使其徒先具舟于河，故敗而先濟。潘黨既逐魏錡㉞，趙旃夜至於楚軍㉟，席於軍門之外，使其徒入之㊱。楚子為乘廣三十乘，分為左右。右廣雞鳴而駕，日中而說㊲；左則受之，日入而說，許偃御右廣，養由基為右；彭名御左廣，屈蕩為右㊳。乙卯，王乘左廣以逐趙旃。趙旃棄車而走林，屈蕩搏之，得其甲裳㊴。晉人懼二子之怒楚師也，使軘車逆之㊵。潘黨望其塵，使騁而告㊶，曰：「晉師至矣！」楚人亦懼王之入晉軍也，遂出陳。孫叔曰：「進之，寧我薄人，無人薄我㊷！詩云：『元戎十乘，以先啟行㊸。』先人也。軍志曰：『先人有奪人之心㊹。』薄之也。」遂疾進師，車馳卒奔乘晉軍。桓子不知所為，鼓於軍中曰：「先濟者有賞㊺。」中軍下軍爭舟，舟中之指可掬也㊻！晉師右移，上軍未動，工尹齊將右拒卒以逐下軍㊼，楚子使唐狡與蔡鳩居告唐惠侯㊽，曰：「不穀不德而貪，以遇大敵㊾，不穀之罪也；然楚不克，君之羞也㊿！敢藉君靈，以濟楚師！」使潘黨率游闕四十乘，從唐侯以為左拒，以從上軍。駒伯(51)曰：「待諸乎？」隨季曰：「楚師方壯，若萃於我，吾師必盡(52)，不如收而去之(53)。分謗生民，不亦可乎？」殿其卒而退，不敗。王見右廣，將從之乘。屈蕩戶之曰：「君以此始，亦必以終(54)。」自是楚之乘廣先左。晉人或以廣隊不能進。楚人惎之，脫扃(55)，少進，馬還，又惎之，拔旆投衡，乃出(56)。顧曰：「吾不如大國之數奔也(57)！」趙旃以其良馬二濟其兄與叔父，以他馬反，遇敵不能去，弃車而走林。逢大夫(58)與其二子乘，謂其二子無顧(五九)，顧曰：「趙傁在後(六〇)。」怒之使下，指木曰：「尸女於是(六一)！」授趙旃綏以免。明日以表尸之，皆重獲在木下(六二)。楚熊負羈(六三)囚知罃，知莊子以其族反之，廚武子御(六四)，下軍之士多從之(六五)。每射抽矢菆，納諸廚子之房(六六)，廚子怒曰：「非子之求，而蒲之愛(六七)，董澤之蒲，可勝既乎！(六八)」知季曰：「不以人子，吾子其可得乎？吾不可以苟射故也(六九)。」射連尹襄老，獲之，遂載其尸；射公子穀臣(七〇)，囚之，以二者還。及昏，楚師軍於邲(七一)，晉之餘師不能軍，宵濟，亦終夜有聲(七二)。丙辰，楚重至於邲(七三)，遂次于衡雍(七四)。潘黨曰：「君盍築武軍(七五)，而收晉尸以為京觀(七六)。臣聞克敵必示子孫，以無忘武功。」楚子曰：「非爾所知也！夫文止戈為武(七七)。武王克商作頌曰：『載戢干戈，載櫜弓矢(七八)！我求懿德，肆于時夏，允王保之！』(七九)又作武，其卒章曰：『耆定爾功(八〇)。』其三曰：『鋪時繹思，我徂惟求定(八一)。』其六曰：『綏萬邦，屢豐年(八二)。』夫武、禁暴、戢兵、保大、定功、安民、和眾、豐財(八三)、者也。故使子孫無忘其章(八四)。今我使二國暴骨，暴矣！觀兵以威諸侯，兵不戢矣！暴而不戢，安能保大(八五)！猶有晉在，焉得定功(八六)？所違民欲猶多，民何安焉？無德而強爭諸侯，何以和眾？利人之幾(八七)而安人之亂，以為己榮，何以豐財(八八)？武有七德，我無一焉，何以示子孫？其為先君宮，告成事而已，武非吾功也，古者明王伐不敬，取其鯨鯢而封之，以為大戮(八九)於是乎有京觀以懲淫慝(九〇)。今罪無所(九一)，而民皆盡忠以死君命，又何以為京觀乎？」祀于河，作先君宮(九二)。告成事而還。

【今註】㈠荀林父將中軍：替代郤缺。㈡先縠佐之：彘季替代荀林父。㈢士會將上軍：替代趙盾。㈣郤克佐之：是郤缺的兒子。㈤趙朔將下軍：替代欒盾。㈥欒書佐之：欒盾的兒子替代趙朔。㈦趙括、趙嬰齊為中軍大夫：趙括及趙嬰齊皆趙盾的異母弟。㈧鞏朔、韓穿為上軍大夫：韓穿是韓厥的一族。㈨荀首、趙同：荀首是荀林父的弟弟，趙同是趙嬰齊的哥哥。㈩韓厥：韓萬的玄孫。⑪無及於鄭而勦民焉用之：不能連繫鄭國，而祇是擾亂人民，這將有什麼用處？⑫楚歸而動不後：等到楚國軍隊回國以後，再動兵伐鄭國那也不晚。⑬隨武子曰：善，會聞用師觀釁而動：士會說很好，我聽見用兵，等到有了機會才動兵。⑭德刑政事典禮不易，不可敵也，不為是征：德行同刑罰，政治同典禮不違失，就不可以對敵它，就不能征伐它。⑮怒其貳而哀其卑：對於他有二心就發怒，等到他能自己做著卑賤就哀憐他。⑯叛而伐之，服而舍之，德刑成矣：他反叛就討伐他，他服從就捨開他，德行與刑罰全都成功。⑰伐叛刑也，柔服德也，二者立矣：討伐叛人是用刑罰，使他服從，這是德性，這兩種全都成功了。⑱昔歲入陳：去年到陳國就是討伐夏徵舒。⑲今茲入鄭，民不罷勞，君無怨讟：現在再到鄭國，人民不嫌勞苦，楚王也沒有怨望的話。⑳政有經矣：行政已經有常經。㉑荊尸而舉：荊尸是楚王所做的陳法，照著楚國的陳法，就舉兵。㉒事不奸矣：各種事情全都沒有干犯。㉓卒乘輯睦：卒是步兵，乘是戰車的兵，步兵同戰車的兵全都和睦。㉔蔿敖為宰，擇楚國之令典：蔿敖就是孫叔敖，做宰相選擇楚國最好的典章。㉕軍行，右轅，左追蓐：打仗的時候，為車右的人，跨著車轅子做戰備。在左邊的就找草做蓐子。預備夜間可以休息。㉖前茅慮無，中權後勁：前茅是斥候，偵察有無敵人，中軍是全軍主宰。後邊更以精兵為殿。㉗百官象物而動，軍政不戒而備：百官就分別而動作，軍中的政事不必等到命令，就預備成功了。㉘內姓選於親，外姓選於舊：楚王同姓的人，就選於他的親屬中。異姓的人就在舊人中選。㉙舉不失德，賞不失勞：所舉的人也不錯過有德性的人。所賞的人也不遺漏有勞苦的人。㉚老有加惠：老的人有特別的恩惠。㉛旅有施舍：對於旅客有恩惠，同有住的地方。㉜君子小人，物有服章：君子同小人等級不一樣，各有標誌，以表示尊卑。㉝貴有常尊，賤有等威：君子永遠受尊敬，見識小的人仍有等差的分別。㉞禮不逆矣：對於禮沒有不順了。㉟德立、刑行、政成、事時、典從、禮順、若之何敵之：德行立了，刑罰行了，政治成功，事情全合適，典章全都遵從，禮也順，為什麼能夠敵對他。（三六）見可而進，知難而退，軍之善政也：見到可以就往前進，知道困難就往後退，這是軍隊中最好的政策。（三七）兼弱攻昧，武之善政也；兼併弱小的軍隊，攻打昏亂國家，這是用武的最好的法則。（三八）子姑整軍而經武乎：你姑且整理軍隊，經營武備吧。（三九）猶有弱而昧者，何必楚：尚有弱小而昏亂的國家，何必專對楚國。（四〇）仲虺：是成湯的左相。（四一）取亂侮亡：取亂的國家欺負將亡的國家。（四二）於鑠王師，遵養時晦：這是毛詩周頌的一篇，很美的武王的軍隊，等到對方昏亂至極，而後取他的國家。（四三）耆昧也：這是討伐昏亂國家的辦法。（四四）無競惟烈：毛詩周頌的一篇，沒有競爭就成了大事業。（四五）撫弱耆昧，以務烈所可也：撫弱小的國家，征討昏亂的，以達到大功業就可以了。（四六）晉所以霸，師武臣力也：晉國所以能為天下的霸主，是仗著軍隊的力量。（四七）今失諸侯不可謂力、有敵而不從不可謂武：現在失掉了諸侯，不可以說是有力量，有敵人而不追逐他，不可以說是有武功。（四八）成師以出，聞敵彊而退，非夫也：成一個軍隊來出國，聽見敵人強壯就退下，這不是大丈夫。（四九）以中軍佐濟：就率領著中軍佐的軍隊渡過黃河。（五〇）知莊子：荀首，是荀林父的一族。（五一）此師殆哉：這個軍隊很危險。（五二）周易有之，在師之臨：周易有記載這是在師卦變成臨卦的現象。（五三）師出以律，否臧凶：軍隊打仗的時候，要合於規律，要不然就是有凶事。這是師卦初六爻辭。（五四）執事順成為臧，逆為否：辦事順理成功就叫做臧，不順就叫做否。（五五）眾散為弱：眾人全散了叫做弱。（五六）川壅為澤：川水若壅塞就便成大湖。（五七）有律以如己也：雖有律在，人卻各行己意。（五八）律否臧：所以說叫做律失掉就不好。（五九）盈而以竭，夭且不整，所以兇也：水滿了湖就乾了，夭是水塞住了，而無法整理，所以變成凶災。(六〇)不行謂之臨：水不流通所以叫做臨。(六一)有帥而不從，臨孰甚焉：有中軍帥而不聽從他，這是合於臨卦沒有再厲害的了。(六二)果遇必敗，彘子尸之：果然遇見敵人必定失敗，這是先縠主持這個禍亂。(六三)雖免而歸，必有大咎：雖然他免了禍難而歸國，但是必有大的罪過。(六四)韓獻子謂桓子：韓厥告訴荀林父。(六五)失屬亡師，為罪已重，不如進也：去掉偏師，這個罪已經很重大了，還不如往前進。(六六)事之不捷，惡有所分：軍隊若不能打勝仗，罪狀就由大家同分。(六七)與其專罪，六人同之，不猶愈乎：與其專罪中軍元帥，不如六人共同負責，不更好一點嗎？(六八)郔：在今河南省鄭縣東，這個郔屬於鄭國，同宣公十一年楚國的郔同名而異地。(六九)沈尹：就是孫叔敖。(七〇)將飲馬於河而歸：他們想打到黃河邊上，使戰馬喝了黃河的水就回來。(七一)嬖人伍參欲戰：伍參是伍奢的祖父，他想助陣打仗。(七二)參之肉將在晉軍，可得食乎：那時我伍參的肉將為晉國的軍隊所得到，你們還能吃嗎？(七三)令尹南轅反旆：令尹就把車往南走，使軍權的大旗也回過頭去。(七四)晉之從政者新，未能行令：晉國掌政權的人，是新人，他不能夠行使號令。(七五)其佐先縠剛愎不仁，未肯用命：佐中軍的先縠剛強愎恨，而不愛人，不肯聽上軍的命令。(七六)其三帥者，專行不獲：三軍的三位首領，想專行而不能得。(七七)聽而無上，眾誰適從：他們聽先縠、趙同、趙括等的話，他們不知道該聽從那一個人。(七八)管：是鄭地，在今河南省，鄭縣北二里。(七九)敖、鄗之間：敖、鄗是二個山名。一統志：「敖山在滎澤縣西北，河陰廢縣境內，晉師在敖鄗之間，秦置敖倉，依山臨河，上有太倉。」(八〇)楚師驟勝而驕：是楚國軍隊忽然的勝利就驕傲起來了。(八一)其師老矣，而不設備：他的軍隊已經衰老了，而不設防備。(八二)子擊之，鄭師為承：你攻打他，鄭國的軍隊後邊接續著。(八三)楚自克庸以來：在魯文公十六年。(八四)其君無日不討國人而訓之：楚王沒有一天不治理楚國人民，而教訓他們。(八五)戒懼之不可以怠：要戒備恐懼，不可以懈怠。(八六)在軍無日不討軍實而申儆之：在軍隊裡沒有一天不治理軍器，而使他們戒懼。(八七)紂之百克而卒無後：商紂打了一百次勝仗，而沒有後人。(八八)訓之以若敖蚡冒篳路藍縷以啟山林：教訓他們，說楚國的先王，若敖子蚡冒，坐著木材的車子，穿著破衣服，於是用勤儉的方法，開啟了國土。(八九)民生在勤，勤則不匱：人民的生活在於勤勞，勤勞就不會匱乏。(九〇)師直為壯，曲為老：軍隊有理由就稱為壯，沒有理由就是老。(九一)我則不德，而徼怨于楚：我沒有德行，而得到怨恨於楚國。(九二)其君之戎分為二廣：楚王的衛兵分為兩個團。(九三)廣有一卒，卒偏之兩：十五乘兵車為一廣：每廣有一百個步兵，叫做一卒，相當舊時偏法二兩。(九四)以至于昏：一直到天將黑。(九五)內官序當其夜，以待不虞：楚王的近官按次序守夜的事情，以預備意外的事情。(九六)師叔入盟，子良在楚，楚鄭親矣：蚡冒到鄭國去盟誓，鄭公子良往楚國為質，楚國與鄭國已經很親熱了。(九七)克敵得屬，又何俟：克勝敵人又使鄭國服從為屬國，又何必等待。(九八)實其言必長晉國：實行他的話，必然為晉國政權的長。(九九)聞二先君之出入此行也：聽說二先君即指著楚成王與楚穆王，在這裡打仗的時候。(一〇〇)二、三子無淹久：你們諸位不要在這裡留得很久。(一〇一)今鄭不率：現在鄭國不遵從命令。(一〇二)豈敢辱候人：豈敢勞動你們來。(一〇三)行人失辭：派去的人說話不對。(一〇四)寡君使羣臣遷大國之迹於鄭：我們的君使我們的各臣遷移楚國在鄭國的蹤迹。㉕曰無辟敵：他說不要躲避敵人。㉖盟有日矣：已經訂了日期盟會。㉗以致晉師：楚國的人向晉國挑戰。㉘御靡旌摩壘而還：駕車的人疾驅接近敵人的堡壘方才回去。㉙吾聞致師者，左射以菆：菆音（ㄗㄡ）。我聽說挑戰是由車左拿最好的箭來射。㉚代御執轡，御下兩馬，掉鞅而還：替代駕車的，拉著馬韁繩，然後御車的將馬的轡飾扶正，才回來。㉛右入壘，抑馘，執俘而還：車右入到敵壘裡，將敵人的耳朵割下，並且逮了一個俘虜就回來了。㉜左右角之：左右兩翼，從旁邊夾攻他們。㉝麋興於前，射麋麗龜：麋鹿在前面出現，樂伯射麋鹿，射到鹿背後的高處。㉞晉鮑癸當其後：晉國大夫鮑癸在他後面。㉟使攝叔奉麋獻焉：樂伯就叫攝叔奉獻麋鹿給鮑癸。㊱敢膳諸從者：敢使你追從的人做飯吃。㊲既免：就是停止不再追他們。㊳晉魏錡求公族未得，而怒：晉國魏犨的兒子魏錡想請求做公族大夫而沒有得到，而發怒。㊴遂往請戰而還：就去請求打仗才回來。㊵滎澤：是鄭地，在今河南省廣武縣南。㊶獸人無乃不給於鮮，敢獻於從者：管禽獸的人可能不能供給鮮肉，把這個麋鹿就獻給你的隨從。㊷叔黨命去之：叔黨就是蚡冒的兒子蚡黨叫部下別追。㊸趙旃求卿未得：趙旃是趙穿的兒子，他想做晉國的卿沒有得到。㊹與魏錡皆命而往：趙旃與魏錡皆收到命令要他們往楚國去召盟會。㊺二憾往矣，弗備必敗：二憾指著趙旃同魏錡，他們兩人全不滿意，先後全往楚國軍前。要不預備必定會打敗。㊻鄭人勸戰，弗敢從也：鄭人勸我們打仗，也不敢聽從。㊼楚人求成，弗能好也：楚人要求和平，也不能要好。㊽師無成命，多備何為：軍隊沒有成就的命令，何必多預備。㊾楚人乘我，喪師無日矣：楚國用軍隊攻我們，我們的軍隊就會完全毀滅。(三〇)除備而盟，何損於好：除去預備的軍隊而盟誓，這對於要好沒有損傷。(三一)若以惡來，有備不敗：要是楚國有惡心來，有了預備就不會敗了。(三二)軍衛不徹，警也：軍隊中的保護也不徹去，這表示警備。(三三)帥七覆于敖前：七覆是伏兵，在敖山前邊設了七處伏兵。(三四)潘黨既逐魏錡：潘黨既然把魏錡追著退走。(三五)趙旃夜至於楚軍：趙旃夜裡到楚國軍前。(三六)席於軍門之外，使其徒入之：他就鋪席在軍門外邊坐著，使他的屬下進了軍門。(三七)日中而說：在中午就不駕車。(三八)彭名御左廣、屈蕩為右：彭名是左廣御車的，他與屈蕩皆是楚大夫。(三九)得其甲裳：得到他冑甲。(四〇)使軘車逆之：用軘車迎接趙旃同魏錡。(四一)使騁而告：使騎著馬趕緊告訴楚國的軍隊。(四二)寧我薄人，無人薄我：寧可我先打旁人，不要使旁人先打我。(四三)元戎十乘，以先啟行：這是詩經小雅的一句。意思說周王行軍的時候，必有軍車十輛在前開戰。(四四)先人有奪人之心：在敵人攻打之前先動手，可以壓倒敵人鬥志。(四五)先濟者有賞：先要過河的有賞賜。(四六)舟中之指可掬也：把後上船的扳住船緣的手指斬掉，所以船裡面的手指頭可以一掬一掬的多。(四七)工尹齊將右拒卒，以逐下軍：王尹齊是楚大夫，率領著右拒的軍隊，追逐晉國的下軍。(四八)楚子使唐狡與蔡鳩居告唐惠侯：唐狡與蔡鳩居是楚大夫，唐國是楚的屬國，在今湖北省隨縣西北八十五里，又唐縣鎮。唐惠侯是唐國的君。(四九)不穀不德而貪，以遇大敵：我沒有德行，而又貪心，碰見大的敵人。(五〇)然楚不克，君之羞也：要是楚國不能勝利，這是你的羞恥。(五一)駒伯：是郤克上軍佐。(五二)楚師方壯，若萃於我，吾師必盡：楚國的軍隊正壯若集中對付我們，我們的軍隊必定全毀。(五三)不如收而去之：不如收回我們的軍隊，而離開這裡。(五四)君以此始，亦必以終：王既然以左廣開始，必以左廣為終了。(五五)甚之脫扃：甚音ㄐㄧˋ，教導。楚人教給他們，將兵車上的欄杆去掉。(五六)少進，馬還，又甚之，拔旆投衡，乃出：再往前進，馬又週轉又回來了，於是楚國又教給他們去了大旗，擱到車軛上，這是使車子減輕重量，於是就出坑了。(五七)吾不如大國之數奔也：我不像楚國那樣常常逃走。(五八)逢大夫：逢是楚大夫的氏。(五九)謂其二子無顧：叫他兩個兒子不要向後看。(六〇)趙傁在後：就是趙老頭即趙旃在後面。(六一)尸女於是：你必定死在這裡。(六二)皆重獲在木下：這兩個兒子全都戰死在木頭底下。(六三)楚熊負羈：是楚大夫。(六四)廚武子御：廚武子是魏錡。(六五)下軍之士多從之：下軍的將士全從他的後面，因為知莊子是下軍大夫。(六六)每射，抽矢菆，納諸廚子之房：每次射箭選好的箭擺到魏錡的箭套裡。(六七)非子之求，而蒲之愛：不是求你的兒子，而是喜歡做箭的楊柳。(六八)董澤之蒲，可勝既乎：董澤是晉國的大池塘，它那裡的蒲柳可以用完嗎？(六九)吾不可以苟射故也：我不可以隨便的射箭。(七〇)穀臣：是楚王子。(七一)邲：水經注：「以據通典元和志，寰宇記，並言邲城在管城東六里，即今河南鄭縣東六里之邲城也。」(七二)宵濟，亦終夜有聲：夜裡渡過黃河，整夜裡有渡河的聲音。(七三)楚重至於邲：楚國的輜重車，也到邲。(七四)衡雍：彙纂說：「今河南原武縣西北五里，有衡雍城。」(七五)君盍築武軍：你可以建築一個軍營，以表張楚國的武功。(七六)而收晉尸以為京觀：並且收晉國戰死軍隊的屍首，然後加土在上面，做成一個大建築物。(七七)夫文止戈為武：在文裡講，阻止干戈就是武。(七八)載戢干戈，載櫜弓矢：藏起來戈同盾，還有收起來弓同箭。(七九)我求懿德，肆于時夏，允王保之：我求好的德行，便能昌大，保得住天下。(八〇)耆定爾功：

這把你的功勞完成了。(一八一)鋪時繹恩，我徂惟求定：佈告陳列，使天下就求安寧。(一八二)綏萬邦，屢豐年：安定各邦，屢次得到豐收，這都是周頌裡面的歌詞。(一八三)夫武、禁暴、戢兵、保大、定功、安民、和眾、豐財：武是禁止暴亂，藏起干戈，保住天下，定功勞，安人民，和眾人，增加財力。這就是武功的七德。(一八四)故使子孫無忘其章：為的使子孫不要忘了這些篇章。(一八五)暴而不戢，安能保大：暴亂戰事，而不能藏起干戈，怎能夠保持大業。(一八六)猶有晉在，焉得定功：現在尚有晉國在，怎能安定功業。(一八七)利人之幾：利用敵國的危機。(一八八)何以豐財：怎樣能夠增加財力，因為打仗時年境比較荒。(一八九)取其鯨鯢而封之，以為大戮：鯨鯢是大魚，指罪魁禍首，把罪魁禍首封到土內。以表示大誅戮。(一九〇)有京觀，以懲淫慝：於是建築大的建築物以表示懲戒壞人。(一九一)今罪無所：晉國沒有什麼罪犯。(一九二)祀于河，作先君宮：在河邊上祭祀黃河，作先君的廟宇。

【今譯】夏天六月，晉國軍隊去救鄭國，荀林父率領著中軍，先縠為他的中軍佐。士會將上軍，郤克輔佐他。趙朔將下軍，欒書輔佐他。趙括同趙嬰齊做中軍大夫，鞏朔同韓穿做上軍大夫，荀首同趙同做下軍大夫。韓厥做司馬。晉人發兵救鄭，到了黃河邊上，聽說鄭國已經同楚國講和了，荀林父便想回家，對諸將道：「救鄭已經來不及，如果再和楚人戰不過勞苦著人民罷了，有什麼用呢？等到楚國回去以後，再發兵去伐鄭，也不算遲呢？」士會道：「對的，會聽說，用兵要看準罅縫纔可動手。現在楚國的德刑政事典禮，都沒有變動，不可和他相敵的，不可為了他有禮倒去討伐他的。楚軍的伐鄭，是怒他有了二心又哀他的卑微。所以反叛了就征伐他，屈服了便饒放他；這便是德刑成功了。伐叛的就是刑，柔服的就是德，這兩件事已經成功了，他去年進陳國去討夏徵舒，今年又攻進鄭國，人民一點沒有疲勞，楚君也不被人怨罵，這又是政治有定規了。楚國的兵陣，戰便勝著敵人，然而農工商賈並不廢事失業；而且步卒和兵車都很和睦；這又是作事沒有牴觸的了。蔿敖做了令尹，選擇楚國好的軍法應用，當行軍的時候，在車右的揹住車轅防備著，在左面的追前去找草蓐做宿夜的預備，先鋒隊關照著有無敵人，中軍斟酌定妥兵謀，後隊用了精兵押著，百官都按照種類幹事，軍政不必吩咐，卻早已防備，這可見他能應用典章了。楚君的舉用人才，同姓的選了親族中人，異姓的選了故舊中人，舉用的沒有錯掉賢德，賞賢的從不漏掉功勞，年老的加賜恩惠，旅客都有施舍。君子小人都有了分別，貴的有常尊，賤的也有一定分等的威儀，這便是禮法沒有背逆的了。照這般說來，楚國德立了，刑行了，政治成功了，事體依時了，典章依照了，禮節順當了，怎能敵得過他呢。見了可以幹的便進行，知道難於成功的便退步，這是行軍的好政策呢！兼併衰弱的，攻取昏昧的，這是用武的好定規呢。你姑且整頓軍隊，經營著武備罷！還有衰弱昏昧的在那裏呢？何必定要認定楚國。仲虺說過這句話：『取了亂事的人，欺負將亡的國家。』這就是所謂兼弱。詩經說過：『很美的武王的軍隊，等到對方昏亂至極，而後取他的國家。』這是討伐昏亂國家的辦法。詩經另一篇說：『武王成了無疆的功勞，安撫弱國，征討昏亂的國家，以達到他無疆的事業。』這就可以。」先穀道：「不可以的，我們晉國所以成功霸業，全靠軍隊和武臣的力量，現在失掉諸侯，便不可說是盡力，有了敵人在前，不和他決戰，便不可說得武，在我手裏失了霸主的資格，倒不如死了乾淨，況且興了兵出來救鄭，聽得敵強卻退，這不是大丈夫呢。受了君命做三軍的將帥，卻終究不成個丈夫，只有你們會做，我卻不會做的。」便獨自領了中軍先渡過河去。荀首道：「這支兵，真危險哪！周易上有的，在師卦變到臨卦的一爻上說：『兵的出發，要有紀律，如果沒有紀律，是不吉利的。』辦事情順理成功就叫做臧，反了這事就叫做否。等到眾人全散了，就變成軍隊衰弱。這等於河水壅塞就成大湖。這種現象，就同做人一樣。所以說：『軍隊失掉律就不好。』等到湖水滿了，凶災就來了。這種不聽從元帥，就叫做臨，這臨很厲害。這便是這麼說法了。果然和楚兵遇見，一定要敗的。總是先穀做了罪魁，雖他戰不死，回去也是要受大災殃的。」韓厥對林父道：「先穀拿了偏師陷在敵軍中，你的罪卻更大了！你做了元帥，兵隊卻不聽你的號令，這是誰的罪呢？失掉了屬國，傷亡了兵隊，罪已很重大，倒不如一同渡過河去罷，戰了不勝，惡名還可大家分擔些，與其一人專受這罪，倒不如六人同擔，不是比較輕些麼？」晉國的三軍便都渡過河去。楚子打敗仗，就把軍隊駐在郔這地方。楚國的沈尹率領著中軍，子重將左軍，子反將右軍，想著到黃河邊上飲馬，就回楚國去。聽見晉國軍隊已經渡過黃河，楚王就想回去，但是楚王所喜歡的人伍參想打仗。令尹孫叔敖不願意說：「前年到陳國去，今年又到鄭國，這不算沒有戰事。戰打不勝，伍參的肉豈夠人吃嗎？」伍參回答說：「若戰事打勝，叔孫就是沒有計謀。打敗了仗，我的肉將在晉國軍隊手裡，你還能夠吃嗎？」令尹聽見這話，把車轅子往南走，把旗子也往南推。伍參對楚王說：「晉國從政的人很新，尚未能使人聽從他的命令，他的中軍佐先穀，剛愎不仁，不肯聽從命令，他的三帥想專行而不可得，沒有最高的主宰，不知道該聽誰的。這次打仗，晉國軍隊必定敗了。君去逃避臣，這如何對得起國家呢？」楚王聽見這話，很以為病，告訴令尹把車轅子改向北走，到管這地方，看晉國軍隊怎麼樣。晉國軍隊這時間正在敖同鄗的中間。鄭國差皇戌到晉軍中來道：「鄭國的服從楚國，也只因救社稷的緣故，一時沒法，並不是有二心；現在楚國驟然勝了，志氣卻很驕傲，他的軍隊也已有了暮氣了！並且又沒有防備，如果你們去攻擊他，我鄭國跟著上來，楚師定可打敗的。」先縠道：「敗楚國，服鄭國，只在這一戰了，一定要允許他的。」欒書道：「楚國自從滅掉庸國以來，他的國君沒一天不嚴緊治理國人，卻教訓他們道：『唉！人民生活的艱難，禍患的到來沒有一定時候，警戒恐懼的心念，是不可以鬆懈的。』在軍中沒有一天不辦理軍裝器械，卻重申儆令道：『唉！戰勝是保不定的，像從前商紂百戰百勝了，卻終究弄得沒有後代。』又教誨人民用他先君若敖蚡冒的坐著柴車，著著破衣，開闢山林，怎麼刻苦等等。作箴誡道：『人民的生活，只在勤勞，能夠勤勞，那末不會窮困。』照這般看來，楚國不可說他是驕，先大夫子犯有句話道：『兵要理直的纔算壯，理曲的纔算老。』現在我自己沒有德行，卻招怨到楚國去，這是我的理由，楚國的理直，不可說他暮氣；他們國君的衛兵，分成左右兩廣，每廣有兵車十五乘，兵士一百人，叫做『一卒』。每卒就是相當於舊時偏法的『兩』一樣，右廣天亮時便裝起車馬，到了日晝心中，左廣便替代下去，一直到黃昏纔歇。凡近君身的各官，都依次在夜中輪宿，防備不測的事變。從此看來，便不可說他沒有防備，子良是鄭國的好人，潘尪是楚人看重的，如今潘尪進去訂盟，子良做押品在楚國，楚鄭的國交正是親密，鄭國卻來勸我和楚國戰，我勝了，鄭國便來服我，我不勝，鄭國便去服從楚國，他是看我軍勝敗來決定怎麼做，鄭皇戌的話卻不可聽他的話呢？」趙括趙同道：「領兵以來，只要為找得敵人啦！勝了敵人能得到屬國，還等什麼呢？一定要依先縠的。」荀首道：「趙同趙括，原來就是先縠的一黨！」趙朔道：「欒書說得好呀！做了他的話，一定能做晉國當權的人的。」楚國少宰到晉國軍隊中說：「我們的寡君年輕就得到不幸，不能夠文章，聽見說楚國的成王同穆王，每回打仗，就是為的教訓鄭國，豈能對晉國得罪呢？你們諸位不要在這兒太長久了。」士會就回答說：「從前周平王命令我們先君晉文侯說：『同鄭國夾輔著周室，不要拋棄王的命令！』現在鄭國不遵守，寡君叫我們羣臣質問鄭國，豈敢麻煩你們來，楚君之命我們不敢當。」先縠以為說這話太讓步了，使趙同改了他的文辭說：「行人說這話不對。寡君使羣臣把楚國的痕跡離開鄭國說：『不要躲避敵人。』羣臣沒法逃避命令。」楚王又派人到晉國要求和平，晉人答應他，盟會已經定好日期。楚國許伯給樂伯趕著車，攝叔做車右，去對晉國軍隊挑戰。許伯說：「我聽見說挑戰的人，要急走達到對方壘邊才回來。」樂伯說：「我聽見說挑戰的人，應該由左用好箭來射，他替駕車的拿著轡頭，駕車的下來扶正轡飾掉頭回來。」攝叔說：「我聽見挑戰的人，車右到對方的壘，進入他的壘，殺一個人的耳朵，把俘人逮著才回來。」全都照他們所說的實行了。晉國人追趕他們，左右全都追趕。樂伯左邊射馬，右邊射人，左右人全跟著不能進。祇剩一個箭，麋鹿在前面，射中麋鹿的背上。晉國鮑癸在他的後面，樂伯使攝叔拿著麋鹿送給他說：「以歲時的不合時，獻獸的沒有來，敢把這個鹿獻給你。」鮑癸阻止他說：「他左邊的人很會射箭，右邊的人很會說話，全都是君子。」就不追他了。晉國的魏錡，因為謀做個公族大夫，沒有到手，心中怒著要害晉軍失敗，便請願去挑戰，不許他；又請願去做個軍使，於是應許了他；他便去了，請了戰纔回來。楚國的潘黨追趕他，到了滎澤那裏，看見六隻大鹿，魏錡便射了一隻，回過頭去獻給潘黨道：「你有了兵事，管畜牲的莫非不能供給新鮮東西，敢把這個獻給你呢！」潘黨便吩咐手下人不要追他。趙旃因為求個卿做，沒有到手；並且怒著楚國來挑戰的人，沒有捉住他；便請願前去挑戰，不許他；又請願去招他來盟，於是應許了他；便和魏錡一同奉命前去。郤克說：「這兩個不高興的人去了，要不預備，必定失敗。」先縠說：「鄭人勸我打仗，我也不敢不從；楚人要求和平，也不能真正要好。軍隊沒有定規的命令，多預備有什麼用呢？」士會說：「還是預備的好。若他們二人使楚國發怒，楚國人必利用這個機會打過來，我軍被毀就在眼前，不如預備吧！楚國沒有壞心，撤除戒備就盟誓，這對友好有什麼損害？若他們存了壞心而來，我軍有備就不敗。就是平常諸侯相見，軍衛也不撤掉，這是為了警戒。」先縠仍舊不肯備戰。士會叫鞏朔韓穿帥領七路伏兵在敖的前面，所以上軍沒有失敗。趙嬰齊使他的軍隊，先預備渡河的船，所以他失敗而先渡過河去。潘黨既然趕掉魏錡，趙旃卻又趁夜間到了楚軍中，攤張席子在營門外坐著，卻使他手下人進去，楚子原來編成「乘廣」的兵車三十乘，分成左右各半，右廣雞一啼便裝起馬車來，到了日晝心中就解掉；左廣接下去，到了太陽落下纔解脫。許偃駕著右廣的帥車，養由基做了車右；彭名駕左廣的帥車，屈蕩做了車右。乙卯那天，楚王坐著左廣的兵車，去追趕趙旃，趙旃丟掉自己的車子，逃到樹林中去，屈蕩去和他徒手相搏，扯著他的甲衣戰裙，晉人怕趙魏二人的惹怒楚師，就打發一輛兵車去迎接，潘黨望著他的灰塵，便差個人跑回去報告營中道：「晉兵到了！」楚人也怕王的進了晉軍中去，遭受不測，便趕緊出動軍隊。孫叔道：「趕緊進兵！寧可我逼著他人，不要等他人來逼著我，詩經道：『頭排的兵車十乘，用他先開著路走。』這是說要搶著人們的先呢？軍志道：『比敵人先下手，可以壓倒敵人鬥志。』這是說要逼他。」便趕快進兵，車子跑著，步兵奔著，趁晉軍不提防衝去，林父嚇得不知怎樣纔好，便擂鼓於軍中道：「先渡過黃河去的有賞賜！」於是中軍和下軍搶著船的，把後上船扳住船緣的手指斬掉，斬得船中的手指可以捧著呢！晉帥只管向右移動，只有上軍的隊伍沒有動。楚國的工尹齊領了右面抵抗的步兵，去追趕下軍；楚子差唐狡和蔡鳩居去告訴唐惠侯道：「我沒有仁德，卻很貪心，因此遇到大敵，這都是我的不好。但是楚國如果不勝，也是你君的羞恥，敢借著你君的威靈，請你成全了楚師罷！」便差潘黨領了游擊的四十乘兵車，跟著唐侯做左邊抵抗的支隊，追趕上軍。郤克道：「我們等他來麼？」士會道：「楚兵正強，若聚集了殺到我這裏來，我的兵一定要死完的。倒不如收了軍隊，離開他們罷。既可替人家分擔些罪，又可活些百姓，不也是很好的麼？」便把他的兵押了後隊退下去，所以並沒有敗。楚王看見右廣，就想坐他車。屈蕩就說：「君乘此車開始，就必定要乘此車到底。」所以楚國的乘廣先左。晉國以為兵車遇坑不能往前進。楚國人教給他們去掉了橫木，少微進，馬又退回來。又教給他去掉大旗，就出坑了。晉人就說：「我們不像大國屢次逃跑。」趙旃拿著好馬兩匹，幫著他的哥哥同他叔父逃走，自己乘旁的壞馬回來，遇到敵人不能夠跑，棄掉車子逃到樹林子去。逢大夫跟他兩個兒子坐著車，告訴他兩個兒子說不要往後面看，可是他兩個兒子往後看說：「趙老頭子在後面。」他就生了氣，命兩子下車，指著樹說：「將來我找到你的屍首在這裡。」給趙旃繩索上車，使他走脫。逢大夫明天在這樹下找到他兒子的屍首。楚國的熊負羈把知罃逮著。他的父親知莊子率領他的族人全來追，魏錡趕車，下軍的軍隊全跟著他。每回射箭，就把好箭擺在魏錡的箭袋裡。魏錡生氣了說：「你不是求兒子，而是喜愛箭，董澤的蒲樹用得完嗎？」知莊子說：「不用旁人的兒子，我的兒子怎麼能得到？我不可以隨便射箭的原故。」射連尹襄老，逮著他，把他屍首帶回來；射公子穀臣，把他囚起來，把他們兩人全帶回晉國。到了黃昏的時候，楚國駐紮兵隊於邲，晉國的餘兵，不能再成個隊伍了，趁夜渡過黃河去，也是終夜有聲。丙辰那天，楚國的輜重營到了邲，便宿到衡雍那裏去。潘黨道：「君王為什麼不築箇營壘，收積了晉國的死屍，封土在他上面，作為京觀呢？臣聽說古人勝了敵國，定要留給子孫看，使子孫忘不掉先君的武功。」楚莊王道：「這不是你所懂得的，照字義上講起來，要止戈兩字拼起來，纔成個武字呢！從前周武王克服了商朝，詩人作周頌道：『又藏了干戈，又藏了弓箭，我王只求著美德，便能昌大起來，保得住天下了！』又作了武的一詩頌他，末一章道：『完成你的大功。』第三章上道：『他能夠安排政教，我們去靠他只求個安頓。』第六章上道：『武王既能定萬國；又屢次得到豐年。』這武德一事，原要能夠禁止強暴，藏起干戈，保住天下，定著功業，安頓人民，和睦萬邦，豐盈財物的哪！所以使子孫不忘記那詩歌，以為己榮。現在我使兩國的人民暴露了屍骨在草野中，就是暴了；觀兵威嚇諸侯，這就是不能斂藏兵事了；既暴亂，又不能斂藏兵事，怎能保住大業？晉國雖然戰敗，國還存在，怎能定著功勞？違反民欲的還很多，叫人民怎能安頓？沒有仁德，只把兵力強爭諸侯，怎能和著眾人？趁人家的危險利著自己；靠人家的亂子安著自身，怎能豐盈財物？武王有那麼七種仁德，我卻一種沒有，怎可給子孫看呢？只可造了先君的廟在這裏，告訴成功一件事體罷了。威武卻算不到我這功上呢。從前明王討伐不依王命的，把罪魁禍首殺了，封在土內，以為大誅戮，這才有京觀，警戒後來的壞人。如今晉國並沒有犯什麼罪，晉國的人民，又都是盡忠死依著君命的，為什麼要築京觀呢？」便祭著河神，造了一所先君的廟，告訴成了一件事，就回去。

㈣**經**秋七月。

傳是役也，鄭石制㊀實入楚師，將以分鄭而立公子魚臣㊁。辛未，鄭殺僕叔及子服。君子曰：「史佚所謂毋怙亂者，謂是類也㊂。詩曰：『亂離瘼矣，爰其適歸㊃！』歸於怙亂者也夫㊄！」

【今註】㊀石制：即子服。㊁魚臣：號叫僕叔。㊂史佚所謂毋怙亂者，謂是類也：史佚是周國的舊史官，不要依靠旁人的亂事來求利，這是這類的事。㊃亂離瘼矣，爰其適歸：這個亂很厲害了，將往什麼地方去呢？㊄歸於怙亂者也夫：凡是利用亂事的人，這禍必定歸到他。

【今譯】就在這段戰事中，鄭國的大夫石制進到楚國的軍隊中，要求將鄭國分割，並立公子魚臣為君。就在辛未這一天，鄭國殺了魚臣同石制。君子說：「史佚所說不要乘著人家的亂事以謀得到自己的利益。詩經小雅說：「亂離很利害了，將到那裡去呢？』這就是仗著亂事而後歸他的了。」

㈤ 傳 鄭伯許男如楚㊀。

【今註】㊀鄭伯許男如楚：這是宣公十四年晉國伐鄭國的原因。

【今譯】鄭伯同許男全到楚國去。

㈥ 傳 秋，晉師歸，桓子請死。晉侯欲許之，士貞子㊀諫曰：「不可。城濮之役，晉師三日穀㊁，文公猶有憂色。左右曰：『有喜而憂，如有憂而喜乎㊂？』公曰：『得臣猶在，憂未歇也！困獸猶鬬，況國相乎？』及楚殺子玉，公喜而後可知也㊃，曰：『莫余毒也已㊄！』是晉再克而楚再敗也，楚是以再世不競㊅。今天或者大警晉也，而又殺林父以重楚勝㊆，其無乃久不競乎㊇？林父之事君也，進思盡忠，退思補過，社稷之衛也，若之何殺之？夫其敗也，如日月之食焉，何損於明㊈？」晉侯使復其位㊉。

【今註】㊀士貞子：叫士渥濁。㊁城濮之役，晉師三日穀：在僖公二十八年，晉國的軍隊吃了楚國三天的存糧。㊂有喜而憂，如有憂而喜乎：有喜事而發愁等於是有憂事而高興嗎？㊃公喜而後可知也：於是晉文公喜歡的使別人全看出來。㊄莫余毒也已：從此沒有人再能害我了。㊅楚是以再世不競：再世指著楚成王與楚穆王，他們二輩再不能與晉國競爭。㊆以重楚勝：使楚國的勝利加倍。㊇其無乃久不競乎：這不是使晉國日久不能與楚國競爭。㊈夫其敗也，如日月之食焉，何損於明：他失敗的時候，等於太陽同月亮被侵蝕，這對於他們的光明有什麼損失。㊉晉侯使復其位：晉侯使是荀林父仍舊回復他的位子。

【今譯】　晉師戰敗歸國，荀林父因敗軍的罪，請求要死。晉景公要應許他死了。士貞子諫說：「不可以的。從前城濮那次戰爭，晉師三天吃了楚人的糧食，文公還有憂愁的顏色，左右的臣子奇怪，問說：『戰勝是可喜的，反而愁著，如果有了憂愁事，那末反應當快活麼？』文公說：『得臣還活在那裏，定要報復的，憂愁還沒有歇。野獸逼得無可如何，還要相鬬，何況是個國相呢？』等到後來楚成王殺掉子玉，文公的喜色方纔發現，而且說：『現在沒有人再來害我了！』這好比是晉國再勝，楚國再敗，楚國所以兩世沒有強起來。現在天意或者要使晉國大加警戒罷？卻又殺掉林父，重疊楚國的勝，不是要使晉國長久強不起了麼？林父的服事於君，進諫時便想盡自己忠心，退下時便想補救著過失，這是國家的保護人，為什麼要聽由他自盡呢？他的戰敗也好像日月的薄蝕一般，那裏就會損壞他的光明？」晉侯聽了士貞子的諫，便使林父仍舊回復他本來的官位。

(七)**經** 冬十有二月戊寅，楚子滅蕭。

傳 冬，楚子伐蕭㈠。宋華椒以蔡人救蕭。蕭人囚熊相宜僚及公子丙㈡，王曰：「勿殺，吾退。」蕭人殺之，王怒，遂圍蕭，蕭潰。申公巫臣曰：「師人多寒。」王巡三軍，拊而勉之㈢。三軍之士，皆如挾纊㈣。遂傅㈤於蕭。還無社與司馬卯言，號申叔展㈥，叔展曰：「有麥麴乎㈦？」曰：「無。」「有山鞠窮㈧乎？」曰：「無。」「河魚腹疾奈何㈨？」曰：「目於眢井而拯之㈩。」「若為茅絰，哭井則已⑾。」明日蕭潰，申叔視其井，則茅絰存焉，號而出之。

【今註】㈠蕭：是宋的附庸國。㈡熊相宜僚及公子丙：全是楚國大夫。㈢師人多寒，王巡三軍，拊而勉之：軍隊都感覺寒冷，楚王巡視各軍，安慰他們勉勵他們。㈣三軍之士，皆如挾纊：三軍將士高興得等於穿上棉衣。㈤遂傅：傅是爬城。㈥還無社與司馬卯言，號申叔展：還無社是蕭大夫，司馬卯同申叔展皆楚大夫。言號是大聲嚷的意思。㈦有麥麴乎：麥麴是一種抵抗濕氣的藥。㈧山鞠窮：也是治濕氣的藥，問他這兩句是表示要還無社不要在濕泥中，恐怕得到濕氣病。㈨河魚腹疾奈何：河裏的魚鬧腸胃病，那怎麼辦。㈩目於眢井而拯之：眢音（ㄩㄢ）。到枯井再來救援。⑾若為茅絰，哭井則已：你結茅為絰，作為標記，等我的哭聲，再作回應。

【今譯】冬天，楚莊王去伐蕭國，宋大夫華椒領了蔡國人去救蕭國，蕭人捉住楚國的熊相宜僚和公子丙。莊王道：「請你們不要殺他，我退兵就是了。」蕭人卻故意殺掉他。楚王便大怒，就圍住蕭國。蕭衆就大敗。楚國的申公巫臣道：「兵士多受寒了！」莊王便親自出去巡查，撫慰勉勵他們，三軍的士卒，都像穿著綿絮一般的，頓時暖起來了，便逼近蕭城去。蕭大夫還無社和司馬卯說話，就趁便喊申叔展。叔展道：「有麥麴麼？」無社答道：「沒有」「有山鞠窮麼？」又答道：「沒有」叔展道：「那末像河魚害了腹疾怎麼樣呢？」無社答道：「只要看著枯井中拉他起來便了。」叔展道：「你要結些茅草做記認，聽到我的哭聲，就是我來救你了。」到了明天，蕭人敗散了。申叔便去查看各處井邊，果然看見有結茅的在那裏，便哭著拉他起來。

(八)**經** 晉人、宋人、衛人、曹人，同盟于清丘，宋師伐陳，衛人救陳。

傳 晉原縠宋華椒衛孔達曹人同盟于清丘㈠，曰：「恤病討貳㈡。」於是卿不書，不實其言也㈢。宋為盟故伐陳㈣，衛人救之。孔達曰：「先君有約言焉，若大國討我，則死之㈤。」

【今註】㈠清丘：亦名清原，在今山西省，稷山縣東南。㈡恤病討貳：憐惜被壓迫的國家，討伐有貳心的國家。㈢不實其言也：楚人伐宋國，晉國不去救他，這是不憐恤被壓迫的國。宋國伐陳國，衛國去救他，這是不討伐有貳心的國家。㈣宋為盟故伐陳：宋國因為這個盟約的國家，而陳國有貳心於楚國所以討伐他。㈤先君有約言焉，若大國討我，則死之：衛成公與陳共公有舊約，所以孔達說是如果有大國討伐我，我就要拼命。

【今譯】晉人原穀、宋人華椒、衛人孔達、曹人在清丘這地方同盟說：「憐恤不強的國家，討伐有貳心的國家。」春秋上不寫卿的名字，因為他們沒有實行他們的話。宋國為這個盟誓，所以討伐陳國，衛國人派兵去救陳，衛國的孔達說：「先君衛成公曾與陳共公訂過盟誓，要是大的國家來討伐我們，我必定要拼命。」

宣公十有三年（公元前五百九十六年）

㈠經十有三年春齊師伐莒。

傳十三年春，齊師伐莒，莒恃晉而不事齊故也㈠。

【今註】㈠莒恃晉而不事齊故也：莒國依仗晉國的力量而不事奉齊國的原故。

【今譯】十三年春天，齊國軍隊討伐莒國，因為莒國仗恃著晉國，而不事奉齊國。

㈡經夏楚子伐宋。

傳夏，楚子伐宋，以其救蕭也。君子曰：「清丘之盟，唯宋可以免焉㈠。」

【今註】㈠唯宋可以免焉：宋國曾經討伐陳國的貳心，現在宋被楚國討伐，而晉國也不顧盟誓，所以說清丘的盟誓衹有宋國可以免除罪惡。

【今譯】夏天的時候，楚王伐宋國，因為他曾經救過蕭國。君子說：「清丘這個盟誓，衹有宋國不違他的誓言。」

㈢傳秋，螽㈠。

【今註】㈠螽：是蝗蟲，此經無傳。

【今譯】秋天魯國蝗蟲很多。

㈣傳秋，赤狄伐晉及清㈠，先縠召之也。

【今註】㈠清：就是也名清原。

【今譯】秋天，赤狄伐晉國，打到清這個地方，這是晉國大夫先縠召喚他們的。

(五)經 冬晉殺其大夫先縠。

傳 冬，晉人討邲之敗與清之師，歸罪於先縠而殺之，盡滅其族。君子曰：「惡之來也，己則取之㈠。其先縠之謂乎㈡。」

【今註】㈠惡之來也，己則取之：罪惡的來是自己召來的。㈡其先縠之謂乎：這不就在說就是先縠嗎？

【今譯】冬天，晉國人討邲的戰敗同清的打仗，於是將罪狀歸到先縠，把他殺掉了，並且把他的族人也殺盡。君子說：「壞事情的來到是自己召來的。這不就是指著先縠說的嗎？」

(六)傳 清丘之盟，晉以衛之救陳也，討焉，使人弗去，曰：「罪無所歸，將加而師㈠。」孔達曰：「苟利社稷，請以我說，罪我之由，我則為政㈡，而亢大國之討，將以誰任㈢，我則死之。」

【今註】㈠罪無所歸，將加而師：要是沒有得到罪犯，就派軍隊到你們國家。㈡苟利社稷，請以我說，罪我之由，我則為政：假使對於國家有利益，請以我來解說，這是我的罪狀，我既然當政權。㈢而亢大國之討，將以誰任：而抵抗大國的討伐，將來誰來擔任呢？

【今譯】清丘盟會的時候，晉國以為衛國的救陳國，責備他，派去的人不走，並且說：「找不出罪人來，我們就要加兵到你這國家。」衛國大夫孔達就說：「假設對於國家有利益，請拿我來向晉國解說，這罪狀是由我來的。我已經當政權，而抵抗大國的討伐，其他的人還有誰能擔任，我就可以自殺了。」

宣公十有四年（公元前五百九十五年）

㈠**經**　十有四年春衛殺其大夫孔達。

傳　十四年春，孔達縊而死，衛人以說于晉而免㊀。遂告于諸侯曰：「寡君有不令之臣達，構我敝邑于大國，既伏其罪矣，敢告。」衛人以為成勞，復室其子㊁，使復其位㊂。

【今註】㊀衛人以說于晉而免：衛人用他的死向晉人解說，就免除被討伐。㊁衛人以為成勞，復室其子：衛國人以為他有平安國家的功勞，就把衛國的女兒嫁給他的兒子。㊂使復其位：並使他兒子繼續他父親的職位。

【今譯】　十四年春，衛國的孔達上吊死了，衛國人就以他的死到晉國去解說，晉國人就免除討伐衛國，衛國人告訴旁的國家說：「我們有一個不遵命令的臣子叫孔達，離間我們同大的國家，已經受了罪刑，敢告各國。」衛人以為他有安定國家的功勞，就將衛國的女兒嫁給他的兒子，並且使他的兒子仍襲他父親的位子。

(二)經 夏五月壬申，曹伯壽卒㈠。

【今註】㈠曹伯壽：即曹文公。此經無傳。

【今譯】夏五月壬申這一天曹文公死了。

(三)經 晉侯伐鄭。

傳 夏，晉侯伐鄭，為邲故也㈠。告於諸侯，蒐焉而還㈡，中行桓子之謀也。曰：「示之以整，使謀而來㈢。」鄭人懼，使子張㈣代子良于楚，鄭伯如楚，謀晉故也。鄭以子良為有禮㈤，故召之。

【今註】㈠晉侯伐鄭，為邲故也：晉成公攻打鄭國，就是因為晉在邲戰敗而鄭國服楚之故。㈡蒐焉而還：既檢閱車馬就回晉國了。㈢示之以整，使謀而來：表示我軍容很盛，使他自謀來服我。㈣子張：是鄭穆公的孫子。㈤鄭以子良為有禮：鄭伯以為子良曾讓君位給他，所以以為他很有禮。

【今譯】夏天，晉侯討伐鄭國，因邲之戰的原故。佈告各諸侯，祇是檢閱車馬就回國了。這是荀林父的計謀。就說：「對鄭國表示軍容很盛，使他看了以後，自謀來服。」鄭國人害怕，就派子張到楚國去替代子良做人質。鄭伯到楚國去，這是計謀晉國的。鄭國以為公子良有讓君位的禮，所以叫他由楚國回鄭國來。

㈣**經**　秋九月，楚子圍宋。

傳　楚子使申舟㊀聘于齊，曰：「無假道于宋。」亦使公子馮聘于晉，不假道于鄭。申舟以孟諸之役惡宋㊁，曰：「鄭昭宋聾㊂，晉使不害，我則必死。」王曰：「殺女，我伐之。」見犀而行㊃。及宋，宋人止之。華元曰：「過我而不假道，鄙我也㊄，鄙我，亡也！殺其使者，必伐我，伐我，亦亡也！亡一也！」乃殺之。楚子聞之，投袂而起㊅，屨及於窒皇㊆，劍及於寢門之外，車及於蒲胥之市㊇。秋九月，楚子圍宋。

【今註】㊀申舟：是楚大夫申無畏。㊁孟諸之役惡宋：在文公十年，楚王到宋國的孟諸這地方打獵，申無畏曾經打過宋公的佣人。㊂鄭昭宋聾：鄭國很昭明，宋國等於聾子。㊃見犀而行：就把他兒子申犀交給楚王，就走了。㊄鄙我也：那是等於拿我做他的邊鄙。㊅投袂而起：捽袖子就站起來。㊆屨及於窒皇：穿的鞋到了窒皇才有人追送上。窒皇：顏師古說：「室無四壁曰皇。」可見這是由寢室到寢門中間空屋四壁的過路。㊇蒲胥之市：漢書郡國誌：「郢城中有市名叫蒲胥。」

【今譯】楚子差申舟行聘到齊國去。叮囑他道：「你不要向宋國借路的。」又差公子馮行聘到晉國去，不借路於鄭國。申舟因為孟諸那回打獵的時候惹怒了宋國。對莊王說：「鄭國是明白的，宋國怕像聾子罷？到晉國去的使臣是不礙事的，我卻定要被宋國殺害了。」莊王說：「什麼？殺了你，我便去伐他！」申舟就同兒子犀去見了王纔動身，到了宋國，宋人果真阻止他，華元說：「走過我國，卻不來借道路，這是把我當他的邊鄙看待了，把我做了邊界，就是亡國啊！殺了他的使臣，定要來伐我的，伐我也是亡啊！亡終歸是一樣的，不如殺了他的使臣好。」便把申舟殺死。楚子聽到這事，把衣袖一灑就立起來，到寢門口，纔有人送鞋子穿上，到寢門外面纔佩帶好劍，到了蒲胥的市中，纔坐著車子。秋天九月中，楚子便圍住宋國。

(五)經 葬曹文公㈠。

【今註】㈠此經無傳。

【今譯】為曹文公行葬禮。

(六)經 冬公孫歸父會齊侯于穀。

傳 冬，公孫歸父會齊侯于穀㈠，見晏桓子與之言魯樂㈡。桓子告高宣子㈢，曰：「子家其亡乎！懷於魯矣㈣，懷必貪，貪必謀人，謀人，人亦謀己。一國謀之，何以不亡㊄。」

【今註】㊀穀：在今山東省東阿縣治。㊁魯樂：表示在魯國很樂。㊂高宣子：是高固。㊃子家其亡乎！懷於魯矣：子家就是公孫歸父，他恐怕要逃亡，很思念魯國。㊄一國謀之，何以不亡：全國人全謀算他，他怎樣能不逃走。

【今譯】冬，公孫歸父會齊侯於穀這地方，看見晏嬰的父親晏弱跟他說在魯國如何的樂。晏弱就對齊國的高固說：「子家恐怕要逃亡了，他懷念魯國了，懷念魯國必定要有貪心，貪心必定計謀別人，計謀別人，人家也要計謀他，全國全都謀算他，怎麼樣能夠不亡？」

(七)傳 孟獻子言於公曰：「臣聞小國之免於大國也，聘而獻物㊀，於是有庭實旅百㊁，朝而獻功㊂。於是有容貌，采章，嘉淑，而有加貨㊃，謀其不免也。誅而薦賄，則無及也㊄。今楚在宋，君其圖之。」公說㊅。

【今註】㊀聘而獻物：聘問而常獻物品，物品是指著玉帛及皮幣。㊁有庭實旅百：主人也設備各種食品，在庭中以答謝賓客。㊂朝而獻功：上朝貢獻他征伐小國的功勞于大國。㊃容貌、采章、嘉淑，而有加貨：容貌指威儀、采章是指車服、文章。嘉淑是拿好言語稱讚他。於是主人就回送很多幣帛。㊄誅而薦賄，則無及也：如果被人國責備，而就呈送很多貨財，也來不及了。㊅公說：這足證明左氏春秋是本來連著。「十五年春公孫歸父會楚子于宋。」這亦足證明我在引言中所說孔子春秋與左氏春秋是兩部書。

【今譯】孟獻子對魯宣公說：「我聽見說小國能免於大國的禍難，常常聘問而貢獻物品，因此那國的主人也在庭中設食品多種以答謝賓客。另外有到大國去上朝，而貢獻他自己國家的功効，同征伐旁的國家的功勞。因此有威儀、車服、文章、稱讚的好詞令，而主人也回送很多的貨幣。小國這樣做是為了取悅大國，如被大國討伐才進賄賂就來不及了。現在楚王在宋國，你何不計劃計劃呢？」魯宣公聽了此話甚為喜悅。

宣公十有五年（公元前五百九十四年）

(一)經　十有五年春公孫歸父會楚子于宋。

傳　十五年春，公孫歸父會楚子于宋㊀。

【今註】㊀公孫歸父會楚子于宋：就是因為去年孟獻子所說的話的緣故。

【今譯】十五年春天，魯國的公孫歸父會見楚王在宋國。

(二)**傳**　宋人使樂嬰齊㈠告急于晉，晉侯欲救之，伯宗㈡曰：「不可。古人有言曰：『雖鞭之長，不及馬腹㈢。』天方授楚，未可與爭。雖晉之彊，能違天乎？諺曰：『高下在心㈣，川澤納汙㈤，山藪藏疾㈥，瑾瑜匿瑕㈦，國君含垢㈧，天之道也。』君其待之㈨！」乃止，使解揚㈩如宋，使無降楚，曰：「晉師悉起，將至矣。」鄭人囚而獻諸楚。楚子厚賂之，使反其言。不許，三而許之。登諸樓車⑪，使呼宋人而告之，遂致其君命。楚子將殺之，使與之言曰：「爾既許不穀而反之⑫，何故？非我無信，女則弃之，速即爾刑。」對曰：「臣聞之，君能制命為義⑬，臣能承命為信⑭。信載義而行之為利⑮。謀不失利，以衛社稷，民之主也。義無二信⑯，信無二命⑰。君之賂臣，不知命也。受命以出，有死無霣⑱，又可賂乎？臣之許君，以成命也⑲。死而成命，臣之祿也。寡君有信臣⑳，下臣獲考㉑，死又何求㉒！」楚子舍之以歸。

【今註】㈠樂嬰齊：是宋大夫。㈡伯宗：是晉大夫。㈢雖鞭之長，不及馬腹：雖然鞭子很長，但是不能打到馬的腹上。㈣高下在心：隨著時候來制定合宜的辦法。㈤川澤納汙：川同湖全都接受汙濁的物品。㈥山藪藏疾：山中有林子就藏著害人的疾病。㈦瑾瑜匿瑕：瑾瑜全都是美玉，但是時常藏著壞的成分。㈧國君含垢：一國的君時常能夠忍受垢恥。㈨君其待之：你或者等到楚國衰弱的時候再說。㈩解揚：是晉大夫。⑪登諸樓車：使他上到樓車。樓車是車上有一種可以遠望的樓。⑫爾既許不穀而反之：你既然答應我反著告訴宋國，晉國不來救，為什麼你不這麼說。⑬君能制命為義：為君的能夠製造命令就叫做義。⑭承命為信：實行君的命令就叫著信。⑮信載義而行之為利：信遵守著義而去做，就叫著利。⑯義無二信：有義的就不能做兩種信。⑰信無二命：欲實行信的人，就沒有受兩種命令。⑱受命以出，有死無霣：霣音ㄩㄣˇ，墜落。我受到命令離開晉國，祇有死，而不敢廢墜晉君的命令。⑲臣之許君，以成命也：我答應你就是為著做成晉君的命令。⑳寡君有信臣：我沒有廢了命令，就是我君的信臣。㉑下臣獲考：我也能夠獲到考終。㉒死又何求：這死了又何必求旁的。

【今譯】　宋人因為被楚國圍得很急，差樂嬰齊到晉國去告急，晉侯要想發兵去救，伯宗說：「不可去救的，古人有句話道：『馬鞭子雖然長，卻打不到馬肚子上去。』如今天正給楚國幫助，不可和他爭的，晉國雖然強盛，能夠違背天意麼？俗語道：『高下是隨著心走的。凡是河流湖澤，總要納些汙濁；凡是山林，總要躲些毒物；那怕美玉，也要有些壞的斑；國君總要包含些羞恥的，這也是天道呢？』請君等著罷！」便停止救兵，差解揚到宋國去，叫他不要降楚國，而且對他們說：「晉師已都出發，快要到了。」解揚走到鄭國，鄭國人便把他拘禁起來，獻給楚國，楚王厚厚的賄賂他，使他反了過來，說晉國並不來救，解揚不肯應許。說了三次，纔應許了。他便爬登到樓車上，使他喊著宋人告訴他，那知道解揚既見宋人，卻把晉君的命令告訴了一遍。楚王將要把他殺死，使人對他說：「你既應許了我，卻半中間違反了，為什麼緣故呢？這不是我們沒有信義，實在是你自棄的，快些受你的刑罰去罷。」解揚答說：「臣聽得的，做人君的能夠制定合宜的命令，纔可算得義，做人臣的能夠擔任那命令，纔可算是信，用臣的信，載了君的義做去，纔是國家的利益。人臣謀國，不失掉利益，保衛社稷，纔算是萬民的主子。要義的便不幹第二個信，要信的便不受第二個命令，你君的賄託了我，就是你君不懂得制定命令的道理。臣受了君命出來奉使，就有死的危險，也不肯廢掉的，還要什麼賄賂呢？臣的應許君，原是要想成功晉君命令啦！成功了君命纔死這就是臣的福祿。寡君有了信託得的臣子，下臣又能得成全君命，死著也值得，還想什麼？」楚王倒就放了他，他便回來。

(三)**經**夏五月，宋人及楚人平。

傳夏五月，楚師將去宋。申犀稽首於王之馬前曰：「毋畏知死而不敢廢王命，王弃言焉？」王不能答。申叔時僕㈠曰：「築室反耕者，宋必聽命㈡。」從之，宋人懼，使華元夜入楚師，登子反之床，起之㈢曰：「寡君使元以病告㈣。」曰：「敝邑易子而食，析骸以爨㈤。雖然，城下之盟，有以國斃，不能從也㈥。去我三十里，唯命是聽。」子反懼，與之盟，而告王，退三十里，宋及楚平，華元為質，盟曰：「我無爾詐，爾無我虞㈦。」

【今註】㈠申叔時僕：申叔是給楚王趕馬車的人。㈡築室反耕者，宋必聽命：在野地裡築房子，使耕田的人回到楚國去，宋國人必定聽從命令。㈢起之：是指叫子反起來。㈣寡君使元以病告：我們的君使我以宋國病得厲害來告訴你。㈤敝邑易子而食，析骸以爨：我們國裡交換著兒子來吃，拿人的骨頭來當柴火。㈥城下之盟，有以國斃，不能從也：就以國家拚死，也不能聽從城邊上的盟誓。㈦我無爾詐，爾無我虞：我也不要欺騙你，你也不用害我。

【今譯】夏天五月間，楚師將要離開宋國回去，申犀在楚王的馬前叩頭說：「先父無畏明知要死的，卻不敢廢掉你王的命令，如今你王倒丟開從前的話了麼？」楚王竟回答不出來。這時候申叔時正趕了車子，對王說道：「築室在郊野，使耕田的先回去，宋國一定能依我們的！」王依了他的話，宋人果然害怕起來，便使華元乘夜間暗暗到楚軍中去，登在子反的臥榻上，叫醒他說：「寡君差元把困苦的景象告訴你。」說道：「敝邑已經交換了兒子吃著，劈分了屍骨炊著呢？雖然如此，但是要做城下的盟，卻情願跟著國而死，不肯依你們的。如能退兵三十里，就隨你怎麼吩咐都依得了。」子反嚇的沒法，便和他私下約定，然後再告訴王，於是退三十里路，宋國便和楚國講和，華元做了抵押，盟說：「楚國不要詐欺宋國，宋國也不要防備楚國。」

(四)**經** 六月，癸卯，晉師滅赤狄潞氏，以潞子嬰兒歸。

傳 潞子嬰兒(一)之夫人，晉景公之姊也，酆舒為政而殺之，又傷潞子之目(二)。晉侯將伐之，諸大夫皆曰：「不可，酆舒有三雋才(三)，不如待後之人！」伯宗曰：「必伐之。狄有五罪，雋才雖多，何補焉？不祀一也(四)！耆酒二也(五)！弃仲章而奪黎氏地三也(六)！虐我伯姬四也(七)！傷其君目五也(八)。怙其雋才，而不以茂德(九)，茲益罪也！後之人或者將敬奉德義，以事神人，而申固其命(十)，若之何待之？不討有罪，曰將待後，後有辭而討焉，毋乃不可乎？夫恃才與眾，亡之道也，商紂由之，故滅(十一)。天反時為災(十二)，地反物為妖(十三)，民反德為亂。亂則妖災生，故文反正為乏(十四)，盡在狄矣(十五)！」晉侯從之。六月癸卯，晉荀林父敗赤狄于曲梁(十六)。辛亥，滅潞。酆舒奔衛，衛人歸諸晉，晉人殺之。

【今註】㊀潞子嬰兒：潞國是赤狄的別種。彙纂：「在今山西潞城縣東北四十里，有古潞城。」嬰兒是他名字。㊁傷潞子之目：傷了潞子的眼睛。㊂三儁才：三種特出的才幹。㊃不祀一也：不祭祀祖是第一件事。㊄耆酒二也：愛喝酒第二種。㊅弃仲章而奪黎氏地三也：他不用仲章而奪到黎國的地方是第三種。仲章是潞國的賢才。黎國據彙纂說：「在今山西長治縣西三十里，黎侯亭是也。」㊆虐我伯姬四也：虐待晉景公的姐姐是第四種。㊇傷其君目五也：又把潞子的眼睛傷了，這是五條罪狀。㊈怙其儁才，而不以茂德：仗著他的特殊才能，而不能修德性，這益發生長他的罪惡。㊉申固其命：而申固他的政令。⑪商紂由之故滅：商朝的紂王由於他仗著才能與軍隊眾多，所以他就被滅亡了。⑫天反時為災：天不合時候就變成災，比如寒同暑全都變化了。⑬地反物為妖：各種動物全都反了本性，就變成妖。⑭故文反正為乏：所以在文字上與正相反就叫乏。⑮盡在狄矣：這些現象全都在狄國出現。⑯曲梁：一統志說：「石梁在潞城縣北四十里，即荀林父戍赤狄處。」

【今譯】潞子嬰兒的夫人是晉景公的姐姐。豐舒掌政權，殺了她，又把潞子的眼睛傷害了。晉侯大怒，將討伐他，晉國的各大夫皆說：「不可以，酆舒有三種特突的能力，不如等待後來的人。」晉大夫伯宗就說：「必定要討伐他。狄國有五種罪狀，他特出的本領雖然多，有什麼補助？五種罪狀第一種是不祭祀祖先。第二種是喜歡喝酒。不錄用潞國的賢才仲章，並且奪到黎氏的地盤，這是第三種。虐待晉國的伯姬，是第四種。傷了潞子的眼睛是第五種。依仗他特出的能力並不使德性發展，罪狀更多，以後執政的人或者奉承德義以事奉神同人，而申固他的政令，為什麼要等著他？現在不討有罪的人，而說將等後來的人，後來的人並沒有罪而討伐他，這豈不是不可以的。仗著能力與人多，這是滅亡的途徑，商朝的紂王由這條路就滅亡了。天時寒暑變化就變成災害，地上的各種事物反了性情就是妖，人民反了德性就叫做亂，那麼亂了，妖同災也就發生，所以文字上與正字相反就叫做乏，這種現象已經在狄國全有了。」晉侯聽了他的話。六月癸卯這天，晉國荀林父在曲梁這地方戰敗了赤狄，辛亥就滅了潞，酆舒逃到衛國，衛國人把他送還晉國，晉國人就殺了他。

(五)**經**秦人伐晉㊀。

【今註】㊀此經無傳。

【今譯】秦國人討伐晉國。

(六)**經**王札子殺召伯，毛伯。

傳王孫蘇與召氏、毛氏爭政㊀，使王子捷殺召戴公及毛伯衛㊁，卒立召襄㊂。

【今註】㊀王孫蘇與召氏、毛氏爭政：王孫蘇與召伯、毛伯皆周王卿士，他們三個人互相爭奪政權。㊁王子捷殺召戴公及毛伯衛：王子捷即王札子，召戴公即召伯，毛伯衛即毛伯。㊂召襄：是召戴公的兒子。

【今譯】王孫蘇同王卿士召戴公與毛伯衛爭政權，使王札子殺了後面兩個人，後來就立了召戴公的兒子召襄。

(七)

傳 秋七月，秦桓公伐晉，次于輔氏㈠。壬午，晉侯治兵于稷㈡，以略狄土，立黎侯而還㈢。及雒㈣，魏顆敗秦師于輔氏，獲杜回，秦之力人也。初，魏武子有嬖妾，無子。武子疾，命顆曰：「必嫁是㈤！」疾病㈥則曰：「必以為殉。」及卒，顆嫁之，曰：「疾病則亂，吾從其治也㈦。」及輔氏之役，顆見老人結草以亢杜回㈧，杜回躓而顛㈨，故獲之。夜夢之曰：「余而所嫁婦人之父也，爾用先人之治命，余是以報㈩。」

【今註】㈠輔氏：晉地，據一統志說：「今陝西朝邑縣西北十三里，有輔氏城。」㈡稷：彙纂說：「今山西稷山縣南五十里，有稷神山，山下有稷亭，即晉侯治兵處。」㈢立黎侯而還：一統志說：「黎國本在長治縣西南，黎侯嶺下。」㈣雒：晉地，一統志說：「在今陝西北部，由朝邑縣南入渭。」㈤必嫁是：必使這個人出嫁。㈥疾病：疾就是病得厲害。㈦疾病則亂，吾從其治也：等到病得厲害時心就亂了，我是聽從他平時的話。㈧老人結草以亢杜回：有一個老人把草捆成捆，以抵抗杜回。㈨杜回躓而顛：杜回被跸倒下。㈩爾用先人之治命，余是以報：你是奉行你父親平常的命令，我所以報答你。

【今譯】秋七月時，秦桓公伐晉國，到了輔氏的地方，壬午這天，晉侯練習軍隊在稷的地方，以侵略狄國，立了黎侯就回來了。到了雒這地方，魏犨的兒子魏顆打敗了秦國的軍隊在輔氏這個地方，逮捕了杜回這人，他是秦國有力量的人。在此以前，魏犨有喜歡的一個妾，但是沒有兒子。武子有病就叫魏顆說：「必須嫁這個人。」等到病重了就改說：「必定把她殉葬。」等到魏犨死了以後，魏顆就把她嫁了，並且說：「病的厲害，心裏頭亂了。我是遵從他安靜時候的命令。」到了輔氏戰役的時候，魏顆看見一個老人把草拴起來，以抵抗杜回，杜回半躺下來，就把他逮著。夜裡魏顆夢見老人說：「我是你所嫁的那婦人的父親，你遵守你先人平常的命令，我以這個來報答你。」

(八)經　秋螽㈠。

【今註】㈠此經無傳。

【今譯】秋，魯國有蝗蟲。

(九)經　仲孫蔑會齊高固于無婁㈠。

【今註】㈠此經無傳。

【今譯】仲孫蔑在無婁會齊國的卿高固。

㈩**傳**晉侯賞桓子狄臣千室，亦賞士伯以瓜衍之縣㈠，曰：「吾獲狄土，子之功也。微子，吾喪伯氏矣㈡！」羊舌職說是賞也，曰：「周書所謂庸庸祗祗者，謂此物也夫㈢。士伯庸中行伯㈣，君信之，亦庸士伯，此之謂明德矣。文王所以造周，不是過也。故詩曰：『陳錫哉周㈤。』能施也！率是道也，其何不濟？」

【今註】㈠士伯以瓜衍之縣：瓜衍據一統志：「今山西孝義縣北十里，有瓜城，本號城也，今名號城村。在縣北田同里。」㈡微子，吾喪伯氏矣：要不是你的力量，我就丟掉荀林父了。㈢所謂庸庸祗祗者，謂此物也夫：周書康誥所說用可用，敬可敬就是指著這類事情。㈣士伯庸中行伯：士伯說中行伯荀林父可用。㈤陳錫哉周：這是詩經大雅的一句詩：分佈大利於天下，所以能流行周的道路。

【今譯】晉侯賞荀林父狄國的臣屬一千家，也賞士伯晉國的瓜衍。並且說：「我得到狄國的土地，是你的功勞，要不是你我就丟掉荀林父了。」晉國的大夫羊舌職說這個賞賜，就說：「周書康誥篇所說的，用可用，敬可敬，就是指著這類事。士伯說中行伯可用，晉君信了他，也能用士伯，這就所謂明德。文王能夠興起周國，也不過如此。所以詩經大雅篇說：『布陳大利於天下，流行於周道。』就由於能施。由這條路走去，還有何種事不能夠達到？」

(十)傳 晉侯使趙同獻狄俘于周，不敬。劉康公㈠曰：「不及十年，原叔必有大咎㈡，天奪之魄矣㈢！」

【今註】㈠劉康公：就是王季子。㈡原叔必有大咎：原叔就是趙同。趙同必定就有大災害。㈢天奪之魄矣：天全奪取他的魂魄。

【今譯】晉侯叫晉大夫趙同獻由狄國俘虜來的狄人到周王室去，他行禮的時候不恭敬。王季子說：「不到十年趙同必定得到大的罪過，天把他的魂魄全奪取了。」

(土)經 初稅畝。

傳 初稅畝㈠，非禮也。穀出不過藉㈡，以豐財也。

【今註】㈠初稅畝：初次對於田畝收稅。㈡穀出不過藉：周代的法律百畝田地以內，有公家的田地十畝，人民必須耕種它，就叫做藉。

【今譯】魯國初次對於田畝收稅這是很不合禮的。民間祇能用藉的稅法，這就是說每一百畝地，有十畝地歸公家，而由人民給他耕種，這是為的豐富財源。

(圭)經 冬蝝生。

經饑。

(十四)傳冬，蝝生，饑，幸之也(一)。

【今註】(一)冬蝝生、饑、幸之也：蝝音（ㄩㄢ）是未生翅之蝗蟲。今年雖然飢餓，但是蝗蟲子並不能危害，所以特別寫在竹簡上。

【今譯】冬天蝗蟲的子生，雖然有饑，但是並不能危害。

宣公十有六年（公元前五百九十三年）

(一)經十有六年春王正月，晉人滅赤狄甲氏及留吁。

傳十六年春，晉士會帥師滅赤狄甲氏及留吁鐸辰(一)。三月，獻狄俘(二)。晉侯請于王，戊申，以黻冕(三)命士會將中軍，且為大傅，於是晉國之盜逃奔於秦。羊舌職曰：「吾聞之，禹稱善人，不善人遠(四)。此之謂也夫！詩曰：『戰戰兢兢，如臨深淵，如履薄冰(五)』善人在上也。善人在上，則國無幸民(六)。諺曰：『民之多幸，國之不幸也(七)！』是無善人之謂也。」

【今註】㈠甲氏及留吁鐸辰：甲氏在今山西省長子縣東南。留吁及鐸辰在今山西省長治縣附近。㈡狄俘：把由狄國逮來的俘虜獻給周王。㈢黻冕：是天子所命卿的服冠。㈣吾聞之禹稱善人，不善人遠：禹舉稱善良的人，不善的人就遠了。㈤戰戰兢兢，如臨深淵，如履薄冰：時常的戰慄，如同在一個深淵前面，又如在薄冰的上面。㈥善人在上，則國無幸民：善人在上面，國家就沒有僥倖的人民。㈦民之多幸，國家之不幸也：人民要是多僥倖，就是國家不幸。

【今譯】十六年春，晉國的士會帥軍隊滅了赤狄的甲氏及留吁鐸辰各部落。三月，獻狄俘給周王。晉侯要求周王准許，以命卿的官同衣服給士會，並且使他將晉國的中軍兼為大傅，因此晉國的盜賊全逃奔到秦國去了。晉國的羊舌職就說：「我聽見說，夏禹舉了良善的人，不善的人就離開了，就是指著這件事。詩經有句話：『全身的戰兢，如同面臨著深的水，又等於腳踩到薄的冰上。』這就是因為善良的人在上面的原故。善良的人在上位，那麼國裡沒有僥倖的人民。俗話說：『人民多僥倖就是國家的不幸。』這就是指著沒有善人的說法。」

㈡**經**夏，成周宣榭火。

傳夏，成周宣榭火㈠，人火之也。凡火，人火曰火，天火曰災㈡。

【今註】㈠周宣榭火：這是周王在洛陽講武堂著火了。㈡人火曰火，天火曰災：人故的火就叫著火。如果由天所造的火就叫災。

【今譯】到了夏天周王都城的講武堂著了火，這是人給他放的火。凡是火災，人放的火就叫著火，天火叫做災。

(三)經 秋郯伯姬來歸。

傳 秋，郯伯姬來歸，出也㈠。

【今註】㈠出也：出是被郯（ㄊㄢˊ）國壓迫她離婚。

【今譯】秋天，郯伯姬來到魯國，她是被郯國勒令離婚的。

(四)傳 為毛召之難故，王室復亂，王孫蘇奔晉，晉人復之㈠。

【今註】㈠晉人復之：晉人仍舊叫他回到周王那裡。

【今譯】因為毛氏同召氏的亂事，王室又亂了，王孫蘇逃到晉國去，晉國人又叫他回到周王那裡。

(五)經 冬大有年㈠。

【今註】㈠大有年：就是收成豐盛。此經無傳。

【今譯】冬天收成豐富。

㈥傳冬晉侯使士會平王室，定王享之，原襄公相禮㈠，殽烝㈡。武子私問其故㈢，王聞之，召武子曰：「季氏，而弗聞乎？王享有體薦㈣，宴有折俎㈤。公當享，卿當宴，王室之禮也㈥。」武子歸而講求典禮，以脩晉國之法㈦。

【今註】㈠原襄公相禮：周大夫他管相禮節的事情。㈡殽烝：殽是肉塊，烝是把肉塊擺在俎上。㈢武子私問其故：武子就是士會，他偷著問這是什麼緣故。㈣王享有體薦：關於王享禮中，將獸體割一半來請客。㈤宴有折俎：宴禮中將骨頭去掉，而擺在俎上。㈥公當享，卿當宴，王室之禮也：公指諸侯，當用享禮，卿當用宴禮，這是周王的禮節。㈦以脩晉國之法：以修明晉國的法典。杜預說：「傳言典禮之廢久。」但是我的意思，唐叔出封到晉國的時候，本來就用的是「戎索。」見定公四年左傳。可見晉國自最初就沒用周室的禮節。

【今譯】晉侯叫士會平定王室，周定王擺酒席來請他，周大夫原襄公主持禮節，將殽肉擺在俎上。士會偷偷問他是什麼原故，周王聽見了，就叫武子並對他說：「你就不懂這件事嗎？王享的時候，將牛分節成兩半。王宴的時候，將肉分成塊放在俎上。諸侯就用享禮，卿就用宴禮。這是王室所用的不同的禮節。」士會回到晉國就從新講求典禮，以修正晉國的法典。

宣公十有七年（公元前五百九十二年）

㈠經十有七年春王正月，庚子許男錫我卒㊀。

【今註】㊀此經無傳。

【今譯】十七年春，許男名叫錫我的死了。

㈡經丁未，蔡侯申卒㊀。

【今註】㊀此經無傳。

【今譯】丁未這天蔡侯申死了。

㈢經夏，葬許召公㊀。

【今註】㊀此經無傳。

【今譯】夏天為許昭公即許男錫我行葬禮。

㈣經葬蔡文公㊀。

【今註】㊀此經無傳。

【今譯】給蔡文公即蔡侯申行葬禮。

(五)經 六月癸卯，日有食之㊀。

【今註】㊀此經無傳。

【今譯】六月，癸卯這天有日蝕。

(六)經 己未，公會晉侯、衛侯、曹伯邾子同盟于斷道。

傳 十七年春，晉侯使郤克徵會于齊，齊頃公帷婦人使觀之。郤子登，婦人笑於房㊀。獻子怒，出而誓曰：「所不此報，無能涉河㊁！」獻子先歸，使欒京廬待命于齊曰：「不得齊事，無復命矣㊂。」郤子至，請伐齊，晉侯弗許，請以其私屬㊃，又弗許。齊侯使高固、晏弱、蔡朝、南郭偃會㊄，及斂盂㊅，高固逃歸。夏，會于斷道㊆，討貳也。盟于卷楚㊇，辭齊人，晉人執晏弱于野王㊈，執蔡朝于原，執南郭偃于溫。苗賁皇㊉使，見晏桓子，歸言於晉侯曰：「夫晏子何罪㊁？昔者諸侯事吾先君，皆如不逮㊂，舉言羣臣不信，諸侯皆有貳志。齊君恐不得禮，故不出，而使四子來，左右或沮之，曰：『君不出，必執吾使㊂。』故高子及斂盂而逃。夫三子者曰：『若絕君好，寧歸死焉。』為是犯難而來，吾若善逆彼㊃，以懷來者，吾又執之，以信齊沮，吾不既過矣乎？過而不改，而又久之，以成其悔，何利之有焉？使反者得辭㊄，而害來者，以懼諸侯，將焉用之？」晉人緩之，逸㊅。

【今註】㊀郤子登，婦人笑於房：因為郤克腳跛，所以他上臺階很困難，齊國的女子都在房間看見而笑他。㊁所不此報，無能涉河：若不報這個笑，我再也不渡黃河往東邊來齊國。㊂不得齊事，無復命矣：不能辦成齊國的事情，就不要回來報命。㊃請以其私屬：請用他自己的家眾去打齊國。㊄高固、晏弱、蔡朝、南郭偃：全是齊大夫。㊅斂盂：是衛地，在今河北省濮陽縣東南有斂盂聚。這表示小村子。㊆斷道：一統志說：「上虒亭，一名斷梁城，在山西省沁縣東南。」㊇卷楚：杜注：「即斷道。」㊈野王：一統志：「今河南沁陽縣治。」㊉苗賁皇：他是楚國鬬椒的兒子。楚國滅了鬬氏以後，他就逃到晉國去。㊀晏子何罪：晏弱有什麼罪，而被拘留。㊁皆如不逮：皆唯恐有所不及。㊂君不出，必執吾使：這是說齊國君若不去，必定逮捕我們派去的人。㊃吾若善逆彼：我們要善於招待齊國所派來的晏弱、蔡朝、南郭偃三人。㊄使反者得辭：使回去的高固有理由說話。㊅晉人緩之，逸：晉人拘住他們不太注意他們就逃走了。

【今譯】同年的春天，晉侯差郤克到齊國去招齊來會見，齊頃公卻用帳幔圍住些婦人，使他們偷看，郤子登上堂去，因為跛腳，婦人在房中都笑了。郤獻子怒著出去，賭咒發誓說：「如果不報復這回事，便不能再渡過河東來。」獻子就先回去，使欒京廬在齊國等候命令說：「辦不成齊國的事，不要回來復命了！」郤子既到了晉國，便請求去伐齊國，晉侯沒有應許他；他又請只把家眾去伐齊國，又不應許他。齊侯卻只差高固、晏弱、蔡朝、南郭偃到會去。到了斂盂地方，高固聽說郤克很怒，便逃回去。夏天，會見在斷道那裏，是為的伐諸侯有二心的，結盟約在卷楚地方。辭去了齊人，不要他與會。晉人便捉住晏弱在野王，捉住蔡朝在原，捉住南郭偃在溫。晉侯差苗賁皇出去有事，見了晏弱，回去便向晉侯說：「那個晏子有什麼罪？從前諸侯事奉我先君，都要緊得好像來不及的，如今都說羣臣沒有信實，諸侯都有了二心，齊君恐怕得不到合禮的招待，所以不敢出來，卻使他們四人來的。左右有攔阻他們就說：『你君既不出來，一定要捉住使臣的。』所以高子到了斂盂這地方便逃回去，再有那三人說：『若因我們不去斷絕君的和好，寧可到了會死在晉國。』因此冒了危險纔來，我們若好好待遇他們，也可使那些諸侯想戀著我來呢？現在卻又把他捉住，使齊人攔阻那三人的話確實可信起來，我們不是嫌太過了份麼？有了差錯不改，卻又長久下去，因此促成他們懊悔的心，在我國有什麼好處呢？徒然使逃回去的人有了話說，一面又害著想來會的人，使諸侯嚇著，這有什麼用呢？」晉人便寬鬆他們些，他們便趁勢逃走。

(七)經 秋公至自會(一)。

【今註】(一)此經無傳。

【今譯】秋天，魯宣公從折道的盟會回來。

(八)經 秋八月，晉師還(一)。

【今註】(一)晉師還：晉軍回到國裡頭。

【今譯】八月晉國的軍隊回到他本國。

(九)傳 范武子將老(一)，召文子曰：「燮乎！吾聞之，喜怒以類者鮮(二)，易者實多(三)。詩曰：『君子如怒，亂庶遄沮。君子如祉，亂庶遄已(四)。』君子之喜怒以已亂也，弗已者，必益之(五)。郤子其或者欲已亂於齊乎？不然，余懼其益之也(六)，余將老，使郤子逞其志，庶有豸乎(七)！爾從二三子，唯敬。」乃請老，郤獻子為政。

【今註】(一)范武子將老：范武子將告老。(二)喜怒以類者鮮：能夠喜可喜怒可怒的很少。(三)易者實多：應當喜而怒，或者應當怒而喜的，相交換的很多。㊃君子如怒，亂庶遄沮。君子如祉，亂庶遄已：這是毛詩小雅的一句話。君子如果發怒了，亂事或者很快阻止著。君子喜歡的時候，亂也就可以完了。㊄弗已者，必益之：不能完的，必定增加亂事。㊅余懼其益之也：我很怕他增加亂事。㊆庶有豸乎：豸音（ㄓˋ），是使郤子從政決志以止亂。

【今譯】范武子將告老還鄉，叫他兒子士燮來說：「燮（同燮）兒！我聽見說喜、怒能照著類別來做的很少，相反的很多，詩經小雅篇說：『君子如果發怒，亂事就或者可以完結了。君子如果平安的享福，亂也可以自己完了。』君子的喜與怒是為的亂事可以完了，要不完的時，就必定更增加。郤克或者想阻止齊國的亂事，要不然我很怕他更增加了。我將請老，使郤克能夠發展他的志願，希望亂事就可以解決了。你對於這些大夫們全要恭敬。」於是就請退休，郤克就掌政權。

㈩**經**冬十有一月壬午，公弟叔肸卒。

傳冬，公弟叔肸㊀卒，公母弟也。凡大子之母弟，公在曰公子，不在曰弟，凡稱弟，皆母弟也㊁。

【今註】㊀公弟叔肸：肸（音ㄒㄧˋ，聲響散布之意）。宣公的弟弟叔肸。㊁凡稱弟，皆母弟也：凡是稱弟的，全是同母的弟弟。

【今譯】冬，公的弟弟叔肸死了，這是宣公的母弟。凡是大子的母弟，要是君在的時候就稱為公子，不在就稱為弟，凡是稱弟全是指同母弟。

宣公十有八年（公元前五百九十一年）

(一)經　十有八年，春，晉侯衛世子臧伐齊

傳　十八年春，晉侯衛大子臧㈠伐齊，至于陽穀㈡。齊侯會晉侯盟于繒㈢，以公子彊㈣為質于晉。晉師還，蔡朝、南郭偃逃歸。

【今註】㈠大子臧：是衛國太子。㈡陽穀：在今山東省，陽穀縣東北五十里。㈢繒：大約在今山東省陽穀縣境。㈣公子彊：是齊公子。

【今譯】十八年春天，晉侯同衛太子臧伐齊，到陽穀這地方，齊侯同晉侯就在繒這地方會盟，用齊國公子彊到晉國去做人質，晉軍回到國去了，齊國的蔡朝與南郭偃就逃回來了。

(二)經　公伐杞㈠

【今註】㈠此經無傳。

【今譯】宣公討伐杞國。

(三)經夏四月。

傳夏，公使如楚乞師，欲以伐齊㊀。

【今註】㊀欲以伐齊：宣公不事奉齊國，而現在齊國與晉國和好，所以他害怕要求楚國軍隊幫忙以伐齊國。

【今譯】夏，公派人到楚國，要求派軍隊，想討伐齊國。

(四)經秋七月邾人戕鄫子于鄫。

傳秋，邾人戕鄫子于鄫。凡自虐其君曰弒，自外曰戕㊀。

【今註】㊀自虐其君曰弒，自外曰戕：自己國人要殺他的君叫弒，外邊人來就叫做戕。戕音（ㄑㄧㄤˊ）。

【今譯】秋，邾國人殺掉鄫（音ㄘㄥˊ）子在鄫國的都城。凡是自己國人殺掉他的君叫做弒，外邊來的就叫做戕。

(五)經甲戌，楚子旅卒。

傳楚莊王卒㊀，楚師不出，既而用晉師㊁。楚於是乎有蜀之役㊂。

【今註】㊀楚莊王卒：楚國的君死了。㊁既而用晉師：在成公二年晉國伐齊佔鞌（同鞍），魯國也同參加。㊂有蜀之役：也在成公二年，蜀是魯地，一統志說：「在今泰安縣西南。」

【今譯】楚莊王死了，所以楚國沒有派軍隊來，後來就用晉國的軍隊。楚國因此在魯國蜀的地方有戰役。

(六)經 公孫歸父如晉。

(七)經 冬十月壬戌公薨于路寢。

(八)經 歸父還自晉，至笙，遂奔齊。

傳 公孫歸父㊀以襄仲之立公也，有寵，欲去三桓，以張公室㊁，與公謀而聘于晉，欲以晉人去之。冬，公薨。季文子言於朝曰：「使我殺適立庶，以失大援者，仲也夫㊂！」臧宣叔怒曰：「當其時，不能治也，後之人何罪㊃？子欲去之，許請去之㊄。」遂逐東門氏㊅。子家還及笙㊆，壇帷復命於介㊇，既復命，袒括髮㊈，即位哭，三踊而出㊉，遂奔齊。書曰歸父還自晉，善之也⑪。

【今註】㊀公孫歸父：是東門襄仲的兒子。㊁欲去三桓，以張公室：想去掉魯國的三桓，用以張大魯公的權力。㊂使我殺適立庶，以失大援者，仲也夫：適是指著文公的大子惡。是齊國的外甥，東門襄仲殺了他，庶是指著宣公而立庶出的宣公。所謂丟了大援，指著齊國同晉國，這全是東門襄仲的緣故。㊃當其時，不能治也，後之人何罪：在那時候不能治他的罪過，他的後人又有什麼罪呢？㊄子欲去之，許請去之：臧宣叔名叫許。你要想去掉他，我就把他去掉。㊅遂逐東門氏：於是就驅逐東門氏全出魯國。㊆子家還及笙：子家就是公孫歸父，回國到了笙這地方。笙在齊魯邊境的句瀆，在今山東省荷澤縣北的句陽店。㊇壇帷復命於介：設立一個壇掛起帷帳，使他的副使返魯國報命於魯君。㊈袒括髮：袒是赤著背，用麻繩拴上頭髮。㊉即位哭，三踊而出：他就到壇上的位置去哭，跳三下就離開壇。⑪書曰歸父還自晉，善之也：寫在春秋上說歸父自晉國回來，這是稱讚他。

【今譯】公孫歸父因為他父親襄仲立了宣公很得到寵愛，想著把魯國的孟孫、叔孫、季孫去掉，以張大公室的權力，和宣公謀計好了，到晉國去聘問，想以晉國的力量去掉他們。冬天，宣公死了，季文子在朝庭說：「使我們殺適大子，立宣公，而失了各大國的援助，這就是襄仲的過錯！」臧宣叔就生氣說：「當那個時候不能夠辦理他，他後邊的人有什麼罪惡？但是你要想去掉他，我就請把他去掉。」因此，就驅逐東門氏的族人出魯國，公孫歸父回來到笙這地方，設了一個壇，圍上帷帳，使他的副使回魯國報告使命，回報使命以後，他就赤背用麻繩拴起頭髮在壇上就他的位置，哭宣公的死，三跳而後又出去，就逃到齊國去。春秋上寫著說歸父從晉國回來，這是嘉善他。

卷十三　成公上

成公元年（公元前五百九十年）

(一)經元年春王正月，公即位㈠。」

【今註】㈠此經無傳。

【今譯】成公元年春王正月，成公行即位的典禮。

(二)經二月辛酉，葬我君宣公㈠。

【今註】㈠此經無傳。

【今譯】二月辛酉的時候給魯宣公行葬禮。

(三)經無冰㈠。

【今註】㈠此經無傳。

【今譯】沒有凍冰。

㈣傳元年春，晉侯使瑕嘉平戎于王㈠，單襄公如晉拜成㈡。劉康公徼戎將遂伐之㈢。叔服㈣曰：「背盟而欺大國㈤，此必敗。背盟不祥，欺大國不義，神人弗助，將何以勝㈥？」不聽。遂伐茅戎，三月癸未，敗績于徐吾氏㈦。

【今註】㈠使瑕嘉平戎于王：瑕嘉即詹嘉，到王朝去給戎講和。㈡單襄公如晉拜成：單音善。單襄公是周王的卿士到晉國去拜謝和平。㈢劉康公徼戎將遂伐之：劉康公即王季子，乘著戎人沒有防備的時候就想討伐他。㈣叔服：是周的內史。㈤背盟而欺大國：背了盟誓而去違背晉國。㈥神人弗助，將何以勝：神同人全不能幫助他，怎麼樣能夠戰勝呢？㈦敗績于徐吾氏：徐吾氏是茅戎的一個部落。周軍隊被茅戎打敗。徐吾氏大約在今山西省屯留縣北余吾鎮。

【今譯】春天，晉侯派晉大夫瑕嘉到周王那裡給戎講和，單襄公就到晉國去道謝。劉康公乘著戎的不防備就想著攻打他。周朝的內史叔服說：「背了盟約而去違背晉國，這樣一定會打敗仗。因為背了盟誓是不吉祥的，欺騙大國是不合理的，神同人全不幫忙，如何能打勝呢？」劉康公不聽這話，就攻打茅戎。三月癸未被徐吾氏打了大敗仗。

㈤經三月，作丘甲。

傳 為齊難故作丘甲㈠。

【今註】㈠為齊難故作丘甲：據周禮說：「每個丘包括十六個井出戎馬一匹，還有牛三頭。」這是等於加重作戰的人數，這是為著防備齊國的侵略。

【今譯】因為怕齊國的禍難，所以使每個丘為單位成立軍隊。

㈥經 夏臧孫許及晉侯盟于赤棘。

傳 聞齊將出楚師，夏，盟于赤棘㈠。

【今註】㈠赤棘：杜預說：「晉地。」但是無攷。羣經釋地說：「在山西翼城縣南有紫谷水注澮即赤棘。」

【今譯】夏天，聽見齊國將讓楚國出軍隊，所以在赤棘這地方與晉國盟會。

㈦經 秋王師敗績于茅戎。

傳 秋，王人來告敗㈠。

【今註】㈠王人來告敗：周王軍隊打敗仗，本來在前，但春秋上祇寫到秋天，是根據周國人來說的。

【今譯】周王打敗仗到了秋天才來通知魯國。

(八)經　冬十月

傳　冬，臧宣叔令脩賦繕完具守備㈠曰：「齊楚結好，我新與晉盟，晉楚爭盟，齊師必至。雖晉人伐齊，楚必救之，是齊楚同我也㈡，知難而有備，乃可以逞㈢。」

【今註】㈠臧宣叔令脩賦繕完具守備：臧宣叔就是臧孫許，令整軍備，繕甲兵，完城郭，做好了守備。㈡是齊楚同我也：這就是齊國同楚國一起攻擊我們。㈢知難而有備，乃可以逞：知道有禍難將來，而有預先的防備，就可以解決這個禍難。

【今譯】魯國的臧宣叔令整軍備，繕甲兵，完城郭，做好了守備，他說：「齊跟楚國連結相好，我最近又同晉國盟會了。晉國同楚國爭盟會，齊國的軍隊必定要來了。雖晉人伐齊，楚必定來救齊國，這是齊國同楚國同侵犯我，知道這個禍難以後就有了防備，這禍難就可以解除了。」

成公二年（公元前五百八十九年）

(一)經　二年春，齊侯伐我北鄙。

傳　二年春，齊侯伐我北鄙，圍龍㈠。頃公之嬖人盧蒲就魁門焉㈡，龍人囚之。齊侯曰：「勿殺，吾與而盟，無入而封㈢。」弗聽，殺而膊諸城上㊃。齊侯親鼓，士陵城，三日取龍，遂南侵及巢丘㊄。

【今註】㊀龍：續山東考古錄：「縣東南五十里，大汶口東十餘里，有城基，俗曰鄉城，即龍城。」㊁嬖人盧蒲就魁門焉：齊頃公喜歡的人叫盧蒲就魁，攻龍的城門。㊂吾與而盟，無入而封：我跟你們盟誓不要侵犯你的境內。㊃殺而膊諸城上：龍人把他殺了，分屍在城的牆上。㊄巢丘：在今山東省泰安縣西南。

【今譯】成公二年春天時齊頃公伐魯國的北邊，圍了龍這個城。頃公喜愛的人盧蒲就魁攻城門，被龍人捉住。齊頃公就說：「不要殺他，我可以跟你盟誓，不要侵犯你的境土。」龍人不聽就把他殺了，並將他分屍擺在城牆上。齊頃公親自敲著戰鼓，戰士們圍著城，三天的工夫就把龍城拿下了。由此而向南侵犯直到了巢丘這個地方

(二)經　夏四月丙戌，衛孫良夫帥師及齊師戰于新築，衛師敗績。

傳　衛侯使孫良夫、石稷、甯相、向禽將侵齊㊀，與齊師遇㊁，石子欲還。孫子曰：「不可。以師伐人，遇其師而還，將謂君何㊂？若知不能，則如無出。今既遇矣！不如戰也。」夏有㊃。

石成子曰：「師敗矣！子不少須，眾懼盡㊄。子喪師徒，何以復命？」皆不對。又曰：「子國卿也，隕子辱矣㊅！子以眾退，我此乃止㊆。」且告車來甚眾㊇。齊師乃止，次于鞫居㊈。新築人仲叔于奚㊉救孫桓子，桓子是以免。既衛人賞之以邑⑪，辭，請曲縣⑫，繁纓⑬以朝，許之。仲尼聞之曰：「惜也！不如多與之邑。唯器與名，不可以假人⑭，君之所司也。名以出信⑮，信以守器⑯，器以藏禮⑰。禮以行義⑱，義以生利⑲，利以平民⑳，政之大節也。若以假人，與人政也。政亡則國家從之㉑，弗可止也已。」孫桓子還於新築，不入㉒，遂如晉乞師。

【今註】㊀孫良夫、石稷、甯相、向禽將侵齊：孫良夫、石稷、甯相、向禽他們皆衛大夫。㊁與齊師遇：跟齊國軍隊碰見了。㊂以師伐人遇其師而還，將謂君何：拿軍隊去討伐旁國，碰見他的軍隊就回來，這怎麼樣報答國君呢？㊃夏有：夏有兩字有闕文，失掉了新築戰事的經過。㊄子不少須，眾懼盡：你要不求援，恐怕軍隊全都會毀掉了。㊅子國卿也，隕子辱矣：你是國家的卿，若是丟掉你，就是國家的恥辱。㊆子以眾退我此乃止：你領著眾人退下去，我就在此地抵抗齊國軍隊。㊇且告車來甚眾：這是新築人來救孫桓子的軍隊。㊈次于鞫居：鞫（音ㄐㄩˊ，審問之意）居大約在山東省朝城縣境內。就停留在鞫居這地方。(十)仲叔于奚：是新築的大夫。(十一)賞之以邑：用城邑來賞給仲叔于奚。(十二)曲縣：是諸侯的樂器衹有三面帷帳，而缺南方，所以叫做曲縣。(十三)繁纓：是馬上的裝飾為諸侯所用。(十四)唯器與名不可以假人：唯獨器物跟名號不可以被人所借用。(十五)名以出信：名號是被人民所信用的。(十六)信以守器：信號是所以保持器物的。(十七)器以藏禮：器物所以定尊卑是保藏禮節的。(十八)禮以行義：禮節是所以應當行的。(十九)義以生利：應當行的事就可以得到利益。(二十)利以平民：利是所以使人民和平的。(二十一)政亡則國家從之：政權要是亡了，國家也隨著亡了。(二十二)不入：是不回到衛國去。

【今譯】衛侯差孫良夫、石稷、甯相、向禽要去侵伐齊國。和齊兵相遇，石稷便想回去，孫良夫說：「不可以的，領了兵伐人家，遇著他們的軍隊就回去，將怎麼回答君命呢？如果早知道不能戰勝，倒是不出來的好；如今既然遇見了齊人，不如和他戰一下子吧！」石成子說：「兵已敗了，你不略等一刻，還要再戰，恐怕兵士要死盡了！你喪失了兵眾，怎樣回復君命呢？」大家都沒有回答。石成子又說：「你是國卿如果被他擒去，羞辱衛國的。你領了大家退下，我停在此地抵擋他！」並且告令軍中說：「有趕來救的兵車很多！」齊師聽說衛國的救兵已到，便停止兵不進，紮在鞫居那裏。新築大夫仲叔于奚來救孫桓子，孫桓子因此免得被虜。戰事既畢，衛人便用地方賞給于奚，于奚辭謝不受，卻請求賞他用了曲縣繁纓去朝見君，衛君竟應許了他。仲尼聞知這事就說：「可惜呀！不如多給些地方，只有車服爵號，是不可以通融給人的，為的是君主主管的呢！名位是生出信用來的，信用是保守著器具的，器具是暗藏著禮節的，禮是行那義事的，義是生出利益來的，利是安頓百姓的，這倒是政治上的大關節呢！如果通融給了人，便和把國政給人一樣了，國政既然沒有，國家便也跟著滅亡，不可救藥的了。」衛國的孫桓子從新築敗後，不進衛國，便到晉國去求救。

(三)經　六月癸酉，季孫行父、臧孫許、叔孫僑如、公孫嬰齊帥師會晉郤克、衛孫良夫、曹公子首及齊侯戰于鞌，齊師敗績。

(四)經　秋七月齊侯使國佐如師。己酉，及國佐盟于袁婁。

傳　臧宣叔亦如晉乞師，皆主郤獻子㊀。晉侯許之七百乘，郤子曰：「此城濮之賦也㊁，有先君之明與先大夫之肅，故捷。克於先大夫，無能為役㊂。」請八百乘㊃，許之。郤克將中軍，士燮將上軍，欒書將下軍㊄，韓厥為司馬，以救魯衛。臧宣叔逆晉師，且道之㊅，季文子帥師會之。及衛地，韓獻子將斬人，郤獻子馳將救之，至則既斬之矣。郤子使速以徇，告其僕曰：「吾以分謗也㊆。」師從齊師于莘㊇。六月壬申，師至于靡笄之下㊈。齊侯使請戰曰：「子以君師辱於敝邑，不腆敝賦，詰朝請見〔一〇〕。」對曰：「晉與魯衛兄弟也，來告曰：『大國朝夕釋憾於敝邑之地〔一一〕。』寡君不忍，使羣臣請於大國，無令輿師淹於君地〔一二〕，能進不能退，君無所辱命〔一三〕。」齊侯曰：「大夫之許，寡人之願也。若其不許，亦將見也。」齊高固入晉師，桀石以投人〔一四〕，禽之而乘其車〔一五〕，繫桑本焉以徇齊壘〔一六〕曰：「欲勇者賈余餘勇〔一七〕。」癸酉，師陳于鞌〔一八〕，邴夏御齊侯逢丑父為右〔一九〕，晉解張御郤克，鄭丘緩為右〔二〇〕。齊侯曰：「余姑翦滅此而朝食〔二一〕。」不介馬而馳之〔二二〕。郤克傷於矢，流血及屨，未絕鼓音，曰：「余病矣。」張侯曰：「自始合而矢貫余手及肘，余折以御，左輪朱殷〔二三〕，豈敢言病！吾子忍之！」緩曰：「自始合，苟有險余必下推車，子豈識之？然子病矣！」張侯曰：「師之耳目在吾旗鼓，進退從之。此車一人殿之，可以集事〔二四〕，若之何其以病，敗君之大事也！擐甲執兵，固即死也。病未及死，吾子勉之。」並轡，右援枹而鼓〔二五〕，馬逸不能止〔二六〕，師從之，齊師敗績，逐之三周華不注〔二七〕。

韓厥夢子輿㉘謂己曰：「且辟左右。」故中御而從齊侯㉙。邴夏曰：「射其御者君子也㉚。」公曰：「謂之君子而射之，非禮也。」射其左，越于車下㉛，射其右，斃于車中。綦毋張㉜喪車，從韓厥曰：「請寓乘。」從左右，皆肘之，使立於後。韓厥俛定其右㉝，逢丑父與公易位㉞。將及華泉，驂絓於木而止㉟，丑父寢於轏中，蛇出於其下，以肱擊之，傷而匿之，故不能推車而及㊱，韓厥執縶馬前㊲，再拜稽首，奉觴加璧以進㊳，曰：「寡君使羣臣為魯衛請曰：『無令輿師陷入君地㊴。』下臣不幸，屬當戎行，無所逃隱，且懼奔辟而忝兩君㊵，臣辱戎士，敢告不敏，攝官承乏㊶。」丑父使公下如華泉取飲，鄭周父御佐車，宛茷為右，載齊侯以免㊷。韓厥獻丑父，郤獻子將戮之，呼曰：「自今無有代其君任患者。有一於此，將為戮乎？」郤子曰：「人不難以死免其君，我戮之不祥，赦之以勸事君者。」乃免之。齊侯免，求丑父三入三出㊸，每出齊師，以帥退，入于狄卒，狄卒皆抽戈楯冒之㊹，以入于衛師，衛師免之，遂自徐關入(45)。齊侯見保者曰：「勉之，齊師敗矣！」辟女子，女子曰：「君免乎？」曰：「免矣！」曰：「銳司徒免乎(46)！」曰：「免矣。」曰：「苟君與吾父免矣，可若何？」乃奔。齊侯以為有禮，既而問之，辟司徒之妻也(47)，予之石窌(48)。晉師從齊師入自丘輿，擊馬陘(49)。齊侯使賓媚人賂以紀甗玉磬與地(50)，不可則聽客之所為。賓媚人致賂，晉人不可曰：「必以蕭同叔子為質(51)，而使齊之封內盡東其畝(52)。」對曰：「蕭同叔子非他，寡君之母也。若以匹敵，則亦晉君之母也。吾子布大命於諸侯，而曰必質其母以為信，其若王命何(53)？且是以不孝令也。詩曰：『孝子不匱，永錫爾類(54)。』若以不孝令於諸侯，其無乃非德類也乎(55)？先王疆理天下物土之宜，而布其利，故詩曰：『我疆我理，南東其畝(56)。』今吾子疆理諸侯、而曰盡東其畝而已，唯吾子戎車是利(57)，無顧土宜，其乃非先王之命也乎？反先王則不義，何以為盟主？其晉實有闕(58)，四王之王也(59)，樹德而濟同欲焉(六〇)。五伯之霸也(六一)，勤而撫之以役王命(六二)。今吾子求合諸侯以逞無疆之欲(六三)，詩曰：『布政優優，百祿是遒(六四)。』子實不優，而弃百祿，諸侯何害焉(六五)？不然(六六)，寡君之命使臣則有辭矣！曰：『子以君師辱於敝邑，不腆敝賦以犒從者(六七)，畏君之震，師徒橈敗(六八)，吾子惠徼齊國之福，不泯其社稷，使繼舊好，唯是先君之敝器土地不敢愛，子又不許，請收合餘燼(六九)，背城借一(七〇)，敝邑之幸，亦云從也(七一)，況其不幸，敢不唯命是聽(七二)。」魯衛諫曰：「齊疾我矣！其死亡者皆親暱也。子若不許，讎我必甚。唯子則又何求？子得其國寶(七三)，我亦得地(七四)，而紓於難(七五)，其榮多矣，齊晉亦唯天所授，豈必晉？」晉人許之，對曰：「羣臣帥賦輿(七六)以為魯衛請，若苟有以藉口而復於寡君(七七)，君之惠也，敢不唯命是聽。」禽鄭自師逆公(七八)。秋七月，晉師及齊國佐盟于爰婁(七九)，使齊人歸我汶陽之田。公會晉師于上鄍(八〇)，賜三帥先路三命之服(八一)，司馬、司空、輿帥、侯正、亞旅皆受一命之服(八二)。

【今註】㈠皆主郤獻子：他們全都住在郤克家中。㈡此城濮之賦也：這就是城濮打仗的軍隊數目，這戰役在僖公二十八年。㈢無能為役：我對於這些位大夫們不能夠配給他們做役使。㈣請八百乘：據司馬法說這種軍隊的數目最多是六萬人。㈤欒書將下軍：欒書是替代趙朔。㈥且道之：並且給他作嚮導。㈦以分謗也：為的來分旁人的謗誨。㈧莘：續山東考古錄說：「莘是齊邑，在今山東省莘縣北八里。」㈨于靡笄之下：靡笄是山的名字，山東通志說：「以歷山即靡笄山，今名千佛山，在濟南府南十里。」㈩不腆敝賦詰朝請見：我們不好的軍隊，明天早晨請同你們見面。⑪大國朝夕釋憾於敝邑之地：大國是指著齊國，敝邑是魯同衛的自稱，齊國每天向我們挑釁。⑫無令輿師淹於君地：不要令眾多的軍隊，在你的地方居住的太久。⑬能進不能退君無所辱命：我們祇能向前進而不要向後退，不要等到你君的命令。⑭桀石以投人：拿著石頭去打晉國軍隊的人⑮禽之而乘其車：把那個晉國的人逮著，就放下自己的車而乘坐晉國軍隊被逮人的車。⑯繫桑木焉以徇齊壘：車後面拴上一個桑樹的大根用它來巡行齊國的軍壘。⑰欲勇者賈余餘勇：賈音古。要得到勇氣的，買我所剩下的勇氣。⑱鞌：齊地、山東通志說：「鞌在歷城縣西北十里鞍山下。」⑲邴夏御齊侯，逢丑父為右：邴夏給齊侯趕車，逢丑父為車右，他們兩人全是齊大夫。⑳晉解張御郤克，鄭丘緩為右：晉國的解張給郤克趕車，鄭丘緩為車右。㉑余姑翦滅此而朝食：我先滅了晉國的軍隊，再吃早飯。㉒不介馬而馳之：不給戴上鐵甲就往前跑。㉓余折以御左輪朱殷：我把這箭折斷了仍舊駕車左邊的車輪全被血染成紅顏色。㉔此車一人殿之可以集事：這輛車一個人來鎮住就可以成功。㉕左並轡右援枹而鼓：左手拿著兩個轡頭，右手拿著鼓錘擊鼓。枹音浮。㉖馬逸不能止：馬聽見鼓的聲音就往前跑不能阻止了。㉗逐之三周華不注：追逐著齊國軍隊，圍繞著華不注山三圈，據山東通志說：「華不注山在今山東省，歷城縣東北十五里。」㉘韓厥夢子輿：子輿是韓厥的父親，當時已經死了。㉙故中御而從齊侯：所以在中間代替駕車的人而追逐齊頃公。㉚射其御者君子也：射他駕車的人，這個人似乎是個君子。㉛射其左，越于車下：射他左邊的人結果掉在車下。㉜綦母張：是晉大夫。㉝韓厥俛定其右：韓厥因為他的車右死在車裡邊，他就俯身把他扶起來。㉞逢丑父與公易位：逢丑父和齊頃公換了位置。㉟驂絓於木而止：駕車旁邊的馬碰到樹就停了。㊱蛇出於其下，以肱擊之，傷而匿之，故不能推車而及：因為有蛇到車裡邊來，逢丑父拿手臂去打蛇，被蛇所傷，所以他沒有方法去推車，就被晉國的韓厥趕上。㊲韓厥執縶馬前：韓厥拿著馬絆子到車前表示對齊侯的客氣。㊳奉觴加璧以進：並且拿著酒加上玉石來敬奉齊侯。㊴無令輿師陷入君地：不要令晉國軍隊深入君的地方。㊵懼奔辟而忝兩君：害怕逃奔躲避而使晉國同齊國兩君羞辱。㊶攝官承令：言我做這個官，祇好與齊君同回晉國。㊷鄭周父御佐車，宛茷為右，載齊侯以免：鄭周父同宛茷皆是齊大夫，他們駕著副車就帶齊侯逃走了。㊸三入三出：三次領著軍隊進去，三次出來，但是也沒有得到逢丑父。㊹皆抽戈楯冒之：狄國的軍隊全都抽著槍同楯牌護著他們。㊺遂自徐關入：就從齊國的徐關進入齊國。㊻銳司徒免乎：銳司徒是指銳兵的首領，他免了戰死麼？㊼辟司徒之妻也：辟司徒是指壘壁的首領，她是他的妻子。㊽石窌：在今山東省長青縣東南三十里石窩村。㊾自丘輿擊馬陘：丘輿在山東省章丘縣以東淄川縣以西，馬陘地山東省益都西南淄川縣的東北。(五〇)使賓媚人賂以紀甗玉磬與地：賓媚人就是國佐，拿紀國所出產的玉瓶同玉磬和土地。(五一)以蕭同叔子為質：蕭同叔子是齊頃公的母親。必須以拿蕭同叔子作抵押。(五二)而使齊之封內盡東其畝：並且使齊國的封疆裡的田地，全都變成東西向的行列。(五三)其若王命何：這豈不是違背了周王的命令。(五四)孝子不匱，永錫爾類：這是詩經大雅的一句詩。孝子並不會缺乏，永遠能夠使孝道遍及他的同類。(五五)無乃非德類也乎：那就不是有孝德之類的人了。(五六)我疆我理南東其畝：這是詩經小雅的一句詩。說我的疆界我就治理，因畝可以南北向或東西向。(五七)唯吾子戎車是利：這是祇管自己的兵車方便。(五八)其晉實有闕：並且實在說起來，晉國實有闕失的地方。(五九)四王之王也：四王是指著禹、湯、周文王、武王。(六〇)樹德而濟同欲焉：樹立德行以便使同欲望的人成功。(六一)五伯之霸也：夏伯昆吾、商伯大彭、豕韋、周伯齊桓、晉文。(六二)勤而撫之以役王命：勤勞並且安撫諸侯，並使他們遵守王的命令。(六三)以逞無疆之欲：為的是達到你的沒有止境的欲望。(六四)布政優優，百祿是遒：這是商頌的話。這是說商湯會散佈政治的柔和，所以各種福祿全都聚在一起。(六五)諸侯何害焉：這樣子你怎麼能為諸侯害？(六六)不然：假設你不答應我們的條件。(六七)不腆敝賦以犒從者：用我們不好的軍隊，以犒賞你們的來人。(六八)畏君之震師徒橈敗：怕你的威嚴所以我們的軍隊全都打敗了。(六九)請收合餘燼：我們就收聚火燒剩下的木頭。意思說殘餘的軍隊。(七〇)背城借一：在城下再同你打一仗。(七一)敝邑之幸，亦云從也：假設我們能戰勝，也不過是向你求和。(七二)況其不幸敢不唯命是聽：假設戰敗了那祇有聽你的命令了。(七三)子得其國寶：你們晉國就得到齊國的寶物。這是指著齊國所獻的紀甗同玉磬。(七四)我亦得地：我們也能得到齊國所侵略的地。(七五)而紓於難：而得到免了齊國的禍難。(七六)羣臣帥賦輿：我們晉國各臣率領著兵車。(七七)若苟有以藉口而復於寡君：假設有話回覆晉國的君。(七八)禽鄭自師逆公：禽鄭是魯大夫從軍隊裡來迎接魯成公。(七九)爰婁：一統志說：「在今山東省臨淄縣西五十里。」(八〇)上鄍（音ㄇㄧㄥˊ）：彙纂說：「在今山東省陽鼓縣境。」(八一)賜三帥先路三命之服：三師就是郤克、士燮、欒書給他們先路三次命令的衣服。(八二)司馬、司空、輿帥、侯正、亞旅皆受一命之服：這五種官，就是定公四年左傳所說的「職官五正」，皆是大夫的官。魯成公全給他們一命的衣服。

【今譯】臧宣叔也到晉國去求救。他們都把郤獻子做主人，寄頓在他家中，和他商量；晉侯允許了他七百乘兵車。郤子說道：「這是從前城濮那次戰爭的兵數呢！有了先君的明德，和先大夫的嚴肅，纔能得勝利的。像我克比了先大夫，簡直不能做什麼呢？請你君給我八百乘罷！」晉侯允許了他。郤克便帶領了中軍，士燮幫著上軍，欒書帶領了下軍，韓厥做了司馬，去救魯國衛國，臧宣叔迎接晉師，而且給晉師做嚮導，季文子也領了兵來會著同去。到了衛地，韓獻子要按軍法斬人，郤獻子跑去，要想救他。那知跑到後，他卻早已斬掉了，郤子便使韓厥趕快在軍中宣布，告訴他的駕車的說道：「我是因為分些韓氏的謗毀而這樣做。」晉師追趕齊師到了莘，六月壬申那天，到了靡笄山下，齊侯差人去請戰說：「你領了君的軍隊，屈辱到敝邑來，我們只可拿些薄弱的兵器，等明天早晨就相見了。」郤克回答道：「晉國和魯衛，原是兄弟之國，現在他們來告訴我說：『你們大國朝夜尋事出氣在敝邑這裏。』寡君心中捨不得，所以差羣臣來請求你大國寬恕他們些，不要使我們許多兵眾久留在你君的境界上。我們是只能進攻，不能退保的，不要等到你君有吩咐！」齊侯說：「你大夫允許了，寡人是很情願的，就是不應許，也要同你見面的了。」齊國的高固就衝進晉軍中去，捐起石頭擲人，既擒獲那人，便捨了自己的車子，坐捉住人的車子，巡行齊軍的堡壘，又在車上繫棵桑樹，四周告訴齊壘中人說：「誰想勇敢的，來買我的餘勇罷！」癸酉那天，軍隊排列在鞌這地方。邴夏給齊侯駕車，逢丑父做了車右。晉國的解張給郤克駕車，鄭丘緩做了車右。齊侯說：「我姑且完全滅掉這些，然後再吃早飯！」便連馬都沒有披甲，卻衝向晉軍中去。郤克被箭射傷了，血直流到鞋上，但是鼓聲還不斷說：「我受傷了！」張侯說：「從起初交兵的時候，箭便穿過我的手到肢撐上，我把他折斷，仍然駕車前去，弄得左輪上的血色紅了帶黑，那敢說聲受傷呢！請你耐住些罷！」鄭丘緩說：「從方纔交兵起如果有危險的地方，我還定要下去推著車子呢，你那裏能知道？但是你也已經病了。」張侯說：「兵的耳目，都看著我們的旗鼓定進退的，這兵車只有一人鎮住，便可以成功了，怎可因一身的傷，敗壞國君的大事呢？穿了甲衣，執著兵器，本是要就死的啦！傷了還沒有死，還請你勉力些罷！」郤克聽了這話，便左手併捏了馬繮繩右手拉了鼓槌子擊鼓，馬只管跑前去留不住，晉軍都跟了他向前追，齊兵便大敗，晉軍只是追趕，繞了華不注的山三匝。韓厥原來夢見他的父親子輿對自己說：「且避著車上的左右兩邊不要坐。」所以他雖然做了司馬，卻在中間代了駕車子的；追著齊侯時，邴夏說：「射他們駕車子的倒是個君子呢。」齊侯說：「既叫他是君子，卻去射他，這是不合禮的。」便射他的左邊一人，落到車下去，又射他的右邊一人，也死在車中。有個綦母張正丟掉兵車，跟著韓厥說：「請讓我寄坐在你車中罷！」他便向左右坐下，韓厥都拿手肘阻止他，使他立在後面。韓厥自己卻彎身下去放好了他已死的車右。那邊逢丑父見勢色不好，便和齊侯換了位子坐著，快到華泉了，一隻旁邊的馬被樹木礙住。昨夜丑父已睏在車中，恰正有條蛇從車底下鑽出來，丑父便拿臂膊去打他，給蛇咬傷了，便把傷口包起來，因此此時不能下去推動車子，所以就被晉師追著。韓厥卻執了馬繮繩在馬前，再拜叩頭，捧了一隻酒杯，加上一塊璧玉獻進說：「寡君差羣臣替魯衛請求道：『不可使我們許多兵眾，深入君地的。』現在我下臣不幸，恰正在兵車的行列中，沒有什麼方法逃避，並且怕逃避了，反而使兩君出醜，使戰士蒙羞。小臣冒昧上告，要執行我這官職的任務，帶你君一同回去呢。」丑父便差公下車子，假說是快到華泉中弄口水來喝，使他趁勢逃走。於是鄭周父駕了副車，宛筏做了車右，裝載著齊侯就逃脫。韓厥把逢丑父捉住獻上，郤獻子一看不是齊侯便要殺他，丑父大叫說：「從現在以後，沒有人再能替君受難的了！有一個在這裏，便要把他正法嗎？」郤子說：「人不怕用一死免了他的君，我殺了他是不吉利的，還是赦了他，可以勸勉事君的人。」便免了他一死。齊侯既然逃脫了，找尋丑父，三次趕進晉軍中去，三次趕了出來，又每每率領齊兵出擊，激勵他們要退的人，就索性衝進狄卒中去。狄卒反而都抽起戈楯來護他，便走進衛國兵中去，衛國兵也不傷他。便從徐關逃進去，齊侯看見保守城邑的說：「留神些，齊兵已經敗了！」使道旁女子避開，女子問他：「國君脫難了麼？」回答說：「脫了。」又說：「銳司徒脫難了麼？」答說：「也脫了。」

女子就說：「只要君和我的父親已脫難了，餘人也無可如何了。」便跑著避開。齊侯以為這倒是有禮的，後來問旁人，知道他就是辟司徒的妻子，便把石窌地方給他。晉師追趕著齊師，從丘輿趕進來，攻擊到馬陘地方去！齊侯差賓媚人，用紀國的玉甑玉磬和土地，送給晉人。如果再不肯退，那末只能聽憑他怎樣罷？賓媚人送東西去，晉人果然不肯退並說：「定要拿你們的蕭同叔子做押品；並且要使齊國國境以內壟畝，都改做東西向呢？」賓媚人回答說：「蕭同叔子不是別人，就是我寡君的母親，若拿對等的名位講起來，那末也就是你晉君的母親。你宣布大號令在諸侯中，卻說：『定要押了他的母親方纔相信。』那末你把周王說的要孝順的命令怎樣呢？況且這是拿不孝號令諸侯了。詩經上說：『孝心不會缺乏孝心，能夠永遠推廣到他的同類中。』如果用不孝的號令於諸侯，怕不是孝德的同類了麼？先王分定疆界，整理天下，專揀物性和地土適宜的，普遍著利益，所以詩經上說：『我的疆界，我自己整理，田畝朝南朝東都可以。』現在你們整理疆界，倒說：『田畝都要朝東西的，』纔行。只管自己行兵的便利，不管土宜的怎樣，這怕不合先王的命令罷？違反了先王的命令，便是不義，怎可做得盟主呢？這是你晉國實在有了差處呢！從前禹湯文武的做王，都是立了明德，成就那大家要著的事。五伯的霸諸侯，都是勤謹安撫著諸侯，幹著王的命令。如今你求合諸侯，倒要逞快自己無盡的慾望。詩經上說：『宣布政治很優和，所以百祿都聚集來。』你實在不能優和，卻棄掉這百祿，在我們諸侯有什麼禍害呢！如不見許寡君的命令，我使臣卻有話可說了，便說道：『你領了君的兵，辱臨敝邑，我拿薄弱的兵眾，犒賞你跟來的人，只因怕你君的威勢，我們兵眾都已喪敗了；你如果寬待齊國，不滅他的社稷使他繼續舊好的，那末我們先君的敝器土地，也並不敢愛惜，如果你再不允許，只請收合了餘剩的火燼，再在城下一戰就是了！敝邑僥倖得了勝，也不過是跟你晉國求和，倘若不幸再敗的，敢不惟命是聽！』」魯衛二國都諫郤克道：「齊國恨極我們了，他死亡的都是他們親族，你如果不應許，讎害我們一定更利害了。你還要求什麼呢？你得了他的國寶，我們也得了土地，而且患難可以寬緩些，榮耀已很多了。齊晉的勝敗，也只是看天意罷了，難道一定是晉勝的？」晉人便應許了他，答說：「羣臣領了兵車替魯衛請命，只要有可以藉口的話回復君命，這就是你君的恩惠了，敢不依麼？」魯大夫禽鄭自兵中回去迎接成公。秋天七月中，晉師和齊大夫國佐盟在爰婁地方，使齊人還我們汶陽的田，成公就會見晉師在上鄍那裡，賜給他們三帥大車上三命的服物，其餘司馬、司空、輿帥、侯正、亞旅都受了一命的車服。

㈤**經** 八月壬午宋公鮑卒。

傳 八月宋文公卒，始厚葬，用蜃炭㈠，益車馬，始用殉㈡。重器備㈢，椁有四阿㈣，官有翰檜㈤。君子謂華元樂舉於是乎不臣，臣治煩去惑者也㈥，是以伏死而爭㈦。今二子者，君生則縱其惑㈧，死又益其侈㈨，是弃君於惡也，何臣之為㈩？

【今註】㈠始厚葬用蜃炭：開始加厚他的葬禮，燒蛤蠣為炭，埋在棺材旁邊。㈡益車馬始用殉：多埋車同馬，開始用人殉葬。㊂重器備：所有的各種物件全加多。㊃椁有四阿：椁音郭。椁有四根柱子。㊄官有翰檜：棺材旁邊並有檜為上飾。這同四阿全都是周王的禮節。㊅臣治煩去惑者也：為臣的是治理煩心，同去掉惑亂的。㊆是以伏死而爭：所以拼著命在君前爭論。㊇君生則縱其惑：君活著時就隨著他的惑亂。這是指著魯文公十八年宋文公殺母弟須的時候。㊈死又益其侈：他死了以後又增加他的奢侈。㊉何臣之為：這種臣有什麼用處。

【今譯】八月宋文公死了，開始加以厚的葬禮，用蜃蛤燒成炭，擺在棺郭的四面，增加殉葬的車同馬，並且用人殉葬增加很多器物，棺的外邊椁有四根柱子，棺兩旁全加的有裝飾。君子說：華元同樂舉兩個人就顯出不臣的意志，臣是為的可以治煩難，而去了憂惑的人，所以拼著命來爭。現在這兩個人，在宋君活著時候就縱容他的困惑，在他死了以後又增加他的奢侈，這是把人君拋棄到壞事裡，這種臣有什麼用處呢？

㈥**經**庚寅衛侯速卒。

傳九月，衛穆公卒。晉三子自役弔焉㊀，哭於大門之外，衛人逆之㊁。婦人哭於門內㊂，送亦如之，遂常以葬㊃。

【今註】㊀晉三子自役弔焉：三子即郤克、士燮、欒書，他們全從打仗的地去衛國弔喪。㊁衛人逆之：衛國人來迎接他也就在大門之外設喪的位置。㊂婦人哭於門內：衛國的女人全都在大門裡邊哭。㈣遂常以葬：照這種禮節一直到下葬。

【今譯】九月，衛穆公死了。晉國的三個卿就從打仗中去憑弔，在大門的外邊哭弔，衛國官吏也就在大門外邊來迎接。女子就在門裡邊哭，送喪的時候也如此行禮，就這樣一直到下葬。

(七)經　取汶陽田。

傳　楚之討陳夏氏也㈠，莊王欲納夏姬。申公巫臣曰：「不可，君召諸侯以討罪也，今納夏姬，貪其色也。貪色為淫，淫為大罰。周書曰：『明德慎罰㈡。』文王所以造周也，明德務崇之之謂也㈢，慎罰務去之之謂也㈣。若興諸侯以取大罰，非慎之也，君其圖之。」王乃止。子反欲取之，巫臣曰：「是不祥人也，是夭子蠻㈤，殺御叔㈥，弒靈侯㈦，戮夏南㈧，出孔儀㈨，喪陳國，何不祥如是，人生實難，其有不獲死乎㈩？天下多美婦人，何必是？」子反乃止。王以予連尹襄老。襄老死于邲下，不獲其尸㈡，其子黑要烝焉㈢。巫臣使道焉㈢曰：「歸，吾聘女。」又使自鄭召之㈣曰：「尸可得也，必來逆之㈤。」姬以告王，王問諸屈巫。對曰：「其信，知罃之父成公之嬖也⑯，而中行伯之季弟也⑰。新佐中軍，而善鄭皇戌，甚愛此子，其必因鄭而歸王子與襄老之尸，以求之⑱。鄭人懼於邲之役而欲求媚於晉，其必許之。」王遣夏姬歸。將行，謂送者曰：「不得尸吾不反矣。」巫臣聘諸鄭，鄭伯許之⑲。及共王即位，將為陽橋之役⑳，使屈巫聘于齊，且告師期。巫臣盡室以行㉑，申叔跪㉒從其父將適郢，遇之，曰：「異哉夫子有三軍之懼，而又有桑中之喜㉓，宜將竊妻以逃者也。」及鄭，使介反幣㉔，而以夏姬行。將奔齊，齊師新敗曰：「吾不處不勝之國。」遂奔晉，而因郤至㉕，以臣於晉，晉人使為邢大夫㉖。子反請以重幣錮之㉗，王曰：「止，其自為謀也則過矣，其為吾先君謀也則忠。忠社稷之固也，所蓋多矣㉘！且彼若能利國家，雖重幣晉將可乎？若無益於晉，晉將弃之，何勞錮焉㉘。」

【今註】㊀楚之討陳夏氏也：這件事在魯宣公十一年。㊁明德慎罰：這是周書康誥篇的話，明德行而慎罰約。㊂明德務崇之之謂也：明德行，務必崇大它。㊃慎罰務去之之謂也：慎罰是務必去掉壞事。㊄是不祥人也，是夭子蠻：這是一個不祥瑞的人，使她的哥哥子蠻就是鄭靈公被弒而沒後人。

㈥殺御叔：御叔是夏姬的丈夫也早已死了。㈦弒靈公：把陳靈公也殺掉了。㈧戮夏南：她的兒子夏徵舒也被殺。㈨出孔儀：使孔寧及儀行父全都出奔。㈩人生實難，其有不獲死乎：人活著很困難，尚有尋找死的嗎？⑪襄老死於邲下，不獲其尸：連尹襄老在邲之戰死了，沒能獲得他的屍首，這一戰是在宣公十二年。⑫其子黑要烝焉：連尹襄老的兒子名叫黑要就娶了她。⑬巫臣使道焉：巫臣使人誘導她。⑭又使自鄭召之：又使派人自鄭國召夏姬。⑮尸可得也，必來逆之：連尹襄老的屍首可以得到，但是妳必定要來迎接他。⑯知罃之父成公之嬖也：知罃的父親荀首是晉成公嬖幸的人。⑰中行伯之季弟也：荀首是荀林父小的弟弟。⑱以求之：以求知罃回晉國。⑲鄭伯許之：鄭伯答應他聘夏姬。⑳陽橋之役：陽橋是魯地在今山東省泰安縣西南與蜀這地方相近。預備在陽橋討伐魯國。㉑巫臣盡室以行：巫臣將他的全家全都帶走了。㉒申叔跪：是申叔時的兒子。㉓而又有桑中之喜：是衛風淫奔的詩篇。㉔及鄭使介反幣：到鄭國派他的副使把聘問的財幣送還楚國。㉕而因郤至：就藉著郤克本家的兒子郤至的力量。㉖晉人使為邢大夫：晉國人使他為邢這地方的大夫。㉗子反請以重幣錮之：子反請楚王用很多的貨幣使晉國不許他做官。㉘所蓋多矣：那麼那掩護事情很多了。㉙何勞錮焉：那何必禁止他做官。

【今譯】楚國討陳夏氏的那次亂事，莊王便要想收留夏姬，申公巫臣說：「不可以的，你君招了諸侯來討伐有罪的，如今收留了夏姬，這分明是貪色了。貪色就是淫，淫是犯大法的，周書康誥篇上說：『明顯德行，謹慎刑罰。』這就是文王所以能夠造成周室。顯明德行，就是務要積他起來的說法，謹慎刑罰就是務要去掉他的說法。如果興了諸侯的兵，自己先招受大罰，這便不是謹慎刑罰的意思了，請你君再想想罷！」莊王便罷休。子反要想娶她，巫臣說：「這是不吉祥的人呢！這人夭亡了鄭靈公，殺了御叔，弒掉陳靈公，害死夏徵舒，攆掉孔寧儀行父，滅掉陳國，這不是很不祥嗎？人生實在很難，尚有尋找死的嗎？天下美好的婦人多著！為什麼定要她呀？」子反也就罷休。莊王便把她給連尹襄老。襄老死在邲那會戰爭，得不著他的屍體。襄老的兒子黑要便娶了夏姬。巫臣差人去引誘夏姬說：「你回轉鄭國去，我來聘你。」又差個人假裝是從鄭國差來招夏姬的說：「襄老的屍身定可得到的，不過定要妳自己來迎接他。」夏姬就把這事告訴莊王。莊王問巫臣，巫臣回答道：「這事是真的，因為知罃的父親荀首，原是成公的嬖臣，又是荀林父的小弟，他新近做了中軍佐，一向和鄭皇戌很要好，他很愛這個兒子，一定是走了鄭皇戌的門路，要把公子穀臣和襄老的屍身，來換知罃去呢。鄭人恐怕邲那次事得罪了晉國，正要獻媚給晉國，一定會允許的。」莊王便差夏姬回到鄭國去，夏姬臨行的時候，對送行的人說：「得不到屍身，我不回來了。」那知巫臣使人到鄭國去聘他，鄭伯竟允許了他。等到楚共王即了位，將要有陽橋的一回事，便差巫臣行聘到齊國去，並且告訴明白了出兵的日期。巫臣便完全帶了家眷去。申叔跪跟著他的父親，將要到郢都去，和巫臣半路相遇便說：「希奇呀！你夫子有了三軍的畏懼，卻又有桑中的喜色，這分明是要帶了妻子逃走了啊！」後來巫臣到了鄭國，果然差副使送回聘物，便帶了夏姬逃走。心想逃到齊國去，因為齊師新敗，便說：「我不住不勝的國的」。就逃往晉國，靠郤至的介紹，做了晉國的臣子。晉人使他做邢地方的大夫，子反請求共王，要用重幣賄託晉國，使禁錮巫臣不得做官。共王說：「不要這般，他為自己打算，原有差的，他給我先君打算，卻是忠的，人臣盡了忠，是社稷靠他安固的，兩相抵銷，功勝過罪多了。況且他能夠有好處給他國家，雖然用重幣，晉國那裏肯呢？如果沒有利益於晉國，連晉國也不要他呢，何勞我們去禁錮他呀？」

(八)經冬，楚師鄭師侵衛。

傳晉師歸，范文子㊀後入，武子曰：「無為吾望爾也乎？」對曰：「師有功，國人喜以逆之，先入必屬耳目焉，是代帥受名也，故不敢。」武子曰：「吾知免矣㊁。」郤伯見，公曰：「子之力也夫？」對曰：「君之訓也，二三子之力也，臣何力之有焉。」，范叔㊂見，勞之如郤伯，對曰：「庚所命也，克之制也㊃，燮何力之有焉！」欒伯㊄見，公亦如之，對曰：「燮之詔也㊅，士用命也，書何力之有焉！」

【今註】㊀范文子：是士燮。㊁吾知免矣：我知道以後不會因為你的原故而受到罪禍。㊂范叔：也是士燮。㊃庚所命也克之制也：荀庚是上軍的將，士燮是上軍的佐。荀庚沒有出去打仗而士燮推讓荀庚說是他的命令，郤克的制裁。㊄欒伯：就是欒書。㊅燮之詔也：是士燮的指導。

【今譯】晉國的軍隊回到國都，士燮最後進到都城，他的父親范武子說：「你不知道我很盼望你回來嗎？」他回答說：「如果軍隊立了功勞，國內的人必定歡喜的迎接他，先進來必定使人注意，這是替代長官享受光榮，所以我不敢如此。」武子就說：「我就知道以後不會因你受到罪惡了。」郤克來見晉君，晉君就說：「你的力量吧！」他就回答說：「是君的教訓和旁的同事的力量，我有什麼力量？」士燮來見，晉君勞苦他如對於郤克一樣。他就回答說：「這是荀庚所命令的，郤克的制裁，我士燮有什麼力量呢？」欒書也見晉君，晉君勞苦他也一樣。欒書回答說：「這是士燮的指導，軍隊的聽命令，我欒書有什麼力量呢？」

(九)經　十有一月公會楚公子嬰齊于蜀。

傳　宣公使求好于楚，莊王卒，宣公薨，不克作好。公即位，受盟于晉㊀，會晉伐齊，衛人不行使于楚㊁，而亦受盟于晉，從於伐齊。故楚令尹子重為陽橋之役以救齊，將起師，子重曰：「君弱㊂，羣臣不如先大夫，師眾而後可。詩曰：『濟濟多士，文王以寧㊃。』夫文王猶用眾，況吾儕乎㊄？且先君莊王屬之曰：『無德以及遠方，莫如惠恤其民而善用之㊅。』」乃大戶㊆，已責㊇，逮鰥㊈，救乏㊉，赦罪⑪，悉師⑫，王卒盡行，彭名御戎，蔡景公為左，許靈公為右㊂，二君弱皆強冠之㊃。冬楚師侵衛，遂侵我師于蜀㊄。使臧孫往㊅，辭曰：「楚遠而久，固將退矣，無功而受名，臣不敢㊆。」楚侵及陽橋㊇，孟孫請往賂之，以執斲、執鍼、織紝，皆百人㊈。公衡為質㊉，以請盟，楚人許平。十一月，公及楚公子嬰齊蔡侯許男，秦右大夫說，宋華元，陳公孫寧，衛孫良夫，鄭公子去疾，及齊國之大夫盟于蜀。卿不書，匱盟也⑪。於是乎畏晉而竊與楚盟，故曰匱盟。蔡侯許男不書，乘楚車也，謂之失位⑫。君子曰：「位其不可不慎也乎？蔡許之君一失其位，不得列於諸侯，況其下乎？詩曰：『不解于位，民之攸塈⑬。』其是之謂矣！」

【今註】㈠受盟于晉：成公元年就同晉國會盟在赤棘。㈡衛人不行使于楚：衛國不派人聘問楚國。㈢君弱：據左傳說：「寡人生十年而喪先君，共王即位以後祇是三年，大約是年十二、三歲。」㈣濟濟多士，文王以寧：這是詩經大雅一句詩，意思說文王因為用很多的官吏，所以就能安寧。㈤況吾儕乎：何況我們呢？㈥無德以及遠方莫如惠恤其民而善用之：要是沒有德行到遠的地方，不如加恩惠對於他的人民然後善用他們。(七)乃大戶：就校閱人民的戶口。(八)已責：放棄欠的帳目。(九)逮鰥：撫恤年老而沒有妻子的人。(一〇)救乏：補救貧窮的人。(一一)赦罪：饒赦罪人。(一二)悉師：起各種的軍隊。(一三)彭名御戎，蔡景公為左，許靈公為右：楚大夫彭名趕著車蔡景公在左邊，許靈公在右邊。這證明楚共王沒有參加這戰役。(一四)二君弱皆強冠之：二位君全都沒有成年，皆強迫他們行冠禮。(一五)蜀：是魯地，在今山東省泰安縣。(一六)使臧孫往：叫臧孫許去見楚國軍隊。(一七)楚遠而久，固將退矣，無功而受名，臣不敢：楚國從遠處來已經很久，自然就會退兵，沒有功勞而受退兵的勝名，我是不敢的。(一八)陽橋：魯地在蜀左近。(一九)以執斲執鍼織紝，皆百人：執斲是匠人，執鍼是女工，織紝是會織布的每一種全是一百個人。(二〇)公衡為質：公衡是成公的兒子，到楚國去做人質。(二一)卿不書匱盟也：春秋上不寫卿的名字，是因為沒有實行這個盟誓。(二二)謂之失位：這是失掉他的位子。(二三)不解于位，民之攸塈：這是詩經大雅的一句話。在上位的要不鬆懈於他的位子人民就能安息了。

【今譯】　魯宣公曾經派人對楚國要求和好，恰好楚莊王死了，魯宣公也死了，不能夠作到和好。等到魯成公即了君位以後，就接受晉國的盟會，又會合晉國去伐齊國，另外衛國人不派使臣到楚國去，而也受盟誓同晉國並且隨從晉國伐齊國。所以楚國的令尹子重就舉行陽橋的戰役來救齊國。將起兵的時候，子重說：「君王太弱小，我們這些個臣子也不如從前的大夫有能力，必須軍隊多了才可以打仗。詩經上說：『很多的將士，文王才能安寧了。』文王尚且須要眾人，何況我們呢？並且我們從前的君莊王告訴大家說：『沒有德行能達到遠方，不如加恩惠給他的人民，並且善於利用他們。』」於是就大檢查戶口，把欠錢的人全都免除，撫恤鰥夫，使貧乏的人也得到救助，把有罪的人也赦免，使軍隊全都出兵，使王親將領的兵也全去。楚國大夫彭名駕著車，蔡景公坐在左邊，許靈公坐在右邊，這兩位君皆沒有成年，勉強使他們先行冠禮。冬天，楚國軍隊侵略衛國後遂侵略魯國，到了蜀這地方，魯成公使臧孫去同楚國軍隊談判。他辭謝說：「楚國軍隊很遠，並且來得很久了，不論如何必定自己會退的，沒有功勞而得了退師的功名，這事我不敢。」等著楚國侵犯到陽橋這地方，孟孫就請去賄賂楚國，拿匠人、女工，織布的各一百人，成公的兒子叫公衡作抵押，以請求盟會，楚人就答應和好了。十一月，魯成公同楚國的公子嬰齊，蔡侯許男，秦右大夫說，宋華元，陳公孫寧，衛孫良夫，鄭公子去疾及齊國的大夫同盟于蜀這地方。春秋上不寫各國卿的名字，因為這個盟誓並沒能實現。因為魯國怕晉國又偷著同楚國盟會，所以說匱盟。不提到蔡侯、許男，因為他們乘坐楚國的車輛，所以等於他們沒有地位了。君子就說：「位子是不可以不慎重的，蔡國同許國的君一次失掉他的位子，就不能列到諸侯的裏邊，何況更下的人？詩經說：『在上者勤於其位，人民就得安息。』恐怕就是指著這類事情而說的。」

㈩經丙申，公及楚人秦人宋人陳人衛人鄭人齊人曹人邾人薛人鄫人盟于蜀。

傳楚師及宋，公衡逃歸。臧宣叔曰：「衡父不忍數年之不宴㊀，以棄魯國，國將若之何？誰居？後之人必有任是夫，國棄矣。」是行也，晉辟楚，畏其眾也。君子曰：「眾之不可已也㈡！大夫為政，猶以眾克，況明君而善用其眾乎？大誓所謂商兆民離，周十人同者，眾也㈢。」

【今註】㈠不宴：是不快樂。㈡眾之不已也：可見眾多是不可以少的。㈢大誓所謂商兆民離，周十人同者眾也：大音太。大誓所說商朝人數雖然多，但是他們離心，周朝雖祇有十個人，但是同心。

【今譯】楚國軍隊退回到宋國的時候，成公的兒子公衡就逃回來。臧宣叔就說：「公衡不能忍受幾年的不樂就放棄了魯國，魯國將怎麼辦呢？那麼將是誰呢？後來的人必將有擔任這件患難，這真是國家也放棄了。」這次戰役，晉國躲避著楚國，因為怕他的人數眾多。君子說：「眾多的不可以少就是如此，大夫管政治，猶能夠以眾多而成功，況于一個聰明的君又能善用他眾多的軍隊。這是尚書大誓篇所說商朝的兆民也離心，而周朝十個人同心因為同心所顯著眾多。」

㈩|傳|晉侯使鞏朔獻齊捷于周，王弗見，使單襄公辭焉曰：「蠻夷戎狄不式王命㈠，淫湎毀常㈡？王命伐之，則有獻捷，王親受而勞之，所以懲不敬，勸有功也㈢，兄弟甥舅侵敗王略㈣，王

命伐之，告事而已，不獻其功，所以敬親暱，禁淫慝也㊄！今叔父克遂有功于齊，而不使命卿鎮撫王室，所使來撫余一人，而鞏伯實來，未有職司於王室㊅，又奸先王之禮㊆，余雖欲於鞏伯㊇，其敢廢舊典以忝叔父？夫齊甥舅之國也，而大師之後也㊈，寧不亦淫從其欲以怒叔父，抑豈不可諫誨㊉？」士莊伯不能對⑪，王使委於三吏⑫，禮之如侯伯克敵使大夫告慶之禮，降於卿禮一等。王以鞏伯宴，而私賄之，使相告之曰：「非禮也，勿籍⑬。」

【今註】㊀蠻夷戎狄，不式王命：四夷的人，不遵守王的命令。㊁淫湎毀常：亂喝酒失去常度。㊂懲不敬勸有功也：所以懲戒不恭敬，並且勸勉有功的人。㊃侵敗王略：侵犯了周王的法度。㊄敬親暱禁淫慝也：這為的是恭敬親近的人，禁止做壞事的人。㊅未有職司於王室：你在王室沒有職守。㊆又奸先王之禮：又違背了先王的禮法。㊇余雖欲於鞏伯：我雖然願意接受鞏朔所獻的囚俘。㊈其敢廢舊典以忝叔父？夫齊甥舅之國也，而大師之後也：我那裡敢廢掉舊的規矩以羞辱晉君，因為齊國同周朝有甥舅的關係，而齊國更是大師的後人。㊉豈不可諫誨：豈是不可以諫諍教誨。⑪士莊伯不能對：鞏朔沒法回答。⑫王使委於三吏：王就把這事情交給周朝的三公。⑬非禮也，勿籍：這是不合於禮的不要寫到竹簡上。

【今譯】晉侯派鞏朔獻晉國戰勝齊國的成績到周朝，周王不見，使單襄公去辭謝他說：「四夷不聽王命的時候，狂淫醉酒，失掉常度，王就叫諸侯討伐他，就來獻戰利品，王親自受這戰勝品而加以勞苦他，為的懲戒不恭敬的人，並且獎勸立功的人。兄弟或者甥舅們侵犯周王的法度，王就叫討伐他去，勝利後祇告訴事情的成功，不來獻他的功勞，這是為的敬親近的人，禁止做壞事的人。現在叔父能夠成功在齊國，而不派一個命卿來安撫周王室，而撫慰我，而鞏伯在王室沒有位子，又違反先王的禮法，我雖然想著歡迎鞏伯，但是不敢廢了舊規章使叔父羞恥。因為齊國是周室甥舅的國家，而又是太師的後人，他豈會放縱他的欲望，使叔父發怒，難道不能夠教誨嗎？」鞏朔不能回答，周王就叫他把戰利品交給三公，對於鞏朔行的禮節，同諸侯戰勝敵人，使大夫告慶祝的禮節。比對卿的禮節次一等。周王請鞏伯吃飯又私自送他錢財，並且告訴旁人說：「這是不合禮的，不必記載下來。」

成公三年（公元前五百八十八年）

(一)經 三年春王正月，公會晉侯、宋公、衛侯、曹伯伐鄭。

傳 三年春，諸侯伐鄭，次于伯牛㈠，討邲之役也，遂東侵鄭。鄭公子偃㈡帥師禦之，使東鄙覆諸鄤㈢，敗諸丘輿㈣。皇戌㈤如楚獻捷㈥。

【今註】㈠伯牛：在河南省陳留縣西南。㈡鄭公子偃：是鄭穆公的兒子。㈢覆諸鄤：（鄤音ㄇㄢˋ）伏兵在鄤這地方。㈣敗諸丘輿：在丘輿這地方將晉國軍隊打敗。丘輿在今河南省開封縣西南的吹台。㈤皇戌：是鄭大夫。

【今譯】成公三年春天的時候，諸侯大家一起討伐鄭國，就把軍隊駐在伯牛這地方，這是討邲戰的緣故。晉國的軍隊並且深入東侵到鄭國。鄭穆公的兒子偃帥著軍隊來抵抗，使鄭國東邊軍隊埋伏在鄤這個地方，就把晉國的軍隊在丘輿打敗了。鄭國的大夫皇戌到楚國去獻勝利品。

㈡經　辛亥，葬衛穆公㈠。

【今註】㈠此經無傳。

【今譯】辛亥這一天，給衛穆公行葬禮。

㈢經　二月，公至自伐鄭㈠。

【今註】㈠此經無傳。

【今譯】二月，魯成公從討伐鄭國回魯國。

(四)經甲子，新宮災㈠，三日哭㈡。

【今註】㈠新宮災：新宮就是宣公的廟。㈡三日哭：哭了三天以表示哀悼。此經無傳。

【今譯】甲子這一天，宣公的新廟發生火災，三天在那兒舉行哀哭。

(五)經乙亥，葬宋文公㈠。

【今註】㈠此經無傳。

【今譯】乙亥這天，給宋文公舉行葬禮。

(六)經夏公如晉。

傳夏公如晉，拜汶陽之田㈠。

【今註】㈠拜汶陽之田：因為去年晉國使齊國送還汶陽的田地，所以這次特別往晉國拜謝。

【今譯】夏天，魯成公到魯國拜謝歸還魯國汶陽的舊田地。

(七)經鄭公子去疾帥師伐許。

傳許恃楚而不事鄭㈠，鄭子良伐許㈡。

【今註】㈠許恃楚而不事鄭：許國仗著楚國的力量而不事奉鄭國。㈡鄭子良伐許：鄭國子良就是公子去疾討伐許國。

【今譯】許國仗著楚國的勢力，而不事奉鄭國。鄭國的大夫子良帥軍隊討伐許國都城。

(八)**經**公至自晉㈠。

【今註】㈠此經無傳。

(九)**傳**晉人歸楚公子穀臣與連尹襄老之尸于楚，以求知罃㈠。於是荀首佐中軍矣㈡，故楚人許之。王送知罃曰：「子其怨我乎？」對曰：「二國治戎，臣不才，不勝其任，以為俘馘，執事不以釁鼓㈢，使歸即戮，君之惠也。臣實不才，又誰敢怨？」王曰：「然則德我乎㈣？」對曰：「二國圖其社稷而求紓其民，各懲其忿以相宥也㈤，兩釋纍囚以成其好。二國有好，臣不與及，其誰敢德㈥？」王曰：「子歸何以報我？」對曰：「臣不任受怨，君亦不任受德。無怨無德不知所報㈦。」王曰：「雖然必告不穀。」對曰：「以君之靈，纍臣得歸骨於晉，寡君之以為戮，死且不朽，若從君之惠而免之，以賜君之外臣首㈧，首其請於寡君而以戮於宗㈨，亦死且不朽。若不獲命⑩，而使嗣宗職⑪，次及於事而帥偏師，以脩封疆，雖遇執事⑫，其弗敢違，其竭力致死，無有二心以盡臣禮，所以報也。」王曰：「晉未可與爭，重為之禮而歸之。」

【今註】㈠以求知罃：因為要求把知罃交換使他能回晉國。他在邲之戰時被楚國所獲。㈡於是荀首佐中軍矣：這時間知罃的父親荀首已經做到晉國的中軍佐。㈢執事不以釁鼓：古時候被捕的人必定被殺，而拿他的血塗在戰鼓上。㈣然則德我乎：那麼你感激我嗎。㈤各懲其忿以相宥也：各相懲處仇敵，並互相赦免。㈥其誰敢德：那誰敢以為德好呢？㈦無怨無德不知所報：既沒有怨恨也沒有什麼感激那就不知道須要報答了。㈧以賜君之外臣首：就賞給你的外臣荀首。因為荀首不是楚國的臣，所以自稱為外臣。㈨首其請於寡君而以戮於宗：荀首就向晉君請求而把我在荀氏宗廟上殺了我。⑩若不獲命：要是晉軍既不殺我也不在宗廟殺我。⑪而使嗣宗職：反倒叫我接續祖宗的職位。⑫而帥偏師以脩封疆，雖遇執事：我就帥領一部份的軍隊守住國境，假設遇見楚國的將領。

【今譯】晉人送還楚國的公子穀臣，和連尹襄老的尸身來贖知罃，那時荀首已經佐了中軍，所以楚人允許了。楚王送知罃說：「你怨恨我麼？」知罃回答說：「兩國交戰，臣沒有才幹，不能擔任那職務，做了俘虜，蒙執事不把我殺了，用我的血塗在鼓上，卻使我回歸晉國去受罪刑，這就是你君的恩惠啊，臣實在自己沒有才能，還敢怨誰呢？」王說：「那末你感我的恩德麼？」回答說：「兩國為了想謀社稷的安全，要舒緩他自己的百姓，各自懲處仇敵，並互相寬赦，兩方都釋放了繫囚，來完成他們的和好，這兩國有了和好，臣又得不到什麼，又有那個會感他的德呢？」王說：「那末你回國後怎樣報答我？」答道：「臣不受怨楚的名目，你君也不受給臣德的名目，既無怨，又無德，不知道報什麼呢？」楚王說：「話雖如此，可是你定要告訴我的。」知罃回答說：「靠你君王的威靈使我囚臣能得歸骨到晉國去，寡君如果把我正了法，那末我雖然死，卻也感恩不爛的。如果靠你君王的恩惠免了死，把我賜給你君的外臣荀首，荀首請了寡君的命令，戮臣在知氏的宗廟中，那末也是死了不爛的。如果請不准君命，卻使臣繼續祖宗的職位，挨著次第預聞了晉國的政事，領了偏師來治晉國的疆埸，那時雖遇著了楚國的將帥，也不敢違避的，應當竭力盡忠出了死力，和你楚國相戰沒有二心，拿來盡我做臣子的禮，這就是所以報你楚德的。」楚王說：「晉國不可和他相爭。」便格外用禮待他，送他歸去。

㈩**經** 秋，叔孫僑如帥師圍棘。

傳 秋，叔孫僑如圍棘㈠，取汶陽之田。棘不服故圍之㈡。

【今註】㈠棘：據彙纂說：「今山東肥城縣有棘亭。」㈡棘不服故圍之：棘因不服從叔孫僑如，所以就把他圍起來。

【今譯】秋天，叔孫僑如圍棘，取回汶陽之田地。棘不肯歸服，所以把他圍困了。

(十一)經　大雩㊀。

【今註】㊀此經無傳。

【今譯】因為旱災，所以舉行求雨的典禮。

(十二)經　晉郤克衛孫良夫伐廧咎如。

傳　晉郤克衛孫良夫伐廧咎如，討赤狄之餘焉㊀。廧咎如潰，上失民也㊁。

【今註】㊀討赤狄之餘焉：討伐赤狄的殘餘。㊁廧咎如潰，上失民也：廧咎如潰亂了，因為在上的人失掉民心。

【今譯】晉國的郤克同衛國的孫良夫，討伐廧咎如。這是赤狄餘剩下的人民。廧咎如軍隊潰亂，因為他當政權的失掉了民心。

(十三)經　冬，十有一月，晉侯使荀庚來聘。

㈣經衛侯使孫良夫來聘。

㈤經丙午，及荀庚盟。

㈥經丁未及孫良夫盟。

㈢㈤傳十一月，晉侯使荀庚㈠來聘，且尋盟㈡。衛侯使孫良夫來聘，且尋盟㈢。公問諸臧宣叔曰：「仲行伯之於晉也，其位在三㈣，孫子之於衛也，位為上卿，將誰先？」對曰：「次國之上卿當大國之中，中當其下，下當其上大夫㈤。小國之上卿當大國之下卿，中當其上大夫，下當其下大夫㈥。上下如是，古之制也㈦。衛在晉不得為次國㈧，晉為盟主，其將先之㈨。」丙午盟晉，丁未盟衛，禮也。

㈣㈥

【今註】㈠荀庚：是荀林父的兒子。㈡尋盟：重申成公元年赤棘的盟會。㈢尋盟：這是重申宣公七年的盟誓。㈣其位在三：等於下卿。㈤次國之上卿當大國之中，中當其下，下當其上大夫：皆降大國一等。㈥小國之上卿當大國之下卿，中當其上大夫，下當其下大夫：皆降大國二等。㈦上下如是，古之制也：上下如此是自古以來的制度。㈧衛在晉不得為次國：以春秋的時候論，是以強弱為分別。衛雖然是侯爵比晉國還算等於小國。㊈晉為盟主其將先之：晉國是盟會的主人必須讓他在先。

【今譯】　冬天十一月，晉侯使荀庚來聘問魯國，並且重申成公元年赤棘的盟約。衛侯亦使孫良夫來聘問，並來重申魯宣公七年的盟約。魯成公向臧宣叔說：「中行伯在晉國，他是下卿的位子。而孫良夫在衛國是上卿的位子，將讓那一位先行禮？」臧宣叔回答說：「次等國家的上卿等於大國的中卿，中卿等於下卿，下卿等於上大夫。小國的上卿等於大國的下卿，中卿等於他的上大夫，下卿等於下大夫。上下如此，這是自古以來的制度。衛國對晉國不能夠做第二等國家，晉並且是盟主，必須讓他在先。」丙午這天與晉盟會，丁未這天與衛盟誓，這是合於禮的。

(七)傳　十二月甲戌，晉作六軍，韓厥、趙括、鞏朔、韓穿、荀騅、趙旃皆為卿㊀，賞鞌之功也。

【今註】　㊀韓厥、趙括、鞏朔、韓穿、荀騅、趙旃皆為卿：韓厥為新中軍將，趙括為佐，鞏朔為新上軍將，韓穿為佐，荀騅為新下軍將，趙旃為佐。

【今譯】　十二月甲戌這天，晉國創作六軍，韓厥、趙括、鞏朔、韓穿、荀騅、趙旃皆作了卿的官，這是賞鞌之戰的功勞。

(八)傳　齊侯朝于晉，將授玉㊀。郤克趨進曰：「此行也：君為婦人之笑㈡辱也！寡君未之敢任㈢。」晉侯享齊侯，齊侯視韓厥。韓厥曰：「君知厥也乎㈣？」齊侯曰：「服改矣㈤！」韓厥登，舉爵曰：「臣之不敢愛死，為兩君之在此堂也！」

【今註】㈠授玉：是為的行朝見的禮。㈡婦人之笑：見宣公十七年。㈢寡君未之敢任：我們的君對於你這個恩惠不敢承受。㈣君知厥也乎：你還認識韓厥嗎？㈤服改矣：衣服改變了。

【今譯】齊頃公往晉國朝見，將行使朝見授玉的典禮，郤克跑著往前進說：「你這次來朝是為婦人的笑謝罪！我們的晉君並不敢承受你這種恩惠。」晉侯設宴款待齊侯，齊侯用眼直看韓厥。韓厥說：「你認識我韓厥嗎？」齊頃公說：「你的衣服換了樣子。」韓厥登上堂來舉著酒杯說：「我的不敢喜愛死，就是為的兩位君今天在這堂上宴會。」

㈨傳　荀罃之在楚也，鄭賈人有將寘諸褚中以出㈠，既謀之未行，而楚人歸之。賈人如晉，荀罃善視之如實出己㈡。賈人曰：「吾無其功，敢有其實乎？吾小人，不可以厚誣君子。」遂適齊。

【今註】㈠鄭賈人有將寘諸褚中以出：鄭國商人有想把荀罃藏到褚葉中，把他暗中運出。㈡賈人如晉，荀罃善視之如實出己：後來商人到晉國去，荀罃對他很好，好像同真正搬運他自己到晉國一樣。

【今譯】 荀罃在楚國的時候，鄭國的商人想把他藏到褚葉中間來逃出，打算好了還沒有做，而楚國人已經將荀罃歸還晉國。這個商人到晉國去貿易，荀罃對他招待得很好，好像是真正幫他逃出來似的。這個商人說：「我沒有過這個功勞，敢享有這樣報償嗎？我是一個小人，不可以欺騙君子你啊！」就到齊國去了。

成公四年（公元前五百八十七年）

(一)經 四年春，宋公使華元來聘。

傳 四年春，宋華元來聘，通嗣君也㊀。

【今註】 ㊀通嗣君也：這是為著宋共公方才即位，所以使華元來聘問。

【今譯】 成公四年春天，宋國的華元來魯國聘問，這是為的宋共公新即位的緣故。

(二)經 三月壬申，鄭伯堅卒㊀。

【今註】 ㊀鄭伯堅：就是鄭襄公。此經無傳。

【今譯】 三月壬申這天，鄭襄公死了。

(三)經 杞伯來朝。

傳 杞伯來朝，歸叔姬故也㈠。

【今註】㈠歸叔姬故也：杞伯來朝見魯成公，是為的他與魯女叔姬離婚的原故。

【今譯】杞國君到魯國來朝見。因為他要說明與魯國叔姬離婚的緣故。

(四)經 夏四月甲寅，臧孫許卒㈠。

【今註】㈠此經無傳。

【今譯】夏天四月甲寅這天，臧孫許死了。

(五)經 公如晉。

傳 夏，公如晉，晉侯見公，不敬。季文子曰：「晉侯必不免㈠。詩曰：『敬之敬之，天惟顯思，命不易哉㈡。』夫晉侯之命在諸侯矣㈢，可不敬乎？」

【今註】㈠晉侯必不免：晉景公必定不能壽終。㈡敬之敬之，天惟顯思，命不易哉：這是詩經周頌的一句話，意思說恭敬吧恭敬，天是很顯明的，天命是不容易得到的。㈢夫晉侯之命在諸侯矣：晉侯的命運全在諸侯的手中。

【今譯】魯成公到晉國去，晉侯接見魯成公，不恭敬。季文子就說：「晉侯必定不能壽終。詩經周頌上說：『恭敬啊恭敬，上天很顯明，受天命是很不容易啊！』晉侯的命運全掌握在諸侯的手裡，怎麼不能恭敬呢？」

㈥經　葬鄭襄公㈠。

【今註】㈠此經無傳。

【今譯】給鄭襄公行葬禮。

㈦經　秋，公至自晉。

傳　秋，公至自晉，欲求成于楚而叛晉。季文子曰：「不可。晉雖無道，未可叛也。國大臣睦而邇於我㈠，諸侯聽焉㈡，未可以貳。史佚之志有之㈢曰：『非我族類，其心必異。』楚雖大非吾族也㈣，其肯字我乎？」公乃止。

【今註】㈠國大臣睦而邇於我：國家很大，而晉國臣們全都很和睦，又對我們疆界離得很近。㈡諸侯聽焉：諸侯全都服從他。㈢史佚之志有之：史佚是周文王的太史，他的書裡有這句話。㈣楚雖大非吾族也：楚國雖然廣大他同我們不同族。

【今譯】秋天，魯成公從晉國回來，想著同楚國和平而背叛晉國。季文子就說：「不可以。晉國雖然沒有道理也不可以背叛。他的國家大而他的羣臣和睦，並且離我很近，諸侯全都服從他，我們不可以對他有二心。據周文王的太史佚的書中有這句話說：『不是我同族類的人，他的心必定不相同。』楚國雖是大國，但不是我們同族，他還可以愛我嗎？」魯成公就停止了。

(八)經　冬城鄆㊀。

【今註】㊀此經無傳。鄆（音ㄩㄣˋ）：魯國有二個鄆，現在所城的是西鄆，在今山東省鄆城縣東十六里。

【今譯】冬天修魯國的鄆城。

(九)經　鄭伯伐許。

傳　冬十一月，鄭公孫申帥師疆許田㊀，許人敗諸展陂㊁。鄭伯伐許，取鉏任泠敦之田㊂。

【今註】㊀鄭公孫申帥師疆許田：前年鄭國伐許侵占他的田地，所以現在來正他的疆界。㊁展陂：是許地，在今河南省許昌縣西北。㊂鉏任泠敦之田：鉏任泠敦都是許地，據彙纂說：「皆在今河南省許昌縣境內。」

【今譯】 十一月，鄭國公孫申帥領著軍隊，到許國來整理他的疆界。許國軍隊在展陂這地方打敗他。於是鄭伯就伐許國都城，奪取了鉏任冷敦的田地。

(十)**傳** 晉欒書將中軍，荀首佐之，士燮佐上軍，以救許伐鄭，取氾祭(一)。楚子反救鄭，鄭伯與許男訟焉(二)，皇戌攝鄭伯之辭(三)，子反不能決也，曰：「君若辱在寡君，寡君與其二三臣共聽兩君之所欲成，其可知也(四)。不然，側不足以知二國之成(五)。」

【今註】 (一)氾祭：氾在今河南省氾水縣東南，祭在今河南省鄭縣東北十五里。(二)鄭伯與許男訟焉：鄭伯同許男爭曲直。(三)皇戌攝鄭伯之辭：鄭國的大夫皇戌替鄭伯對答。(四)其可知也：那麼兩國所願意成功的也就可以知道了。(五)不然側不足以知二國之成：要不然我不能夠確知並使兩國達成和解。

【今譯】 晉國欒書帥領著中軍，荀首做他的副佐。士燮作上軍佐，去救許國，討伐鄭國，取了鄭地名叫氾祭的地方。楚國令子反來救鄭國。鄭伯同許男在子反的面前爭曲直，鄭國的大夫皇戌替鄭伯對答。子反聽了不能夠決斷就說：「你要是能來見楚國的君，楚君和幾個臣子可以共同聽你們兩國所希望的，那就可以解決了。不然的話我不能夠確知並使兩國達成和解。」

(十)傳 晉趙嬰通于趙莊姬(一)。

【今註】(一)晉趙嬰通于趙莊姬：趙嬰是趙盾的弟弟，趙莊姬是趙盾的兒子趙朔的妻子，他們二人私通。

【今譯】晉國趙盾的弟弟趙嬰與趙盾的兒子趙朔的妻子莊姬私通。

成公五年（公元前五百八十六年）

(一)經 五年春王正月，杞叔姬來歸。

傳 五年春，原屏放諸齊(一)。嬰曰：「我在，故欒氏不作(二)；我亡，吾二昆其憂哉！且人各有能有不能(三)，舍我何害？」弗聽。嬰夢天使謂己：「祭余，余福女。」使問諸士貞伯，貞伯曰：「不識也。」既而告其人(四)曰：「神福仁而禍淫，淫而無罰，福也。祭其得亡乎。」(五)祭之之明日而亡。

【今註】(一)原屏放諸齊：原、屏是指著趙嬰的哥哥把趙嬰放逐到齊國去。(二)我在，故欒氏不作：因為我在國內，所以欒氏不敢對趙氏作亂。(三)人各有能有不能：每個人各有能作的事也有不能作的事。(四)既而告其人：士貞伯告訴他的侍從的人。(五)祭其得意思說我雖淫亂，但可以使趙莊姬保護趙氏。

亡乎：如果祭祀就可以逃奔別國。

【今譯】成公五年春天，趙同趙括把趙嬰驅逐到齊國去。趙嬰說：「我若存在國裡欒氏不敢動作，我若出亡，我兩弟兄必定要發愁了，並且每個人有的能幹的也有不能幹的，放過我有什麼害處？」他們不聽從他。趙嬰夢見上天派人對他說：「你要祭祀我，我就使你得到福。」他派人去問士貞伯，士貞伯說：「不知道。」後來士貞伯就告訴他左右的人說：「神是加福於仁人的，而加禍於淫人的，淫而不得到懲罰這就是福。要是祭神或者可以得到逃亡。」祭的第二天就逃亡了。

(二)經 仲孫蔑如宋。

傳 孟獻子如宋，報華元也㈠。

【今註】㈠報華元也：回答華元的聘問。

【今譯】孟獻子到宋國去，這是報答上次宋國華元的來聘問。

(三)經 夏，叔孫僑如會晉荀首于穀。

傳 夏，晉荀首如齊逆女，故宣伯餫諸穀㈠。

【今註】㈠宣伯餫諸穀：餫音鄆。餫是在野地送飯。魯國的叔孫僑如到穀這地方送飯。

【今譯】夏天，晉大夫荀首到齊國去迎接女子，所以魯國的叔孫僑如到魯國穀這地方去送飯。

(四)**經**梁山崩。

傳梁山崩，晉侯以傳召伯宗㈠。伯宗辟重曰：「辟傳。」重人曰：「待我不如捷之速也㈡。」問其所，曰：「絳人也。」問絳事焉。曰：「梁山崩，將召伯宗謀之。」問將若之何㈢。曰：「山有朽壤而崩，可若何？國主山川㈣，故山崩川竭，君為之不舉㈤，降服㈥，乘縵㈦，徹樂㈧，出次㈨，祝幣㈩，史辭(十一)，以禮焉(十二)。其如此而已，雖伯宗若之何(十三)？」伯宗請見之(十四)，不可。遂以告而從之(十五)。

【今註】㈠晉侯以傳召伯宗：傳是驛車。晉侯就用驛車來召伯宗到都城去。㈡待我不如捷之速也：等到我的車子避開，不如另走捷徑。㈢問將若之何：問這有什麼辦法。㈣國主山川：又一國家本來以山同川為主祭的。㈤君為之不舉：國君就撤去很好的食品。㈥降服：穿的衣服也不再華盛。㈦乘縵：車上沒畫文彩叫著縵，乘這種沒有文彩的車。㈧徹樂：取消作樂。㈨出次：到城外去居住。㈩祝幣：由祝官陳列很多玉幣。(十一)史辭：太史就作國君自己責備的言辭。(十二)以禮焉：這是為的禮告山同川。(十三)雖伯宗若之何：就是伯宗有什麼辦法。(十四)伯宗請見之：伯宗請把他與晉國的君見面。(十五)遂以告而從之：就告訴晉國的君照這辦法來做。

【今譯】晉國的梁山崩潰了，晉侯用驛車召見伯宗。伯宗命一個載重的車說：「避開我這驛車。」那載重的人就說：「等著我避開，不如走旁的路的快。」伯宗很驚異的問他是那裡的人。回答說：「是晉國都城絳的人。」伯宗就問絳的事情，這個載重的人就說：「因為梁山崩潰，所以召見伯宗來商量。」伯宗又問他說那怎麼辦呢？他說：「山因為土壞了就崩了，那有什麼辦法？國以山川為主祭，所以山要崩川要乾，為君的就不吃好的菜，穿壞的衣服，車上也棄掉文飾，取消作樂，到都城郊外去居住，禱告的人陳列玉幣，大史作文章為君自責，這是對於山川所行的禮節。不過如此而已，就是伯宗又怎麼辦呢？」伯宗請他一同見晉君，他不肯。就把這套話告訴晉君。聽從他的話來辦理。

(五)經 秋大水㊀。

【今註】㊀此經無傳。

【今譯】秋天，魯國發生大水。

(六)傳 許靈公愬鄭伯于楚㊀。六月鄭悼公如楚，訟不勝，楚人執皇戌及子國㊁。故鄭伯歸，使公子偃請成于晉。秋八月，鄭伯及晉趙同盟于垂棘㊂。

【今註】㊀許靈公愬鄭伯于楚：許靈公到楚國去告鄭悼公。㊁皇戌及子國：皇戌是鄭大夫，子國是鄭穆公的兒子。楚國因為鄭沒打贏官司，所以把他們逮捕了。㊂垂棘：晉地。羣經釋地說：「以為垂棘在今山西省翼城縣南。」

【今譯】許靈公到楚國告訟鄭伯，六月鄭悼公到楚國打官司，鄭國沒有勝利，楚人就把鄭國的皇戌及鄭穆公的兒子全逮著。鄭伯回來以後使公子偃到晉國請求和平。秋天八月，鄭悼公與晉國大夫趙同在垂棘這地方盟誓。

(七)傳　宋公子圍龜㊀為質于楚而歸，華元享之，請鼓譟以出，鼓譟以復入，曰：「習攻華氏㊁。」宋公殺之。

【今註】㊀宋公子圍龜：圍龜是宋文公的兒子。㊁習攻華氏：練習攻打華氏一家。這是因為魯宣公十五年華元使公子圍龜替代他到楚國去做人質，所以他想攻打華氏。

【今譯】宋國的公子圍龜到楚國做人質回來，華元請他吃飯，公子圍龜就請打著鼓離開華元家再敲著鼓，以進入華元家說：「我這是練習攻打華氏一家。」宋國的君就把他殺了。

(八)經　冬十有一月己酉天王崩。

傳　十一月己酉，定王崩㊀。

【今註】㊀定王崩：周定王死了。

【今譯】十一月己酉，周定王死了。

㈨經十有二月己丑公會晉侯、齊侯、宋公、衛侯、鄭伯、曹伯、莒子、邾子、杞伯同盟于蟲牢。

傳冬，同盟于蟲牢㈠，鄭服也。諸侯謀復會，宋公使向為人辭以子靈之難㈡。

【今註】㈠蟲牢：鄭地，也作桐牢。河南通志說：「在今河南省封丘縣北三里。」㈡使向為人辭以子靈之難：宋公使向為人來辭謝他不能開會。因為公子圍龜的禍亂。按此條與上一條經傳前後不一樣，更足證明左氏春秋與孔子所修的春秋不是一部書。

【今譯】冬天，在蟲牢這地方同盟誓，因為鄭國已經服從。諸侯想著再開會，宋公使向為人代表他說宋國有圍龜的亂事，所以不來開會。

成公六年（公元前五百八十五年）

㈠經六年春王正月，公至自會㈠。

【今註】㈠此經無傳。

【今譯】成公六年春天，魯成公從蟲牢開會回來。

㈡傳六年春，鄭伯如晉拜成㈠，子游相㈡，授玉于東楹之東㈢。士貞伯曰：「鄭伯其死乎！自弃也已㈣，視流而行速㈤，不安其位，宜不能久。」

【今註】㈠鄭伯如晉拜成：鄭伯到晉國去謝他的和平。㈡子游相：子游就是鄭大夫公子偃相禮。㈢授玉於東楹之東：授玉是行一種典禮，應該是在兩楹的中間。㈣自棄也已：他是自己暴棄。㈤視流而行速：看東西太快，而走路也快。

【今譯】鄭伯到晉國去拜謝和平的成功。鄭國大夫子游相禮，因為鄭伯走得太快，所以到了東楹的東邊，方才行授玉的典禮。晉國大夫士貞伯說：「鄭伯恐怕將死了，是自己自暴自棄，眼睛轉動快而行走的又快，他在他的位子上不能安定，這應當是不能夠長久。」

㈢經二月辛巳，立武宮。

傳二月，季文子以鞌之功立武宮㈠，非禮也。聽於人以救其難，不可以立武。立武由己，非由人也㈡。

【今註】㈠立武宮：建立了魯武公的廟。㈡立武由己，非由人也：成立武功是由自己，不是由於旁人。

【今譯】二月，魯國的季文子因為鞌戰的功勞就在魯國立了魯武公的廟，這是不合於禮的。聽著旁人幫助來救魯國的禍難，自己不能算是立了武功。武是由自己來的，不是由人幫助的。

(四)經 取鄟。

傳 取鄟，㈠言易也。

【今註】㈠鄟（音ㄓㄨㄢ）：在今山東省郯城縣東北。

【今譯】佔據了附庸的鄟國。這樣記載是表示得來容易。

(五)經 衛孫良夫帥師侵宋。

傳 三月，晉伯宗、夏陽說、衛孫良夫、寧相、鄭人、伊雒之戎陸渾蠻氏侵宋，以其辭會也㈠。師于鍼㈡，衛人不保。說欲襲衛曰：「雖不可入，多俘而歸，有罪不及死㈢。」伯宗曰：「不可，衛唯信晉，故師在其郊而不設備。若襲之，是弃信也。雖多衛俘，而晉無信，何以求諸侯？」乃止。師還，衛人登陴㈣。

【今註】㈠以其辭會也：因為他辭謝開會。㈡鹹：在今河北省濮陽縣西南。㈢雖不可入，多俘而歸，有罪不及死：雖然不能攻進去，但是可以多俘虜回來，這就是晉軍以為我們有罪，也不會死亡。㈣師還，衛人登陴：軍隊回去了衛國人就上了城牆上。

【今譯】三月，晉國的伯宗、夏陽說、衛國的孫良夫、寧相、鄭國的軍隊、伊水雒水旁邊的戎、陸渾蠻氏，侵略宋國，因為去年宋國有公子圍龜的亂事沒有去參加盟會的緣故。在鹹這地方屯兵，衛國人不守城，夏陽說又想去襲衛國，他說：「雖然不一定能夠攻進去，但是多得了俘虜回來，就是有罪也不致於死。」伯宗就說：「不可以的。衛國因為相信晉國，所以晉國的軍隊在他的郊外，而並沒有設防備。要是偷襲他，這是棄了信實，雖是多得到衛國的俘虜，但是晉國失去信用，怎麼樣來求諸侯的來往。」於是晉國軍隊就停止。等到晉國軍隊回去以後，衛國人聽見這種計謀就登上城去守備。

㈥**經**夏六月邾子來朝㈠。

【今註】㈠此經無傳。

【今譯】夏天六月，邾國的君來魯國朝見。

㈦**傳**晉人謀去故絳㈠。諸大夫皆曰：「必居郇瑕氏之地㈡，沃饒而近盬㈢，國利君樂，不可失也。」韓獻子將新中軍，且為僕大夫㈣。公揖而入，獻子從公立於寢庭㈤，謂獻子曰：「何如？」對曰：「不可。郇瑕氏土薄水淺，其惡易覯㈥，易覯則民愁，民愁則墊隘㈦，於是乎有沈溺重腿之疾㈧，不如新田㈨土厚水深，居之不疾⑩，有汾澮以流其惡，且民從教⑪，十世之利也。夫山澤林鹽，國之寶也。國饒則民驕佚⑫，近寶公室乃貧⑬，不可謂樂。」公說從之。夏四月丁丑，晉遷于新田。

【今註】㈠晉人謀去故絳：晉人想離開舊的都城故絳城。㈡必居郇（音ㄒㄩㄣˊ）瑕氏之地：必然要住到郇瑕氏這地方。江永說：「郇瑕兩個邑在解縣，二城相距不遠，故連成郇瑕。」㈢沃饒而鹽：地方肥沃而近於鹽池。鹽池在今山西省安邑縣及解縣長五十一里。㈣僕大夫：是太僕的官。㈤寢庭：是路寢的庭。㈥其惡易覯：他那個壞處很容易看出來。㈦易覯則民愁，民愁則墊隘：容易看出來，居民就容易發愁，發愁就容易困窮。㈧於是乎有沈溺重腿之疾：沈溺是風濕，重腿是腳腫。㈨不如新田：閻若璩親往新田考之，土人呼王官城（此專指新田，與文公三年之王官不同地）距故晉城（即故絳城）五十里。⑩土厚水深居之不疾：這裡土田很厚，水也很深，所以住在那裡不會有風濕病。⑪且民從教：人民沒有災患所以很聽從政教。⑫國饒則民驕佚：國家富饒則人民驕侈。⑬近寶則公室乃貧：近於寶物，則國君的家財就容易貧窮。

【今譯】晉國人計謀離開現在的都城絳。各位大夫皆說：「必須遷到郇瑕氏這地方，它是肥沃而近於鹽池，對國家有利，晉君一定很安樂，不可以失掉這個計策。」韓獻子作新軍的將領，並且做僕大夫，晉君恭揖請他進去，韓獻子就跟著他立在路寢的庭院中，晉君就說：「他們說的，怎麼樣呢？」他回答說：「不可以。郇瑕氏這地方的土地薄，水很淺，缺點容易看出。容易看出，居民就會發愁，人民發愁就更加貧困，於是就有風濕腿腫的毛病；不如遷到新田去，土很深厚，水也很深，住在那裡的人高燥不容易得病，並且有汾水澮水能夠漂流它的髒垢，人民聽從教訓，這是長久的利益。山林川澤同鹽湖全是國家的寶貝。國家富人民就驕佚，鄰近了寶，公室就貧窮，這不可以說是有樂趣。」晉君聽了很高興就聽從他。夏天四月丁丑這天，晉國就遷都到新田。

(八)經　公孫嬰齊如晉。

(九)經　秋仲孫蔑叔孫僑如帥師侵宋。

傳　子叔聲伯如晉，命伐宋。秋，孟獻子，叔孫宣伯侵宋，晉命也㊀。

【今註】㊀晉命也：這是受了晉國的命令。

【今譯】魯國的子叔聲伯到晉國去，晉國命他傳命令伐宋國。秋天，孟獻子同叔孫宣伯就侵略宋國，這是晉國的命令。

(十)經 壬申鄭伯費卒。

傳 六月鄭悼公卒㈠。

【今註】㈠鄭悼公卒：杜預注：「終士貞伯之言。」

【今譯】六月，鄭國的悼公死了。

(十一)經 楚公子嬰齊帥師伐鄭。

傳 楚子重伐鄭，鄭從晉故也㈠。

【今註】㈠鄭從晉故也：這是因為鄭國前年同晉國盟會的原故。

【今譯】楚國令尹子重伐鄭國，這是因為鄭國聽從晉國的緣故。

(十二)經 冬季孫行父如晉。

傳 冬，季文子如晉，賀遷也㈠。

【今註】㈠賀遷也：恭賀他遷都於新田的緣故。

【今譯】冬天，季文子到晉國去，是祝賀他遷都。

(十三)經 晉欒書帥師救鄭。

傳 晉欒書救鄭，與楚師遇於繞角㈠，楚師還。晉師遂侵蔡，楚公子申、公子成以申息之師救蔡，禦諸桑隧㈡，趙同、趙括欲戰，請於武子，武子將許之。知莊子㈢范文子㈣韓獻子㈤諫曰：「不可。吾來救鄭，楚師去我，吾遂至於此㈥，是遷戮也㈦。戮而不已，又怒楚師，戰必不克，雖克不令。成師以出，而敗楚之二縣，何榮之有焉？若不能敗，為辱已甚，不如還也！」乃遂還。於是軍師之欲戰者眾，或謂欒武子曰：「聖人與眾同欲，是以濟事。子盍從眾！子為大政㈧，將酌於民者也㈨。子之佐十一人，其不欲戰者三人而已。欲戰者可謂眾矣！商書曰：『三人占，從二人㈩。』眾故也。」武子曰：「善鈞從眾(十一)，夫善眾之主也。三卿為主，可謂眾矣。從之不亦可乎？」

【今註】㈠繞角：一統志說：「繞角城在今河南魯山縣東南。」㈡桑隧：一統志說：「今河南確山縣東有桑里亭，即成公六年，晉侵蔡，楚救蔡，禦諸桑隧處也。」㈢知莊子：即荀首當中軍佐。㈣

范文子：士燮是上軍佐。㈤韓獻子：是韓厥新中軍將。㈥吾遂至於此：遂到了蔡國的地方。㈦是遷戮也：這是把誅戮遷到別的地方去。㈧聖人與眾同欲，是以濟事。子盍從眾！子為大政：聖人與大家同欲望，所以能夠成功。你為什麼不同眾人的欲望？你是掌政權為中軍元帥。㈨將酌於民者也：是要酌取人民的心理。⑩三人占，從二人：這是書經洪範的一句話：「三個人要占卦，就要聽從兩人的話。」⑪善鈞從眾：大家的善要相等就從多數。

【今譯】晉國欒書帶領軍隊去救鄭國，同楚國軍隊在繞角這地方相遇見，楚軍就退還。晉軍就去侵略蔡國，楚國的公子申同公子成用楚國申息兩縣的軍隊去救蔡國，在桑隧這地方來抵抗晉國軍隊，晉國大夫趙同趙括想著作戰，就請示於欒書，欒書就要答應他們。但是荀首、士燮、韓厥全都諫諍說：「不可以。我們是來救鄭國，楚國軍隊走了，我們隨著到蔡國這個地方，這是將殺戮搬家了。殺戮不止，又激怒楚國軍隊，打起仗來，必然失利，就是勝利了也沒有榮譽，成了軍隊以出來打仗，祇打敗了楚國的兩個縣，有什麼榮譽呢？假若不打敗他，這羞辱就更厲害了，不如退回去吧。」就退兵。這時間各軍的將領，願意打仗的很多，有的人對欒書說：「聖人是與大家同欲望，所以把事情可以辦成。你為什麼不從眾人的欲望，你是掌政權的人，將斟酌民心來做政事，你的副佐十一個人，其中不願打仗的祇有三個人。要打仗的可以說是眾多！洪範的書篇說：『三個人占卜，就聽從兩個人的話。』因為兩個人是多數。」欒書就說：「善相均等，就從多數，善是決定是否眾的主要因素。三卿為主，可以說是眾多。聽從他們不也可以嗎？」

成公七年（公元前五百八十四年）

(一)**經**七年春王正月，鼷鼠㈠食郊牛角。改卜牛，鼷鼠又食其角，乃免牛㈡。

【今註】㈠鼷鼠：音兮。這是一種灰色的小老鼠。㈡乃免牛：於是就把牛廢除不用。此經無傳。

【今譯】成公七年春天，小的老鼠吃了祭天的牛的角。另外再占卜祭天的牛，小老鼠又吃它的角，於是就把牛廢除不用。

(二)**經**吳伐郯。

傳春，吳伐郯，郯成。季文子曰：「中國不振旅，蠻夷入伐，而莫之或恤，無弔者也夫。詩曰：『不弔昊天，亂靡有定㈠。』其此之謂乎？有上不弔㈡，其誰不受亂。吾亡無日矣。」君子曰：「知懼如是，斯不亡矣㈢。」

【今註】㈠不弔昊天，亂靡有定：這是詩經小雅的一句詩。因為上天不能哀恤人民，所以亂事永遠沒方法解決。㈡有上不弔：這是說上面沒有霸主。㈢知懼如是，斯不亡矣：這樣的害怕就不會亡國了。

【今譯】吳國討伐小的郯國，郯同吳國講和了。季文子說：「中國不能振興軍隊，蠻夷進來侵犯而沒有人能夠幫助他們，這是沒有憫恤他們的霸主。詩經說：『上天不哀恤，亂事永遠不安定。』就是指著這件事。上面沒有霸主，誰能夠不受這個亂離呢？我的滅亡沒有日子了。」君子就說：「如此的知道害怕，就不會亡國了。」

㈢**傳** 鄭子良相成公以如晉，見且拜師㈠。

【今註】㈠且拜師：並且拜謝以前晉國救鄭國的軍隊。

【今譯】鄭國大夫子良，為鄭成公相禮到晉國去，因為他初次即位見面，並且道謝去年晉國救鄭國軍隊的緣故。

㈣**經** 夏五月曹伯來朝。

傳 夏曹宣公來朝㈠。

【今註】㈠曹宣公來朝：這是曹伯到魯國來朝見。

【今譯】夏天，曹宣公來魯國朝見。

㈤**經** 不郊猶三望㈠。

【今註】㊀此經無傳。

【今譯】不祭天但是三望山川的禮。

㈥經 秋，楚公子嬰齊帥師伐鄭。

㈦經 公會晉侯、齊侯、宋公、衛侯、曹伯、莒子、邾子、杞伯救鄭。八月戊辰，同盟于馬陵。

傳 秋楚子重伐鄭，師于氾㊀。諸侯救鄭，鄭共仲侯羽軍楚師㊁，囚鄖公鍾儀，獻諸晉。八月，同盟于馬陵㊂，尋蟲牢之盟㊃，且莒服故也。

【今註】㊀氾：氾音凡。鄭地，在今河南省氾水縣東。㊁鄭共仲侯羽軍楚師：共仲與侯羽皆是鄭大夫，用軍隊去抵抗楚軍。㊂馬陵：是鄭地。一統志說：「今河北大名縣東南十五里，有馬陵城，即成公七年同盟處。亦即魏惠王三十年孫臏殺龐涓處。」㊃尋蟲牢之盟：這是重申蟲牢的盟會。蟲牢的盟會在成公五年。

【今譯】秋天，楚令尹子重伐鄭國，軍隊駐到氾這地方。諸侯去救鄭國，鄭國的大夫共仲同侯羽攻打楚國的軍隊，捕獲楚國的鄖公鍾儀，獻給晉國。八月，諸侯同盟于馬陵，這是重申蟲牢的舊盟會，並且莒國已經服從晉國的緣故。

(八)**經** 公至自會(一)。

【今註】(一)此經無傳。

【今譯】魯成公自開會的地方回來。

(八)**傳** 晉人以鍾儀歸，囚諸軍府(一)。

【今註】(一)囚諸軍府：把他藏在存軍械的庫中。

【今譯】晉國人把楚國的鍾儀囚回到晉國，把他囚進於軍械的庫中。

(九)**經** 吳入州來。

傳 楚圍宋之役(一)，師還，子重請取于申呂以為賞田(二)，王許之。申公巫臣曰：「不可，此申呂所以邑也，是以為賦以御北方(三)。若取之，是無申呂也，晉鄭必至于漢。」王乃止。子重是以怨巫臣，子反欲取夏姬，巫臣止之，遂取以行，子反亦怨之。及共王即位，子重，子反殺巫臣之族子閻子蕩及清尹弗忌(四)，及襄老之子黑要，而分其室。子重取子閻之室，使沈尹與王子罷分子蕩之室，子反取黑要與清尹之室。巫臣自晉遺二子書㊄曰：「爾以讒慝貪惏事君㊅，而多殺不辜，余必使爾罷於奔命以死㊆。」巫臣請使於吳，晉侯許之。吳子壽夢說之，乃通吳于晉。以兩之一卒適吳㊇，舍偏兩之一焉㊈。與其射御，教吳乘車㊉，教之戰陳，教之叛楚。寘其子狐庸焉，使為行人於吳㊁。吳始伐楚、伐巢、伐徐㊂，子重奔命。馬陵之會，吳入州來㊂，子重自鄭奔命。子重子反於是乎一歲七奔命㊃。蠻夷屬於楚者，吳盡取之，是以始大通吳於上國㊄。

【今註】㊀楚圍宋之役：楚國圍宋都城的戰役在魯宣公十四年。㊁取於申呂以為賞田：把申同呂這兩個地方的田地以為子重的賞賜。㊂是以為賦以御北方：拿這個田賦做成軍隊以抵抗北方。㊃子閻子蕩及清尹弗忌：他們都是巫臣的本家。㊄巫臣自晉遺二子書：巫臣自晉給子重子反的信說。㊅爾以讒慝貪惏事君：你用讒言，而且很貪財來事奉君王。㊆余必使爾罷於奔命以死：我必使你一再來回奔逃以至於死亡。罷音皮。同疲。㊇以兩之一卒適吳：據司馬法說：「一百人為一卒，二十五人叫做兩。」帶了一百二十五人的軍隊到吳國去。㊈舍偏兩之一焉：留下九輛車同二十五個步卒在吳國。㈩與其射御教吳乘車：教給吳國人射箭同駕車，使吳國能夠做學習車戰。㈡使為行人於吳：使他的兒子狐庸在吳國做行人的官。㈢伐巢伐徐：巢同徐全是楚國的屬國。㈢吳入州來：吳國攻入州來。㈣於是乎一歲七奔命：於是楚國的子重同子反一年的功夫為救各國而南北逃奔七次。㈤上國：到中原。

【今譯】　楚國圍宋國那回戰役，軍隊回到楚國，令尹子重請分申呂兩邑的田地給他，楚王答應了。申公巫臣就說：「不可以，這就是申同呂所以做楚國的城邑，可以拿出軍隊以抵御北方。假設拿它賞給子重，這是等於沒有申呂這兩個城，晉國同鄭國必定一直到漢水。」楚王就停止了。子重因此怨恨巫臣。子反要娶夏姬，巫臣亦阻止他，後來巫臣卻把夏姬取來一同出國，子反因而也怨恨他。等到楚共王即位以後，子重同子反兩個人就殺掉巫臣的同族子閻，子蕩及清尹弗忌及襄老的兒子黑要，並且分他們的家產。子重取了子閻的家產，又叫沈尹同王子罷瓜分了子蕩的家產。子反取到黑要同清尹的家產。巫臣從晉國給子重子反的信說：「你們是以讒言以及貪財產來事奉君王，又殺了無罪的人很多，我一定叫你們疲於奔走以至於死。」巫臣請派到吳國做使臣，晉侯答應他，吳王壽夢喜歡他，於是他就使吳國同晉國相通。用一百二十五個人的軍隊到吳國去，他留下九輛兵車同二十五個人的步卒。教給吳國射箭駕車，並且教給吳國練習車戰，教給他們打仗的排陣，教給吳國反叛楚國。把他的兒子狐庸留下做吳國行人的官，吳國開始伐楚國，伐巢，伐徐，子重因為救他們就奔命。在馬陵會的時候，吳國侵入州來，子重因為正在救鄭國，他就從鄭國奔命救州來。於是子重子反一年的功夫，七次奔命，凡是蠻夷從前屬於楚國的，吳國全都佔據了，吳國就變成大國，就同中原各國開始交往。

(十)經 冬大雩㈠。

【今註】㈠此經無傳。

【今譯】冬天，求雨。

(土)經 衛孫林父出奔晉。

傳 衛定公惡孫林父，冬孫林父出奔晉。衛侯如晉：晉反戚焉㈠。

【今註】㈠晉反戚焉：晉把戚這地方就還給衛國。

【今譯】衛定公不喜歡孫林父，冬天，孫林父出奔到晉國。衛侯到晉國去，晉國就將孫林父的封邑戚還給衛國。

成公八年（公元前五百八十三年）

(一)經 八年春，晉侯使韓穿來言汶陽之田歸之于齊。

傳 八年春，晉侯使韓穿來言汶陽之田，歸之于齊。季文子餞之，私焉㊀，曰：「大國制義，以為盟主，是以諸侯懷德畏討，無有貳心。謂汶陽之田敝邑之舊也，而用師於齊㊁，使歸諸敝邑。今有二命曰：『歸諸齊』，信以行義，義以成命，小國所望而懷也。信不可知，義無所立，四方諸侯，其誰不解體㊂？詩曰：『女也不爽，士貳其行，士也罔極，二三其德㊃。』七年之中一與一奪，二三孰甚焉，士之二三猶喪妃耦，而況霸主㊄？霸主將德是以㊅，而二三之，其何以長有諸侯乎？㊆詩曰：『猶之未遠，是用大簡㊇。』行父懼晉之不遠猶㊈，而失諸侯也，是以敢私言之。」

【今註】㊀私焉：季文子偷偷跟韓穿說。㊁用師於齊：用牽打仗的軍隊。㊂其誰不解體：諸侯那一個不再對於晉國不服從。㊃女也不爽，士貳其行，士也罔極，二三其德：這是詩經衛風的一句話，意思是說你的女子沒有絲毫的差錯而男子變了他的行為，男人不好，他的德行常常的變化。㊄而況霸主：何況是天下的霸主呢？㊅霸主將德是以：霸主祇能用德性。㊆其何以長有諸侯乎：怎麼能夠有諸侯很長久呢？㊇猶之未遠是用大簡：這是詩經大雅的一句詩。意思是說：圖謀的尚沒有長遠，所以必須大諫諍。㊈不遠猶：晉國的圖謀不太遠。

【今譯】　成公八年晉侯派韓穿到魯國來說把成公二年魯國所拿汶水南邊的田地歸還給齊國。季文子給他餞行，私下跟他談說：「大的國家制定了義禮，就可以做盟主，所以各國諸侯全都懷歸他的德性，怕他的討伐，就沒有兩種樣的心思。晉國曾經說汶水南邊的田地是魯國本來所有的，用軍隊到齊國打仗。使他歸還給我國，今天有不同的命令說：『使他歸還給齊國。』信實所以推行義禮，義禮為的成一個命令，這是小的國家所想望而懷念的。信不可以知道，義禮也就沒法成立，四方各諸侯，那一個不會解散呢？詩經衛風說：『女的毫不差錯，可是男人就變了行為，男人沒有中極，反到二三他的德性。』七年的中間，一次給魯國田地，又一次奪回去，這種二三的變化，那裡更過於這種？男人的二三尚且可以丟掉配偶，何況是霸主呢？霸主所用的是德性，但是二次三次的變化他，這樣如何能夠有諸侯很長久呢？詩經大雅板篇說：『因為王者謀士的事情不遠看，所以就用大道理來諫諍他。』我行父恐怕晉國不能夠往遠處圖謀而失掉諸侯，所以敢私向你說說。」

(二)**經**　晉欒書帥師侵蔡。

傳　晉欒書侵蔡，遂侵楚，獲申驪㈠。楚師之還也㈡，晉侵沈，獲沈子揖㈢，初從知范韓也㈣。君子曰：「從善如流宜哉㈤。詩曰：『愷悌君子，遐不作人㈥。』求善也夫。作人斯有功績矣。」是行也，鄭伯將會晉師㈦，門于許東門，大獲焉㈧。

【今註】㈠申驪：是楚大夫。㈡楚師之還也：這是指著成公六年，楚師到了繞角地方，而回楚國。㈢沈子揖：是沈國的君。㈣初從知范韓也：這是晉國初次採用知氏范氏同韓氏的計謀。㈤從善如流宜哉：服從能說好話的人跟流水一樣。㈥愷悌君子，遐不作人：這是詩經大雅的一句話。意思是說很祥和的君子能用遠方人材。不，語助。㈦鄭伯將會晉師：鄭伯會見晉國伐蔡國的軍隊。㈧大獲焉：得到很多的俘虜。

【今譯】晉國欒書帥著軍隊侵蔡國，接著侵略楚國，捕獲楚國大夫申驪。楚國軍隊回來的時候，晉國就侵略沈國，捕獲沈國的君揖，這是頭一次用知范韓三氏的計謀。君子說：「聽從善士如水流得那麼快，這是很合宜的，詩經人雅說：『這個很和善的君子能用遠方人材。』這是指著求善吧！用人就能有功勞了。」這次的事情，鄭伯將會晉國伐蔡的軍隊，帥著鄭國的軍隊在許國都城的東門，得到很大的捕獲。

㈢**經**公孫嬰齊如莒。

傳聲伯如莒，逆也㈠。

【今註】㈠逆也：他自己來迎接他的夫人。

【今譯】魯國的聲伯到莒國去，為他自己迎接夫人。

(四)經 宋公使華元來聘。

(五)經 夏，宋公使公孫壽來納幣。

宋華元來聘，聘共姬也㈠。夏，宋公使公孫壽來納幣㈡，禮也。

【今註】㈠聘共姬也：他是來聘求魯國的女兒為宋共公的夫人。㈡宋公使公孫壽來納幣：公孫壽是宋大夫，來送聘共姬禮的貨幣。

【今譯】宋國華元來魯國聘問，這是為的迎接宋共公的夫人共姬。夏天，宋共公派公孫壽來魯國送喜幣，這是合於禮節的。

(六)經 晉殺其大夫趙同趙括。

傳 晉趙莊姬為趙嬰之亡故，譖之于晉侯㈠，曰：「原屏將為亂，欒郤為徵㈡。」六月，晉討趙同、趙括。武從姬氏畜于公宮㈢，以其田與祁奚。韓厥言於晉侯曰：「成季之勳，宣孟之忠，而無後㈣，為善者其懼矣。三代之令王皆數百年，保天之祿，夫豈無辟王㈤，賴前哲以免也。周書曰：『不敢侮鰥寡㈥。』所以明德也。」乃立武即反其田焉㈦。

【今註】㊀譖之于晉侯：因為趙嬰的逃亡，所以趙莊姬對晉景公說壞話。㊁原屏將為亂，欒郤為徵：趙同趙括將做亂，欒氏同郤氏可以做證明。㊂武從姬氏畜于公宮：趙武是趙莊姬的兒子，隨著他母親在晉侯宮裡頭畜養。㊃成季之勳宣孟之忠，而無後：成季是趙衰，宣孟是趙盾，他們兩人全有忠心，而他的後人不能夠繼承他的事業。㊄夫豈無辟王：難道沒有壞的君嗎？㊅不敢侮鰥寡：這是周書康誥篇的一句話。不敢侵侮沒有太太的男人同守寡的女人。㊆乃立武而反其田焉：就立趙武為大夫而把田地歸還給他。

【今譯】晉國因為趙嬰的逃亡到齊國的原故，趙莊姬便向晉侯說趙同趙括的壞話，她說：「原屏將作亂，欒氏同郤氏可以作證明。」六月，晉國就討伐趙同與趙括。趙武就同他母親莊姬養在晉侯的宮裡，把他的田地給了祁奚。韓厥對晉侯說：「趙衰的勳勞，趙盾的忠誠，而反到沒有後人，做好事的人看了這種就害怕了。三代的好的王者，全能夠幾百年間保持著上天的福祿，這其間難道沒有壞的君王嗎？全是仰賴著他的祖先得以免罪。周書康誥篇說：『不敢欺侮沒有妻的男人同寡婦。』所以文王的德性愈發明顯。」於是就立了趙武而歸還他的田地。

(七)**經** 秋七月天子使召伯來賜公命。

傳 秋，召桓公來賜公命㊀。

【今註】㊀召桓公來賜公命：召桓公是周王的卿士來賜魯成公的命令。

【今譯】秋天，周天子的卿士召桓公來錫賜魯成公的命令。

(八)**傳** 晉侯使申公巫臣如吳，假道于莒，與渠丘公㊀立於池上，曰：「城已惡㊁。」莒子曰：「辟陋在夷，其孰以為我虞㊂？」對曰：「夫狡焉，思啟封疆以利社稷者㊃，何國蔑有？唯然故多大國矣，唯或思或縱也。勇夫重閉，況國乎㊄？」

【今註】㊀渠丘公：就是莒子朱。這是莒國的地名。續山東考古錄說：「以九年楚伐莒，渠丘先潰，次莒，次鄆自南而北則渠丘在莒南明矣。至安丘渠丘亭，乃前漢北海安邱所改，非是。」㊁城已惡：這城已經太壞了。㊂其孰以我為虞：誰會計算我。㊃夫狡焉，思啟封疆以利社稷者：狡滑的人很想擴充他的國境以對他的國家有利。㊄勇夫重閉，況國乎：勇夫睡覺要關閉內外兩門，何況國家呢？

【今譯】晉侯派申公巫臣到吳國去，從莒國借道，同莒國的君渠丘公立在水池上，說：「這個城池已經很壞了。」莒子說：「很偏僻又很陋的在夷國裡，誰還會夠算計我。」巫臣答說：「狡滑的人，想著擴充他的疆土，為的使他的國家得利，那一國沒有這種人？就因為這個緣故，大的國家變成了很多，你們應該想到有的想開闢疆土，有的想在國外掠奪。一個有勇的男人睡覺的時候必須關上內外兩門，何況一個國家呢？」

(九)經 冬十月癸卯杞叔姬卒。

傳 冬，杞叔姬卒，來歸自杞故書㈠。

【今註】㈠歸自杞故書：因為他從杞國見棄來歸，所以特別寫在春秋上。

【今譯】冬天，杞國的叔姬死了，因為她是以前從杞國回到魯國的，所以寫在春秋上。

(十)經 晉侯使士燮來聘。

(土)經 叔孫僑如會晉士燮、齊人、邾人伐郯。

傳 晉士燮來聘，言伐郯也，以其事吳故。公賂之，請緩師，文子不可曰：「君命無貳，失信不立，禮無加貨，事無二成㈠，君後諸侯，是寡君不得事君也㈡，燮將復之㈢。」季孫懼，使宣伯帥師會伐郯。

【今註】㈠禮無加貨，事無二成：照禮節不能夠加賄賂，公事同私事不能都顧全。㈡是寡君不得事君也：這是我們晉國的君，不能事奉你。意思想跟魯國斷絕關係。㈢燮將復之：我將把這話回去對我的君說。

【今譯】晉侯派士燮來聘問，這是表示晉國要伐郯國，因為他事奉吳國的緣故。魯成公賄賂他，請求緩慢的出兵，但是士燮不答應，他說：「奉了君的命令，就沒有變化，失了君的信用就無法自立，照禮說沒有加賄賂的，公的同私的兩種事情，不能全都成功，如魯君比旁人來得晚，我們晉君就不能事奉魯國君了，我將把這些話回去告訴晉君。」季文子害怕，就叫叔孫宣伯帥魯國的軍隊會同晉國去伐郯國。

(十二)經 衛人來媵。

傳 衛人來媵共姬，禮也。凡諸侯嫁女，同姓媵之，異姓則否㈠。

【今註】㈠同姓媵之，異姓則否：凡同姓的人可以做媵妾，異姓則不然。

【今譯】衛國人派女子來做共姬的媵妾，這是合禮的。凡是諸侯嫁女兒給旁的國家，同姓的國就派來做媵妾，異姓的國就不然。

成公九年（公元前五百八十二年）

(一)經 春王正月，杞伯來逆叔姬之喪以歸。

傳 春，杞桓公來逆叔姬之喪，請之也㈠。杞叔姬卒，為杞故也㈡。逆叔姬為我也㈢。

【今註】㈠請之也：這是魯國的請求。㈡為杞故也：這是為的杞國的緣故。㈢逆叔姬為我也：她是被杞國斷絕，而杞國迎接她的喪事，這明是為魯國的緣故。

【今譯】成公九年春天，杞桓公來迎接魯國的叔姬的喪事，這是魯國請求的，春秋上寫著杞叔姬死了，因為她仍回去葬在杞國，這種寫法，是為杞國的面子，又寫著杞伯迎接叔姬，這是為魯國的面子。

㈡**經**　公會晉侯、齊侯、宋公、衛侯、鄭伯、曹伯、莒子、杞伯、同盟于蒲。

傳　為歸汶陽之田故，諸侯貳於晉㈠。晉人懼，會於蒲㈡，以尋馬陵之盟。季文子謂范文子曰：「德則不競，尋盟何為㈢？」范文子曰：「勤以撫之，寬以待之，堅彊以御之，明神以要之，柔服而伐貳㈣，德之次也。」是行也，將始會吳，吳人不至。

【今註】㈠故諸侯貳於晉：諸侯全都與晉國不同心。㈡蒲：是衛地，在今河北省長垣縣西南。㈢德則不競，尋盟何為：德性不能加強，何必重申盟誓呢？㈣柔服而伐貳：安撫服從的國家，而討伐有二心的人。

【今譯】因為是魯國退還齊國汶水南邊的田地，諸侯對於晉國全有了二心。晉國人害怕，在蒲這地方會盟，以重申馬陵的舊盟誓。魯國的季文子就對晉國的士燮說：「德性不能加強，重申盟會有什麼用？」士燮說：「勤勞以安撫他，寬大以對待他，堅忍強毅以駕御他，用大神來要臨他，安撫服從的國而討伐有二心的，這是德性的第二等。」這次想開始與吳國相會，但是吳國人不來。

㈢經　公至自會㊀。

【今註】㊀此經無傳。

【今譯】魯成公從開會的地方回來。

㈣經　二月伯姬歸于宋。

傳　二月伯姬歸于宋㊀。

【今註】㊀伯姬歸于宋：魯國的女兒伯姬于歸到宋國。

【今譯】二月，魯國的女兒伯姬嫁給宋國。

㈤傳　楚人以重賂求鄭，鄭伯會楚公子成于鄧㊀。

【今註】㊀鄧：在今河南省郾成縣東南三十五里的鄧城。

【今譯】楚國人拿重的賄賂求鄭國，鄭伯就到鄧這地方與楚大夫公子成會盟。

(六)經夏，季孫行父如宋致女。

傳夏，季文子如宋致女，復命。公享之，賦韓奕之五章㊀。穆姜㊁出于房，再拜曰：「大夫勤辱，不忘先君以及嗣君，施及未亡人㊂，先君猶有望也㊃，敢拜大夫之重勤。」又賦綠衣之卒章㊄而入。

【今註】㊀賦韓奕之五章：韓奕是詩經大雅的一篇，五章裡面說，觀察各處沒有再比韓再快樂的。㊁穆姜：是伯姬的母親。㊂施及未亡人：未亡人是女子丈夫已死的自稱。㊃先君猶有望也：先君也希望季文子如此。㊄綠衣之卒章：綠衣是詩經邶風的一篇。卒章的意思是說季文子很得穆姜的心意。

【今譯】季文子到宋國送女，回到魯國報命。魯成公設宴款待他，季文子就歌唱詩經大雅韓奕的第五章詩，成公的母親穆姜從屋裡出來拜謝兩次並且說：「大夫勤勞，不忘記先君，以及現在的君，並加到未亡人，先君尚可有希望，再謝大夫的多次勤勞。」穆姜又歌唱詩經邶風綠衣末了一篇，然後回到屋裡去。

(七)經晉人來媵。

傳晉人來媵，禮也㊀。

【今註】㈠晉人來媵，禮也：晉人與魯人同姓，所以來媵很合於禮。

【今譯】晉國人派著媵妾來，這是合禮的。

㈧經秋，七月丙子，齊侯無野卒㈠。

【今註】㈠此經無傳。

【今譯】秋七月丙子這天齊侯無野死了。

㈨經晉人執鄭伯。

傳秋，鄭伯如晉，晉人討其貳於楚也，執諸銅鞮㈠。

【今註】㈠銅鞮：一統志說：「今山西沁縣南十里，中有宮闕臺基，即晉別宮。其北即晉大夫羊舌赤之邑。」

【今譯】秋天，鄭伯到晉國去，晉國人討伐他對楚國有二心，把他逮到銅鞮的宮中。

㈩經晉欒書帥師伐鄭。

傳欒書伐鄭，鄭人使伯蠲行成㈠，晉人殺之，非禮也。兵交使在其間㈡，可也。楚子重侵陳以救鄭。晉侯觀于軍府，見鍾儀，問之曰：「南冠而縶者誰也㊂？」有司對曰：「鄭人所獻楚囚也㊃。」使稅之㊄。召而弔之，再拜稽首。問其族，對曰：「泠人也㊅。」公曰：「能樂乎？」對曰：「先父之職官也，敢有二事㊆！」使與之琴，操南音㊇。公曰：「君王何如？」對曰：「非小人之所得知也。」固問之，對曰：「其為大子也。師保奉之，以朝于嬰齊而夕于側也㊈，不知其他。」公語范文子。文子曰：「楚囚君子也。言稱先職，不背本也；樂操土風，不忘舊也；稱大子，抑無私也㊉；名其二卿，尊君也⑪；不背本，仁也；不忘舊，信也；無私，忠也；尊君，敏也⑫；仁以接事，信以守之，忠以成之，敏以行之，事雖大必濟。君盍歸之，使合晉楚之成。」公從之，重為之禮，使歸求成⑬。

【今註】㊀鄭人使伯蠲（ㄐㄩㄢ）行成：伯蠲是鄭國的行人，到晉國去要求和平。㊁兵交使在其間：在打仗的時候，行人可以在中間。㊂南冠而縶者誰也：帶著南方的帽子而被拘禁的，這是誰。㊃鄭人所獻楚囚也：這是鄭國所貢獻的楚國囚人。㊄使稅之：稅音義同脫。就把他拘禁的器械打開。㊅泠人也：泠音義同伶。他是樂館能奏樂的人。㊆先父之職官也，敢有二事：這是我們先人做的官，我不敢學旁的事情。㈧使與之琴，操南音：給他琴，他就奏楚國的音樂。㈨以朝于嬰齊，而夕于側也：早晨到令尹子重那裡去，而晚上到司馬子反那裡去。㈩稱大子，抑無私也：大音泰。稱呼楚王做大子的時候，表示他沒私心。㈡名其二卿尊君也：稱嬰齊同側這是二卿的名字，這表示尊敬晉君。㈢尊君，敏也：尊重晉君，這是很敏達的。㈢使歸求成：叫他回去以求晉楚兩國的和平。

【今譯】欒書討伐鄭國，鄭國人使他的大夫伯蠲來求和平，晉人把他殺掉，這是不合禮的。打仗的時候使臣可以在中間。楚國令尹子重侵伐陳國以救鄭國。晉侯去觀軍府，見了鍾儀，便問：「戴了南邊帽子卻被拘住的，是誰？」有司回答說：「就是鄭人獻來的楚囚。」便命放了他。召來安慰他一番，楚囚便再拜叩頭，問他宗族，答說：「是做樂工的。」公就問：「能夠奏樂麼？」答說：「這是先父的職官，怎敢學其他事呢？」就叫他彈琴，他彈的是南方的聲音。公又問：「你的君王怎樣？」答說：「不是小人所能知道的。」再三問他。就答說：「他做太子的時候，師保事奉他，早起去見嬰齊，晚上去見側，尊卿敬老是這般的；其餘便不知道。」公把這些話告訴范文子，文子說：「楚囚倒是個君子哩！說話稱著先父的官職，這是他的不背本；彈琴出南方的土音，這是他的不忘舊；稱太子，這更加是他的無私心；叫二卿的名字，這是他的尊重國君。不背本，就是仁；不忘舊，就是信；沒有私心，就是忠；尊君，就是敏。用仁以接事，用信來守事，用忠成事，用敏行事，有這四德，那怕大事，也定能成功的了；君為什麼不使他回去，撮合晉楚的要好呢？」公聽他的話，格外用禮貌待他，使他歸國去求和。

(十一)經　冬十有一月葬齊頃公㊀。

【今註】㊀此經無傳。

【今譯】冬天十一月給齊頃公行葬禮。

(十二)經　楚公子嬰齊帥師伐莒，庚申莒潰，楚人入鄆。

傳　冬十一月，楚子重自陳伐莒，圍渠丘，渠丘城惡，眾潰奔莒。戊申，楚入渠丘㊀。莒人囚楚公子平㊁，楚人曰：「勿殺，吾歸而俘。」莒人殺之。楚師圍莒，莒城亦惡，庚申莒潰，楚遂入鄆，莒無備故也。君子曰：「恃陋而不備，罪之大者也㊂。備豫不虞，善之大者也㊃。莒恃其陋而不修城郭，浹辰之間㊄，而楚克其三都，無備也夫。詩曰：『雖有絲麻，無弃菅蒯，雖有姬姜，無弃蕉萃。凡百君子，莫不代匱㊅。』言備之不可以已也。」

【今註】㊀渠丘：見成公八年。㊁公子平：是楚大夫。㊂恃陋而不備，罪之大者也：依仗城的簡陋而不防備，這是罪狀最大的。㊃備豫不虞，善之大者也：在沒有狀況的時候，就預備著，這是善政最大的。㈤浹辰之間：十二天的功夫。㈥雖有絲麻，無棄菅蒯，雖有姬姜，無棄蕉萃。凡百君子，莫不代匱：這是一首逸詩。意思是說雖然有好的織布的原料，也不要放棄壞的原料，雖有美女，也不要放棄陋賤的人。凡是各種君子，沒有不有時間須要代用的。

【今譯】楚國令尹子重自從陳國伐了莒國，圍了渠丘這個城，城很壞，軍隊全都奔潰了，逃到莒國都城。戊申這天，楚國進入渠丘城。莒國人把楚國的公子平囚進去了，楚人說：「不要殺他，我歸還你們的俘虜。」莒國人不聽就殺了他。楚國軍隊就圍了莒國都城，這個城也很壞，庚申這天莒國奔潰，楚國就進入鄆這城，這是因為莒國沒有防備的關係。君子說：「仗著簡陋而不防備，這是罪惡的最大的。在平時就預作準備，這是最大的善策。莒國仗著他的簡陋而不修理他的內城同外郭，十二天的工夫，而楚國得到三個大城，這是沒有防備吧。逸詩說：『雖然有絲同麻，也不要捨棄壞一點的材料；雖然有姬姜的美女，不要捨棄微賤的女子；凡是在位的人，不要忘了有替代可用的人。』意思是說，防備是不可以忘的。」

㈢經　秦人白狄伐晉。

傳　秦人白狄伐晉，諸侯貳故也㈠。

【今註】㈠諸侯貳故也：因為諸侯對於晉國全有二心。

【今譯】秦國人同白狄全都去討伐晉國，這都是各諸侯對晉國全有二心的緣故。

(十四)經　鄭人圍許。

傳　鄭人圍許，示晉不急君也。是則公孫申謀之曰：「我出師以圍許，為將改立君者，而紓晉使㈠，晉必歸君。」

【今註】㈠為將改立君者，而紓晉使：就是為的表示要改立一個君，而暫緩派人到晉國去。

【今譯】鄭國人圍了許國都城，為的對晉國不急於使鄭伯回國有所表示。這是公孫申的計謀他說：「我出兵去圍了許國都城，作為是改立旁的鄭君，而暫緩派人到晉國，晉國必定把君送還。」

(十五)經　城中城。

傳　城中城㈠，書時也。

【今註】㈠城中城：這是修魯國曲阜的內城。因為楚國，佔了莒國的三個城，所以魯國害怕。

【今譯】在魯國曲阜都城裡面修一小城，這是表示很合於農時的。

(十六)傳　十二月，楚子使公子辰如晉報鍾儀之使，請脩好結成㈠。

【今註】㈠請脩好結成：請脩好，並加以盟誓。

【今譯】十二月，楚王派公子辰到晉國去，是報答晉國派楚國的鍾儀來修好，請求修好了並且商定盟約。

成公十年（公元前五百八十一年）

㈠**傳** 晉侯使糴茷㈠如楚，報大宰子商㈡之使也。

【今註】㈠糴茷：糴音（ㄉㄧˊ）。晉景公叫糴茷到楚國去。糴茷是晉大夫。㈡子商：是楚公子辰。

【今譯】成公十年，晉侯叫糴茷到楚國去，是報答楚國太宰子商前年出使魯國。

㈡**經** 衛侯之弟黑背帥師侵鄭。

傳 衛子叔黑背侵鄭，晉命也㈠。

【今註】㈠晉命也：這是晉國的命令。

【今譯】衛國子叔黑背侵了鄭國，這是晉國的命令。

㈢**經** 夏四月，五卜郊不從，乃不郊㈠。

【今註】㈠此經無傳。

【今譯】夏天四月，五次占卜郊天，占卜不成，就不郊天。

(四)經五月，公會晉侯、齊侯、宋公、衛侯、曹伯伐鄭。

傳鄭公子班聞叔申之謀㈠，三月，子如立公子繻㈡。夏四月，鄭人殺繻立髡頑㈢，子如奔許。欒武子曰：「鄭人立君，我執一人焉何益？不如伐鄭而歸其君，以求成焉。」晉侯有疾，五月晉立大子州蒲以為君㈣，而會諸侯伐鄭，鄭子罕賂以襄鐘㈤，子然盟于修澤，子駟為質㈥。辛巳，鄭伯歸。

【今註】㈠公子班聞叔申之謀：鄭公子班聽見了叔申計劃重新立君的計謀。這件事情在魯成公九年。㈡子如立公子繻：繻音須。子如就是公子班。㈢髡頑：是鄭成公的大子。㈣晉立大子州蒲以為君：州蒲是晉景公的太子。㈤鄭子罕賂以襄鐘：子罕是鄭穆公的兒子，襄鐘是鄭襄公廟裡的鐘。拿這個鐘為晉國的賄賂。㈥子然盟于脩澤子駟為質：子然同子駟全是鄭穆公的兒子。脩澤據河南通志說：「今河南原武縣東北有脩武亭即脩澤又名修魚。」

【今譯】鄭國的公子班聽見叔申改立鄭君的計謀，三月的時候，公子班就立了繻為鄭君，四月鄭國人殺公子繻立鄭成公太子髡頑，公子班逃到許國，晉國欒書就說：「鄭國人立了一個君，我也囚困一個君，這有什麼用處？不如討伐鄭國，而歸還他的君，以要求和平。」晉侯有病，五月晉國立了他的太子州蒲為君，會合諸侯討伐鄭國，鄭大夫子罕用鄭襄公廟裡的鐘來賄賂晉國，鄭國子然同諸侯在脩澤這地方盟誓，子駟作為人質，辛巳這天，鄭伯從晉國回到鄭國。

(五)經 齊人來媵㈠。

【今註】㈠此經無傳。

【今譯】齊國人派媵妾來。

(六)經 丙午，晉侯獳卒。

傳 晉侯夢大厲㈠被髮及地搏膺而踊㈡曰：「殺余孫不義㈢，余得請於帝矣。」壞大門及寢門而入，公懼入于室，又壞戶。公覺召桑田巫㈣。巫言如夢。公曰：「何如？」曰：「不食新矣㈤。」公疾病㈥，求醫于秦，秦伯使醫緩為之㈦。未至，公夢疾為二豎子，曰：「彼良醫也，懼傷我，焉逃之㈧？」其一曰：「居肓之上，膏之下，若我何㈨。」醫至曰：「疾不可為也！在肓之上，膏之下，攻之不可，達之不及，藥不至焉，不可為也！」公曰：「良醫也㈩。」厚為之禮而歸之。六月丙午，晉侯欲麥㈡，使甸人獻麥㈢，饋人為之，召桑田巫示而殺之。將食，張如廁陷，而卒㊂。小臣有晨夢負公以登天，及日中，負晉侯出諸廁，遂以為殉㊃。

【今註】㊀大厲：大的鬼。㊁被髮及地搏膺而踊：頭髮被上一直垂到地上，拍著胸脯，跳著腳。㊂殺余孫不義：殺我的孫子這是不合道理。這是指著成公八年晉侯殺了趙同趙括。㊃公覺召桑田巫：晉景公睡醒了以後，就召桑田的巫人。桑田是晉地，在今河南靈寶縣，已見僖公二年。㊄不食新矣：說晉景公不能夠再吃新麥子㊅公疾病：晉景公的病重了。㊆秦伯使醫緩為之：秦伯就派了一個名醫叫緩的給他治病。㊇彼良醫也懼傷我，焉逃之：他是一個很有名的醫師恐怕要傷害我們，如何的逃去呢？㊈居肓之上，膏之下，若我何：肓音荒。說文解字說肓是在心下鬲上。在肓的上面，膏的下面，那對我怎辦呢？㊉良醫也：這是一個好醫生。㊀晉侯欲麥：晉侯想吃新的麥子。㊁甸人獻麥：甸人是管公田的人，叫他呈獻新的麥子。㊂張如廁陷而卒：肚子脹就到廁所去，墮到廁所就死了。㊃遂以為殉：就把這小臣來為晉景公殉葬。

【今譯】晉侯夢中看見一個大鬼，頭髮直披到地上，用手拍著胸膛跳躍著說：「殺掉我的孫子不應該，我已經請准上帝了。」就壞了大門和寢門一直進來。公心中害怕，逃進屋中，卻又毀壞了戶，公一驚便覺，差人去招桑田地方走陰差的人來問問吉凶。巫所說的話，卻和公的夢一樣的！公就問：「主什麼吉凶？」巫答說：「吃不到新麥了。」公從此便重病，到秦國去請醫生，秦伯差個醫生叫緩的來給他醫治。還沒有到來，公又夢見那病化成兩個小孩子，大家談論說：「他是個好醫生呢！恐怕他要傷害我們，逃避到什麼地方去？」又一個說：「我們居在肓上心下，他能怎樣對付我們呢？」後來醫生既到，便說：「這病不可救了，在肓的上面，心的下面，熨灸他既然不能，用針卻又達不到，藥力也行不到，真沒法醫治了。」公說：「這真是個好醫生呢！」遂用厚禮待他，送他回國去。六月丙午這一天，晉侯要想吃麥，叫管田租人獻上麥來，又叫庖人煮了，然後召來巫人，把新麥給他看，便殺死了他。那知公正要吃麥飯的時候，肚子偏脹起來，就到茅坑上去，一個不用心，跌在坑裏，就死。有個小臣早晨做著一夢，夢背了公升上天去，等到日中，果真背了晉侯從茅坑中爬出來，便把他跟著葬去。

(七)**傳**鄭伯討立君者，戊申殺叔申、叔禽㊀。君子曰：「忠為令德㊁，非其人猶不可，況不令乎？」

【今註】㊀叔申、叔禽：叔申是鄭大夫，叔禽是他的弟弟。㊁忠為令德：忠誠是好的德行。

【今譯】鄭伯討伐立君的人，戊申這天殺了叔申叔禽兩個人。君子說：「忠誠是好的德行，不是這個人就不可以，何況是不好的德行呢？」

(八)**經**秋七月公如晉。

傳 秋公如晉，晉人止公，使逆葬，於是羅茷未反㊀。冬，葬晉景公，公送葬，諸侯莫在，魯人辱之，故不書，諱之也。

【今註】㊀羅茷未反：羅茷到楚國。為的回來可以報告魯國與楚國是否有勾結。

【今譯】秋天，魯成公到晉國去，晉人叫他不要回來，等著行晉景公的葬禮，因為這個時間晉國派到楚國去的羅茷還沒有回來。冬天，晉國行晉景公的葬禮，魯成公參加送葬，其他的諸侯沒有參加，魯國人以為羞辱，所以不寫在春秋上，因為避諱的緣故。

(九)

經 冬十月㊀。

【今註】㊀此經無傳。

【今譯】冬天十月。

卷十四　成公下

成公十有一年（公元前五百八十年）

(一)經春王三月公至自晉。

傳春王三月，公至自晉。晉人以公為貳於楚，故止公。公請受盟而後使歸㈠。

【今註】㈠公請受盟而後使歸：公請受盟誓，然後才使他回國。

【今譯】成公十一年春天三月，魯成公從晉國回來，晉國人以為魯成公對楚國有二心，就阻止魯成公，待成公與晉國盟會後才回來。

(二)經晉侯使郤犨來聘，己丑及郤犨盟。

傳郤犨來聘且涖盟㈠。

【今註】㈠涖盟：參加盟誓。

【今譯】晉國郤犨（ㄔㄡ）到魯國來聘問，並且參加盟誓。

(三)傳

聲伯之母不聘㈠。穆姜曰：「吾不以妾為姒㈡。」生聲伯而出之，嫁於齊管于奚，生二子而寡，以歸聲伯。聲伯以其外弟為大夫㈢，而嫁其外妹於施孝叔㈣。郤犨來聘，求婦於聲伯。聲伯奪施氏婦以與之㈤。婦人曰：「鳥獸猶不失儷㈥，子將若何？」曰：「吾不能死亡㈦。」婦人遂行，生二子於郤氏。郤氏亡。晉人歸之施氏，施氏逆諸河，沈其二子㈧。婦人怒曰：「己不能庇其伉儷而亡之㈨，又不能字人之孤而殺之㈩？將何以終！」遂誓施氏⑪。

【今註】㈠聲伯之母不聘：聲伯的母親就是叔肸的妻子，她沒有經過正式的媒聘。㈡吾不以妾為姒：弟兄的夫人互相稱為姒。因為穆姜是魯宣公的夫人，宣公是叔肸的同母弟兄。㈢聲伯以其外弟為大夫：聲伯拿管于奚的兒子為魯國的大夫。㈣嫁其外妹於施孝叔：而使管于奚的女兒嫁給魯國的大夫施孝叔，他是魯惠公的五世孫。㈤聲伯奪施氏婦以與之：聲伯就把施氏的夫人給郤犨。㈥鳥獸猶不失儷：飛鳥同走獸尚不能失去配偶。㈦吾不能死亡：施孝叔說假設不給郤犨，必定會受到死亡。㈧沈其二子：在黃河裡把郤犨兩個兒子全淹死了。㈨己不能庇其伉儷而亡之：自己不能保護他的配偶而使她出亡。㈩又不能字人之孤而殺之：又不能保護人家的孤兒，而把他殺掉。⑪遂誓施氏：就起誓不歸施氏為夫人。

【今譯】　聲伯的母親，沒有行聘禮。成公的母親穆姜說：「我不能拿妾做大夫兄弟的妻。」生了聲伯以後，就把她嫁出去，嫁給齊國的管于奚，生了兩個兒子就守寡了，後來就回到魯國聲伯處。聲伯使他的外弟為魯國的大夫，而使他的外妹嫁給魯國大夫施孝叔，晉國的郤犨來聘問魯國，向聲伯要妻子。聲伯又將他的外妹施氏夫人奪去給了郤犨。他的外妹說：「鳥與禽獸尚不能失掉配偶，你將怎麼辦呢？」施孝叔說：「我不能夠死亡。」夫人就到晉國去了，生了兩個兒子。等到郤犨亡了以後，晉國人歸還給施孝叔。施孝叔迎接到黃河上，把她兩個兒子就扔到黃河裡。這個女子就生氣的說：「自己不能庇護他的配偶，而使她出亡，又不能愛護人家的孤兒，又殺掉他，這怎麼樣能夠終了。」就起誓不再歸施孝叔。

(四)**經**　夏，季孫行父如晉。

傳　夏，季文子如晉報聘，且涖盟也㊀。

【今註】　㊀涖盟也：參加盟會。

【今譯】　夏天，季文子到晉國去報答郤犨來魯國的聘問，並且參加盟誓。

(五)**傳**　周公楚惡惠襄之偪也㊀，且與伯與爭政㊁，不勝，怒而出，及陽樊㊂。王使劉子復之，盟于鄄㊃而入。三日復出奔晉。

【今註】㊀惡惠襄之偪也：周惠王同周襄王的後人對周公很逼迫。㊁且與伯與爭政：伯與是周卿士，周公同伯與爭政權。㊂陽樊：晉地，在今河南省濟源縣。㊃鄄：音ㄐㄩㄢˋ。周地。在今河南省孟津縣西。

【今譯】周王朝的周公楚畏懼周惠王及周襄王後人的偪迫，並且同周王的卿士伯與爭政權失利，一生氣就出奔到陽樊這地方。周王派卿士劉子使他回復到周王城，在鄄這地方和他盟誓就回來。三天以後，他又逃奔到晉國。

(六)經 秋叔孫僑如如齊。

傳 秋，宣伯聘于齊，以脩前好㊀。

【今註】㊀以脩前好：是在鞌戰前的和好。

【今譯】秋天，叔孫宣伯到齊國聘問，以修鞌戰爭以前的舊好。

(七)傳 晉郤至與周爭鄇田㊀，王命劉康公，單襄公訟諸晉。郤至曰：「溫吾故也，故不敢失㊁。」劉子單子曰：「昔周克商，使諸侯撫封㈢，蘇忿生㈣以溫為司寇，與檀伯達封于河。蘇氏即狄，又不能於狄而奔衛㈤。襄王勞文公而賜之溫㈥，狐氏，陽氏先處之㈦，而後及子。若治其故，則王官之邑也，子安得之？」晉侯使郤至勿敢爭。

【今註】㈠鄇田：鄇，音ㄏㄡˋ。杜注說是溫的別邑。河南通志說：「今河南武陟縣西南十五里有鄇人亭。」㈡溫吾故也，故不敢失：溫是我的舊封地，所以我不敢失掉他。㈢諸侯撫封：諸侯各撫有他封內的地方。㈣蘇忿生：是周武王的司寇。㈤又不能於狄而奔衛：他又不能跟狄人要好而奔到衛國去。這件事見魯僖公十年。㈥勞文公而賜之溫：這件事見魯僖公廿五年。㈦狐氏、陽氏先處之：狐溱同陽處父先後全都食邑在這地方。

【今譯】晉國郤至與周國爭鄇這地方的田地，周王命令劉季子，同單襄公到晉國同他評訟。郤至說：「溫是我舊有的地方，所以不敢丟掉他。」劉季子單襄公就回答說：「從前周克了商朝以後，使諸侯在他的封疆裡安撫他裡邊的地方，蘇忿生用溫這地方為周武王的司寇，和檀伯達全封在河邊。蘇忿生的後人後來歸到狄人，又不能安居於狄國而逃到衛國。周襄王因為看晉文公的功勞就賞給他溫這地方，狐氏同陽氏兩族先後受封在溫這地方，然後傳到郤至。若研究他的原始，這就是王朝官裡的封邑，你如何能夠得到它。」晉侯命令郤至不要跟周國爭論。

(八)傳 宋華元善於令尹子重，又善於欒武子，聞楚人既許晉糴茷成而使歸復命矣㊀。冬，華元如楚，遂如晉，合晉楚之成。

【今註】㊀使歸復命矣：這件事在魯成公十年。

【今譯】宋國的華元跟楚國令尹子重相好，又同晉國的欒氏也相好，聽見楚國人既然答應了晉國的糴茷和平，而回到晉國去了。冬天，宋國華元往楚國去，又到晉國去，想聯合晉國楚國的和平。

(九)傳 秦晉為成，將會于令狐，晉侯先至焉，秦伯不肯涉河，次于王城，使史顆㊀盟晉侯于河東。晉郤犨盟秦伯于河西。范文子曰：「是盟也何益？齊盟所以質信也㊁，會所信之始也。始之不從，其何質乎？」秦伯歸而背晉成。

【今註】㊀史顆：是秦大夫。㊁齊盟所以質信也：同盟所以表示相信。

【今譯】秦、晉為和平的關係，就將在令狐這地方開會，晉侯先到這個地方。秦伯不肯渡過黃河，祇在河西的王城屯留，派遣秦國大夫史顆與晉侯在黃河東面去盟會。晉國的郤犨到黃河的西面與秦伯盟會。士燮說：「這個盟誓有什麼用處？同心的盟誓是所以表示信用，開會的處所是信用的開始。開始不從還能夠成功嗎？」秦國回到都城就違背了晉國的和平。

成公十有二年（公元前五百七十九年）

(一)經 十有二年春，周公出奔晉。

傳 十二年春，王使以周公之難來告㊀。書曰周公出奔晉。凡自周無出，周公自出故也㊁。

【今註】㊀王使以周公之難來告：周公逃出是在十年的事情，現在方來通知魯國。㊁周公自出故也：這是周公自己逃出的緣故。

【今譯】成公十二年春天，周王派人來告訴魯國周公的變難。所以魯國的史上說周公逃奔到晉國。凡是從周國沒有逃出的事實，因為周公自己出奔的緣故。

(二)經 夏，公會晉侯衛侯于瑣澤。

傳 宋華元克合晉楚之成，夏五月，晉士燮會楚公子罷許偃㊀，癸亥，盟于宋西門之外，曰：「凡晉楚無相加戎，好惡同之，同恤菑危，備救凶患㊁。若有害楚，則晉伐之，在晉楚亦如之。交贄往來道路無壅㊂。謀其不協而討不庭㊃。有渝此盟，明神殛之。俾隊其師，無克胙國㊄。」鄭伯如晉聽成，會于瑣澤㊅，成故也。

【今註】㊀楚公子罷許偃：罷音皮。公子罷同許偃都是楚大夫。㊁同恤菑危，備救凶患：一同憐恤危險的事，並且全都互救兇的災難。㊂交贄往來道路無壅：拿著貨幣來往，中間所經的道路也沒有壅塞。㊃謀其不協而討不庭：互相商量不同意的事，而討伐背叛不來周王庭中的國家。㊄俾隊其師，無克胙國：使他們的軍隊全都毀掉，也不能享有國家。隊，音義同墜。㊅瑣澤：在今河北省大名縣北。

【今譯】宋國的華元終久能夠完成晉國同楚國的和平。夏天五月，晉國士燮會見楚國的公子罷許偃，癸亥，在宋國都西門的外邊盟誓，誓詞說：「凡是晉國同楚國不要互相加兵，彼此所好所惡要相同，一同恤憐災危，同救助兇患。若是有人加害楚國的，晉國就討伐他。對於晉國，楚國也一樣的，拿著貨幣互相往來，道路上全沒有擁塞。商量彼此不同意的事，而討伐背叛不到周王朝廷的國家。有違背了這個盟誓，大神就來殺他，使他毀掉軍隊，不能夠享有國家。」鄭伯到晉國去接受和平，並在瑣澤這地方開會，這是和平成功的緣故。

㈢**經**秋，晉人敗狄于交剛。

傳狄人間宋之盟㊀以侵晉，而不設備，秋，晉人敗狄于交剛㊁。

【今註】㈠間宋之盟：乘著在宋西門之外的盟會的時候。㈡交剛：在今山西隰縣境。

【今譯】狄人利用在宋國盟誓的機會，去侵略晉國。狄人沒有設防備，秋天，晉人在交剛這地方打敗狄人。

㈣**經**冬十月。

傳晉郤至如楚聘，且涖盟，楚子享之，子反相，為地室而縣焉㈠。郤至將登㈡，金奏作於下㈢，驚而走出。子反曰：「日云莫矣，寡君須矣，吾子其入也。」賓曰：「君不忘先君之好，施及下臣，貺之以大禮，重之以備樂㈣，如天之福，兩君相見，何以代此？下臣不敢。」子反曰：「如天之福，兩君相見，無亦唯是，一矢以相加遺，焉用樂㈤？寡君須矣，吾子其入也。」賓曰：「若讓之以一矢，禍之大者，其何福之為，世之治也，諸侯間於天子之事，則相朝也，於是乎有享宴之禮。享以訓共儉㈥，宴以示慈惠㈦。共儉以行禮，而慈惠以布政。政以禮成，民是以息。百官承事，朝而不夕㈧，此公侯之所以扞城其民也。故詩曰：『赳赳武夫，公侯干城㈨。』及其亂也，諸侯貪冒，侵欲不忌，爭尋常以盡其民⑩，略其武夫⑪，以為己腹心股肱爪牙，故詩曰：『赳赳武夫，公侯腹心⑫。』天下有道則公侯能為民干城，而制其腹心，亂則反之⑬。今吾子之言，亂之道也，不可以為法。然吾子主也，至敢不從。」遂入卒事，歸以語范文子，文子曰：「無禮必食言⑭，吾死無日矣夫。」冬，楚公子罷如晉聘且涖盟⑮。十二月，晉侯及楚公子罷盟于赤棘⑯。

【今註】㈠為地室而縣焉：在地下室中懸有鐘鼓為作樂之用。㈡郤至將登：郤至要登到堂上的時候。㈢金奏作於下：在地下室中敲鐘以奏樂。㈣重之以備樂：以完備的音樂加重禮節。㈤無亦唯是，一矢以相加遺，焉用樂：祇能用一個箭以互相攻擊，又何必用樂器？㈥享以訓共儉：享是為著表示恭敬同儉省。㈦宴以示惠慈：宴以表示慈悲同恩惠。㈧朝而不夕：早晨辦公而不在夜晚。意思是事情不多。㈨赳赳武夫，公侯干城：這是詩經周南的一句詩。意思是說勇敢的武夫，可以做公侯護衛的人。⑩爭尋常以盡其民：尋是八尺，一尺六叫常。意思是爭小的土地而打起戰爭以毀掉他的人民。⑪略其武夫：取武夫為己用。⑫赳赳武夫，公侯腹心：這是在同一首詩的另一句。勇敢的武夫，可以做公侯的心腹。⑬亂則反之：如果天下亂就變成相反。⑭無禮必食言：沒有禮貌必定吃掉他所說的話。㊄且涖盟：這是為的報答郤至。㊅赤棘：晉地，在山西翼城縣。

【今譯】晉國郤至到楚國聘問，並且參加盟誓。楚王宴享他，子反相禮，做了地下室而懸著鐘鼓，郤至要登到堂上，敲鐘奏樂在下邊，他就嚇得走出來。子反說：「天已經將黑了，我們的君王也正在等待你，你何不進入呢？」郤至就說：「你不忘記對晉國先君的友好，一直到我這個小官，賜給他行大的禮節，更加以完備的樂章，要是天給降福，兩國的君相見的時候，如何的可以替代這種禮節？下臣不敢接受。」子反說：「要是上天降服，兩國的君相見的時候，祇能用一個箭來互相加重，何必用這種樂章呢？我們的君王等待著，你請進去吧！」郤至又說：「要是彼此相責，用一枝箭相加，這是禍難很大的，那裡是什麼福氣？世上安治的時候，諸侯在周王事情的餘暇中，就互相朝見，於是就有享同宴的禮節。享是表示共儉的，宴是表示慈惠的。共儉是為的行禮節的，而慈惠是用以布告政治的。政治是由禮節來成功的，人民因此就可以安息。百官辦理各種事情，祇在早晨，而夜晚沒事，這是公侯所以保護他的人民。所以周南的詩說：『很雄壯的武夫，是公侯保護城池的人。』等到亂事的時候，諸侯貪心而侵冒，侵了這欲望，不停爭很小的土地，以毀盡他的人民，取用武人，作為自己的腹心爪牙，所以同一個詩裡說：『很雄壯的武夫，祇能作公侯的心腹。』天下有道的時候，公侯就能為人民的干城而制裁他的腹心。要是有亂事就翻過來。現在你所說的話，是亂的道理，不可以用作法典。但是你是主人，我郤至不敢不從。」就進入堂上，辦完這件事，回到晉國就告訴士燮聽，士燮說：「沒有禮必是吞掉他所說的話，我們的死亡是即日可待了。」冬天，楚國公子罷到晉國聘問，並且回報郤至的盟誓。十二月，晉侯與楚公子罷在赤棘盟會。

成公十有三年（公元前五百七十八年）

(一)**經**春，晉侯使郤錡來乞師。

傳春，晉侯使郤錡來乞師，將事不敬㊀。孟獻子曰：「郤氏其亡乎！禮身之幹也，敬身之基也。郤子無基。且先君之嗣卿也，受命以求師，將社稷是衛，而惰，弃君命也，不亡何為㊁？」

【今註】㊀將事不敬：他表達晉君的要求不恭敬。㊁弃君命也，不亡何為：這是背棄了君的命令，那麼他不滅亡又怎麼能夠？

【今譯】成公十三年春，晉侯派晉大夫郤錡來要求幫助軍隊，他來乞求的時候不恭敬。孟獻子說：「郤氏恐怕要滅亡了，禮就是身體的骨幹；敬是身體的基礎，郤氏已經沒有基礎了。並且他是晉國的先君的下一代的卿，受晉君的命令來乞求軍隊，這是為的保護晉國的國家，而加以懶惰，這是背棄晉君的命令，他要不滅亡那怎麼能呢？」

(二)**經**三月，公如京師。

傳三月，公如京師。宣伯欲賜㈠，請先使，王以行人之禮禮焉。孟獻子從，王以為介而重賄之㈡。公及諸侯朝王，遂從劉康公㈢成肅公會晉侯伐秦。成子受脤于社不敬㈣。劉子曰：「吾聞之，民受天地之中以生，所謂命也，是以有動作禮義威儀之則，以定命也㈤。能者養之以福，不能者敗以取禍。是故君子勤禮，小人盡力。勤禮莫如致敬，盡力莫如敦篤㈥，敬在養神，篤在守業。國之大事在祀與戎㈦，祀有執膰，戎有受脤，神之大節也㈧。今成子惰，弃其命矣㈨。其不反乎？」

【今註】㈠宣伯欲賜：宣伯想叫周王對自己賞賜。㈡王以為介而重賄之：周王以為他是相禮的人而加以重的贈賄。㈢劉康公：即王季子。㈣成子受脤于社不敬：成肅公到社廟中受祭祀的肉，不恭敬。㈤以定命也：這是以安定性命的。㈥勤禮莫如致敬，盡力莫如敦篤：關於勤勞禮節，沒有比恭敬再好的，盡力氣沒有再比勉勵與篤厚更好。㈦國之大事在祀與戎：國的大事情就在祭祀同打仗。㈧祀有執膰，戎有受脤，神之大節也：祭祀的時候有拿著祭肉，打仗以前有受祭社神肉的禮節，這全是與神明交往的大節目。㈨棄其命矣：他是放棄他的天命。

【今譯】三月，魯成公到周都城去，叔孫宣伯想著叫周王賞賜他，就要求先派他去，周王就用使人的禮節對待他。到了成公去的時候，孟獻子隨從他，周王以為他是相禮的人而加重他的賄賂。魯成公同旁國的諸侯朝見周王，就隨從周國的兩個卿士劉康公同成肅公會同晉侯去伐秦國。成子在周社廟中受祭肉，不恭敬。劉子說：「我聽見說，人民受到天地的正氣，因此以生長，這就是所謂命。所以有各種動作禮儀上下貴賤的規則，以安定他的性命。能幹的人修養禮儀可以得到福，不能幹的人就失敗了禮儀，因此得到禍患。所以上等的君子，勤勞於禮儀，下等的小人盡力量，勤勞的禮儀沒有比恭敬再好，盡力量沒有比勉勵與篤厚再好。恭敬在於養神明，篤厚在於守事業。一國的大事情在與祭祀同打仗。祭祀有獻給宗廟的祭肉。打仗的時候有受祭社神的祭肉，這都是祭神的大綱要。現在成子懶惰了，是他丟掉他的命運，恐怕他是打仗不能返國的。」

(三)**經**夏五月，公自京師遂會晉侯、齊侯、宋公、衛侯、鄭伯、曹伯、邾人、滕人伐秦。

(四)**經**曹伯廬卒于師。

傳夏四月戊午，晉侯使呂相絕秦㊀，曰：「昔逮我獻公及穆公相好㊁，戮力同心，申之以盟誓，重之以昏姻㊂。天禍晉國，文公如齊㊃，惠公如秦㊄。無祿㊅，獻公即世㊆，穆公不忘舊德，俾我惠公，用能奉祀于晉㊇。又不能成大勳㊈，而為韓之師㊉。

亦悔于厥心⑪。用集我文公⑫。是穆之成也⑬。文公躬擐甲胄⑭，跋履山川⑮，踰越險阻⑯，征東之諸侯，虞夏商周之胤⑰，而朝諸秦，則亦既報舊德矣。鄭人怒君之疆埸⑱，我文公帥諸侯及秦圍鄭。秦大夫不詢于我寡君，擅及鄭盟⑲。諸侯疾之，將致命于秦⑳，文公恐懼，綏靜諸侯㉑，秦師克還㉒無害㉓，則是我有大造于西也㉔。無祿，文公即世㉕，穆為不弔㉖，蔑死我君，寡我襄公㉗。迭我殽地，奸絕我好㉘，伐我保城㉙，殄滅我費滑㉚。散離我兄弟，撓亂我同盟，傾覆我國家㉛。我襄公未忘君之舊勳㉜，而懼社稷之隕，是以有殽之師㉝。猶願赦罪于穆公㉞。穆公弗聽，而即楚謀我㉟，天誘其衷㊱，成王隕命㊲，穆公是以不克逞志于我。穆襄即世，康靈即位㊳。康公，我之自出㊴，又欲闕翦我公室傾覆我社稷，帥我蝥賊，以來蕩搖我邊疆㊵，我是以有令狐之役㊶。康猶不悛㊷，入我河曲㊸，伐我涑川㊹，俘我王官㊺，翦我羈馬㊻，我是以有河曲之戰㊼。東道之不通，則是康公絕我好也㊽。及君之嗣㊾也，我君景公，引領西望〔五〇〕，曰：『庶撫我乎〔五一〕。』君亦不惠稱盟〔五二〕，利吾有狄難〔五三〕，入我河縣，焚我箕郜，芟夷我農功〔五四〕，虔劉我邊陲〔五五〕，我是以有輔氏之聚〔五六〕。君亦悔禍之延〔五七〕，而欲徼福于先君獻穆〔五八〕，使伯車〔五九〕來，命我景公曰：『吾與女同好棄惡，復修舊德，以追念前勳』。言誓未就，景公即世〔六〇〕。我寡君是以有令狐之會〔六一〕，君又不祥〔六二〕，背棄盟誓〔六三〕。白狄及君同州〔六四〕，君之仇讎，而我之昏姻〔六五〕也。君來賜命曰：『吾與女伐狄。』寡君不敢顧昏姻，畏君之威，而受命于吏〔六六〕，君有二心於狄〔六七〕曰：『晉將伐女』。狄應且憎〔六八〕，是用告我。楚人惡君之二三其德也，亦來告我曰：『秦背令狐之盟而來求盟于我，昭告昊天上帝〔六九〕秦三公〔七〇〕楚三王〔七一〕曰：「余雖與晉出入，余唯利是視〔七二〕」。不穀〔七三〕惡其無成德，是用宣之以懲不壹〔七四〕』。諸侯備聞此言〔七五〕，斯是用痛心疾首〔七六〕，暱就寡人〔七七〕，寡人帥以聽命，唯好是求〔七八〕，君若惠顧諸侯，矜哀寡人，而賜之盟則寡人之願也，其承寧諸侯以退〔七九〕豈敢徼亂〔八〇〕。君若不施大惠，寡人不佞〔八一〕，其不能以諸侯退矣(八二)。敢盡布之執事(八三)，俾執事實圖利之(八四)。」秦桓公既與晉厲公為令狐之盟，而又召狄與楚欲道以伐晉。諸侯是以睦於晉(八五)。晉欒書將中軍，荀庚佐之(八六)。士燮將上軍(八七)，郤錡佐之(八八)。韓厥將下軍(八九)，荀罃佐之(九〇)。趙旃將新軍(九一)，郤至佐之(九二)。郤縠(九三)御戎，欒鍼(九四)為右。孟獻子(九五)曰：「晉帥乘和(九六)，師必有大功。」五月丁亥，晉師以諸侯之師及秦師戰于麻隧(九七)，秦師敗績，獲秦成差及不更女父(九八)，曹宣公(九九)卒于師，師遂濟涇(一〇〇)，及侯麗(一〇一)而還。迓晉侯于新楚。成肅公卒于瑕。

【今註】(一)晉侯使呂相絕秦：晉侯，晉厲公。呂相，廚武子魏錡的兒子魏相，以食采于呂，亦稱呂相，一稱呂宣子後為晉卿。使絕秦，厲公口宣己命，使呂相往秦去絕交。以下皆絕秦的文辭。(二)我獻公及穆公相好：謂晉獻公與秦穆公交好。以追溯上世的事情，故說昔逮，昔往昔，逮就是及。(三)重之以昏姻：秦穆夫人是晉獻公的女兒，所以說重之以昏姻。(四)天禍晉國文公如齊：是指驪姬的亂事，晉文公以僖五年奔狄，處狄十二年而行，及齊，齊桓妻之。故云文公如齊。不言奔狄而云如齊，舉所恃的大國。(五)惠公如秦：晉惠公以僖六年奔梁，至僖九年，秦納惠公，不言奔梁而云如秦者，也是舉所恃的大國。(六)無祿：是死亡的別稱，與「不祿」同意蓋云命盡無從享受祿命。此處作「不幸」解，下同。㊆即世：就是死，獻公的死在僖九年。㊇俾我惠公，用能奉祀于晉：即指秦納夷吾為晉君的事。㊈不能成大勳：意思是說秦不能始終其事，成就立惠公的大功。㊉韓之師：即僖十五年秦、晉戰于韓獲惠公入秦事。⑪亦悔于厥心：言秦亦自悔，故放還惠公。⑫用集我文公：指僖二十四年秦納文公事。⑬是穆之成也：言秦納文公，是秦穆公在晉國的成功。⑭躬擐甲冑：親自穿著戎衣，穿在身的叫甲，在頭上的叫冑。⑮跋履山川：登山涉水的意思。⑯踰越險阻：意思是不辭艱難跋涉，用有事於遠方。⑰虞夏商周之胤：這是指著陳、杞、宋、魯諸國，為東方諸侯的主角。秦在西方，故稱東方。胤是後裔。⑱鄭人怒君之疆埸：謂鄭人挑釁於秦國的邊境。埸音易，一指境界。杜預註：晉自以鄭貳於楚，故圍之，鄭非侵秦也，晉以此誣秦，事在僖公三十年。⑲秦大夫不詢于我寡君，擅與鄭盟：不欲稱秦君，只稱其大夫擅自作主張。⑳諸侯疾之，將致命于秦：各國皆恨怒而將致死命以討秦。㉑綏靜諸侯：文公使諸侯安定下來，以表示晉文公勸止著各國的意思。㉒克還：使秦國軍隊能全師回到秦國。㉓無害：並沒有受到傷損。㉔是我有大造于西：言晉國對於秦國有甚大的襄助。㉕文公即世：晉文公在魯僖公三十二年死了。㉖穆為不弔：秦穆公不弔喪晉文公。㉗蔑我死君，寡我襄公：謂秦國輕蔑文公的死亡，又以晉襄公新立，並欺負他的幼弱。㉘迭我殽地，奸絕我好：言秦國侵略晉國的殽地，以破壞秦晉兩國的舊和好。㉙伐我保城：杜預以為誣秦之辭。左通補則以為保城並非地名。㉚殄滅我費滑：指僖公三十三年秦襲鄭滅滑事。滑國都在費，在今河南省緱氏縣，故叫做費滑。㉛傾覆我國家：此言秦之伐滑圖鄭，為欲傾危覆滅晉之國家也。㉜舊動：謂納文公的功勳。㉝殽之師：在僖三十三年。㉞猶願赦罪于穆公：言晉雖勝，尚欲求解于秦。㉟即楚謀我：指秦穆於殽戰敗後使鬭克歸楚求成事。見文十四年傳追敘的話。㊱天誘其衷：言上天使其暴露私衷。㊲成王隕命：指文元年楚成王被弒事。鬭克歸時，適逢其會故秦的計謀未成。㊳穆襄即世，康靈即位：文六年，秦穆、晉襄皆卒，秦康、晉靈嗣立，故云穆、襄即世，康、靈即位。㊴康公，我之自出：秦康公為穆姬的兒子，晉的外甥。所以說康公，我之自出。㊵闕翦我公室，傾覆我社稷，帥我蝥賊，以來蕩搖我邊疆：亦晉文致秦罪之辭，闕猶闕掘也。翦是截斷。蝥（音ㄇㄠˊ）賊，食禾稼的害蟲，比喻秦所納的公子雍。㊶令狐之役：見文七年。㊷悛：讀如圈（ㄑㄩㄢ），改更。㊸入我河曲：在文十二年。㊹涑川：讀史方輿紀要說：「涑水城在（今山西省）永濟縣東北二十六里。㊺俘我王官：在文三年。㊻翦我羈馬：即在入河曲的年代。㊼河曲之戰：河曲的戰事見文十二年。㊽東道之不通，則是康公絕我好也：言康公自絕，故不復東通晉。㊾及君之嗣：謂宣五年秦桓公即位。㊿引領西望：延頸西向秦國而遙望著。(51)庶撫我乎：希望之辭。言秦或自此可以撫恤晉國。(52)君亦不惠稱盟：言秦桓公不肯稱副晉國希望而共盟。(53)有狄難：謂宣十五年晉滅赤狄潞氏。(54)入我河縣，焚我箕郜，芟夷我農功：言秦師闌入河東，焚燒近河之箕，郜二邑，妨害晉的農作。(55)虔劉我邊陲：虔劉，殺也。邊垂即邊疆。垂音義同「陲」。(56)輔氏之聚：指宣十五年晉抗秦師，敗秦軍於輔氏。輔氏晉地，在今陝西省朝邑縣西北。(57)悔禍之延：悔禍亂的延長。(58)獻、穆：謂晉獻、秦穆。(59)伯車：秦桓公子。(60)景公即世：見成十年。(61)我寡君是以有令狐之會：成十一年傳「秦、晉為成，將會於令狐，晉侯先至焉。秦伯不肯涉河，次於王城，使史顆盟晉侯於河東。晉郤犨盟秦伯於河西。范文子曰，是盟也何益，齊盟，所以質信也。會，所信之始也。始之不從，其可質乎？秦伯歸而背晉成」令狐之會指此。(六二)不祥：不善。(六三)背棄盟誓：詳見前。(六四)白狄與君同州：秦與白狄同處西方，當同屬雍州。(六五)我之昏姻：季隗是廧咎如赤狄的女兒，白狄伐而獲之，納諸文公，故晉稱「我之昏姻」(六六)受命于吏：言晉受命于秦的執事。(六七)君有二心於狄：言秦陰施挑撥於晉狄的中間。(六八)狄應且憎：言狄雖應秦，而心實憎恨秦的無信。(六九)昊天上帝：就是天帝。禮諸侯不得祭天。其盟不主天神。此辭多誣。未必是實，蓋欲示楚人恨秦之深，言其所告處重耳。(七〇)秦三公：謂穆公、康公、共公。(七一)楚三王：謂成王、穆王、莊王。(七二)余雖與晉出入，余唯利是視：這是秦與楚昭告設誓的文辭。出入猶往來，言秦雖與晉相往來，秦實惟視他的利方聽從，不以誠心與晉。(七三)不穀：楚共王告晉時自稱也。(七四)宣之以懲不壹：宣示此不誠的文辭於諸侯，以懲創不專壹其心的人。(七五)備聞此言：悉聽楚告訴的話。(七六)痛心疾首：疾首猶言頭痛。(七七)暱就寡人：言諸侯皆來親近晉君。(七八)帥以聽命，唯好是求：言晉帥親近諸侯以聽秦命，其意固在求修好也。(七九)其承寧諸侯以退：承秦君的意，寧靜諸侯以共退軍。(八〇)豈敢徼亂：本不敢徼倖為戰的意思。(八一)不佞：自稱謙辭，等於說不才。(八二)其不能以諸侯退矣：謂當以諸侯的軍隊與秦大戰。(八三)盡布之執事：盡情布陳於秦君執事者的面前。(八四)實圖利之：圖度其利害而施行。(八五)秦桓公既與晉厲公為令狐之盟，而又召狄與楚欲道以伐晉。諸侯是以睦於晉：杜預注：「晉辭多誣秦，故傳據此三事以正秦罪。」(八六)荀庚：荀林父的兒子，襄將中行，故亦稱中行伯，時代荀首為中軍佐。(八七)士燮將上軍：代荀庚。(八八)郤錡：郤克子，亦稱駒伯，當時代士燮為上軍佐。(八九)韓厥將下軍：代郤錡。(九〇)荀罃佐之：當時代趙同為下軍佐。(九一)趙旃將新軍：時代韓厥。(九二)郤至為新軍佐時代趙括。(九三)郤毅：郤至弟，亦稱步毅。(九四)欒鍼：欒書子。(九五)孟獻子：即魯卿仲孫蔑。(九六)晉帥乘和：帥，軍帥；乘，車士。帥乘和，言將士和協也。(九七)厤隧：秦地，在今陝西涇陽縣北。(九八)成差、女父：皆秦大夫。不更，秦爵名，自下溯上為第四級。(九九)曹宣公：名盧，史記作彊，文公壽的兒子，在位十七年，為曹第十八君。其元年當周定王十三年丁卯歲，西曆紀元前五九四年。(一〇〇)涇：水源出甘肅固原縣南牛營，南流折東，經隆德，平涼會別源，別源出化平縣西南大關山，東北流與本源合。東南流，至涇川縣，入陝西境。經長武、邠縣、淳化、醴泉，至高陵縣入於渭。(一〇一)侯麗：秦地，在今陝西省涇陽縣境。(一〇二)新楚：秦地，當在今陝西省朝邑縣境。既戰晉侯止新楚，故師還來迎接他。

【今譯】夏四月戊午這天，晉侯差呂相去斷絕秦國的交好說：「從前我先君獻公，和你先君穆公，很是要好，大家合力同心，重新建立起盟誓，又加上了婚姻的關係。那知上天降禍於晉國，弄得文公到了齊國去，惠公到了你們秦國來。不幸獻公去了世，穆公不忘從前的和好，使我們的惠公能夠奉著晉國的祭祀；可是為德不終，和我發生韓原的戰爭。後來也覺得心裡有些懊悔，所以歸納我文公回到晉國；這是穆公安定晉國的功勞啊。文公因此就親自穿起甲冑，走越過山川來，經歷許多險地，征服了東方的諸侯，都是虞夏商周四代的後人，卻都到秦國來朝貢，這也已經好算報還你的舊德了。那知鄭人侵伐了貴國的邊界，我文公正是領了諸侯，和秦國一同圍鄭，你們秦國大夫卻並不和寡君商量，擅自和鄭國訂了盟約，諸侯都很怒，要拚了死命攻打你秦國，我文公恐怕秦國受害，便安和了諸侯，使得秦兵能好好回國。這樣說起來，是我大有恩德於你秦國了。不幸文公去世以後，穆公非但不來弔喪，並且看輕我文公的死，欺負我襄公的寡弱，侵襲我殽地，和我絕交，伐我的保城，殄滅我的費滑，離散我兄弟的國，搗亂我的同盟，還要想覆滅我的國家；我襄公雖則不忘你君的舊德，但恐怕國家的滅亡，所以和秦有殽地的戰爭，還仍舊想赦你們穆公的罪，那知穆公依然不聽，反而結連了楚國來謀算我，不料上天默佑人心，楚成王偏被商臣殺死，穆公因此不能逞意我晉國了。穆公襄公去世以後，康公靈公即了位，康公是我晉國的外甥，但卻也想翦除我們的公室，傾覆我們的社稷，領了我們的蟊賊，來擾亂我們的邊疆，我們所以和秦發生令狐的戰爭；但是康公還仍舊不肯改過，再來攻打我的河曲，侵伐我的涑川，虜掠我的王官，翦滅我的羈馬；我所以和秦發生河曲的戰爭，東方道路的不通，那是康公自己絕了我們的交好。等到你桓公即位，我君景公抬起頭西望著說：『現在或者來撫卹我晉國了！』但是你君也不肯和我盟好，反而趁我有狄難的當兒，便侵入我的河縣，燒燬我的箕郜，傷害我的農功，殺戮我的邊境百姓；我所以有輔氏的聚眾，來抵抗秦國。你也懊悔災禍的延長，要我求福於先君獻公穆公，差伯車來吩咐我景公說：『我和你同結和好，丟開怨仇，再修復從前的情份，追念著前人的功勞。』那知所說的盟誓還沒有完成，景公就死去了；我厲公所以和秦有令狐那次的會盟。你君卻又生了不善的心，背棄了盟誓。白狄和你君同州居住，雖然是你君的仇讎，卻是我的親戚呢。你來吩咐說：『我和你一同去伐那狄人。』寡君怕你的威力，不敢顧及親戚便聽了你來人的使命。那知你君卻又生了二心，對那狄人說：『晉國要來伐你了。』白狄雖然答應你秦國，心中卻厭惡秦國，就把這事來告訴我們。楚人也厭惡你的反覆無常，也來告訴我說：『秦國違背了令狐的盟誓，卻來和我求盟，禱告著昊天上帝，和秦國的三公、楚國的三王說：「雖則和晉國來往，我祇惟利是從。」我厭惡他沒有一定的主意，所以宣布出來，懲罰那意志不專一的國家。』諸侯聽到這話，因此痛心疾首，都來和我親近，我現在領了諸侯，來聽你吩咐，只要求與你永結和好。君如果肯施惠諸侯，哀憐寡人，肯來和我盟好，這就是我很願意的，便可承受了君的厚意，去安定諸侯，就此退去，不敢有些擾亂的。君如果不肯施大惠，寡人也沒有才能，不能率領著諸侯後退了，所以敢盡我所言，告訴你執事，使你執事對於或和或戰，要打算那一樁是和秦國有利益的，便去做他纔好。」秦桓公已經同晉厲公在令狐這地方做了盟誓，而另一方面號召狄國同楚國，想著引導他們討伐晉國，諸侯們因為這個緣故，更同晉國和睦了。晉國欒書帥領著中軍，荀庚輔佐他。士燮替代荀庚帶領著上軍，郤錡為他的副佐。韓厥代郤錡統帥下軍，荀罃作他的副佐。趙旃替代韓厥帥領新軍，郤至作他的副佐。郤毅為晉厲公駕著車，欒鍼作車右。魯國的孟獻子說：「晉國的軍帥同車上的甲士全都很和睦，這種軍隊必能建立大功勞。」五月丁亥這天，晉國的軍隊並且用諸侯的軍隊，一起同秦國的軍隊在麻隧這地方打仗，秦國軍隊大敗，晉國得到秦國的成差同不更爵位的女父。曹宣公死在軍中，晉國軍隊就渡過涇水，到了侯麗這地方，方才回來。到新楚這地方去迎接晉侯。周國的卿士成肅公死在晉國瑕的地方。

㈤傳 六月丁卯夜，鄭公子班自訾㈠求入于大宮㈡不能，殺子印、子羽㈢，反軍于市。己巳子駟㈣帥國人盟于大宮，遂從而盡焚之，殺子如、子駹，孫叔，孫知㈤。

【今註】㈠訾求：訾，鄭地，江永以為：「以公子班先奔許，又自訾求入，則訾地近許，在鄭之東南，許昌西北，別有訾地。」㈡大宮：大音泰，是鄭國的祖廟。㈢子印子羽：皆是穆公的兒子。㈣子駟：也是穆公的兒子。㈤子如、子駹（音ㄇㄤˊ）、孫叔、孫知：子如即公子班，子駹是公子班的弟弟。孫叔是子如的兒子，孫知是子駹的兒子。

【今譯】六月丁卯的夜裡，鄭國的公子班從訾這個地方想著進入鄭國的祖廟裡頭，未能成功。就殺了鄭穆公的兒子子印同子羽，回來把軍隊駐到市場裡。己巳這天，鄭穆公的兒子子駟帥領著貴族們在鄭國的祖廟中盟誓，就帥領著軍隊把市場全燒掉，並殺公子班同他弟弟子駹，尚有公子班的兒子孫叔，及他的姪子孫知。

㈥經 秋七月，公至自伐秦㈠。

【今註】㈠此經無傳。

【今譯】秋七月，魯成公從伐秦國回來。

(七)經 冬，葬曹宣公。

傳 曹人使公子負芻守，使公子欣時㈠逆曹伯之喪。秋，負芻殺其大子㈡而自立也，諸侯乃請討之，晉人以其役之勞，請俟他年。冬，葬曹宣公。既葬，子臧將亡㈢，國人皆將從之㈣。成公乃懼㈤，告罪，且請焉㈥，乃反而致其邑㈦。

【今註】㈠公子負芻、公子欣時：皆是曹宣公的庶子。㈡負芻殺其大子：負芻把宣公的太子殺掉。㈢子臧將亡：子臧就是公子欣時，他將逃到別國去。㈣國人皆將從之：春秋所謂國人，全指著貴族。貴族因為不願意服從負芻，所以皆隨從子臧逃亡。㈤成公乃懼：成公就是負芻，他就害怕了。㈥告罪且請焉：他自己認為有罪，請求留下子臧。㈦乃反而致其邑：子臧就回來，但是將他的封邑交給曹成公，表示不受曹國的俸祿。

【今譯】曹國人派公子負芻看守都城，而派子臧去迎接曹伯的喪體。秋天負芻就殺了曹宣公的太子而自己作了曹君。各諸侯全請晉國討伐他，晉國因為這次伐秦國很勞苦，最好等到另一年。冬天，曹宣公行葬禮。下葬以後，子臧將逃亡，貴族們全都跟著他逃亡，負芻害怕，自己請罪並且請留下子臧，子臧就回到曹國，而把他的封邑退還給負芻。

成公十有四年（公元前五百七十七年）

㈠經 春王正月，莒子朱卒㊀。

【今註】㊀此經無傳。

【今譯】成公十四年春，正月，莒國的君死了。

㈡經 夏，衛孫林父自晉歸于衛。

傳 春，衛侯如晉，晉侯強見孫林父焉，定公不可。夏，衛侯既歸，晉侯使郤犨送孫林父而見之，衛侯欲辭。定姜㊀曰：「不可。是先君宗卿之嗣也㊁，大國又以為請，不許將亡。雖惡之不猶愈於亡乎㊂？君其忍之。安民而宥宗卿㊃，不亦可乎？」衛侯見而復之㊄。衛侯饗苦成叔㊅，甯惠子相㊆，苦成叔傲。甯子曰：「苦成家其亡乎？古之為享食也，以觀威儀省禍福也㊇故詩曰：『兕觥其觩，旨酒思柔，彼交匪傲，萬福來求㊈。』今夫子傲，取禍之道也。」

【今註】㊀定姜：是衛定公的夫人。㊁是先君宗卿之嗣也：這是衛國先君同姓的卿的後人。㊂雖惡之不猶愈於亡乎：雖然痛恨他，不尚較亡國為好嗎？㈣安民而宥宗卿：能安定人民而饒恕了同姓的卿。㈤衛侯見而復之：衛定公見了孫林父使他恢復他的位子。㈥苦成叔：就是郤犨。㈦甯惠子相：甯殖相禮。㈧觀威儀，省禍福：這是為的看禮儀，並且省視禍或福。㈨兕觥其觩（音ㄑㄧㄡˊ），旨酒思柔，彼交匪傲，萬福來求：這是詩經小雅，桑扈篇的幾句詩。意思是說拿兕角做的酒杯很大，飲酒當思柔德，他們的交往不驕傲，各種的福祿反倒來求我來了。

【今譯】　衛侯到晉國去了，晉厲公勉強使他見逃到晉國的孫林父，衛定公不肯，到夏天，衛定公回到國裡，晉厲公就派郤犨送孫林父回來，希望衛定公見他，衛侯想著辭謝，他的夫人定姜說：「不可以，這是先君同姓的卿的後人，大國的晉又拿這個事請求，不允許他，衛國將會亡。雖然不喜歡他，仍舊比亡國好一點，你不妨忍耐些。安定人民同時赦宥同姓的卿不也可以嗎？」衛定公就見了孫林父使他回復卿的位子。衛侯就請郤犨吃飯，甯殖相禮，郤犨很驕傲，甯殖說：「郤犨的家恐怕要滅亡了，古人設享宴，所以看他的動作，並看他的禍或者福，所以詩經小雅桑扈裡面說：『水牛角做的酒杯很大，飲酒當思柔德，他們的交往不驕傲，就是各種的福祿，全都來了。』現在這位先生驕傲，這是取禍亂的道理。」

㈢**經**　秋，叔孫僑如如齊逆女。

傳　秋，宣伯如齊逆女。稱族，尊君命也㈠。

【今註】㊀稱族，尊君命也：在宣伯上面加叔孫，這是稱他族，表示尊敬魯君的命令。

【今譯】秋天，魯國的叔孫宣伯到齊國去，迎接齊國的女子。春秋稱叔孫的族，表示尊重成公的命令。

㈣經 鄭公子許帥師伐許。

傳 八月，鄭子罕伐許敗焉㊀，戊戌，鄭伯復伐許。庚子入其郛㊁。許人平，以叔申之封㊂。

【今註】㊀鄭子罕伐許敗焉：鄭國的大夫公子許伐許國打敗仗。㊁入其郛（音ㄈㄨˊ）：進了他的都城的外郭。㊂以叔申之封：用了成公四年公孫申所定的封疆。

【今譯】八月，鄭國大夫子罕討伐許國，為許國所擊敗，戊戌這天，鄭伯再度伐許國。庚子這天進入許國都城的外郭，許國人要求和平，用魯成公四年鄭國公孫申所劃的疆界。

㈤經 九月，僑如以夫人婦姜氏至自齊。

傳 九月，僑如以夫人婦姜氏至自齊，舍族，尊夫人也㊀。故君子曰：「春秋之稱，微而顯㊁，志而晦㊂，婉而成章㊃，盡而不汙㊄，懲惡而勸善㊅，非聖人誰能脩之？」

【今註】㈠舍族，尊夫人也：這次不稱叔孫，而直稱僑如的名字，是表示尊敬夫人。㈡春秋之稱微而顯：春秋的稱謂，文詞細微，而其意思甚為顯著。㈢志而晦：記載事情，但是文詞很微妙。㈣婉而成章：曲著他的文詞，而能成為一個篇章。㈤盡而不汙：對於事實記載詳盡而沒有汙曲。㈥懲惡而勸善：懲戒壞人而勸好的人。

【今譯】九月，叔孫僑如迎接成公的夫人從齊國回來。這次春秋不稱叔孫，為的尊敬夫人。因此君子說：「春秋的稱謂，文詞很細微，而意思很顯著，有記載但是很不明顯，委曲而能成篇章，說得很詳細而沒有汙曲。對於壞人懲戒，而對於善人勉勵。這種歷史書，要不是聖人誰能夠修它呢？」

㈥**經**冬十月庚寅衛侯臧卒。

傳衛侯有疾，使孔成子㈠，甯惠子㈡，立敬姒㈢之子衎以為大子。冬十月，衛定公卒。夫人姜氏既哭而息，見大子之不哀也，不內酌飲，歎曰：「是夫也㈣，將不唯衛國之敗，其必始於未亡人！烏呼！天禍衛國也夫！吾不獲鱄㈤也使主社稷！」大夫聞之無不聳懼，孫文子自是不敢舍其重器於衛，盡寘諸戚㈥，而甚善晉大夫㈦。

【今註】㈠孔成子：是孔達的孫子。㈡甯惠子：是甯殖。㈢敬姒：是定公的妾。衎，音ㄎㄢˋ。㈣

是夫也：這個人。㈤鱄：是衛獻公的母弟。㈥盡寘諸戚：全都擺到他的封邑戚這地方。㈦而甚善晉大夫：同晉國的各大夫甚為要好。

【今譯】衛定公有病，他就命令孔成子同甯惠子立了定公的妾所生的衛獻公做太子。冬十月，衛定公死亡，他的夫人定姜嚎哭以後就休息了，看見太子不悲哀，她就生氣很少喝水，感嘆著說：「這個人，不衹使衛國失敗，他必定由我開始，這真是上天加禍亂於衛國，我何以不能使他的母弟鱄做君啊！」大夫們聽見他的話，沒有一個人不害怕的，孫林父從此不敢存放他的寶物在衛國都城，全都藏在他的封邑戚那兒，並且他很同晉國的大夫們親善。

㈦經　秦伯卒㈠。

【今註】㈠此經無傳。

【今譯】秦桓公死了。

成公十有五年（公元前五百七十六年）

㈠經　春王二月，葬衛定公㈠。

【今註】㈠此經無傳。

【今譯】成公十五年二月，衛國給衛定公下葬禮。

(二)經　三月乙巳，仲嬰齊卒㊀。

【今註】㊀此經無傳。

【今譯】三月乙巳這天，魯國大夫仲嬰齊死了。

(三)經　癸丑，公會晉侯、衛侯、鄭伯、曹伯、宋世子成、齊國佐、邾人同盟于戚。晉侯執曹伯歸于京師。

傳　春，會于戚，討曹成公也，執而歸諸京師。書曰：「晉侯執曹伯。」不及其民也㊀。凡君不道於其民，諸侯討而執之，則曰某人執某侯㊁，不然則否。諸侯將見子臧於王而立之，子臧辭曰：「前志有之曰：『聖達節㊂，次守節㊃，下失節㊄。』為君非吾節㊅也。雖不能聖，敢失守乎？」遂逃奔宋。

【今註】㊀不及其民也：這牽連不到曹國的人民。㊁某人執某侯：就寫到竹簡上說某人擒住某侯，這表示人民同意逮捕的。㊂聖達節：聖人隨著天命不拘於常禮。㊃次守節：第二種就指著賢人是守著禮。㊄下失節：最下的是不遵守禮，輕舉妄動。㊅為君非吾節：按禮我不該為君。

【今譯】魯成公與各諸侯會盟於戚這地方，這是為的討伐曹國成公，把他逮起來送到周國都城去，寫在春秋上說：「晉厲公把曹成公逮著了。」這是表示他的罪惡不會牽連到他的人民。假設人君對他的人民不合道理，各諸侯討伐逮起來，那麼就寫上某人執某侯，不然就不這樣寫了。諸侯們想把子臧去見周王而立他為曹君，子臧辭謝說：「從前的書裡面說過：『聖人可以不居常禮，第二種就是能夠守著禮，最下的是妄動不守禮。』按禮我不該做曹國的君，雖然不能等於聖人，我豈敢失去禮呢？」他就逃走到宋國去。

㈣**經**公至自會㊀。

【今註】㊀此經無傳。

【今譯】魯成公從戚的地方開會回來。

㈤**經**夏六月，宋公固卒。

傳夏六月，宋共公卒㊀。

【今註】㊀宋共公卒：就是宋公固。為的表示夏天，宋國開始亂的原因。

【今譯】夏六月，宋共公死了。

(六)**經**楚子伐鄭。

傳楚將北師㈠，子囊㈡曰：「新與晉盟而背之，無乃不可乎？」子反曰：「敵利則進，何盟之有㈢？」申叔時老矣在申，聞之曰：「子反必不免。信以守禮，禮以庇身，信禮之亡，欲免得乎㈣？」楚子侵鄭及暴隧㈤，遂侵衛及首止㈥，鄭子罕侵楚取新石㈦，欒武子欲報楚，韓獻子曰：「無庸，使重其罪，民將叛之。無民孰戰㈧？」

【今註】㈠楚將北師：楚國派軍隊向北去，為的侵鄭國同衛國。㈡子囊：就是公子貞。㈢敵利則進，何盟之有：既然是敵人，有利就往前進，與盟誓有什麼關係。㈣信禮之亡，欲免得乎：信和禮全都丟掉，想著能夠免除災禍，還能得到嗎。㈤暴隧：鄭地，在今河南省原武縣境。㈥首止：衛地，在今河南省睢縣東南。㈦新石：楚邑在今河南省葉縣境。㈧無民孰戰：沒有人民誰能打仗。

【今譯】楚國將往北開軍隊，侵略鄭國同衛國，這就是為的十六年鄢陵之戰。楚國令尹子囊說：「新近同晉國盟誓而違背他，這不是不可以嗎？」子反就說：「進攻敵人要有利就往前進，有什麼盟誓管著呢？」申叔時已經告老了，住到他的本地申，他聽見了就說：「子反必定不免於禍，信所以守禮的，禮是保護身體的，信同禮全都失落，想免得災禍能夠嗎？」楚王侵略鄭國到了暴隧這地方，接著侵略衛國到首止的地方，鄭國的子罕侵略楚國，取楚國的新石，欒書想著報楚國的侵略。韓厥說：

「不用了，使他的罪加重，人民全要反叛他，沒有人民怎麼打仗呢？」

㈦經秋八月庚辰，葬宋共公。

㈧經宋華元出奔晉。宋華元自宋歸于宋。宋殺其大夫山，宋魚石出奔楚。

傳秋八月，葬宋共公。於是華元為右師，魚石為左師，蕩澤為司馬㈠，華喜為司徒㈡，公孫師為司城㈢，向為人為大司寇，鱗朱為少司寇㈣，向帶為大宰，魚府為少宰，蕩澤弱公室殺公子肥㈤，華元曰：「我為右師，君臣之訓師所司也。今公室卑而不能正㈥，吾罪大矣！不能治官，敢賴寵乎㈦？」乃出奔晉。二華戴族也㈧，司城莊族也㈨，六官者皆桓族也㈩。魚石將止華元，魚府曰：「右師反必討，是無桓氏也。」魚石曰：「右師苟獲反，雖許之討必不敢，且多大功，國人與之⑪，不反，懼桓氏之無祀於宋也。右師討，猶有戌在⑫，桓氏雖亡必偪⑬。」魚石自止華元于河上，請討，許之乃反。使華喜公孫師帥國人攻蕩氏，殺子山。書曰：「宋殺大夫山。」言背其族也⑭。魚石、向為人、鱗朱、向帶、魚府出舍於睢上⑮，華元使止之，不可。冬十月，華元自止之，不可乃反⑯。魚府曰：「今不從，不得入矣⑰。右師視速而言疾，有異志焉。若不我納，今將馳矣⑱。」登丘而望之，則馳，騁而從之，則決睢澨⑲，閉門登陴矣。左師二司寇二宰遂出奔楚⑳。華元使向戌為左師，老佐㉑為司馬，樂裔為司寇，以靖國人。

【今註】 ㈠蕩澤為司馬：蕩澤是公孫壽的孫子。㈡華喜為司徒：華喜是華父督的玄孫。㈢公孫師為司城：公孫師是宋莊公的孫子。㈣鱗朱為少司寇：鱗朱是鱗矔的孫子。㈤公子肥：肥是宋文公的兒子。㈥今公室卑而不能正：現在宋公室卑弱又不能夠正殺人的罪。㈦敢賴寵乎：我還敢仗著寵愛嗎。㈧二華戴族也：華元同華喜是宋戴公的後人。㈨司城莊族也：司城是宋莊公的後人。㈩六官者皆桓族也：六官指著魚石、蕩澤、向為人、鱗朱、向帶、魚府他們皆是宋桓公的後人。⑪且多大功，國人與之：華元能夠有合晉楚的成功，並且同楚國子反商量以去除宋國都城的包圍，這種大功，貴族全都支持他。⑫猶有戌在：就是有他討伐還留下向戌能夠存在。⑬桓氏雖亡必偏：桓氏就是亡了，必還能有存留下。⑭言背其族也：意思說他是背叛他的族人。⑮睢上：睢是水的名字，經過商丘縣等處。㈥不可乃反：這幾個人全不肯留下，華元乃自己回到都城。㈦今不從，不得入矣：現在不聽從他的話，不能再回到宋國都城了。㈧若不我納，今將馳矣：他要不叫我回去，必定他就騎馬快回去了。㈨則決睢澨：就把睢河旁邊的地方毀掉了。㈩左師二司寇二宰遂出奔楚：左師就是魚石，另外的四個人不寫在春秋上，因為宋國沒有通知魯國。㈡老佐：是宋戴公的五世孫。

【今譯】　秋天八月，給宋共公下葬。這時華元做右師。魚石做左師，蕩澤做司馬，華喜做司徒，公孫師做司城，向為人做大司寇，鱗朱做少司寇，向帶做大宰，魚府做少宰。蕩澤看見公室沒有力量，就殺了宋文公的兒子公子肥。華元說：「我做右師的官，君臣的教訓是師所管的。現在公室卑弱而不能將蕩澤正法，我的罪狀很大了，我不能治理官府，敢依賴寵信嗎？」就逃奔到晉國。二個華氏全都是戴公的後人，司城是莊公的孫子，另外六個官都是桓公的後人。左師魚石將阻華元，魚府說：「右師要回來，必定討伐罪人，這是桓公的子孫，將全沒有官職了。」魚石就說：「華元假設能夠回來，就是許他討伐，但是他怕桓公的後人，人多力強，必定不敢討伐，並且華元有很多的大功勞，貴族們全都與他合作。若不回來，恐怕桓公的後人將在宋國絕後。如果右師來討伐，尚留下向戌，桓公的後人雖然滅亡恐怕不會全。」魚石自己到河邊上阻止華元往晉國，並且請加以罪人的討伐，答應他就回來。使華喜同公孫師帥領著貴族攻蕩澤一族，殺子山。春秋上寫著說：「宋國殺他大夫山。」意思是說他違背了他的族人。魚石、向為人、鱗朱、向帶、魚府到睢水上去住。華元派人去止住，他們不肯。冬十月，華元自己往那裡使他們不要逃走，他們也不肯，華元就回來。魚府就說：「現在不聽從華元，就不能夠回到宋國了。華元眼睛動得很快，而說的話也很快，必定有另外的心思。要不想叫我們回去，他必定將走得很快。」登到小丘陵上去遠看，就已經將車馳走了，這五個大夫也追上去，他就把睢水旁邊毀掉了，並且關上宋國都城的門，登到城牆上守禦。左師同兩個司寇，大小二個宰就逃到楚國去。華元就令向戌做左師，老佐做司馬，樂裔做司寇，以安定宋國的貴族。

(九)**傳** 晉三郤害伯宗，譖而殺之，及欒弗忌㈠，伯州犂㈡奔楚。韓獻子曰：「郤氏其不免乎！善人天地之紀也，而驟絕之㈢，不亡何待？」初，伯宗每朝，其妻必戒之曰：「盜憎主人，民惡其上，子好直言，必及於難㈣。」

【今註】 ㈠欒弗忌：晉國賢大夫。㈡伯州犂：伯宗的兒子。㈢善人天地之紀也，而驟絕之：善人是天地的紀綱，驟然把他們斷絕，這不死亡又等什麼。㈣盜憎主人，民惡其上，子好直言，必及於難：強盜很恨主人，人民一定也很痛恨在他上面的人，你喜歡隨便說話，必然會引出禍難來。

【今譯】 晉國三個郤氏大夫害伯宗，就說他的壞話，把他殺掉，並且殺了晉國賢人欒弗忌，伯宗的兒子伯州犂逃奔到楚國去。韓厥說：「郤氏一定不能免除罪狀，好人是天地的綱紀，驟然把他斷絕，這不滅亡尚何等待？」最初的時候，伯宗每天上朝，他的妻子必定告戒他說：「強盜是很不喜歡主人的，人民也一定痛恨在他上面的人，你喜歡說直話，必定到了禍難中。」

(十) 經 冬，十有一月叔孫僑如會晉士燮齊高無咎宋華元衛孫林父鄭公子鰌邾人會吳于鍾離。

傳 十一月，會吳于鍾離㈠，始通吳也。

【今註】㈠鍾離：是楚邑，一統志說：「鍾離有東西二城。濠水流其中。古城在今安徽鳳陽縣東北五里。」

【今譯】十一月，魯國連晉國等諸侯同吳國在鍾離開會，這是初次同吳國交往。

(土) 經 許遷于葉。

傳 許靈公畏偪于鄭，請遷于楚。辛丑，楚公子申遷許于葉㈠。

【今註】㈠葉：楚邑。今河南省葉縣南三十里有古葉城。

【今譯】許靈公怕鄭國的威偪，請遷到楚國去。辛丑這天，楚國公子申把許國遷到葉這個地方。

成公十有六年（公元前五百七十五年）

(一) 經 春王正月，雨木冰㈠。

【今註】㈠雨木冰：因為冷得過度，所以樹上全都結成冰。此經無傳。

【今譯】　成公十六年春正月，下雨樹上全凍了冰。

(二)傳十六年春，楚子自武城㈠，使公子成以汝陰之田㈡，求成于鄭。鄭叛晉，子駟從楚子盟于武城。

【今註】　㈠武城：楚地，在今河南省南陽縣北。㈡使公子成以汝陰之田：公子成是楚國的公子，用汝水南邊的田地。汝水南就是汝陰。

【今譯】　楚王自從武城這個地方，派遣公子成用汝水南邊的田地與鄭國求和。鄭國就背叛了晉國，鄭穆公的兒子子駟，到武城同楚王盟誓。

(三)經夏四月辛未滕子卒。

傳夏四月，滕文公卒㈠。

【今註】　㈠滕文公：即滕子。

【今譯】　夏天四月辛未滕文公死了。

(四)經鄭公子喜帥師侵宋。

傳鄭子罕伐宋，宋將鉏樂懼敗諸汋陂，退舍於夫渠不儆，鄭人覆之，敗諸汋陵㈠，獲將鉏樂懼，宋恃勝也。

【今註】㈠宋將鉏樂懼敗諸汋陂，退舍於夫渠，不儆，鄭人覆之，敗諸汋陵：汋（音ㄓㄨㄛˊ）陂，夫渠，汋陵皆宋地。一統志說：「汋陵城在今河南寧陵縣南二十五里。」由汋陵退舍于夫渠，則汋陵應在汋陵西南。夫渠應在汋陵汋陂之間。

【今譯】鄭國的子罕乘著滕國有喪事，就伐宋國，宋國的將鉏和樂懼把鄭子罕打敗在汋陂的地方，他就退到夫渠的地方而不戒備，鄭國的伏兵把他在汋陵的地方打敗了，捕獲將鉏同樂懼。這是因為宋國仗恃著戰勝的緣故。

㈤經　六月丙寅朔日有食之㈠。

【今註】㈠此經無傳。

【今譯】六月丙寅這天有日蝕。

㈥傳　衛侯伐鄭，至于鳴鴈㈠，為晉故也。

【今註】㈠鳴鴈：一統志說：「今河南杞縣西北四十里有鳴雁亭，俗謂之白雁亭。」

【今譯】衛侯伐鄭國到了鳴鴈這地方，這是為了晉國的原故。

(七)經晉侯使欒黶來乞師。

(八)經甲午晦晉侯及楚子鄭伯戰于鄢陵，楚子鄭師敗績。楚殺其大夫公子側。

傳晉侯將伐鄭，范文子曰：「若逞吾願，諸侯皆叛，晉可以逞㊀。若唯鄭叛，晉國之憂可立俟也。」欒武子曰：「不可以當吾世而失諸侯㊁，必伐鄭。」乃興師。欒書將中軍，士燮佐之㊂，郤錡將上軍㊃，荀偃佐之㊄，韓厥將下軍，郤至佐新軍。荀罃居守㊅。郤犨如衛，遂如齊，皆乞師㊆焉。欒黶來乞師㊇，孟獻子曰：「有勝矣㊈。」戊寅，晉師起。鄭人聞有晉師，使告于楚，姚句耳與往㊉，楚子救鄭，司馬將中軍㊁，令尹將左㊂，右尹子辛將右，過申，子反入見申叔時，曰：「師其何如。」對曰：「德、刑、詳、義、禮、信，戰之器也㊂。德以施惠，刑以正邪，詳以事神，義以建利，禮以順時，信以守物㊃，民生厚而德正㊄，用利而事節⑯，時順而物成⑰，上下和睦，周旋不逆⑱，求無不具⑲，各知其極⑳。故詩曰：『立我烝民，莫匪爾極㉑。』是以神降之福，時無災害，民生敦厖㉒，和同以聽㉓，莫不盡力，以從上命，致死以補其闕㉔。此戰之所由克也。今楚內棄其民㉕，而外絕其好㉖。瀆齊盟㉗，而食話言㉘。奸時以動㉙，而疲民以逞㉚。民不知信，進退罪也㉛。人恤所底，其誰致死㉜。子其勉之。吾不復見子矣。」姚句耳先歸，子駟問焉㉝。對曰：「其行速，過險而不整㉞。速則失志㉟，不整喪列㊱。志失列喪，將何以戰。楚懼不可用也。」五月，晉師濟河，聞楚師將至，范文子欲反㊲，曰：「我偽逃楚，可以紓憂㊳。夫合諸侯，非吾所能也，以遺能者㊴。我若羣臣輯睦以事君，多矣㊵。」武子曰：「不可。」六月，晉、楚遇於鄢陵㊶。范文子不欲戰。郤至曰：「韓之戰，惠公不振旅㊷。箕之役，先軫不反命㊸。邲之師，荀伯不復從㊹。皆晉之恥也。子亦見先君之事矣。今我辟楚，又益恥也。」文子曰：「吾先君之亟㊺戰也，有故。秦狄齊楚皆彊，不盡力，子孫將弱。今三彊服矣，敵楚而已。唯聖人能外內無患，自非聖人，外寧必有內憂。盍釋楚以為外懼乎㊻。」甲午晦楚晨壓晉軍而陳㊼，軍吏患之，范匄趨進㊽，曰：「塞井夷竈，陳於軍中，而疏行首㊾。晉楚唯天所授何患焉。」文子執戈逐之，曰：「國之存亡，天也，童子何知焉。」欒書曰：「楚師輕窕㊿，固壘而待之，三日必退，退而擊之，必獲勝焉。」郤至曰：「楚有六閒(51)，不可失也。其二卿相惡(52)。王卒以舊(53)。鄭陳而不整(54)。蠻軍而不陳(55)。陳不違晦(56)。在陳而囂，合而加囂，各顧其後，莫有鬬心(57)，舊不必良(58)，以犯天忌。我必克之。」楚子登巢車(59)以望晉軍，子重使大宰伯州犂侍于王後。王曰：「騁而左右，何也(60)？」曰：「召軍吏也(61)。」「皆聚於中軍矣(62)。」曰：「合謀也(63)。」「張幕矣(64)。」曰：「虔卜於先君也(65)。」「徹幕矣(66)。」曰：「將發命也(67)。」「甚囂，且塵上矣(68)。」曰：「將塞井夷竈而為行也(69)。」「皆乘矣，左右執兵而下矣(70)。」曰：「聽誓也(71)。」「戰乎(72)？」曰：「未可知也(73)。」「乘而左右皆下矣(74)。」曰：「戰禱也(75)。」伯州犂以公卒告王(七六)。苗賁皇在晉侯之側，亦以王卒告(七七)，皆曰：「國士在，且厚，不可當也(七八)。」苗賁皇言於晉侯曰：「楚之良，在其中軍王族而已(七九)，請分良以擊其左右(八〇)，而三軍萃於王卒(八一)。必大敗之。」公筮之。史曰：「吉。其卦遇復䷗，曰：『南國蹙，射其元，王中厥目(八二)。』國蹙王傷，不敗何待。」公從之，有淖(八三)於前，乃皆左右，相違於淖(八四)。步毅御晉厲公，欒鍼為右，彭名(八五)御楚共王，潘黨為右，石首(八六)御鄭成公(八七)，唐苟(八八)為右，欒范以其族夾公行(八九)，陷於淖。欒書將載晉侯(九〇)，鍼曰：「書退(九一)，國有大任，焉得專之(九二)。且侵官，冒也(九三)。失官，慢也(九四)。離局，姦也(九五)。有三罪焉，不可犯也。」乃掀公以出於淖(九六)。癸巳，潘尪之黨(九七)與養由基(九八)蹲甲而射之，徹七札焉(九九)，以示王，曰：「君有二臣如此，何憂於戰(一〇〇)。」王怒曰：「大辱國(一〇一)。詰朝，爾射死藝(一〇二)。」呂錡(一〇三)夢射月，中之，退入於泥(一〇四)。占之，曰：「姬姓，日也(一〇五)。異姓，月也(一〇六)。必楚王也，射而中之，退入於泥，亦必死矣(一〇七)。」及戰，射共王中目。王召養由基與之兩矢，使射呂錡，中項，伏弢(一八)。以一矢復命(一九)。郤至三遇楚子之卒，見楚子必下，免冑而趨風(二〇)，楚子使工尹襄(二一)問之以弓(二二)，曰：「方事之殷也，有韎韋之跗注(二三)，君子也，識見不穀而趨，無乃傷乎(二四)？」郤至見客(二五)，免冑承命(二六)，曰：「君之外臣至(二七)從寡君之戎事，以君之靈，間蒙甲冑(二八)，不敢拜命(二九)。敢告不寧，君命之辱(三〇)。為事之故，敢肅使者(三一)。」三肅使者而退。晉韓厥從鄭伯(三二)，其御杜溷羅(三三)曰：「速從之，其御屢顧，不在馬(三四)，可及也。」韓厥曰：「不可以再辱國君(三五)。」乃止。郤至從鄭伯，其右茀翰胡(三六)曰：「諜輅之(三七)，余從之乘而俘以下(三八)。」郤至曰：「傷國君有刑(三九)。」亦止。石首曰：「衛懿公唯不去其旗，是以敗於熒(四〇)。」乃內旌於弢中(四一)。唐苟謂石首曰：「子在君側，敗者壹大(四二)。我不如子(四三)。子以君免，我請止(四四)。」乃死。楚師薄於險(四五)，叔山冉(四六)謂養由基曰：「雖君有命，為國故，子必射(四七)。」乃射。再發，盡殪(四八)。叔山冉搏人以投，中車折軾(四九)。

晉師乃止。囚楚公子茷(四〇)。欒鍼見子重之旌，請曰：「楚人謂夫旌子重之麾也(四一)，彼其子重也(四二)。日臣之使於楚也，子重問晉國之勇(四三)。臣對曰：『好以整眾(四四)。』曰：『又何如(四五)？』臣對曰：『好以暇(四六)。』今兩國治戎，行人不使，不可謂整(四七)。臨事而食言，不可謂暇(四八)。請攝飲焉(四九)。」公許之，使行人執榼承飲(五〇)，造于子重(五一)，曰：「寡君乏使(五二)，使鍼御持矛(五三)，是以不得犒從者，使某攝飲(五四)。」子重曰：「夫子嘗與吾言於楚，必是故也，不亦識乎(五五)？」受而飲之。免使者而復鼓(五六)。

旦而戰，見星未已(五七)。子反命軍吏察夷傷(五八)，補卒乘(五九)，繕甲兵(六〇)，展車馬(六一)，雞鳴而食，唯命是聽(六二)。晉人患之。苗賁皇徇(六三)曰：「蒐乘補卒(六四)，秣馬利兵(六五)，修陳固列(六六)，蓐食申禱(六七)，明日復戰。」乃逸楚囚(六八)。王聞之，召子反謀。穀陽豎獻飲於子反(六九)，子反醉而不能見。王曰：「天敗楚也夫，余不可以待。」乃宵遁。晉入楚軍，三日穀(七〇)。范文子立於戎馬之前曰：「君幼，諸臣不佞，何以及此。君其戒之，周書曰：『惟命不于常，有德之謂(七一)。』」楚師還，及瑕(七二)，王使謂子反曰：「先大夫之覆師徒者，君不在(七三)。子無以為過，不穀之罪也(七四)。」子反再拜稽首曰：「君賜臣死，死且不朽。臣之卒實奔，臣之罪也。」子重使謂子反曰：「初隕師徒者，而亦聞之矣，盍圖之(七五)。」對曰：「雖微先大夫有之(七六)，大夫命側(七七)，側敢不義(七八)。側亡君師，敢忘其死。」王使止之，弗及而卒。戰之日，齊國佐，高無咎至于師(七九)。衛侯出于衛(八〇)。公出于壞隤(八一)。

【今註】㊀晉可以逞：晉國就可以暢快。㊁不可以當吾世而失諸侯：不可以在我們這個時間而失掉諸侯。㊂士燮佐之：士燮是替代荀庚。㊃郤錡將上軍：郤錡替代士燮。㊄荀偃佐之：荀偃是荀庚的兒子。㊅荀罃居守：荀罃本來是下軍佐，他就不參加戰役。㊆皆乞師：全都要求軍隊的幫助。㊇欒黶來乞師：欒黶（音ㄧㄢˇ）也到魯國來求軍隊的幫助。㊈有勝矣：晉國就可以有勝算。㊉姚句耳與往：姚句耳是鄭大夫，他也參加這件事情。⑪司馬將中軍：司馬是子反。⑫令尹將左：令尹是子重。⑬德、刑、詳、義、禮、信戰之器也：這六種全是戰爭的器物。⑭信以守物：信用可以守住事物。⑮民生厚而德正：人民如果生活艱厚而道德就可以合於正。⑯用利而事節：民用很有利而事神又有禮。⑰時順而物成：時機既已順當而事物就成功。⑱上下和睦，周旋不逆：上下全都和睦，所以動作順當不逆。⑲求無不具：上邊所求的，下邊沒有不具備的。⑳各知其極：各人全沒有兩個心眼兒。㉑立我烝民，莫匪爾極：這是詩經周頌思文篇內的詩句，意思是說樹立我們眾人民，沒有不達到你們的極點。㉒民生敦厖：厖音旁。人民生下來是很敦厚而厖大的。㉓和同以聽：聯合著來聽上邊的命令。㉔致死以補其闕：拼命以補到戰死的人。㉕內棄其民：現在楚國內中不施恩惠於人民。㉖外絕其好：外邊同旁的國和好全都斷絕。㉗瀆其盟：把盟會的事全都毀棄。㉘而食話言：而把說的話全吞回去。㉙奸時以動：動的時候全不合於應當動的時候。㉚疲民以逞：勞苦人民而為個人的暢快。㉛民不知信，進退罪也：人民不知何者為信，進同退全都是罪狀。㉜人恤所底，其誰致死：人們憂心所到的地方，還有誰敢拼命至死嗎。㉝子駟問焉：子駟問他怎麼樣情形。㉞過險而不整：過到遇見險要的地方而不整齊。㉟速則失志：想著快進則失去思慮。㊱不整喪列：不整齊就丟掉行列。㊲范文子欲反：范文子想回去不打仗。㊳可以紓憂：可以免除憂患。㊴以遺能者：留下給能幹的人去做。㊵我若羣臣輯睦以事君，多矣：我們要退後大家全都和睦以事奉晉君，這是很合算的。㊶鄢陵：在今河南省鄢陵縣西北四十里。㊷惠公不振旅：晉惠公不能夠振兵作戰。這件事在魯僖公十五年。㊸先軫不反命：因為晉國元帥先軫，他不能夠回去交代命令，因為他死在狄人的手中，這件事在僖公三十三年。㊹荀伯不復從：荀伯就是荀林父，他不從舊路回去。這件事在魯宣公十二年。㊺吾先君之亟戰也：我們從前的晉君屢次打仗有原故。㊻盍釋楚以為外懼乎：何不留下楚國以為外邊的害怕。㊼甲午晦楚晨壓晉軍而陳：楚國早晨就逼近晉國的軍隊來擺上陣勢。㊽范匄趨進：范匄是士燮的兒子趕緊往前進。㊾而疏行首：就是在晉國舊營盤中開出打仗的道路。㊿楚師輕窕：楚國的軍隊非常的輕浮。(五一)楚有六間：楚國有六種缺隙。(五二)其二卿相惡：楚國子重子反不相和。(五三)王卒以舊：楚王的軍隊是用的舊人而不更換。(五四)鄭陳而不整：鄭國是祇能擺出陣勢而不整齊。(五五)蠻軍而不陳：蠻人的軍隊祇能有行列而不能擺陣勢。(五六)陳不違晦：擺陣不違背月的終了。這是兵家大的忌諱。(五七)在陳而囂，合而加囂，各顧其後，莫有鬪心：到了擺陣勢，而大聲的喧嚷，陣勢聯合起來，喧鬧得更厲害，各後顧他的後邊的軍隊，沒有一點想打仗的心。(五八)舊不必良：用舊的軍隊，一定不是精兵。(五九)巢車：是車上有一個加上巢的車，為的遠望。(六〇)騁而左右，何也：騎著馬往左右跑，為什麼？(六一)召軍吏也：這是為的召喚軍中的官吏。(六二)皆聚於中軍矣：全都合聚在中軍帳下。(六三)合謀也：為的聯合計謀。(六四)張幕矣：張開帳幕了。(六五)虔卜於先君矣：這是為的在先君前面禱告並占卜。(六六)徹幕矣：棄掉帳幕。(六七)將發命也：這是將發佈命令。(六八)甚囂且塵上矣：聲音鬧得很大，並且塵土飛揚。(六九)將塞井夷竈而為行也：將堵塞所發掘的井，棄掉了做飯的竈，而變成了行列。(七〇)皆乘矣，左右執兵而下矣：全都上到車上，左右的人全都拿著兵器下來。(七一)聽誓也：這是為的聽軍中的告誓。(七二)戰乎：是不是要打仗了。(七三)未可知也：尚不可以知道。(七四)乘而左右皆下矣：上兵車以後，左右全都下來了。(七五)戰禱也：這是為戰爭禱告於上天。(七六)伯州犂以公卒告王：伯州犂就是伯宗的兒子，他是逃到楚國，也拿晉國軍隊的情形告訴給楚王。(七七)苗賁皇在晉侯之側，亦以王卒告：苗賁皇是楚國鬬椒的兒子，他是在魯宣公四年的時候逃到晉國去的，他也把楚王軍隊的情形來告訴晉侯。(78)國士在，且厚，不可當也：有國士在那裡，並且很眾，這是不能抵擋的。(79)楚之良，在其中軍王族而已：楚國精良的軍隊，實在是在他的中軍，王的同姓中。(80)請分良以擊其左右：請分晉國最好的軍隊，以攻擊楚國的左軍同右軍。(81)三軍萃於王卒：然後晉國的三軍就集合來對付楚國的王卒。(82)吉，其卦遇復䷗曰南國蹴，射其元，王中厥目：占卦的史官說，這很吉祥，這卦遇見復，南方的國家勢蹴，射他的國王，中他的眼睛。(83)有淖：泥坑。(84)相違於淖：就左右的旁邊避開這個泥坑。(85)彭名：是楚大夫。(86)石首：是鄭大夫。(87)鄭成公：是隨著晉軍打仗的。(88)唐苟：鄭大夫。(89)欒范以其族夾公行：欒氏同范氏拿他族人的軍隊，兩面夾著晉君前進。(90)欒書將載晉侯：欒書因為晉侯的車陷入泥濘中，所以他想以他的車來載晉侯。(91)書退：因為是在晉君的面前，所以欒鍼叫他父親的名字。(92)焉得專之：你怎麼能專任這件事。(93)且侵官，冒也：既然你來用車載晉厲公，這是侵犯官職，這是冒昧。(94)失官，慢也：你替代駕車的，這是去掉元帥的職務，這是怠慢。(95)離局，姦也：你離開你的軍隊，這是犯了過錯。(96)乃掀公以出於淖：欒鍼就舉起晉厲公，離開這個淖。(97)潘尪之黨：潘尪的兒子就是潘黨。(98)養由基：是楚國善射的大夫。(99)徹七札焉：就穿過七層胄甲。(100)君有二臣如此，何憂於戰：你有二臣有這種本領，何必怕打仗呢？(101)大辱國：這對於國家是大羞辱的。(102)詰朝，爾射死藝：明天早晨，你就為射藝而戰死。(103)呂錡：就是魏錡。(104)退入於泥：退下來到泥裡頭。(105)姬姓，日也：姬姓是周王，等於太陽。(106)異姓，月也：旁的姓，全是月亮。⑰亦必死矣：這等於也是死。⑱中項，伏弢（音ㄊㄠ）：箭射中呂錡的脖子，就伏在弓衣上。⑲以一矢復命：意思說一箭就射中。⑳免冑而趨風：取下鐵帽子而跑得很快。㉑工尹襄：楚大夫。㉒問之以弓：送給他一把弓。㉓方事之殷也，有韎（音ㄇㄟˋ）韋之跗注：戰事很厲害的時候，有一位穿著紅色的戎衣。㉔識見不穀而趨無乃傷乎：看見我就快跑，是不是他受傷了。㉕郤至見客：郤至見了工尹襄。㉖免冑承命：摘下帽子，接受命令。㉗君之外臣至：君主的外臣叫做至。㉘間蒙甲冑：近來也戴著冑甲。㉙不敢拜命：因為是穿著冑甲的人不能行禮。㉚君命之辱：這很謝君王給我的命令。㉛敢肅使者：並且要謝派來的人。㉜晉韓厥從鄭伯：晉國韓厥追逐鄭君。㉝杜溷（音ㄏㄨㄣˋ）羅：是晉大夫。㉞其御屢顧，不在馬：趕車的人屢屢的後看，不注意前面走的馬。㉟不可以再辱國君：因為在鞍之戰的時候，他曾經將冒齊頃公的人逮捕。㊱茀（音ㄈㄨˊ）翰胡：是晉大夫。㊲諜輅之：使輕兵阻擋鄭伯的車。㊳余從之乘而俘以下：我就跟鄭伯一同乘車就把他逮下。㊴傷國君有刑：傷了國君是犯了刑法。㊵衛懿公唯不去其旗，是以敗於熒：衛懿公跟狄人打仗，他自己不去他的旗，所以在熒這地方打敗。這一戰在魯閔公二年。㊶乃內旌於弢中：把旌旗放在弓衣裡頭。㊷敗者壹大：打敗了後果更嚴重。㊸我不如子：我不如你。㊹子以君免，我請止：你把鄭國的君逃免了，我就在這裡。㊺楚師薄於險：楚國軍隊被迫在險要的地方。不能夠退了。㊻叔山冉：叔山是雙姓名冉，是楚大夫。㊼雖君有命，為國故子必射：雖然楚王有命令，說你必死在射箭的藝術，但是為了國家的原故，你必須射。㊽再發，盡殪：射了兩箭，全都射死了。㊾中車折軾：

他用捉來的晉人，抛出就中晉國的車，折斷了軾。㊵公子茷：楚國的公子茷被晉國囚住。㊶楚人謂夫旌子重之麾也：楚國人說這個旌旗是子重的軍徽。㊷彼其子重也：這一定是子重。㊸子重問晉國之勇：子重曾經問過，晉國怎麼樣叫做勇。㊹好以眾整：喜歡軍隊很多，但是整齊。㊺又何如：又問其餘的怎麼樣。㊻好以暇：喜歡從容。㊼不可謂整：這不可以說整齊。㊽不可謂暇：這也不可以說從容不迫。㊾請攝飲焉：請拿著酒杯去請子重喝酒。㊿使行人執榼（音ㄎㄜˋ）承飲：使行人官拿著酒器。(51)造于子重：送酒到子重那兒。(52)寡君乏使：我們的君缺乏認識的人。(53)使鍼御持矛：使欒鍼拿著槍。(54)是以不得犒從者，使某攝飲：所以不能給你們的人酒喝，使我來獻酒給你。(55)不亦識乎：這不也記得很清楚從前的話嗎。(56)免使者而復鼓：等到派的人走了，就重新敲戰鼓。(57)見星未已：一直到晚上看見星星，戰事還沒完。(58)子反命軍吏察夷傷：看受傷的人數。(59)補卒乘：增補死亡的軍隊。(60)繕甲兵：修理冑甲同兵器。(61)展車馬：陳列著車同馬。(62)唯命是聽：就聽號令行動。(63)苗賁皇徇：苗賁皇徇視晉國的各軍隊。(64)蒐乘補卒：檢閱車輛，補充兵卒。(65)秣馬利兵：餵好馬，秣好兵器。(66)修陳固列：修好了陣勢，把他擺得很堅強。(67)蓐食申禱：早起趕緊吃飯，並禱告戰勝。(68)乃逸楚囚：就放了楚國的囚人，使他們可以去報告晉國的備戰。(69)穀陽豎獻飲於子反：穀陽豎是子反的傭人給他酒喝。(70)三日穀：三天吃楚軍的屯糧。(71)惟命不于常，有德之謂：這是周書康誥的一句話，天命不是常給的，祇是對有德行的人方給天命。(72)瑕：楚地，江永說：「楚師自鄢陵還荊州，不當迴遠由今之蒙城，水經注誤也。桓公六年，楚武王侵隨軍於瑕以待之，當是此瑕，應在今湖北隨縣境。」〔七三〕君不在：因為楚王不在軍中。〔七四〕子無以為過，不穀之罪也：你不要以為錯了，這是我的錯。〔七五〕盍圖之：你何不細想一下。〔七六〕雖微先大夫有之：就是沒有先大夫自殺的例子。〔七七〕大夫命側：側是子反的名字。大夫命我自殺。〔七八〕側敢不義：我也不敢不遵從。〔七九〕高無咎至于師：高無咎是高固的兒子到了軍隊裡。〔八〇〕衛侯出于衛：衛侯也剛從國都出來。〔八一〕壞隤：魯邑。大事表說：「以公待于壞隤，申宮儆備，設守而後行，則壞隤在曲阜城內，去公宮不遠。」一個按「欒范易行以誘之」這句話實在費解，但若參考襄公二十六年的話，當能更能明瞭。茲據臧琳經義雜記所列表如下：（茲據皇清經解卷二百九十七轉刊經義雜記。）

晉三軍及新軍表

上軍	郤錡、荀偃
中軍	欒書、士燮
下軍	韓厥
新軍	郤至

晉三軍中下相易新軍合下軍表

上軍	郤錡、荀偃
中軍	韓厥
下軍	士燮
	欒書
新軍	郤至

楚　三　軍　表

左軍	令尹子重
中軍	司馬子反
右軍	右尹子辛

楚國的軍隊並沒有變化。

【今譯】 晉侯將要去伐鄭。范文子說：「若逞我的願，要等到諸侯都背叛了，晉國方纔可以有暢快的日子。如果祇是鄭國背叛，晉國的憂患，可以立著等呢？」欒武子說：「不可以當我執政的時候，卻失去諸侯的，定要去伐鄭國。」便興起兵來，欒書做了中軍的元帥，士燮幫著他，郤錡領了上軍，荀偃幫著他，韓厥領了下軍，郤至幫辦著新軍，荀罃留守在國中。郤犨先到衛國去，又轉到齊國去，都是去請兵的，欒黶到魯國來請兵，孟獻子說：「晉人很有取勝的樣子了。」戊寅這天，晉師便出發，鄭人聽得有晉兵到來，便差使臣去告訴楚國，姚句耳是一同前去的。楚子帶了兵出來救鄭國，司馬子反領了中軍，令尹子重領了左軍，右尹子辛領了右軍。經過申地，子反入見申叔時說：「這次兵事，你看怎樣？」申叔時回答說：「德澤，刑法，休祥，義氣，禮制，信實這六種都是戰爭的器具：德澤是靠他施恩惠的，刑法是靠他正奸邪的，休祥是靠他事奉神明的，義氣是靠他建設利益的，禮制是靠他順著時機的，信實是靠他保守事物的，民生既然富厚，民德又很正直，民用既有利益，事神又有禮節，時機即已順當，事物又都成功，所以上下能和睦起來，周旋都順當不逆，需要的沒有不預備，又各自知心中的底細。所以詩經上說：『立起我的許多人民來，沒有一個不中正。』所以神明降給他福澤，那時並沒有災害，民生很是厚道，和同了聽著君命，沒一個不盡力服從在上的命令，都願意出死力去補救闕失，這就是戰爭所以能得勝的。現在楚國對於國內丟棄了人民，卻對國外又斷絕交好，褻瀆著盟誓，卻自己又吃滅了從前的話，妨礙了農時動著兵，又弄疲了人民的氣力逞他的心，人民不知道君上的信實在那裏，進退都犯著罪呢！所以個個人都愁著不知怎樣纔歇！還有誰肯出死力和晉國戰呀？你要格外勉力些，我不能再看見你了。」姚句耳先回鄭國去，子駟問他怎樣？姚句耳回答道：「他們的行軍很快，經過險要的地方卻沒有秩序。行軍快了，那末疏忽想不周到，沒有秩序，那末亂掉隊伍，想不周到，又沒有隊伍，怎樣戰爭呢？楚國救鄭國的軍隊，恐怕不可用罷？」五月間，晉師渡過黃河去，聽說楚師快要到了，范文子要想領兵回國，便說：「我只假作畏怯，逃避楚兵的，倒可以寬緩晉國的憂患。那種合諸侯的事，卻不是我能做的，只可留給能幹的人做去，我只要羣臣能夠和睦事奉著君，已經好多了。」欒書說：「不可以的！」六月中，晉楚兩國的軍隊，相遇於鄢陵。范文子不要戰，郤至說：「韓原的戰爭，惠公不能整頓兵隊；箕的戰爭，先軫不能復命；邲的戰爭，荀伯不再從舊路回來：這都是晉國的羞辱啊！你也見過了先君成敗的事情了。如今我們再避楚國，這越發增加羞恥了。」文子說：「我先君的屢次戰爭，是有個緣故的，因為秦狄齊楚都很強，如果不盡些氣力，怕子孫將來要衰弱的。如今齊秦狄三強都已屈服了，只要敵過楚國罷了。獨有聖人能夠使國內國外都沒有憂患，自己不是聖人，外患既平，以後難免會生起內憂來的，為什麼不留下楚國做個國外的憂懼呀？」甲午這天晦日，楚軍早晨就逼近晉軍排著陣勢，晉國的軍吏都憂患著。范匄跑進來說：「我們沒有餘地出隊，只趕快塞了井，平了竈，排隊在營壘中，就在頭排前開了營牆作戰就是了，晉楚的勝負只聽由天，有什麼憂患呢？」文子便搠了戈趕范匄說：「國家的存亡，自有天意，你小孩子懂得什麼？」欒書說：「楚軍很輕佻，我們只要堅守了營壘等他便了。過了三天。他們定要退去的，等到退去的時候追擊他，定要可得勝的。」郤至說：「楚軍有六個罅縫，我們不可錯掉機會的，他二卿子反子重不和睦；楚王的親兵又都衰老；鄭國的兵，雖排了陣，卻不齊整；跟從楚國的蠻夷，雖則成功一枝兵，卻並不能排成陣勢；楚軍列成陣勢，卻不避晦日的忌；兵士在陣上，都諠譁不安靜；結了陣卻越發嚷鬧，各人都只顧後面，沒有戰鬪的心念，王卒又衰老，定不是精兵，再加冒犯著天忌，我一定能夠戰勝他的。」楚王立在樓櫓上望著晉軍。子重使太宰伯州犁，侍立在王的後面。王問：「跑著向左向右的，是什麼？」回答道：「那是召集軍吏呀。」王又問：「都聚集在中軍了。」回答道：「那是聚著謀畫呀。」王問：「張起帳幔了。」回答道：「那的誠心卜於先君的面前呀。」王又問：「帳幔已撤掉了。」回答道：「那是快要發命令了。」王又問道：「諠譁得很，並且灰塵升上了。」答道：「將要塞掉井，平了竈，預備出發呢？」「都坐上車子了，左右都執了兵器下來了。」答道：「這是聽誓師呢。」「要戰了麼？」答道：「未可知呢！」「既坐上車子，左右又都下來了。」答道：「這是祈禱戰勝呢！」伯州犁又把晉侯的親兵告訴楚王。苗賁皇在晉侯的傍邊，也把楚王的親兵告訴晉侯，晉侯的左右都說道：「有個國士在楚，而且兵力很厚，這倒不可抵擋呢。」苗賁皇對晉侯道：「楚國的精兵，都在中軍，也只有王族罷了，請你分了晉國的精兵，攻擊楚國的左右二軍，再把晉國的三軍聚著攻楚國中軍的王卒，定能打得他大敗的。」公便差太史筮，太史道：「吉的，是個復卦，卦象上說：『南國局促得很，射他的元首，可中著他王的眼睛。』國勢既促，王又受傷，不敗還等什麼呢？」晉侯就聽他的話出戰，恰正有片爛泥在前面，晉師就都從左右避走。步毅駕了晉厲公的車子，欒鍼做了車右。彭名駕了楚王的車子，潘覺做了車右。石首駕了鄭成公的車子，唐苟做了車右。欒范兩族的族人，都夾著晉侯兩旁走去，晉侯的車子陷在爛泥中，欒書要想載了晉侯走，欒鍼道：「書，你退，既受了元帥的大責任，那裡還可以擅自做駕兵車的呢！而且侵犯別的官職，就是冒昧，失掉原來的官職，就是傲慢，離了自己的部曲，就是姦詐，有此三罪，不可犯的！」他便掀起公來走出爛泥中。癸巳這一天，潘尫的兒子叫黨，和養由基聚集了甲鎧射他，一箭竟穿過七層甲鎧，給楚王觀看指著說：「君王有這般兩個臣子，那裏還要愁戰不勝呢？」楚王發怒說：「這倒是大大的羞辱了國家了！明朝你單講射箭，怕就死在你這武藝上哩！」呂錡夢著射那月亮，射中了，退下去，卻走入爛泥中。在卦上占他。得一辭說：「姬姓是日，異姓是月，一定是楚王啊！退下進了泥中，也必是死的了。」等到戰的時候，果然射共王中了眼睛，共王便招養由基，給他兩枝箭，使他射呂錡，呂錡中了頸項，伏在弓袋上就死了，養由基便拿著一箭去復命。郤至三次遇見楚子的兵，看見了楚子，一定要下車去，除了他的頭盔，走得像疾風一般快。楚王差工尹襄，送弓給郤至，答他的敬意道：「當戰事正要緊的時候，有個穿紅皮軍服的，倒是個君子呢！他認見我就快走過去，沒的是受了傷麼？」郤至見那客人，仍舊去掉頭盔，纔接受楚王命令道：「君王的外臣郤至，服役在寡君的戰事中，靠你君的威靈恰正穿了甲冑，不敢拜受你的君命，不過你君的賞賜，我心中著實不安，皆因軍事的緣故，不能回答你的問話，敢向你使者盡些敬禮！」三次對使者作揖後，便退下去，晉大夫韓厥追趕鄭伯，他駕車的名叫杜溷羅說：「趕快追著他，他的駕車子的屢次回頭來看，心不在馬，定可追得著的。」韓厥道：「我前次辱過齊侯了，不可兩次辱了國君的。」便停止不追。郤至追趕鄭伯，他的車右茀翰胡說：「快差個探馬迎前去，攔住鄭伯的車子，我從後面登上他的車子去捉住他。」郤至說：「傷害國君有刑罰的。」也就停止不追。石首說：「從前衛懿公只因不拔去他那旗子，所以大敗在熒那裏！」便收起旗子放在弓袋中。唐苟對石首說：「你在君的旁邊，戰敗下來便是大退，我不及你的親近，你應當駕了君的車子退去，我只停止在這裏了！」就戰死。楚軍逼到險要地方，叔山冉對養由基說：「雖然君王有命，為保存國家的緣故，你定要射呢！」養由基便射，連發幾箭，都被他射死，叔山冉只拿空手打著晉人，捉住去上晉人的車子，折斷了車前的橫木，晉兵便停止不進，只囚住楚國的公子茷。欒鍼看見子重的旗，請於晉侯說：「楚人說那旗，是子重的指揮旗呢！想來那個就是子重了。從前我臣出使到楚國的時候，子重問晉國的勇武是怎樣的？臣答道：『喜歡軍隊又多又整齊。』他又問道：『其餘怎樣？』臣答道：『那怕急遽的當兒，也喜歡從容不迫的。』現在兩國戰爭，連這個軍使都不打發去，說不得整齊，臨著戰事吃滅了從前的話，說不得從容不迫，請使人拿著酒去給子重飲。」晉侯允許了他便差個軍使拿了榼子捧著酒，送到子重那裡道：「寡君缺少了使臣，差鍼搦著矛管擊刺的事，所以不能來慰勞你，只使我某來拿給你喝。」子重說：「他曾經在楚國和我說過從容不迫的話，一定就是這個緣故，這不真也記得從前的話麼？」受了酒便喝，既然放掉軍吏，卻又打鼓進兵，從朝晨戰起，直到見了星光還沒有停歇。子反吩咐軍吏查察受傷的，補充死亡的，修理了甲冑兵器，排列開車馬，只聽得雞啼，便起來吃飯，都聽著號令幹事，晉人很是憂患。苗賁皇就宣布在軍中說：「檢閱車輛，添補兵卒，餵飽戰馬，磨快兵器，修明軍陣，紮住隊伍，在蓐子上就吃東西，重重的祈禱，到了明天再戰！」就故意放掉楚國的俘虜。楚王聽到這個消息，招子反來計謀。

子反的小廝穀陽豎獻酒給子反，子反喝醉了，不能進見。楚王說：「這是天要敗楚國了麼？我不可以再等了。」便連夜逃脫，晉軍於是走進楚國的營中，吃了他三天的穀，范文子立在兵馬的前面說道：「君上年紀輕，諸臣又沒有才幹，怎能到這地步呢？你們要留神著啊！周書上說：『天命沒有一定的，只給有德的人。』」楚師回國，到了瑕的地方，楚王差人對子反說：「你先大夫城濮那次戰爭，喪失了兵眾，那時君王並不在軍中，這次戰爭，有寡人自在軍中，你並沒有差處，都是我的罪呢？」子反再拜叩頭道：「君賞給臣死，死了還感恩不盡呢！臣的兵卒實在是先逃的，原是臣的罪呢。」子重差人對子反說：「從前子玉的喪失兵眾，你也該聽得他是自殺的了，你為什麼還不自己打算著呢？」子反答道：「雖沒有先大夫子玉的事，你大夫拿義來責備我側，側也那敢不據義自裁呢？側既然喪失了兵眾，那敢忘掉死呢？」楚王使人去攔阻他，還沒有到，那知他已經死了。打仗的那一天，齊國的國佐高無咎來到軍中。衛侯來到軍中，魯成公到了壞隤。

(九)**經**秋公會晉侯、齊侯、衛侯、宋華元、邾人于沙隨不見公。

傳宣伯通於穆姜㈠，欲去季孟而取其室㈡。將行，穆姜送公而使逐二子，公以晉難告㈢，曰：「請反而聽命。」姜怒，公子偃，公子鉏趨過㈣，指之曰㈤：「女不可，是皆君也㈥。」公待于壞隤，申宮儆備㈦，設守而後行，是以後。使孟獻子守于公宮。秋，會于沙隨㈧，謀伐鄭也。宣伯使告郤犨曰：「魯侯待于壞隤以待勝者㈨。」郤犨將新軍，且為公族大夫，以主東諸侯㈩，取貨于宣伯，而訴公于晉侯㈡，晉侯不見公。

【今註】㈠穆姜：是魯成公的母親。㈡欲去季孟而取其室：想著把季孫氏，同孟孫氏全都去掉，而佔領他們的財產。㈢公以晉難告：因為這次是魯成公想會晉國伐鄭國，他就告訴穆姜這個原因。㈣公子偃公子鉏趨過：兩個人全都是成公的庶弟，他們兩人在那兒路過。㈤指之曰：就指著他們兩人說。㈥女不可，是皆君也：你要不答應，這兩個人全可以做魯君。㈦申宮儆備：他勑令魯宮中戒備。㈧沙隨：據一統志說：「在今河南省寧靈縣西北，沙隨亭。」㈨以待勝者：以等到晉國或楚國的勝負。㈩以主東諸侯：他是管晉國東邊的諸侯。㈡訴公于晉侯：他就在晉侯面前說魯成公的話。

【今譯】魯國的叔孫宣伯與成公的母親穆姜私通。想把季孫氏同孟孫氏去掉並且取得他們的家產。等到成公將走的時候，穆姜送成公行，就要他驅逐這兩個人，成公就以他要會晉國討伐鄭國的困難告訴她說：「等著我回來再聽候你的命令。」穆姜很不高興。這時候成公的兩位庶出的弟弟公子偃同公子鉏由這兒走過。穆姜就指著他們說：「你若不能辦，他們全可以做魯君。」於是成公害怕，就在壞隤這地方等候，勑令魯宮中戒備，預先設了防守，然後才走，所以他沒有趕上鄢陵的戰爭。他就派孟獻子在公宮看守，秋天，在沙隨與各諸侯會盟，計謀討伐鄭國。叔孫宣伯派人去告訴晉國郤犨說：

「魯侯在壞隤等候，以觀察晉國同楚國的勝敗。」郤犨這時率領著新軍，並且擔任公族大夫的官職，主持著東方各諸侯，向叔孫宣伯取了賄賂，就對晉侯說魯成公的壞話，晉侯所以不見魯成公。

(十)經 公至自會㈠。

【今註】㈠此經無傳。

【今譯】魯成公自開會回來。

(土)傳 曹人請于晉曰：「自我先君宣公即世，國人曰：『若之何，憂猶未弭㈠。』而又討我寡君，以亡曹國社稷之鎮公子㈡，是大泯曹也，先君無乃有罪乎？若有罪，則君列諸會矣！君唯不遺德刑㈢，以伯諸侯，豈獨遺諸敝邑，敢私布之㈣。」

【今註】㈠憂猶未弭：憂患尚沒有止息。㈡鎮公子：指著曹國的公子臧，現在已經逃到宋國去。㈢君唯不遺德刑：晉君祇是不失掉德同刑法。㈣敢私布之：把這意思特別向你們國家聲明。

【今譯】曹國人向晉國請求說：「自從我們的先君宣公去世，我們國裡的貴族全說：『怎麼辦呢？憂患還沒有止息。』而且晉國又討伐我們的君，使曹國國家的主要公子子臧逃亡，這等於大滅曹國，先君是不是有罪呢？假設他有罪，他已經列入諸侯的盟國，你晉君唯獨不失掉道德同刑法，所以能夠稱覇于諸侯中，豈唯獨失掉我們曹國嗎？敢暗中對你布請。」

(十二)**經** 公會尹子晉侯齊國佐邾人伐鄭。

傳 七月公會尹武公及諸侯伐鄭，將行，姜又命公如初㈠，公又申守而行。諸侯之師次于鄭西，我師次于督揚㈡，不敢過鄭，子叔聲伯使叔孫豹㈢，請逆于晉師，為食於鄭郊，師逆以至㈣，聲伯四日不食以待之，食使者㈤，而後食。

【今註】㈠姜又命公如初：穆姜又命令魯成公跟上回所說的話一樣。㈡督揚：在鄭國都城的東邊。㈢叔孫豹：是叔孫僑如的弟弟。㈣師逆以至：聲伯告訴他說，必須所請的晉國軍隊來了以後，方能吃。㈤食使者：這就是叔孫豹的副使。

【今譯】七月，魯成公會周王的卿士尹武公及各諸侯討伐鄭國，將走的時候，穆姜又命令成公和上回一樣，成公又申戒守備方才走。諸侯的軍隊就停在鄭國的西方。魯國的軍隊停在督揚這地方，不敢越過鄭國的都城，子叔聲伯派遣叔孫豹，請晉派晉軍來迎接魯成公，並在鄭國都城的郊外，預備下食飲，要等著晉國軍隊來，子叔聲伯四天不吃飯以等待，等到叔孫豹的副使回來，方才食飲。

(十三)**傳** 諸侯遷于制田㈠，知武子㈡佐下軍，以諸侯之師侵陳，至于鳴鹿㊂，遂侵蔡。未反，諸侯遷於潁上㊃。戊午，鄭子罕宵軍之㊄，宋齊衞皆失軍。

【今註】㊀制田：鄭地，一統志說：「在今河南省新鄭縣東北。」㊁知武子：就是知罃。㊂鳴鹿：陳地，在今河南省鹿邑縣西十三里，古鹿邑城。㊃潁上：潁水的上邊。㊄鄭子罕宵軍之：鄭國的子罕夜裡用軍隊來攻打他們。

【今譯】諸侯遷到鄭國的制田，荀罃為下軍的佐，用諸侯的軍隊侵略陳國，到了鳴鹿這地方，就侵略蔡國，在沒有回來的時候，諸侯的軍隊就遷移到潁水的上邊。戊午這天，鄭國子罕夜裡領著軍隊來攻打他們，宋齊衞三國全都丟掉軍隊。

㈩經曹伯歸自京師。

傳曹人復請于晉，晉侯謂子臧反，吾歸而君。子臧反㊀，曹伯歸。子臧盡致其邑與卿而不出㊁。

【今註】㊀子臧反：子臧由宋國回到曹國。㊁盡致其邑與卿而不出：把他的封邑同卿的位子全交給曹成公而不再出任官職。

【今譯】曹國人又向晉國請求，晉厲公說子臧要能回到曹國，我就把你的曹君歸還給曹都。子臧回來了，曹成公由晉國回來，子臧把他所有的封邑同卿的位子交還給成公遂不出仕。

(十五)**經** 九月晉人執季孫行父舍之于苕丘，冬十月乙亥叔孫僑如出奔齊。

(十六)**經** 十有二月乙丑季孫行父及晉郤犨盟于扈。

(十七)**經** 公至自會㈠。

【今註】㈠此經無傳。

(十八)**經** 乙酉刺公子偃。

傳 宣伯使告郤犨曰：「魯之有季孟，猶晉之有欒范也，政令於是乎成。今其謀曰：『晉政多門，不可從也，寧事齊楚，有亡而已，蔑從晉矣！』若欲得志於魯，請止行父而殺之，我斃蔑也㈠，而事晉蔑有貳矣。魯不貳，小國必睦，不然歸必叛矣！」九月，晉人執季文子于苕丘㈡，公還待于鄆㈢。使子叔聲伯請季孫于晉。郤犨曰：「苟去仲孫蔑而止季孫行父，吾與子國親於公室㈣。」對曰：「僑如之情，子必聞之矣？若去蔑與行父，是大棄魯國而罪寡君也。若猶不棄，而惠徼周公之福，使寡君得事晉君，則夫二人者㊄，魯國社稷之臣也。若朝亡之，魯必夕亡。以魯之密邇仇讎㊅，亡而為讎㊆治之何及？」郤犨曰：「吾為子請邑。」對曰：「嬰齊魯之常隸也㊇，敢介大國以求厚焉，承寡君之命以請，若得所請，吾子之賜多矣，又何求？」范文子謂欒武子曰：「季孫於魯相二君矣㊈，妾不衣帛，馬不食粟，可不謂忠乎？信讒慝而棄忠良，若諸侯何？子叔嬰齊奉君命無私，謀國家不貳，圖其身不忘其君，若虛其請是棄善人也。子其圖之。」乃許魯平，赦季孫。冬十月，出叔孫僑如而盟之，僑如奔齊。十二月，季孫及郤犨盟于扈，歸刺公子偃㊉，召叔孫豹于齊而立之。

【今註】㊀我斃蔑也：我就把孟獻子殺掉。㊁苕丘：晉地，恐怕就是晉國的召亭，在山西省垣曲縣東六十里。㊂鄆：就是魯國的西鄆，在今山東省鄆城縣。㊃吾與子國親於公室：我對你的魯國比對於晉國的公室更加親善。㊄則夫二人者：夫是指定詞。這兩個人。㊅魯之密邇仇讎：因為魯國離仇敵很近。仇敵指著楚國與齊國。㊆亡而為讎：魯國要是亡了，必定為晉國的仇敵。㊇魯之常隸也：魯國尋常的官吏。㊈於魯相二君矣：曾在魯國做過宣公同成公兩個君的宰相。㊉歸刺公子偃：回來以後就刺掉公子偃。魯國的規則對於內臣不說殺，祇說刺。

【今譯】叔孫宣伯派人告訴郤犨說：「魯國有季孫同孟孫兩個人，等於晉國的有欒氏同范氏，兩國的政令全都是由他們出來的。現在魯國的計謀說：『晉國的政治是不由晉君獨自發出的，它是由好幾個人所發，所以沒方法聽從晉國，寧可事奉齊國同楚國，不過亡國而已，不能夠聽從晉國。』要想使晉國服從，請把季孫行父停止在晉國，並且把他殺掉，我就殺掉孟孫蔑來事奉晉國，魯國自然就沒有貳心。魯國要是沒有貳心，小國對晉國必然和睦，要不如此，各國回去必定也反叛了。」九月，晉國人就把季孫行父，捕獲在苕丘這地方，成公回來就在魯國的鄆這地方等待著季孫行父，派子叔聲伯請求晉國釋放季孫。郤犨說：「你們要把孟孫蔑去掉而阻止季孫行父，我對你魯國的親善更高於晉國的公室。」子叔聲伯就回答他：「叔孫宣伯的情形，你必定早已聽說了，要是去掉孟孫蔑同季孫行父，這是放棄魯國很利害而加罪在我們的魯君。要是不放棄魯國，而上承周公的福祚，使我們魯君能夠事奉晉君，那麼這兩個人是魯國國家的臣了。若早晨使他們死亡，晚上魯國必定亡國。因為魯國離著他的仇敵齊楚兩國很近，要是魯國滅亡了，必定變成晉國的仇敵，再來治理他，還趕得上嗎？」郤犨就說：「我給你申請一個邑的地方。」他就回答說：「嬰齊是魯國尋常的官吏，不敢利用晉國以求到厚賂，我是受著我們魯君的命令來請求，晉國若准許我的請求，那你對我的賞賜就很多了，除此以外我還敢有什麼要求呢？」士燮同欒書說：「季孫行父做魯國的宰相，已經經過宣公同成公兩個君，他的妾全部穿粗布的衣服，馬不吃好的食物，不可以說他不忠心。我們若信壞人的話，而拋棄忠良的人，那麼我們如何對得起諸侯？子叔嬰齊奉著魯君的命令沒有私意，計謀國家沒有二心，計謀他自己，不忘記魯國的君，要是否決他的請求這是棄掉好人了。你何不計謀計謀呢？」於是就許魯國的和平而赦免了季孫行父。冬天十月，放逐叔孫僑如而魯國諸大夫自相盟誓，叔孫宣伯就逃到齊國去。十二月，季孫行父與郤犨在扈盟誓。回到魯國就殺了公子偃，從齊國叫回僑如的弟弟叔孫豹，而立他為叔孫氏的後人。

(九)**傳**齊聲孟子㈠通僑如，使立於高國之間㈡，僑如曰：「不可以再罪。」奔衛亦間於卿。

【今註】㈠齊聲孟子：是齊靈公的母親，宋國的女兒。㈡使立高國之間：使叔孫僑如位子在齊國的卿高氏於國氏之間。

【今譯】齊靈公的母親聲孟子，同僑如私通，使他的位子等於齊國的卿高氏同國氏，僑如就說：「不可以再得罪了。」就逃到衛國，位子也在卿的中間。

(廿)**傳**晉侯使郤至獻楚捷于周，與單襄公語，驟稱其伐㈠。單子語諸大夫曰：「溫季其亡乎㈡？位於七人之下，而求掩其上㈢，怨之所聚，亂之本也。多怨而階亂，何以在位㈣？夏書曰：『怨豈在明，不見是圖㊄。』將慎其細也。今而明之，其可乎？」

【今註】㊀驟稱其伐：他忽然自稱他的戰功。㊁溫季其亡乎：溫季就是郤至，恐怕要死了。㊂而求掩其上：而求掩蓋上邊的位子。㊃多怨而階亂，何以在位：怨恨多，就會逐漸的造成亂子，那他怎麼能夠在上位。㊄怨豈在明，不見是圖：這是一種逸書，意思是說，怨望且是能看得出來的嗎？祇是在細微的地方，不容易看見的。

【今譯】晉厲公派郤至到周國去貢獻晉對楚的勝利品，他和周王的卿士單襄公說話，忽然談到他的戰功。單襄公對周室的各大大說：「郤至恐怕要滅亡了，他的位子在七個人的底下，而自稱他的功勞，掩蓋在他上邊的七個人，這是怨望所聚集，是禍亂的本源。怨望甚多，而走上禍亂，怎麼樣能保存他的位子呢？逸書中說：『怨望豈在二明處呢？是在不能看見的細微地方。』這是為的慎重他細微的地方。現在更把這怨望說明，那怎麼可以呢？」

成公十有七年（公元前五百七十四年）

㈠經　十有七年春，衛北宮括帥師侵鄭。

傳　十七年春王正月，鄭子駟侵晉虛、滑㊀，衛北宮括救晉侵鄭，至于高氏㊁。夏五月，鄭大子髡頑侯獳㊂為質於楚。楚公子成公子寅戍鄭。

【今註】㊀虛滑：虛在今河南省偃師縣東南虛城，滑在虛的西北。㊁高氏：鄭地，一統志說：「今河南省禹縣西南有高氏亭。」㊂侯獳：是鄭大夫。

【今譯】成公十七年，春天鄭國大夫子駟侵了晉國虛同滑的地方，衛國的北宮括為了救晉國，就侵略鄭國，軍隊到了高氏的地方。夏天五月，鄭國大子髡頑同鄭國大夫侯獳就到楚國去為人質。楚國的公子成同公子寅到鄭國去看守。

㈡**經**夏公會尹子、單子、晉侯、齊侯、宋公、衛侯、曹伯、邾人伐鄭。

傳公會尹武公單襄公及諸侯伐鄭，自戲童至于曲洧㊀。

【今註】㊀戲童至于曲洧：彙纂說：「戲童即戲，亦稱浮戲，在今河南汜水縣南四十里，汜水所出也。」水經注說：「汜水出浮戲之山。」曲洧據彙纂說：「漢置新汲縣金改稱洧川縣。曲洧城臨洧水，即今河南洧川縣。」

【今譯】魯成公會同周天子的卿士尹子，單襄公同很多的諸侯去討伐鄭國，軍隊從戲童這地方一直排列到曲洧。

(三)傳 晉范文子反自鄢陵，使其祝宗祈死㈠曰：「君驕侈而克敵，是天益其疾也，難將作矣。愛我者惟祝我，使我速死，無及於難，范氏之福也。」六月戊辰士燮卒㈡。

【今註】㈠使其祝宗祈死：使他的主祭的官請求上天令他死。㈡士燮卒：他請祝宗禱告以後就自殺了。

【今譯】晉國的士燮自從鄢陵返回晉國以後，就使他家裡禱告的人祈求死說：「君立功驕侈而居然打勝了楚國，這是上天增加他的疾病，禍難就將發作了。如果上天喜歡我，就禱告使我趕緊死，不會連到禍難，這是范家的福啊！」六月戊辰這天，士燮自殺了。

(四)經 六月乙酉同盟于柯陵。

傳 乙酉，同盟于柯陵㈠，尋戚之盟也。

【今註】㈠柯陵：是鄭國西邊的地方。在今河南省零潁縣北十里。

【今譯】乙酉這天，諸侯在柯陵的地方盟會，這是重申魯成公十五年在戚的盟會。

(五)傳 楚子重救鄭，師于首止㈠，諸侯還㈡。

【今註】㊀首止：衛地，在今河南省睢縣東南。㊁諸侯還：因懼害楚國就回來了。

【今譯】楚國令尹子重到首止這地方去救鄭國的軍隊，諸侯怕楚國的強壯，就退回去了。

(六)經　秋公至自會㊀。

【今註】㊀此經無傳。

【今譯】秋天，魯成公從開會的地方回來。

(七)經　齊高無咎出奔莒。

傳　齊慶克㊀通于聲孟子，與婦人蒙衣乘輦而入于閎㊁。鮑牽㊂見之，以告國武子。武子召慶克而謂之，慶克久不出，而告夫人曰：「國子讁我㊃！」夫人怒，國子相靈公以會㊄，高鮑處守㊅，及還將至，閉門而索客㊆，孟子訴之曰：「高鮑將不納君而立公子角㊇，國子知之。」秋七月壬寅，刖鮑牽而逐高無咎，無咎奔莒，高弱㊈以盧叛，齊人來召鮑國㊉而立之。初，鮑國去鮑氏而來為施孝叔臣，施氏卜宰，匡句須吉。施氏之宰有百室之邑，與匡句須邑，使為宰。以讓鮑國而至邑焉。

施孝叔曰：「子實吉。」對曰：「能與忠良，吉孰大焉？」鮑國相施氏忠，故齊人取以為鮑氏後。仲尼曰：「鮑莊子之知不如葵，葵猶能衛其足。」

【今註】㈠齊慶克：是齊桓公的兒子公子無虧的後人。㈡與婦人蒙衣乘輦而入于閎：他同女子，穿了女子的衣服坐一個小車而進到閎巷中。㈢鮑牽：是鮑叔牙的曾孫。㈣國子謫我：國子責備我。㈤國子相靈公以會：國子為靈公相禮去開會。㈥高鮑處守：高，鮑看守著齊國。㈦閉門而索客：關上城門而搜守間諜。㈧公子角：是齊頃公的兒子。㈨高弱：是高無咎的兒子。㈩鮑國：是鮑牽的弟弟。

【今譯】齊國的慶克和齊靈公的母親聲孟子私通，他就穿著女子的衣服又同一個旁的女人，坐著小車，到齊國宮中的小巷中。齊國大夫鮑牽看見了，就轉告國武子。國武子就叫了慶克去想同他說這件事，慶克害怕就躲在家中不敢出來，告訴他的夫人說：「國子責備我。」夫人就發怒了，這時候國子為靈公相禮去開會，為的討伐鄭國。而高無咎同鮑牽在齊國居守，到了齊靈公將回來的時候，齊國都城就關上城門，而搜索間諜，聲孟子就告訴齊靈公說：「高鮑兩個人想著不使你進城，而改立公子角，這件事國子也知道。」秋天七月壬寅，將鮑牽的腳砍斷了，而驅逐出高無咎。高無咎就逃奔到莒國去了，他的兒子高弱把他的封邑盧造反，齊國人來魯國叫鮑牽的弟弟鮑國回到齊國去，立他為大夫。在此以前，鮑國離開鮑氏來到魯國，作魯國大夫施孝叔的家臣，施家裡占卜，立一個家宰，匡句須很吉祥，施氏的宰有百家的封邑，就給了匡句須這封邑使他做宰。他把宰職讓給鮑國，只接受了邑。施孝叔說：「你實在很吉祥。」他就回答說：「能夠推薦賢者，這種吉祥還有再大的嗎？」鮑國在施氏家中很忠心，所以齊國人立他做鮑氏的後人。仲尼就說：「鮑牽的知識，還不如葵花，葵花尚能保存他的腳。」

(八)經 九月辛丑用郊㊀。

【今註】㊀此經無傳。

【今譯】九月辛丑這天，用祭天的禮。

(九)經 晉侯使荀罃來乞師㊀。

【今註】㊀此經無傳。

【今譯】晉侯派荀罃到魯國來求軍隊。

(十)經 冬公會單子、晉侯、宋公、衛侯、曹伯、齊人、邾人伐鄭。

傳 冬，諸侯伐鄭。十月庚午，圍鄭。楚公子申救鄭，師于汝上。

十一月，諸侯還㊀。

【今註】㊀諸侯還：因為諸侯怕楚國軍隊來，所以就退回。

【今譯】冬天，各諸侯討伐鄭國。十月庚午圍了鄭國的都城，楚國的公子申帥軍隊救鄭國，到了汝水的河上。十一月諸侯就退兵了。

(十一)經 壬申公孫嬰卒于貍脤。

傳 初，聲伯夢涉洹㊀，或與己瓊瑰㊁食之，泣而為瓊瑰，盈其懷㊂。從而歌之曰：「濟洹之水，贈我以瓊瑰，歸乎歸乎，瓊瑰盈吾懷乎。」不敢占也。還自鄭，壬申至于貍脤㊃，而占之曰：「余恐死，故不敢占也，今衆繁而從余三年矣㊄，無傷也。」言之之莫而卒。

【今註】㊀洹：在今河南省安陽縣北四里。㊁瓊瑰：瓊是玉，瑰是珠子。㊂盈其懷：滿身全是。㊃貍脤：在今山東省曲阜縣西境。㊄衆繁而從余三年矣：衆人隨從我很久已經三年了。

【今譯】最初魯國的聲伯夢見渡過洹水，有人給他珠玉吃掉，他哭下淚出就變成滿懷的珠玉。因此他就歌唱說：「渡過了洹水，贈給我珠玉，回去吧！回去吧！我已經滿懷的珠玉了。」他想了以後很害怕，但是不敢占卜。從鄭國開會回來，到了貍脤這個地方，就占卜說：「我因為恐怕死，所以不敢占卜。現在看很多的人追隨著我已經三年的功夫，並且毫無傷害。」說這些話，到晚間他就死了。

(十二)經　十有二月丁巳朔日有食之㈠。

【今註】㈠此經無傳。

【今譯】十二月丁巳，有日蝕。

(十三)經　邾子玃且卒㈠。

【今註】㈠此經無傳。

【今譯】邾國君叫玃且死了。

(十四)傳　齊侯使崔杼為大夫，使慶克佐之，帥師圍盧㈠。國佐從諸侯圍鄭，以難請而歸㈡。遂如盧師，殺慶克，以穀叛。齊侯與之盟于徐關而復之。十二月，盧降，使國勝㈢告難于晉，待命于清㈣。

【今註】㈠盧：是齊國地方，在今山東省長清縣東南。㈡以難請而歸：因國內有難請求各諸侯准許他回齊國。㊂國勝：是國佐的兒子。㊃清：在今山東省堂邑縣東南三十里。

【今譯】齊靈公叫崔杼為大夫，又派慶克為他的佐理，帥著軍隊圍了高弱盧的地方。國佐隨從著諸侯去圍鄭國。他以齊國的禍難請於諸侯就回來了。就到盧去了，並且殺掉了慶克，據穀這地方來反叛。齊靈公就和他盟誓由徐關這裡回國。十二月，使盧投降，派國勝到晉國去告患難，使他在清這地方等候命令。

(十五)**經** 晉殺其大夫，郤錡郤犫郤至。

傳 晉厲公侈，多外嬖，反自鄢陵，欲盡去羣大夫而立其左右。胥童㊀以胥克之廢也，怨郤氏，而嬖於厲公。郤錡奪夷陽五田㊁，五亦嬖於厲公。郤犫與長魚矯爭田㊂，執而梏之，與其父母妻子同一轅㊃，既矯亦嬖於厲公。欒書怨郤至，以其不從己而敗楚師也㊄，欲廢之。使楚公子筏告公曰：「此戰也，郤至實召寡君，以東師之未至也㊅，與軍帥之不具㊆也。」曰：「此必敗，吾因奉孫周以事君㊇。」公告欒書，書曰：「其有焉，不然，豈其死之不恤，而受敵使乎㊈？君盍嘗使諸周而察之㊉。」郤至聘于周，欒書使孫周見之。公使覘之，信㊁，遂怨郤至。厲公田，與婦人先殺而飲酒，後使大夫殺(一二)。郤至奉豕，寺人孟張奪之(一三)，郤至射而殺之。公曰：「季子欺余(一四)。」厲公將作難，胥童曰：「必先三郤，族大多怨(一五)，去大族不偪，敵多怨有庸(一六)。」公曰：「然。」郤氏聞之，郤錡欲攻公，曰：「雖死，君必危。」郤至曰：「人所以立，信、知、勇也。信不叛君，知不害民，勇不作亂，失茲三者，其誰與我？死而多怨將安用之？君實有臣而殺之，其謂君何？我之有罪，吾死後矣。若殺不辜，將失其民，欲安得乎(一七)？待命而已。受君之祿，是以聚黨。有黨而爭命(一八)，罪孰大焉？」壬午胥童夷羊五帥甲八百，將攻郤氏，長魚矯請無用眾，公使清沸魋(一九)助之，抽戈結衽(二〇)，而偽訟者(二一)。三郤將謀於榭(二二)，矯以戈殺駒伯苦成叔於其位(二三)。溫季曰：「逃威也。」遂趨，矯及諸其車，以戈殺之，皆尸諸朝(二四)。胥童以甲劫欒書中行偃於朝，矯曰：「不殺二子，憂必及君。」公曰：「一朝而尸三卿，余不忍益也(二五)。」對曰：「人將忍君(二六)。臣聞亂在外為姦，在內為軌。御姦以德，御軌以刑㉗。不施而殺，不可謂德，臣偪而不討，不可謂刑。德刑不立，姦軌並至，臣請行！」遂出奔狄。公使辭於二子㉘，曰：「寡人有討於郤氏，郤氏既伏其辜矣。大夫無辱，其復職位。」皆再拜稽首曰：「君討有罪，而免臣於死，君之惠也。二臣雖死敢忘君德。」乃皆歸，公使胥童為卿。公遊于匠麗氏㉙，欒書中行偃遂執公焉。召士匄，士匄辭㉚，召韓厥，韓厥辭曰：「昔吾畜於趙氏，孟姬之讒吾能違兵㉛。古人有言曰：『殺老牛莫之敢尸㉜。』而況君乎？二三子不能事君，焉用厥也？」

【今註】㈠胥童：胥克的兒子。㈡奪夷陽五田：奪掉夷陽五的田地。㈢長魚矯爭田：長魚是雙姓，名矯為田產來爭執。㈣同一轅：同拴在一個車轅的底下。㈤以其不從己而敗楚師也：因為他兩人意見不合，而結果打敗了楚國軍隊。㈥東師之未至也：因為東方齊魯衛各國的軍隊全沒有來。㈦軍帥之不具：因為是荀罃佐下軍居首，所以說是軍隊不完備。㈧奉孫周以事君：我就可以使孫周來事奉你楚王。孫周就是晉悼公。㈨受敵使乎：在鄢陵打仗時，楚王派使臣來問郤至，郤至就接見過他。㈩盍嘗使諸周而察之：你何不派他到周國去，再偵察他。⑪公使覘之，信：厲公將去測探他，他果然見著孫周了。⑫後使大夫殺：後來才讓大夫們殺野獸。⑬寺人孟張奪之：太監名叫孟張奪掉他的豬。⑭季子欺余：季子就是郤至。他太欺負我。⑮族大多怨：他族人很大，並且很多人怨恨他。⑯敵多怨有庸：如果敵人很多人怨恨他，我們討伐就很容易成功。⑰欲安得乎：厲公想安居在君位，那還能夠嗎？⑱有黨而爭命：有了黨派就可以給他拚死命。⑲清沸魋：他是厲公的嬖人之一。⑳抽戈結衽：拿著槍捆上衣服。㉑而偽訟者：而假作打官司的人。㉒三郤將謀於榭：郤氏三弟兄將在講武堂上計謀。㉓於其位：在他們位置上。㉔皆尸諸朝：全都把死屍擺到朝上。㉕余不忍益也：我不忍心再增加。㉖人將忍君：欒書同中行偃可忍著對你。㉗御軌以刑：對於內亂的自己用刑法。㉘使辭於二子：厲公就使人辭謝欒書同中行偃。㉙遊于匠麗氏：厲公到嬖大夫匠麗氏家去遊玩。㉚士匄辭：士匄是士燮的兒子，他不前往。㉛吾能違兵：我能夠躲避兵器。㉜殺老牛莫之敢尸：殺一隻老的牛，還沒有人敢做主。

【今譯】晉厲公很驕侈，他有很多的外寵，自從鄢陵打仗回來，想要去掉很多的大夫，而立他左右偏嬖的人。胥童因為他父親胥克的見廢，而怨恨郤氏，但是得到厲公的寵愛。另外郤錡奪去夷陽五的田地，而夷陽五也得寵於厲公。郤犨和長魚矯爭奪田地，把他逮起來跟他的父母妻子同繫到一個車轅子裡邊，不久長魚矯也得到厲公的寵愛。欒書怨恨郤至，因為他不聽從自己的話，可是打敗了楚國的君隊，也想廢除郤至。使楚國的公子筏告訴晉厲公說：「鄢陵這一戰役，實在是郤至叫楚國的君來的，因為東邊齊魯衛各國的軍隊沒有來，同軍隊的不齊全。」又說：「這必定打敗，我就可以領著孫周以事奉君王。」晉厲公把這話告訴欒書。欒書就說：「可能是有的，要不如此，豈能不怕死，而接受敵國的使臣？你何不派他去周國而察看他。」郤至到周朝去聘問，欒書叫孫周去見他。晉厲公派人去察看，果然是如此，因而就怨恨郤至。厲公去打獵使婦人先殺禽獸就喝酒，然後使大夫再去殺禽獸。郤至得到一個豬去獻給晉厲公，而有一個太監孟張奪掉它，郤至射太監就把他殺掉。晉厲公說：「郤至真是欺負我。」厲公想著發動除去一羣大夫，胥童就說：「必須由三郤來開始，他族人很多，但是得到很多怨恨，去了大的族公室就不受偪迫，討伐多被人恨的人容易成功。」厲公說：「很對。」郤氏聽見這個消息，郤錡想要先攻打厲公，就說：「雖然我們就死了，但是晉君必定危險。」郤至就說：「信同知同勇是人所以立身的要件，信實就是對君不反叛，聰知就不害人民，勇敢就不作亂，失去了這三種，誰還與我共患難，死了得到怨恨，這還有什麼用處呢？君實在有臣而殺掉他，那怎麼樣說君的壞話呢？我是有罪的，我的死已經很晚了，若殺了無罪的人，將失掉他的民心，想著安穩君位，還能夠得到嗎？這是指著不過等待天命。受君的奉祿，所以聚黨羽。有了黨派而爭死命，這罪過誰更大呢？」壬午這天，胥童與夷陽五帥甲兵八百想要攻打郤氏，長魚矯請求不要用重兵，晉厲公就使清沸魋來幫助他，抽出槍繫上衣服，假裝著同清沸魋打官司，三郤在講武堂開會，長魚矯用槍殺郤錡同郤犨在他位置上。郤至說：「這是可怕的，須要逃。」就驅車而逃，長魚矯追上他的車，用槍把他殺掉，把他們的屍身，全擺到朝庭上，胥童用甲兵劫奪欒書中行偃在朝上，長魚矯就說：「不殺他們兩個人，憂必定連到君你。」厲公說：「一天而殺了三位卿，我不願意增添。」回答說：「欒書同中行偃將忍著殺你，我聽見說，禍亂在外邊叫著姦，在裡邊叫著軌。對姦的駕御是用德行，對於軌的駕御是用刑法。不施恩而殺人，這不可以算是德行，人臣偪亂而不討伐，不可以叫著刑，德與刑全不建立，外患內憂全都來到，我請逃避。」就逃奔到狄國去。厲公派人辭謝欒書同中行偃說：「我是專為討伐郤氏的，他們已經服了他們的罪了。你們大夫們不要羞辱，趕緊回到原位上吧。」他們全都再拜稽首說：「君討有罪的人，而使臣們避免於死亡，這是你的恩惠。我們兩個人就是死了，也不敢忘你的恩德。」他們就回家了。晉厲公就派胥童做卿。厲公到嬖大夫匠麗氏家去遊玩，欒書同中行偃就把晉厲公逮起來。他們叫士匄去，士匄不去，又叫韓厥去，韓厥也辭謝說：「我從前在趙家裡，因為孟姬的壞話，我也能夠免去兵刃。古人也說過：『殺一個老的牛沒有人敢作主。』何況是一個君呢！你們不能事奉君何必用我呢？」

㈥**經**　楚人滅舒庸。

傳　舒庸人㈠以楚師之敗也，道吳人圍巢，伐駕，圍釐虺㈡，遂恃吳而不設備。楚公子槖師襲舒庸，滅之。

【今註】㈠舒庸人：舒庸在今安徽省舒城縣境。㈡巢、駕、釐、虺：這是楚國四邑。春秋大事表說：「駕釐皆在無為縣，虺在廬江縣境。」

【今譯】舒庸人看見楚師打敗仗了，就引導著吳國人去圍巢國，伐駕國，圍了釐同虺，可是他仗著吳國而不設備。於是楚國公子槖帥著軍隊就襲舒庸，而把他滅掉。

(十七)傳 閏月乙卯晦，欒書中行偃殺胥童㈠，民不與郤氏、胥童道君為亂，故皆書曰晉殺其大夫㈡。

【今註】㈠欒書、中行偃殺胥童：因為胥童曾經劫持他們的緣故。㈡晉殺其大夫：就指著殺胥童。

【今譯】在閏月乙卯晦，欒書中行偃把胥童殺掉，人民也不贊同郤氏、胥童引導晉厲公作亂，所以春秋上寫著晉國人殺了他們的大夫。

成公十有八年（公元前五百七十三年）

(一)經 十有八年春王正月晉殺其大夫胥童㈠。

【今註】㈠傳在成公十七年。

【今譯】成公十八年晉國殺他的大夫胥童。

(二)經 庚申晉弒其君州蒲。

傳 春王正月，庚申，晉欒書中行偃使程滑㈠弒厲公，葬之于翼東門之外，以車一乘㈡。使荀罃士魴逆周子㈢于京師而立之，生十四年矣。大夫逆于清原㈣，周子曰：「孤始願不及此，雖及此豈非天乎？抑人之求君，使出命也，立而不從，將安用君？二三子用我今日，否亦今日。共而從君，神之所福也。」對曰：「羣臣之願也。敢不唯命是聽！」庚午，盟而入㈤，館于伯子同氏㈥。辛巳，朝于武宮㈦。逐不臣者七人㈧。周子有兄而無慧，不能辨菽麥㈨，故不可立。

【今註】㈠程滑：是晉大夫。㈡以車一乘：照道理是君下葬要用七乘，現在車一乘，可見是不合君的禮。㈢周子：即悼公名周。晉襄公的兒子。㈣清原：據一統志說：「在山西省稽山縣東南與聞喜縣相接。」㈤盟而入：和大夫盟誓就進了都城。㈥館于伯子同氏：住到晉大夫伯子同氏的家中。㈦朝于武宮：武宮是曲沃武公的廟。㈧逐不臣者七人：這就是夷羊五之類的人。㈨不能辨菽麥：分不清豆子同麥子的種類。

【今譯】晉國的欒書、中行偃使晉國大夫程滑弒晉厲公，就葬在翼東門的外邊，用車輛一輛，這是比諸侯的葬禮，應當用的車輛少得多。另派荀罃士魴到周國的都城迎接悼公立他為君，他已經十四歲了。各大夫們到清原這地方迎接他，悼公說：「我最初的願望到不了這裡，現在居然到了這裡，豈不是天命如此，但是普通的人求立了君，就是使他發出命令，如果立了他，而不從他的命令，那立君有什麼用處？你們用我在今天，不用我也在今天。恭敬而聽從君的命令，這是神所賜的福庸。」大家全都回答說：「這是我們諸臣的願望，不敢不聽從你的命令。」庚午這天，悼公同諸大夫盟誓而進到城中，暫時住在晉大夫伯子同的家中。辛巳這天，到曲沃武公的廟中去朝見。驅逐不肯做臣的七個人。悼公有個哥哥而沒有智慧，他不能夠分辨豆子同麥子的區別，所以他不能夠立。

㈢**經** 齊殺其大夫國佐。

傳 齊為慶氏之難故，甲申晦，齊侯使士華免㈠以戈殺國佐于內宮之朝，師逃于夫人之宮㈡。書曰齊殺其大夫國佐，棄命、專殺，以穀叛故也。使清人殺國勝㈢，國弱來奔㈣，王湫奔萊㈤。慶封為大夫，慶佐為司寇。既齊侯反國弱，使嗣國氏，禮也。

【今註】㈠華免：齊士官，掌刑政。㈡師逃于夫人之宮：埋伏的兵逃到夫人的宮裡。㈢使清人殺國勝：使清這地方的人殺掉國佐的兒子國勝。㈣國弱來奔：國弱是國勝的弟弟逃到魯國。㈤王湫奔萊：王湫是國佐的黨羽逃到萊國去。

【今譯】齊國因為國佐殺掉慶克的禍難原故，甲申三十這天，齊侯使他的士官華免用槍在夫人的宮中殺了國佐，埋伏的兵逃到夫人的宮裡去。寫在春秋上說，齊國殺掉他的大夫國佐，是因為他背棄齊君的命令，專門殺戮，並且以穀這地方反叛的緣故。使清這地方的人殺國佐的兒子國勝，國勝的弟弟國弱就逃奔到魯國，而國佐的黨徒王湫逃奔到萊國去。慶封就做了大夫，慶佐就做了司寇。後來不久，齊侯就叫國弱回到齊國，接續著國氏的宗嗣，這是很合於禮的。

(四)**傳**二月乙酉朔，晉侯悼公即位于朝(一)。始命百官，施舍已責(二)，逮鰥寡(三)，振廢滯(四)，匡乏困，救災患，禁淫慝，薄賦斂，宥罪戾(五)，節器用(六)，時用民(七)，欲無犯時(八)，使魏相、士魴、魏頡、趙武為卿(九)，荀家、荀會、欒黶、韓無忌(一〇)為公族大夫，使訓卿之子弟，共儉孝弟，使士渥濁(一一)為大傅，使修范武子之法，右行辛為司空，使修士蔿之法(一二)，弁糾(一三)御戎，校正屬焉，使訓諸御知義，荀賓為右，司士屬焉，使訓勇力之士時使(一四)，卿無共御，立軍尉以攝之(一五)。祁奚為中軍尉，羊舌職佐之，魏絳(一六)為司馬，張老為候奄，鐸遏寇(一七)為上軍尉，籍偃為之司馬，使訓卒乘親以聽命。程鄭(一八)為乘馬御，六騶屬焉，使訓羣騶知禮。凡六官之長皆民譽也。舉不失職，官不易方(一九)，爵不踰德(二〇)，師不陵正，旅不偪師，民無謗言(二一)，所以復霸也(二二)。

【今註】㈠即位于朝：在朝上即君位。㈡施舍已責：布施恩惠，捨除勞役，停止債務。㈢逮鰥寡：惠及鰥夫同寡婦。㈣振廢滯：把從前廢官在家的，使他從新做官。㈤宥罪戾：把犯罪的人全都寬赦。㈥節器用：節省所用的物品。㈦時用民：按天時來用人民工作。㈧欲無犯時：不縱私慾以侵犯民時。㈨魏相、士魴、魏頡、趙武為卿：魏相是魏錡的兒子，士魴是士會的兒子，魏頡是魏顆的兒子，趙武是趙朔的兒子，這四個人皆做到卿的官階。㈩荀家、荀會、欒黶、韓無忌：欒黶是欒書的兒子，荀家、荀會是荀氏的族人。韓無忌是韓厥的兒子。⑪士渥濁：是士貞子。⑫使修士蔿之法：使他修明士蔿的成法。士蔿在晉獻公時曾經做過司空的官。⑬弁糾：即欒糾。⑭使訓勇力之士時使：叫他教訓勇敢有力量的人，以備臨時的使用。⑮立軍尉以攝之：設立軍尉來代理他。⑯魏絳：是魏犨的兒子。⑰鐸遏寇：鐸遏是雙姓，名字叫寇。⑱程鄭：是荀氏族中的一個人。⑲官不易方：官都守著他的事業，不變他的常度。⑳爵不踰德：官爵不超過他的德性。㉑民無謗言：人民沒有毀謗的話。㉒所以復霸也：所以回復了晉國的霸業。

【今譯】二月乙酉初一這天，晉悼公在朝庭上，行即位典禮。開始命令各官施恩惠，捨除勞役，停止債務，加恩給鰥夫同寡婦，並且把有賢才而廢除在家裡的人，使他從新做官，救貧乏困苦的人，並且救受災患的人，禁止淫邪的壞人，減稅收，赦免犯罪的人，節省各種用物，按時節來用人民，不縱私慾來侵犯民時，派魏相、士魴、魏頡、趙武做卿的官，荀家、荀會、欒黶、韓無忌皆做公族大夫的官，使他們教訓卿的兒子或兄弟，恭敬同儉省孝弟；使士渥濁做大傅，修整范武子從前的法令，右行辛做司空的官，使他修整從前士蔿的法令；弁糾駕戎車，凡是主持馬政的官皆屬他管，叫他訓練凡駕車的人全知道節義；荀賓做車右，凡做車右的官全歸他管，使他訓勉勇力的人，按時候來使令；省去卿的戎御，立了一個軍尉的官，以代理他。祁奚做中軍的尉官，羊舌職做他的副佐，魏犨的兒子魏絳做司馬的官；張老做候奄的官，鐸遏寇做上軍的尉官，藉偃做司馬，使他們訓練兵卒同戰車，互相的親近，以聽候上邊的命令。程鄭做乘馬御的官，六種的馬全都歸他管，使他訓練各種馬官全都知道禮節。凡是六官的首領，全是得人民所稱譽的人，凡是所舉的人全很合於他的職守，每個官也不能改變他的方式，爵位皆合於他的德行，每一個將帥，不能夠欺凌他的正帥，一旅是五百人，他的主帥也不能偪陵二千五百人的師帥，人民沒有毀謗的話，悼公之所以再稱霸主，就是如此。

(五)【經】公如晉。

【傳】公如晉，朝嗣君也㈠。

【今註】㈠朝嗣君也：這是為朝見新即位的晉悼公。

【今譯】魯成公到晉國去，就是為的朝見晉悼公。

(六)【經】夏楚子、鄭伯伐宋，宋魚石復入于彭城。

【傳】夏六月，鄭伯侵宋，及曹門外㈠，遂會楚子伐宋，取朝郟㈡，楚子辛鄭皇辰侵城郜㈢，取幽丘㈣，同伐彭城，納宋魚石、向為人、鱗朱、向帶、魚府焉㈤，以三百乘戍之而還。書曰復入。凡去其國，國逆而立之曰入，復其位曰復歸。諸侯納之曰歸，以惡曰復入㈥，宋人患之，西鉏吾㈦曰：「何也？若楚人與吾同惡㈧，以德於我，吾固事之也，不敢貳矣。大國無厭，鄙我猶憾㈨。不然而收吾憎，使贊其政㈩，以間吾釁，亦吾患也。今將崇諸侯之姦而披其地⑪，以塞夷庚⑫，逞姦而攜服⑬，毒諸侯而懼吳晉，吾庸多矣，非吾憂也。且事晉何為？晉必恤之。」

【今註】㈠曹門外：是宋國都城的西北面門。㈡朝郟：宋邑，在今河南省夏邑縣境。㈢城郜：宋邑，在今江蘇省蕭縣西南境。㈣幽丘：宋邑，在今江蘇省蕭縣境內。㈤納宋魚石、向為人、鱗朱、向帶、魚府焉：這五個人皆在魯成公十五年逃奔到楚國去。㈥以惡曰復入：意思說要是反叛的就寫成復入。㈦西鉏吾：西鉏是雙姓名吾，是宋大夫。㈧與吾同惡：和我們相同恨魚石他們。㈨大國無厭鄙我猶憾：大國根本對我們仍舊有怨恨，把我們當作一個屬國，那還不滿意。㈩使贊其政：要不然他就收買我們憎恨的人，使輔佐他的政治。⑪崇諸侯之姦而披其地：掌握諸侯的姦惡，而分散他們的疆土。㊁以塞夷庚：堵塞晉國同吳國的要道。㊂逞姦而攜服：使姦人快樂，而使服從的國家分散。

【今譯】夏天六月，鄭伯侵犯宋國，到了宋國的都城西北方面的曹門，就同楚王伐宋國，得到朝郟這地方，楚國的令尹子辛同鄭國大夫皇辰，侵了城郜這地方，又取得幽丘，一同去討伐彭城，納入從前逃奔到楚國的魚石、向為人、鱗朱、向帶、魚府這五個人，楚王派三百輛軍車去戍守，就回去了。春秋上寫著他們又回來了。凡是離開他的國，迎接他回來就叫著入，恢復他的位子就寫上復歸。諸侯使他回來就寫上叫歸，反叛的進來，叫著復入。宋國人很害怕，宋國的大夫西鉏吾說：「這有什麼呢？要是楚國人和我們全都恨魚石他們，用以見好于我們，那麼我們就事奉楚國不敢有二心了。假設楚國有無厭的要求，拿我們當作屬國尚不滿意；要不然他收留我們不滿意的人，使他幫助楚國的政權，利用我們的壞處，這才是我們的禍患。現在利用諸侯的姦惡而分裂他的地方，以堵塞吳晉兩國的要塞，這是使姦人快心，而使服從楚國的離心。毒害諸侯並且使吳晉懼怕，我們的好處很多了，這不是我們的憂患，並且我們事奉晉國為什麼呢？晉國必然來幫恤我們。」

(七)經　公至自晉。

(八)經　晉侯使士匄來聘。

傳 公至自晉。晉范宣子來聘，且拜朝也㈠。君子謂晉於是乎有禮。

【今註】㈠且拜朝也：且拜謝魯成公往晉國的朝見。

【今譯】魯成公從晉國回到魯國。晉大夫范宣子到魯國來聘問，並且拜謝魯成公往晉國的朝見。君子說晉國是很有禮了。

㈨經 秋杞伯來朝。

傳 秋杞桓公來朝，勞公，且問晉故，公以晉君語之㈠，杞伯於是驟朝于晉，而請為昏㈡。

【今註】㈠公以晉君語之：魯成公把晉悼公的德政告訴他。㈡而請為昏：同時要求和晉國做婚姻。

【今譯】秋天，杞桓公來朝見，慰勞魯成公，並且問魯國的新聞，成公把晉悼公的德政告訴他，於是杞桓公就馬上到晉國去朝見，並且請求婚姻。

㈩經 八月邾子來朝。

傳 七月宋老佐華喜圍彭城，老佐卒焉㈠。八月邾宣公來朝，即位而來見也。

【今註】㊀老佐卒焉：老佐死在那裡，所以沒能攻下彭城。

【今譯】七月，宋國大夫老佐同華喜以軍隊包圍彭城，老佐死在那裡了。八月，郲宣公到魯國朝見，他方才即君位，所以來朝見。

㈩經 築鹿囿。

傳 築鹿囿。書不時也㊀。

【今註】㊀書不時也：這是記載不合於建築的時候。

【今譯】修築養鹿的園子，這是記載不合於建築的時間。

㈪經 己丑，公薨于路寢。

傳 己丑，公薨于路寢，言道也㊀。

【今註】㊀言道也：這是很合於正道的。

【今譯】己丑這天，魯成公死在路寢，這是說他很合於為君的道理。

㈫經 冬楚人鄭人侵宋。

(十四)經 晉侯使士魴來乞師。

傳 冬十一月，楚子重救彭城伐宋。宋華元如晉告急。韓獻子為政，曰：「欲求得人，必先勤之(一)，成霸安疆，自宋始矣。」晉侯師于台谷(二)以救宋，遇楚師于靡角之谷(三)，楚師還。晉士魴來乞師，季文子問師數於臧武仲(四)。對曰：「伐鄭之役，知伯實來，下軍之佐也。今彘季(五)亦佐下軍，如伐鄭可也。事大國無失班爵而加敬焉，禮也。」從之。

【今註】(一)欲求得人，必先勤之：想得到旁國擁戴，必須對他先勤勞。(二)台谷：在今山東省曹縣東南。(三)靡角之谷：靡角是宋地。方輿紀要說：「永城縣東北有磨山，為碭山之別阜，是時屬於宋。」(四)臧武仲：是臧宣叔的兒子。(五)彘季：就是士魴。

【今譯】冬天十一月，楚國令尹子重派兵救彭城，討伐宋國，宋國的華元到晉國去告訴危急，這時韓厥當政權，就說：「想求得到旁人擁戴，必定要先對他的急難勤恤。成霸主，安定疆業，必定由宋國打仗開始。」晉國的軍隊就到台谷這地方以救援宋國，到靡角之谷這地方遇見楚國軍隊。楚軍害怕就回去了。晉國的士魴來請求魯國出兵，季文子問臧武仲出多少兵。他回答說：「上回討伐鄭國的時候，知伯來過，他是晉國下軍佐。現在士魴也是下軍佐，可以跟討伐鄭國那次戰事一樣。事奉大國不要弄錯爵位，再加上恭敬，這是合於禮的。」就聽從了他。

(十五)經 十有二月仲孫蔑會晉侯宋公衛公邾子齊崔杼同盟于虛朾。

傳 十二月孟獻子會于虛朾㊀，謀救宋也。宋人辭諸侯而請師以圍彭城。孟獻子請于諸侯而先歸會葬。

【今註】㊀虛朾（音ㄊㄧㄥ）：據說就是宋國的虛。在今河南省柘城縣境。

【今譯】十二月，孟獻子到虛朾去開會，這是計謀救宋國，宋國人辭謝各諸侯，祇請求各國的軍隊包圍彭城。孟獻子向諸侯們申請先回來葬成公。

(十六)經 丁未葬我君成公。

傳 丁未，葬我君成公，書順也㊀。

【今註】㊀書順也：在記載上說是很順時的。

【今譯】丁未這天葬魯成公，這是表示很順時的。

卷十五　襄公一

襄公元年（公元前五百七十二年）

(一)經　元年春王正月，公即位㈠。

【今註】㈠此經無傳。按襄公名午，成公的兒子，母親叫定姒。謚法：「因事有功曰襄，或辟土有德曰襄。」

【今譯】襄公元年春天正月，魯襄公行即位禮。

(二)經　仲孫蔑會晉欒黶宋華元、衛寧殖、曹人、莒人、邾人、滕人、薛人圍宋彭城。

傳　春己亥㈠，圍宋彭城，非宋地㈡，追書也。於是為宋討魚石，故稱宋，且不登叛人也㈢，謂之宋志。彭城降晉，晉人以宋五大夫在彭城者歸，寘諸瓠丘㈣。齊人不會彭城，晉人以為討，二月齊大子光㈤為質於晉。

【今註】㈠己亥：按此己亥必是正月。㈡非宋地：這不是宋國的地方。因為在魯成公十八年楚國取彭城這地方以封魚石等，所以說它不是宋國的地方。㈢且不登叛人也：並且是不願意使反叛的人成功。㈣瓠丘：晉地。據環宇記說：「在今山西省垣曲縣東南，南邊臨著黃河。㈤齊大子光：是齊靈公的太子。

【今譯】春己亥這天圍了宋國的彭城，這不是宋國的地方，追為宋國寫上。這時間是宋國討魚石，所以稱宋，因為魚石是叛過宋國，春秋不贊成使叛人成功，這是所以成宋國的志願。彭城就投降晉國，晉國人將在彭城的宋國五個大夫回到晉國，安置在瓠丘的地方。齊國人不到彭城來開會，晉國人因此來討伐齊國，二月，齊靈公的太子光就做抵押品到晉國。

㈢**經**夏晉韓厥帥師伐鄭。

㈣**經**仲孫蔑會齊崔杼、曹人、邾人、杞人次于鄫。

傳夏五月，晉韓厥，荀偃帥諸侯之師伐鄭，入其郛敗其徒兵於洧上㈠。於是東諸侯之師次于鄫㈡以待晉師。晉師自鄭以鄫之師侵楚焦夷及陳。晉侯、衛侯次于戚，以為之援㈢。

【今註】㈠敗其徒兵於洧上：徒兵是步兵。打敗了鄭國的步兵在洧水的上游。㈡東諸侯之師次于鄫：東方的諸侯指著齊、魯、曹、邾、杞等國的軍隊駐在鄫的地方。鄫：據江永說：「在今河南省睢縣東南有鄫亭。」㈢以為之援：來做韓厥的援助。

【今譯】夏五月晉國的韓厥荀偃率領諸侯的軍隊討伐鄭國，進入他的外城，把他的步兵在洧水上游打敗了。於是東方齊、魯、曹、邾、杞等國的軍隊全留在鄭國的鄫這地方，等候著晉國的軍隊。晉國的軍隊從鄭國用鄫這地方的軍隊侵略楚國的焦夷並侵犯陳國。晉悼公同衛侯就停在戚這地方，為韓厥的援助。

㈤經 秋，楚公子壬夫帥師侵宋。

傳 秋，楚子辛救鄭，侵宋呂留㈠，鄭子然侵宋取犬丘㈡。

【今註】㈠呂留：宋地，江南通志說：「呂在今江蘇銅山縣東五十里，留在江蘇沛縣東南五十里。」㈡犬丘：一統志說：「今河南永城縣西北三十里有犬邱集。」

【今譯】秋天，楚國的令尹子辛救鄭國，於是侵了宋國的呂同留兩個地方，鄭國的子然也侵略宋國，奪到犬丘的地方。

㈥經 九月辛酉，天王崩㈠。

【今註】㈠此經無傳。

【今譯】九月辛酉這天，周簡王死了。

(七)經 郳子來朝。

傳 九月，郳子來朝㊀，禮也。

【今註】㊀郳子來朝：郳宣公到魯國朝見。

【今譯】郳宣公到魯國朝見，這是合於禮的。

(八)經 冬，衛侯使公孫剽來聘。

(九)經 晉侯使荀罃來聘。

傳 冬衛子叔，晉知武子來聘，禮也。凡諸侯即位，小國朝之，大國聘焉，以繼好、結信、謀事、補闕㊀，禮之大者也。

【今註】㊀繼好、結信、謀事、補闕：繼續和好，結合信譽，計謀事情，補正闕失。

【今譯】冬天，衛國子叔，晉國的知武子來聘問，這是很合禮的。凡是諸侯初即位的時候小國來朝見他，大國來聘問他，這是所以繼續和好，結合信實，商量計謀，來補正闕失，這是禮中最大的。

襄公二年（公元前五百七十一年）

(一)經 二年春王正月，葬簡王㈠。

【今註】㈠此經無傳。

【今譯】二年春，正月葬周天子簡王。

(二)經 鄭師伐宋。

傳 鄭師侵宋，楚令也㈠。

【今註】㈠楚令也：這是楚國所命令的。

【今譯】鄭國的軍隊侵略宋國，這是受楚國的命令。

(三)傳 齊侯伐萊，萊人使正輿子賂夙沙衛㈠以索馬牛皆百匹，齊師乃還，君子是以知齊靈公之為靈也㈡。

【今註】㈠夙沙衛：是齊國太監。㈡是以知齊靈公之為靈也：謚法說靈是亂而不損。意思說他的行為同他的謚號相同。

【今譯】齊侯討伐萊國，萊國人使萊國的大夫正輿子賄賂齊國的太監夙沙衛，用精選的馬同牛各一百匹，齊國軍隊就回去了。君子所以知道齊靈公很合於他的謚法的稱謂。

㈣**經**夏五月庚寅夫人姜氏薨。

傳夏齊姜薨㈠。初，穆姜使擇美檟㈡。以自為櫬與頌琴㈢，季文子取以葬。君子曰：「非禮也，禮無所逆㈣，婦養姑者也。虧姑以成婦㈤，逆莫大焉。詩曰：『其惟哲人，告之話言，順德之行㈥。』季孫於是為不哲矣。且姜氏君之妣也。詩曰：『為酒為醴，烝畀祖妣，以洽百禮，降福孔偕㈦。』」

【今註】㈠齊姜薨：齊姜是成公的夫人。㈡穆姜使擇美檟：穆姜是成公的母親選擇一種好的檟樹。㈢自為櫬與頌琴：自己做了棺木同殉葬的頌琴。㈣禮無所逆：凡事不可逆禮而行。㈤虧姑以成婦：虧待了婆婆以成就兒媳婦。㈥其惟哲人，告之話言，順德之行：這是詩經大雅抑之篇的話。意思是說明哲的人告訴他的好話，他就順從德性來做。㈦為酒為醴、烝畀祖妣，以洽百禮，降福孔偕：這是詩經周頌的一句詩。意思是說做酒同做好的酒，敬忌祖先同祖母，這是合於百種禮節的，而鬼神會降很大的福祿。

【今譯】夏天，魯成公的夫人齊姜死了。在最初的時候，成公的母親穆姜使人選了好的檟木，自己做了貼身的棺木，送終的頌琴，季文子就拿了這些來給齊姜下葬。君子說：「這是不合於禮的，凡事不可逆禮而行，而媳婦是為養婆婆的，虧待了婆婆以成全了媳婦，這種違禮沒有再比這更大的。詩經大雅說：『唯獨明智的人，告訴他好的話，他就能夠順著德性來做。』季孫這樣就是不明哲了。並且姜氏是襄公的嫡母。詩經周頌也說過：『做酒，做好酒給祖妣用，這是合乎各種禮節的，他就能夠降給很多福祿。』」

(五) **傳** 齊侯使諸姜宗婦來送葬，召萊子，萊子不會，故晏弱城東陽㈠以偪之。

【今註】㈠東陽：今山東省臨朐縣東邊。

【今譯】齊侯使姜姓的宗婦皆來送齊姜的葬，召萊子去，萊子不來，所以晏弱修築齊國邊境的東陽城來偪迫萊國。

(六) **傳** 鄭成公疾，子駟請息肩於晉。公曰：「楚君以鄭故，親集矢於其目㈠，非異人任，寡人也㈡。若背之，是棄力與言，其誰暱我？免寡人唯二三子。」

【今註】㈠親集矢於其目：謂鄢陵之戰楚共王被射中眼睛。㈡非異人任，寡人也：這不是為的別人而是為我自己。

【今譯】鄭成公有病了，鄭國大夫子駟請求與晉國要好，以免除事奉楚國的負擔。鄭成公就說：「楚王因為鄭國的原故，他自己的眼睛受了箭的傷害，這不是為的旁人，而是為著我。要是違背他，這是丟掉他的力量同話，以後誰還敢親近我？祇有你們幾個人可以糾正我的闕失，使我免於罪過。」

(七)經 六月庚辰鄭伯睔卒。

(八)經 晉師宋師衛寧殖侵鄭。

(九)經 秋七月仲孫蔑會晉荀罃宋華元衛孫林父曹人邾人于戚。己丑葬我小君齊姜。

傳 秋七月，庚辰，鄭伯睔卒。於是子罕當國㈠，子駟為政，子國為司馬。晉師侵鄭，諸大夫欲從晉，子駟曰：「官命未改㈡。」會于戚，謀鄭故也。孟獻子曰：「請城虎牢以偪鄭㈢。」知武子曰：「善。鄫之會，吾子聞崔子之言，今不來矣㈣。滕、薛、小邾之不至，皆齊故也。寡君之憂不唯鄭，罃將復於寡君而請於齊，得請而告㈤，吾子之功也。若不得請，事將在齊㈥。吾子之請，諸侯之福也，豈唯寡君賴之。」

【今註】㊀子罕當國：子罕是鄭穆公的兒子，主持政權。㊁官命未改：成公還沒有下葬，所以說是先君的政見還沒有改。㊂請城虎牢以偪鄭：請把虎牢這個城修整以偪迫鄭國。虎牢是從前鄭國的城，現已歸屬晉國。在今河南省汜縣西。㊃今不來矣：現在已經不再來開會。㊄得請而告：得請假設齊人答應來開會，就告訴各國來築虎牢城。㊅事將在齊：那麼我們將對齊國實行討伐。

【今譯】秋七月，庚辰鄭成公死了。於是子罕就管著君政，子駟做正卿，子國做管軍隊的官。晉國軍隊來侵略鄭國，鄭國的大夫們全要服從晉國，子駟說：「現在成公還沒有下葬，不能夠改他的意思。」於是諸侯在戚這地方會盟，這是為著謀算鄭國的原故。孟獻子就說：「請把虎牢這地方的城修理好，以偪迫鄭國。」晉國知武子說：「很好。在鄫這地方開會的時候，你聽見過齊國崔杼的話，果然他不再來了。滕薛同小邾各國的不來，皆是因為齊國不來的原故。我們君的憂慮不祇是鄭國，我將報告我的君，而請齊國來開會，要是齊國接受，而告諸侯城虎牢，這完全是你的功勞。要是我們請求齊國不聽，我們將討伐齊國，你這個請求是諸侯全體的福祿，豈祇我們君能夠仰賴他嗎？」

㈩**經** 叔孫豹如宋。

傳 穆叔聘于宋，通嗣君也㊀。

【今註】㊀通嗣君也：這是為著來會通宋國的嗣君。

【今譯】叔孫穆叔到宋國去聘問，這是為的通宋國的嗣君。

(十一)**經**冬仲孫蔑會晉荀罃、齊崔杼、宋華元、衛孫林父、曹人、邾人、滕人、薛人、小邾人于戚，遂城虎牢。

傳冬，復會于戚，齊崔武子及滕、薛、小邾之大夫皆會，知武子之言故也(一)。遂成虎牢(二)，鄭人乃成。

【今註】(一)知武子之言故也：這是因為知武子所說的話。(二)遂城虎牢：就修理虎牢的城。

【今譯】冬天，再在戚開會，齊國崔杼同滕薛小邾各大夫全來開會，這是因為知武子的話的原故。就修築虎牢城，鄭國人就服從了。

(十二)**經**楚殺其大夫公子申。

傳楚公子申為右司馬，多受小國之賂，以偪子重子辛(一)，楚人殺之。故書曰楚殺其大夫公子申。

【今註】(一)以偪子重子辛：對於子重同子辛實行壓迫。

【今譯】楚國公子申做右司馬，很常接受小國的賄賂，以壓迫子重同子辛，楚國人把他殺了。所以寫在竹簡上說楚國殺了他大夫公子申。

襄公三年（公元前五百七十年）

(一)**經**春，楚公子嬰齊帥師伐吳。

傳春，楚子重伐吳，為簡之師㈠，克鳩茲至于衡山㈡，使鄧廖帥組甲三百，被練三千㈢，以侵吳。吳人要而擊之，獲鄧廖，其能免者組甲八十，被練三百而已。子重歸既飲至㈣，三日，吳人伐楚取駕㈤。駕，良邑也，鄧廖亦楚之良也，君子謂子重於是役也，所獲不如所亡㈥。楚人以是咎子重，子重病之，遂遇心病而卒。

【今註】㈠為簡之師：訓練好的軍隊。㈡克鳩茲至于衡山：鳩茲是吳地，一統志說：「今安徽蕪湖縣東四十里有鳩茲港，今訛稱勾茲港。」衡山也是吳地，彙纂說：「烏程去蕪湖甚遠，今安徽當塗縣東北六十里有橫山，似為近之。」㈢使鄧廖帥組甲三百、被練三千：鄧廖是楚大夫，他帥領著組甲。組甲是一種盔甲上面載著組的花紋。被練是甲上有練條的。㈣既飲至：當時子重尚不知道鄧廖的失敗，所以就飲酒賀勝利。㈤駕：在今安徽省巢縣左近。㈥所獲不如所亡：所得到的不如所失掉的多。

【今譯】三年春，楚國子重討伐吳國，選練好的軍隊，侵佔了鳩茲一直到衡山，派鄧廖帥領穿組甲的軍隊三百，穿被練的三千，以侵略吳國。吳人由中途來攻打他，逮著鄧廖，祇有組甲軍隊八十，被練的軍隊三百人逃走了。子重回來的時候，他還不知道鄧廖的失敗，依舊慶賀喝酒，三天以後，吳國人就討伐楚國，奪取駕這地方。駕是一個好的地方，鄧廖也是楚國的良將，君子說子重在這次戰役中所得的不如他所失的多。楚國人也就因此歸罪於子重，子重就以為憾事，恰巧碰到心臟病死了。

(二)**經**公如晉。

傳公如晉，始朝也㈠。

【今註】㈠始朝也：開始朝見晉悼公。

【今譯】魯襄公到晉國去，這是他即位以後，初次朝見晉悼公。

(三)**經**夏，四月壬戌，公及晉侯盟于長樗。

傳夏盟于長樗㈠，孟獻子相，公稽首㈡。知武子曰：「天子在而君辱稽首，寡君懼矣。」孟獻子曰：「以敝邑介在東表，密邇仇讎㈢，寡君將君是望，敢不稽首。」

【今註】㈠長樗：大約在今山西省汾城及新絳縣的中間。㈡公稽首：襄公稽首是頭到地面的禮節。㈢密邇仇讎：離著仇敵的國家很近，仇敵是指著楚國及齊國。

【今譯】夏天在長樗這地方盟會，孟獻子相禮，襄公就叩首一直到地上。知罃說：「天子尚且在，而你竟至于叩首，我們的君很害怕了。」孟獻子就說：「因為我們國家在東方，離著齊國同楚國這種仇敵很近，我們的國君祇有希望晉君幫助，所以不敢不稽首。」

(四)傳晉為鄭服故，且欲修吳好，將合諸侯，使士匄告于齊曰：「寡君使匄以歲之不易，不虞之不戒㈠，寡君願與一二兄弟相見，以謀不協，請君臨之，使匄乞盟。」齊侯欲勿許而難為不協，乃盟於耏外㈡。

【今註】㈠以歲之不易，不虞之不戒：因為這一年很困難，不能不戒備意想不到的事情。㈡耏外：耏音而。耏水就是時水。

【今譯】晉國因為鄭國服從的原故，並且想與吳國修好，將要會合諸侯，派士匄告於齊國說：「我們的君使我匄，因為今年的多禍難，不能不戒備意外，我們的君很想和各國相見，以計謀不協合的事，請君來參加，所以使我來求盟會。」齊侯想著不答應，但是又覺得不合適，祇好在耏水的外邊盟會。

(五)經公至自晉㈠。

【今註】㈠此經無傳。

【今譯】　魯襄公從晉國回來。

(六)傳　祁奚請老㈠晉侯問嗣焉㈡，稱解狐，其讎也，將立之而卒㈢。又問焉，對曰：「午也可㈣。」於是羊舌職死矣，晉侯曰：「孰可以代之？」對曰：「赤也可㈤。」於是使祁午為中軍尉，羊舌赤佐之。君子謂祁奚於是能舉善矣，稱其讎不為諂，立其子不為比，舉其偏不為黨。商書曰：「無偏無黨，王道蕩蕩㈥。」其祁奚之謂矣。解狐得舉，祁午得位，伯華得官，建一官而三物成㈦，能舉善也夫。唯善故能舉其類。詩云：「惟其有之，是以似之㈧。」祁奚有焉。

【今註】㈠祁奚請老：祁奚請求歸老還鄉。㈡晉侯問嗣焉：晉悼公就問什麼人可繼續他的職務。㈢將立之而卒：將立了解狐，解狐就死了。㈣午也可：祁午是祁奚的兒子。㈤赤也可：羊舌赤是羊舌職的兒子。他的號叫伯華。㈥無偏無黨，王道蕩蕩：這是商書洪範篇的話，沒有偏心也沒有黨派，王的道路是很直的。㈦建一官而三物成：建立了一個官而三件事情完全成功。㈧惟其有之，是以似之：這是詩經小雅裳裳者華篇的一句詩。意思是說祇是有德的人方能推行同類的人物。

【今譯】　祁奚想告老，晉悼公問什麼人可以繼續他的職務，他就推舉解狐，這正是他的仇人，將要立時而解狐死了。晉悼公又問他，他就回答說：「午也可以。」這時閒羊舌職已經死了，晉悼公說：「誰可以替代他？」他又回答說：「赤就可以。」所以祁午就做了中軍尉，羊舌赤輔佐他。君子說祁奚真是能夠推舉善人，推舉他的仇人，不算做讒諂，立他的兒子，不算是有私，推舉他的屬掾，不算是黨派。洪範裏邊說：「也沒有偏也沒有黨派，王道是很直的。」這不就是祁奚嗎？解狐被推舉，祁午得到位子，羊舌赤得到官，建立一個官而得到三件事，這是能推舉善人啦。唯獨善人才能推舉他的同類。詩經小雅一篇說：「因為他是有德，所以能夠推舉同類的人。」這祇有祁奚有這種。

(七)**經** 六月公會單子、晉侯、宋公、衛侯、鄭伯、莒子、邾子、齊世子光，己未同盟于雞澤。

傳 六月公會單頃公及諸侯，己未，同盟于雞澤㈠。晉侯使荀會逆吳子于淮上，吳子不至。

【今註】㈠雞澤：在今河北省永年縣西南。

【今譯】六月，魯襄公同周王卿士單頃公以及諸侯們己未這天在雞澤盟會。晉悼公派荀會到淮水上迎接吳王，吳王不來。

(八)**經** 陳侯使袁僑如會。戊寅，叔孫豹及諸侯之大夫及陳袁僑盟。

傳 楚子辛為令尹，侵欲於小國，陳成公使袁僑㈠如會求成。晉侯使和組父告于諸侯。秋，叔孫豹及諸侯之大夫及陳袁僑盟，陳請服也㈡。

【今註】㈠袁僑：是陳國濤塗的四世孫。㈡陳請服也：這是陳國請服從晉國。

【今譯】楚國子辛做令尹官，對小國都有慾望，陳成公因此害怕了，就派袁僑到會中跟晉國求和。晉悼公就派和組父告訴各國說陳國服從晉國了。秋天，魯國的叔孫豹同諸侯的大夫們以及陳國的袁僑盟會，因為陳國服從晉國了。

(九) 經 秋公至自會㈠。

【今註】㈠此經無傳。

【今譯】秋天，襄公自盟會回來。

(十) 傳 晉侯之弟揚干亂行於曲梁㈠。魏絳戮其僕㈡。晉侯怒，謂羊舌赤曰：「合諸侯以為榮也，揚干為戮，何辱如之？必殺魏絳無失也。」對曰：「絳無貳志，事君不辟難，有罪不逃刑，其將來辭，何辱命焉㊂？」言終，魏絳至，授僕人書㊃，將伏劍，士魴張老止之。公讀其書曰：「日君乏使，使臣斯司馬㊄，臣聞師眾以順為武㊅，軍事有死無犯為敬㊆，君合諸侯，臣敢不敬。君師不武，執事不敬，罪莫大焉。臣懼其死，以及揚干，無所逃罪㊇，不能致訓，至於用鉞㊈。臣之罪重，敢有不從，以怒君心㊉。請歸死於司寇。」公跣而出曰：「寡人之言親愛也，吾子之討軍禮也。寡人有弟，弗能教訓，使干大命，寡人之過也。子無重寡人之過㊁，敢以為請。」晉侯以魏絳為能以刑佐民矣，反役與之禮食，使佐新軍。張老為中軍司馬㊂，士富為侯奄㊂。

【今註】㊀揚干亂行於曲梁：揚干亂了行列，曲梁的故城，在今河北省永年縣東北。㊁魏絳戮其僕：魏絳把他的駕車的人殺掉。㊂其將來辭，何辱命焉：他必定有話來說，何必你下命令來拘他。㊃授僕人書：交給晉悼公的傭人一封信。㊄使臣斯司馬：就叫我擔任這司馬的重任。㊅臣聞師眾以順為武：我聽見說在軍隊裡沒有不聽從長官的命令，這是武。㊆軍事有死無犯為敬：在軍隊裡就是有死也不敢違背就是恭敬。㊇無所逃罪：魏絳恐怕犯了不武不敬的罪狀。㊈至於用鉞：一直到用釜鉞來殺揚干的車伕。㊉以怒君心：不敢不聽從你的話，使你君的心更發怒。㊀子無重寡人之過：你不要再加重我的過錯。㊁張老為中軍司馬：張老就替代魏絳做中軍司馬。㊂士富為侯奄：士富是士會的族人，他替代張老做侯奄的官。

【今譯】　晉侯的兄弟名叫揚干，在曲梁亂了軍陣，魏絳就殺死他駕車的僕。晉侯便大怒，對羊舌赤說：「會合諸侯，是件榮耀的事，揚干受了罰，還有什麼羞恥比得上他呢？這定要殺死魏絳，出這口氣的，快給我將他拘執起來，不要被他逃走。」羊舌赤答說：「魏絳並沒有別的心念！他服事你君王，既能不避患難，有了罪孽，也定不肯逃避刑罰的。他就要自來說明了，何用你君的差人去拘執呢。」話方纔說完，魏絳卻已到了。給了晉侯的僕人一封奏書，便要去伏在劍上自殺了。幸虧有士魴張老阻止他，纔得不死。晉侯讀魏絳所上的奏書，見他書上說道：「日前你君缺乏了使臣，差臣充當司馬。臣聽說行兵要能服從纔算威武呢，軍事上只有死，沒有犯法的，纔算敬呢；你君會合諸侯，做臣的誰敢不敬麼？君帶領的軍隊，還不威武，臣治理的軍事，還是不敬，罪沒有再大的了。臣怕犯了死罪，以致累及揚干。那時罪卻更重，簡直沒有地方可以逃避；不能夠用訓誨感化他，甚至於動著斧鉞，臣的罪真很重了，那還敢有不依法律的事，惹怒你君的心呢？請容我死到司寇那裏去罷。」悼公感悟了，便赤著腳走出來說：「寡人的話，是為對弟弟親愛，你的處罰他，是為維持軍紀，寡人有個兄弟，不能教訓他，使他犯著軍中的號令，這是寡人的差處。你快不要自殺了，加重寡人的差處，敢把這事求你。」晉侯從此以為魏絳很能用刑法治理百姓，從雞澤回國後，給他設了禮食優待他，差他幫辦新軍，差張老做了中軍司馬，差士富做了侯奄。

(十)傳 楚司馬公子何忌侵陳，陳叛故也㈠。

【今註】㈠陳叛故也：陳國反叛了楚國的原故。

【今譯】楚國的司馬公子何忌侵略陳國，因為陳國背叛楚國的原故。

(十二)經 冬，晉荀罃帥師伐許。

傳 許靈公事楚，不會于雞澤，冬，晉知武子帥師伐許。

【今譯】許靈公事奉楚國不到雞澤來開會，冬天，晉國的荀罃帥軍隊去討伐他。

襄公四年（公元前五百六十九年）

(一)經 春王三月，己酉，陳侯午卒。

傳 春，楚師為陳叛故，猶在繁陽㈠，韓獻子患之，言於朝曰：「文王帥殷之叛國以事紂，唯知時也㈡。今我易之，難哉。」三月，陳成公卒，楚人將伐陳，聞喪乃止。陳人不聽命㈢。臧武仲聞之曰：「陳不服於楚必亡，大國行禮焉而不服，在大猶有咎，而況小乎？」夏，楚彭名侵陳，陳無禮故也。

【今註】㊀繁陽：據一統志說：「今河南新蔡縣北有繁陽亭。」㊁唯知時也：就是因為知道那個時間還不能夠相爭。㊂陳人不聽命：陳人不聽楚人的命令。

【今譯】四年春，楚國的軍隊因為陳國反叛的原故，仍舊駐在繁陽這地方，晉國的韓厥以他為患，就在朝廷上說：「周文王率領著殷朝很多反叛的國家來事奉商紂，就是因為他知道這時間不可以和紂相爭。現在我們反過來，這是很難的。」三月，陳成公死了，楚國人正要討伐他，聽見這個喪事，就阻止前進，但是陳人仍不聽楚國的命令。臧武仲聽見就說：「陳國不服從楚國，必定就亡了，大國有禮，而小國仍不服從，在大國如此尚有災害，何況是小國呢？」夏天，楚國的彭名侵略陳國，是因為陳國沒有禮的原故。

(二)經　夏叔孫豹如晉。

傳　穆叔如晉，報知武子之聘也。晉侯享之，金奏肆夏㊀之三，不拜，工歌文王之三，又不拜，歌鹿鳴之三，三拜㊁。韓獻子使行人子員㊂問之曰：「子以君命辱於敝邑，先君之禮藉之以樂，以辱吾子，吾子舍其大而重拜其細，敢問何禮也？」對曰：「三夏天子所以享元侯也㈣，使臣弗敢與聞㈤，文王兩君相見之樂也，臣不敢及。鹿鳴君所以嘉寡君也，敢不拜嘉㈥，四牡君所以勞使臣也，敢不重拜㈦，皇皇者華，君教使臣曰：『必諮於周㈧。』臣聞之：訪問於善為咨㈨，咨親為詢㈩，咨禮為度⑪，咨事為諏⑫，咨難為謀⑬，臣獲五善⑭，敢不重拜⑮。」

【今註】㈠肆夏：是一種夏朝的曲名。㈡歌鹿鳴之三，三拜：鹿鳴是小雅的頭一篇，第三篇就是皇皇者華。㈢行人子員：是晉國的行人官，名叫子員。㈣天子所以享元侯也：這是天子所宴會牧伯的。㈤使臣弗敢與聞：所以我是使臣不敢聽此音樂。㈥敢不拜嘉：我不敢不拜這個好意。㈦敢不重拜：所以我不敢不拜第二次。㈧必諮於周：必要詢問忠信的。㈨訪問於善為咨：訪問善道就叫著咨。㈩咨親為詢：問親戚叫做詢。⑪咨禮為度：問禮節叫做度。⑫咨事為諏：問政事叫做諏。⑬咨難為謀：詢問患難叫做謀。⑭臣獲五善：五善就是指著咨、詢、度、諏、謀五種。⑮敢不重拜：敢不拜很多次。

【今譯】魯國的叔孫豹到晉國去，是報答知罃的聘問。晉侯請他吃飯，樂奏肆夏的樂曲三篇，他不拜謝；樂工歌唱文王的三篇，他又不拜謝；歌鹿鳴的三篇，他就行了三拜禮。韓厥使行人名子員的問他說：「你奉著魯國的君命來到我們的國，我們行著先君所行的禮並再加以奏樂，這是為煩辱你的，你為什麼捨去他那大節目而特別拜那小節目，我敢問你這是合於什麼禮？」他回答說：「三夏是周天子所以用以宴享諸侯之長的，我這個使臣不敢來聽。文王這篇詩是兩國的君見面時所奏的樂，我也不敢聽。鹿鳴的詩是晉君用來嘉頌我們的魯君的，這種嘉頌我敢不拜謝嗎？四牡這詩是晉君用它來慰勞使臣的，我敢不再拜一次嗎？至於皇皇者華這篇，晉君叫我說：『必定去詢問忠信的人。』我聽見說過訪問善道叫做咨，訪問親戚叫做詢，訪問禮儀叫做度，訪問政事叫做諏，訪問患難叫做謀，我得到這五種善事，我敢不多拜謝嗎？」

(三)**經**　秋，七月戊子，夫人姒氏薨。

傳　秋定姒㊀薨，不殯于廟，無櫬不虞㊁。匠慶㊂謂季文子曰：「子為正卿，而小君之喪不成，不終君也㊃，君長誰受其咎㊄？」初，季孫為己樹六檟於蒲圃東門之外，匠慶請木，季孫曰：「略」㊅。匠慶用蒲圃之檟，季孫不御㊆。君子曰：「志所謂多行無禮，必自及也，其是之謂乎。」

【今註】㊀定姒：是魯襄公的生母。是成公的妾。㊁無櫬不虞：櫬是親身的棺材。沒有親身的棺材，也不行反哭禮。㊂匠慶：是魯國的大匠。㊃不終君也：不優待他的生母，那是沒有盡事君之道。㈤君長誰受其咎：等到襄公年長以後，必定責備季孫。㈥略：是不用正式的去取。㈦季孫不御：季孫不禁止他。

【今譯】秋，襄公生母定姒死了，不在廟裡出殯，沒有貼身的棺木，也不反哭。魯國的大匠叫慶的對季文子說：「你是最高的卿，而君的生母的喪不照儀式，這是沒有盡事君之道，等到君年長了以後必定要責備你的。」最初的時候，季文子為他自己種了六棵檟樹，在魯國都城東門的外面。匠慶請用什麼樹，季文子就說：「你可以奪取。」匠慶就用了蒲圃這個檟木，季文子也就不阻止他。君子說：「書上所說多做沒有禮貌的事情，必定到了自己身上，豈不就是這一種嗎？」

(四)經 葬陳成公㈠。

【今註】㈠此經無傳。

【今譯】給陳成公舉行葬禮。

(五)經 八月辛亥，葬我小君定姒㈠。

【今註】㈠此經無傳。

【今譯】八月辛亥給我小君定姒行葬禮。

(六)經　冬，公如晉。

傳　冬，公如晉聽政㊀。晉侯享公，公請屬鄫㊁，晉侯不許。孟獻子曰：「以寡君之密邇於仇讎，而願固事君，無失官命㊂，鄫無賦於司馬㊃，為執事朝夕之命敝邑，敝邑褊小，闕而為罪㊄，寡君是以願借助焉㊅。」許之。

【今註】㊀公如晉聽政：魯襄公到晉國去聽受晉國所要的貢賦多少。㊁請屬鄫：請鄫國暫時歸魯國管。鄫國在今山東省嶧縣東八十里。㊂無失官命：不致於失掉晉國所發表的軍隊的命令。㊃鄫無賦於司馬：鄫國對於晉國的司馬並沒有賦稅。㊄闕而為罪：有所闕失，就有罪了。㊅寡君是以願借助焉：所以我們想著願借鄫國的力量以幫助。

【今譯】冬天，襄公到晉國去，他為的聽晉國所說貢賦多少的數目。晉悼公請魯襄公吃飯，襄公就請把鄫國歸到魯國的屬下，晉侯先不答應。孟獻子就說：「因為我們君離著仇人太近，又願意堅固的事奉晉國，不至於失掉晉國官吏所發的命令，鄫國對於晉國的司馬沒有賦稅，因為晉國的官吏早晚全去徵發魯國，魯國太小了，遇有闕失就犯了罪，所以我們君想著藉鄫國幫助。」晉侯就答應了。

(七)經　陳人圍頓。

傳 楚人使頓間陳㊀，而侵伐之，故陳人圍頓。

【今註】㊀頓間陳：楚國人使頓國利用陳的不防備來侵伐陳國。

【今譯】楚國人使頓國乘著陳國的不防備時候去討伐他，所以陳國人包圍了頓國都城。

(八)傳 無終子嘉父㊀使孟樂㊁如晉，因魏莊子納虎豹之皮以請和諸戎。晉侯曰：「戎狄無親而貪，不如伐之。」魏絳曰：「諸侯新服，陳新來和，將觀於我。我德則睦，否則攜貳，勞師於戎，而楚伐陳，必弗能救，是棄陳也，諸華必叛。戎，禽獸也，獲戎失華，無乃不可乎？夏訓有之曰：『有窮后羿㊂。』」公曰：「后羿何如？」對曰：「昔有夏之方衰也，后羿自鉏遷于窮石㊃，因夏民以代夏政，恃其射也㊄，不修民事，而淫于原獸㊅，棄武羅、伯困、熊髠、尨圉㊆，而用寒浞。寒浞伯明氏之讒子弟也㊇，伯明后寒棄之，夷羿收之㊈，信而使之，以為己相。浞行媚于內，而施賂于外，愚弄其民，而虞羿于田㊉，樹之詐慝，以取其國家，外內咸服。羿猶不悛⑪，將歸自田，家眾殺而享之，以食其子，其子不忍食諸，死于窮門。靡奔有鬲氏（一二），浞因羿室（一三），生澆及豷，恃其讒慝，詐偽而不德于民，使澆用師滅斟灌及斟尋氏（一四），處澆于過，處豷于戈（一五）。靡自有鬲氏收二國之燼，以滅浞而立少康（一六）。少康滅澆于過，后杼（一七）滅豷于戈，有窮由是遂亡，失人故也（一八）。昔周辛甲（一九）之為大史也，命百官官箴王闕，於虞人之箴（二〇）曰：『芒芒禹迹，畫為九州，經啟九道（二一），民有寢廟，獸有茂草，各有攸處，德用不擾（二三）。在帝夷羿，冒于原獸，忘其國恤而思其麀牡（二二），武不可重，用不恢于夏家（二四）。獸臣司原，敢告僕夫。』虞箴如是，可不懲乎？」於是晉侯好田，故魏絳及之。公曰：「然則莫如和戎乎？」對曰：「和戎有五利焉，戎狄薦居，貴貨易土（二五），土可賈焉，一也。邊鄙不聳（二六），民狎其野，穡人成功，二也。戎狄事晉，四鄰振動，諸侯威懷，三也。以德綏戎，師徒不勤，甲兵不頓（二七）四也。鑒于后羿，而用德度，遠至邇安，五也。君其圖之。」公說，使魏絳盟諸戎，修民事，田以時。

【今註】㈠無終子嘉父：江永引顧炎武曰：「無終之為今玉田，無可疑者，然比年無終子使孟樂如晉，請和諸戎。昭公元年，晉中行穆子敗無終及羣狄於太原。漢書樊噲傳，擊陳豨、破得綦毋卬尹潘軍於無終廣昌。則去玉田千有餘里。豈無終之國，先在雲中代郡之境，經中行穆子敗後，遷至右北平歟？」㈡孟樂：戎國的使臣。㈢有窮后羿：一統志說：「有窮在安徽省霍邱縣境，一說在英山縣境。」后羿是有窮的君。㈣后羿自鉏遷于窮石：鉏據彙纂說：「今河南滑東十五里有鉏城，後歸衛。」江永說窮石就是窮國，當在今河南省洛陽縣南邊。㈤恃其射也：仗著他能夠射箭。㈥不修民事而淫于原獸：他不管民間的事情而喜歡打獵。㈦棄武羅、伯困、熊髡、尨圉：他們全是羿的賢臣，而后羿不用。㈧寒浞、伯明氏之讒子弟也：一統志說：「寒在今山東省濰縣東北三十里。」寒浞他是伯明氏一個不好的兒子。㈨夷羿收之：后羿用他。㈩而虞羿于田：他使后羿一天到晚打獵。羿猶不悛：后羿也不改變。⑪靡奔有鬲氏：靡是夏后氏的舊臣，而事奉后羿的，他就逃到有鬲氏去。據山東考古錄說：「有鬲在今山東省德縣東南二十五里之五甲莊。」⑫浞因羿室：寒浞就用羿的妻妾。⑬使澆用師滅斟灌及斟尋氏：就派他的兒子澆用軍隊滅了斟灌同斟尋兩國。斟灌同斟尋是夏的同姓國。續山東考古錄說：「以觀國故城在觀城縣，斟權故城在壽光縣。」⑭處澆于過，處豷于戈：過據大事表說：「在今山東掖縣北。」戈在今河南杞縣。⑮少康：是夏后相的兒子。⑯后杼：是少康的兒子。⑰失人故也：這是失掉人心的原故。⑱辛甲：是周武王的太史。⑲於虞人箴：在管打獵的箴言說。⑳經啟九道：開啟九州的道路。㉑德用不擾：人民的德性同禽獸的用途各不相擾害。

㉓思其麀牡：而想獵獲的獸是公或母。㉔用不恢于夏家：他不能擴大夏國。㉕戎狄薦居，貴貨易土：戎狄聚在一塊來住，他以貨物為重，而輕視土地。㉖邊鄙不聳：邊疆不會發生害怕。㉗甲兵不頓：各種軍隊全都不會毀壞。

【今譯】　無終國的國王名叫嘉父，差他的臣子孟樂到晉國來，靠了魏絳的介紹，獻虎豹的皮給晉侯，請求晉國同諸戎平和。晉侯說：「戎狄沒有什麼情義，卻只有貪心，不如伐他的好。」魏絳說：「諸侯新近來歸附，陳國新近來求和，全要看我國的情景呢？我有德的，便同我和睦，否則便有二心了。勞動了晉國的軍隊去伐戎狄，倘使楚國趁勢去伐陳國，晉國一定不能夠去救他，這便是棄掉陳國了。中華諸侯見晉國不去救陳，一定都要背叛的。戎狄是和禽獸一般的，得了戎狄，失去中華各國，不是不可以嗎？夏書上說：『有窮國的君叫羿。』……」晉悼公說：「羿怎麼樣？」魏絳回答：「從前夏朝衰敗的時候，羿從鉏的地方遷居到窮石，因為夏朝的君王微弱，夏民擁戴他，便代管了夏政做王，仗著他自己會射箭，不肯修明政治，卻放肆的只管打獵野獸，廢棄了武羅、伯因、熊髡、尨圉幾個賢臣，寵用著寒浞。寒浞是伯明氏喜歡說誑的子弟，寒國的君王伯明氏不要他，夷羿卻喜歡說誑，收留了他，並且很相信的使用他，叫他做了宰相。寒浞對內媚著宮人，對外專塞私用給人們，愚弄他的人民，使羿專尋快樂在打獵一事上，用一種欺詐手段，取他國家的權柄，裏裏外外都服從他的詐術。羿卻還不知道改悔，將要從打獵地方回來，他的手下各人竟替浞殺了羿把他烹煮了，拿肉給羿的兒子吃，他的兒子不忍吃，就把他殺死在窮門的地方。夏朝的遺臣名叫靡，便逃奔到有鬲氏去；寒浞就把羿的妃妾當作自己的妃妾，生了澆和豷兩個兒子。自己倚仗著讒慝詐偽，對於人民不肯修德，差澆用兵去滅了斟灌和斟尋兩國。使澆住在過國，豷住在戈國。靡從有鬲氏收拾了斟灌尋兩國的遺民，便滅掉浞，立了少康。少康滅澆於過國，后杼滅豷於戈國。有窮國從此就亡了。這都是失於人和的緣故。從前周武王時候有個太史，名叫辛甲，差百官各做箴規的歌辭，誓戒君王的過失。在戒田獵那篇箴言上說：『很廣大的禹跡，畫分成九個州，開通九州的道路，人民有寢室可以安生，有宗廟可以祭祀，禽獸有很茂盛的草木，可以棲息，人和神各有安處的所在，所以兩不相擾。從前夷羿做了帝，貪著打獵野獸，忘記他國家的憂愁，卻專想獵獲的獸是公是母，武事是不可屢起的，所以羿有了夏家，卻擴大不出來。獸臣是管原野的，敢於告訴君的僕夫。』警戒田獵的箴言，是這般說法的，可以不戒懼麼？」因為這時候晉悼公喜歡打獵，所以魏絳講到后羿的這件事。悼公說：「照你說來，那末最好是和戎麼？」魏絳回答說：「和戎狄有五種利益：戎狄聚集在一處居住，看重貨財，看輕土地，我們可以給他貨而獲得土地，這是第一種好處；晉國的邊境沒有狄患，百姓安心於田野中，收割的人容易成就他的歲功，這是第二種好處；戎狄服事晉國，四鄰各國都驚動起來，諸侯便畏威懷德，這是第三種好處；用德義安撫戎狄，軍隊並不要出力，兵甲又不會敗壞，這是第四種好處；把后羿做個鑒戒，卻用明德做諸侯的法度，使遠的來歸附，近的都安樂著，這是第五種好處，請君謀算著罷。」悼公心中歡樂，便差魏絳和諸戎會盟，修農民三時的事情，出去打獵也不礙農時了。

(九)傳冬十月，邾人、莒人、伐鄫，臧紇救鄫侵邾，敗于狐駘㈠。國人逆喪者皆髽㈡，魯於是乎始髽。國人誦之曰：「臧之狐裘敗我於狐駘。我君小子，朱儒是使。朱儒朱儒，使我敗於邾。」

【今註】㈠狐駘，一統志說：「今山東滕縣東南二十里，有狐駘山。」㈡國人逆喪者皆髽：髽音抓。是婦人喪服之髻。

【今譯】冬天十月，邾國人同莒國人討伐鄫國，臧武仲因為救鄫國就去侵邾國，在狐駘這地方打了敗仗。魯國的貴族來迎接戰死的人，全都束上髽，魯國人於是開始束髽。魯國人悲哀的唱著說：「臧紇穿著狐裘的皮襖在狐駘這地方打了敗仗。我們這小孩子的君，派遣這個矮人。矮人啊，矮人，使我們在邾國打了敗仗。」

襄公五年（公元前五百六十八年）

(一)經五年春，公至自晉。

傳五年春，公至自晉㈠。

【今註】㈠公至自晉：襄公由晉國回來。

【今譯】五年春，魯襄公由晉國回來。

(二)傳 王使王叔陳生㈠愬戎于晉，晉人執之，士魴如京師，言王叔之貳於戎也㈡。

【今註】 ㈠王叔陳生：是周的卿士。㈡言王叔之貳於戎也：為著說明王叔是對戎有貳心。

【今譯】 周王使周卿士王叔陳生告訴戎人到晉國去，晉國人把他逮起來。晉國士魴到京師去，說明王叔對於戎人有二心。

(三)經 夏鄭伯使公子發來聘。

傳 夏，鄭子國來聘，通嗣君也㈠。

【今註】 ㈠通嗣君也：這是因為鄭僖公初即位的原故。

【今譯】 夏天，鄭國派公子發來聘問魯國，這是因為鄭僖公剛剛即位的緣故。

(四)經 叔孫豹鄫世子巫如晉。

傳 穆叔覲鄫大子于晉㈠，以成屬鄫。書曰叔孫豹、鄫大子巫如晉，言比諸魯大夫也㈡。

【今註】 ㈠覲鄫大子于晉：覲音（ㄉㄧˊ）以贄相引見鄫太子在晉國。㈡言比諸魯大夫也：等於說是把鄫太子同魯國大夫一樣的待遇。

【今譯】　魯國的叔孫豹帥領著鄫國的太子巫到晉國去引見，做成把鄫國屬於魯國的事情。寫在春秋上說叔孫豹鄫太子巫如晉，這是說鄫國的太子等於魯國的大夫一樣。

㈤經　仲孫蔑衛孫林父會吳于善道。

傳　吳子使壽越㊀，如晉，辭不會于雞澤之故，且請聽諸侯之好。晉人將為之合諸侯，使魯衛先會吳，且告會期，故孟獻子，孫文子會吳于善道㊁。

【今註】　㊀壽越：吳國大夫。㊁善道：彙纂說：「案阮勝之南兗州記所說盱眙本吳善道地，秦置盱眙縣。」即今安徽省盱眙縣。

【今譯】　吳王派吳大夫壽越到晉國去說明不到雞澤去開會的緣故，並且請求聽從各諸侯的要好。晉國就要為他會合諸侯，使魯國同衛國先與吳相會，並且告訴他開會的日期，所以魯國的孟獻子，衛國的孫文子到善道去同吳國開會。

㈥經　秋大雩。

傳　秋大雩旱也㊀。

【今註】㈠大雩旱也：大雩是求雨的祭祀因為天旱。

【今譯】秋天，行求雨的禮節，這是因為魯國天旱的緣故。

㈦**經**楚殺其大夫公子壬夫。

傳楚人討陳叛故，曰：「由令尹子辛實侵欲焉。」乃殺之。書曰：「楚殺其大夫公子壬夫。」貪也㈠。君子謂楚共王於是不刑。詩曰：「周道挺挺，我心扃扃，講事不令，集人來定㈡。」己則無信，而殺人以逞，不亦難乎㈢？夏書曰：「成允成功㈣。」

【今註】㈠貪也：多要賄賂。㈡周道挺挺，我心扃扃，講事不令，集人來定：這是一首逸詩不見於現在詩經中，意思是說周的道路是很直的，我的心中也很明亮，要是會謀得不能好，就應當集會很多賢人來決定。㈢殺人以逞，不亦難乎：殺人來得意，這不也是很難嗎？㈣成允成功：這是一句逸書。意思是說信實要能成立，功業就能成立。

【今譯】楚國人討伐陳國，因為陳國反叛的緣故，就說：「實在是由於令尹子辛貪求無厭。」就殺了子辛。寫在春秋上說：「楚殺其大夫公子壬夫。」這是因為他貪汙的緣故。君子說楚共王這就是不合於刑律。逸詩上說：「周道是很正直的，我心是很明察的，討論事情不善，應當集合很多賢人來定規他。」自己就沒有信實，而屢次的殺人，這不也是很難的嗎？夏朝的逸書說：「成了信實就能夠成功。」

(八)經　公會晉侯、宋公、陳侯、衛侯、鄭伯、曹伯、莒子、邾子、滕子、薛伯、齊世子光、吳人、鄫人于戚。

傳　九月丙午，盟于戚，會吳且命戍陳也㊀。穆叔以屬鄫為不利，使鄫大夫聽命于會。

【今註】㊀會吳且命戍陳也：這是為著會合吳國並且命令諸侯戍守陳國。

【今譯】九月丙午這一天在戚會盟，這是會合吳國且命諸侯去戍守陳國。叔孫豹以為鄫國屬魯國對魯國不利，他就叫鄫大夫到會場中去聽命。

(九)經　公至自會㊀。

【今註】㊀此經無傳。

【今譯】魯襄公從開會的地方回來。

(十)經　冬戍陳。

(十一)經　楚公子貞帥師伐陳，公會晉侯、宋公、衛侯、鄭伯、曹伯、齊世子光救陳。

傳　楚子囊為令尹㊀，范宣子曰：「我喪陳矣。楚人討貳而立子囊，必改行㊁，而疾討陳㊂。陳近于楚，民朝夕急，能無往乎？有陳非吾事也。無之而後可。」冬，諸侯戍陳㊃，子囊伐陳。十一月甲午，會於城棣㊄，以救之。

【今註】㊀子囊為令尹：子囊是公子貞。㊁必改行：必定改了子辛所做的事。㊂而疾討陳：而趕快的去討伐陳國。㊃諸侯戍陳：諸侯防備楚國就到陳國戍守。㊄城棣：是鄭地，彙纂說：「在今河南陽武縣北十里，有南北二城棣。」

【今譯】楚國的公子貞做令尹，晉國的范宣子說：「我國必定丟掉陳國了。楚國人討伐陳國的貳心，而立了公子貞為令尹，他必定改去以前子辛的行為，必定很快的去討伐陳國。陳國是離楚國很近，他的人民從早到晚被討伐就著急，能不歸到楚國嗎？陳國歸我們並不是我們的事情。必定沒有他方才可以。」冬天，諸侯往陳國戍守。公子貞去討伐陳國，十一月甲午在城棣開會，以援救陳國。

(十二)經　十有二月，公至自救陳㊀。

【今註】㊀此經無傳。

【今譯】十二月，魯襄公從救陳國回來。

(十三)經 辛未，季孫行父卒。

傳 季文子卒，大夫入斂，公在位㊀，宰庀㊁家器為葬備，無衣帛之妾，無食粟之馬，無藏金玉，無重器備㊂。君子是以知季文子之忠於公室也，相三君矣㊃，而無私積，可不謂忠乎？

【今註】㊀公在位：襄公就立在阼階的西邊。㊁庀：是預備。㊂無重器備：是指著珍寶兵器等物。㊃相三君矣：宣公、成公、襄公。

【今譯】季文子死了，魯國的大夫全參加他的斂禮，魯襄公在阼階上西向。季孫氏的家宰預備各種的器物做下葬的準備。他沒有穿著綢布衣服的妾，沒有吃粟的馬匹，所收藏的沒有金同玉，也沒有各種珍寶甲兵之類，君子所以知道季文子對於魯國公室很忠心，他輔相了三個魯君而沒有私人的積蓄，還不能說他是忠心嗎？

襄公六年（公元前五百六十七年）

(一)**經**　六年春王三月壬午杞伯姑容卒。

傳　六年春杞桓公卒，始赴以名㊀，同盟故也。

【今註】㊀始赴以名：開始用名字在赴文上。

【今譯】六年春天，杞桓公死了，頭一次用名字來赴告，因為是同盟的緣故。

(二)**經**　夏，宋華弱來奔。

傳　宋華弱與樂轡，少相狎，長相優㊀，又相謗也。子蕩㊁怒以弓梏㊂華弱于朝。平公見之曰：「司武而梏於朝，難以勝矣㊃。」遂逐之。夏，宋華弱來奔。司城子罕曰：「同罪異罰非刑也，專戮於朝，罪孰大焉。」亦逐子蕩。子蕩射子罕之門曰：「幾日而不我從㊄？」子罕善之如初。

【今註】㊀長相優：年長了以後就互相開玩笑。㊁子蕩：就是樂轡。㊂以弓梏：拿弓當做枷戴在華弱的頸上。㊃難以勝矣：就難打勝仗了。㊄幾日而不我從：過不了幾天你就跟我一樣的會出奔。

【今譯】宋國的華弱同樂轡少時很要好，長大以後就時常互相開玩笑，但是又互相譭謗。樂轡發怒就用弓在朝上夾了華弱的脖子。宋平公看見了說：「軍令部長而被夾在朝庭上，這很難打勝仗。」就把華弱驅逐出國。夏天，宋華弱逃到魯國來。宋國的司城樂喜說：「同樣的罪狀而不同的法責這是不合於刑律的，在朝上專殺，這個罪過沒有比這再大的。」也驅逐了樂轡。樂轡射樂喜的門說：「過幾天你就會跟著我走了。」但是樂喜仍舊對樂轡很好。

㈢經　秋葬杞桓公㈠。

【今註】㈠此經無傳。

【今譯】秋天，給杞桓公行葬禮。

㈣經　滕子來朝。

傳　秋滕成公來朝，始朝公也㈠。

【今註】㈠始朝公也：滕成公開始來朝見魯襄公。

【今譯】滕成公來朝見魯襄公，這是頭一次來朝見。

㈤經　莒人滅鄫。

傳　莒人滅鄫，鄫恃賂也㈠。

【今註】㊀恃賂也：鄫是對魯國有貢賦的賄賂，所以他依仗魯國。

【今譯】莒國人滅了鄫國，因為鄫國仗著魯國的緣故。

(六)經　冬叔孫豹如邾。

傳　冬，穆叔如邾聘，且修平㊀。

【今註】㊀且修平：而且為襄公四年狐駘戰爭後修和平。

【今譯】冬天，叔孫豹到邾國去聘問。並且修整在狐駘打仗以後的和平。

(七)經　季孫宿如晉。

傳　晉人以鄫故來討曰：「何故亡鄫㊀？」季武子如晉見，且聽命㊁。

【今註】㊀何故亡鄫：你為什麼使鄫滅亡。㊁且聽命：且聽受晉國的處分。

【今譯】晉國人因為鄫國的緣故來討魯國說：「為什麼使鄫國滅亡了。」季孫到晉國去見晉國的君，並且聽候晉國的處分。

(八)經　十有二月齊侯滅萊。

傳十一月，齊侯滅萊，萊恃謀也㊀，於鄭子國之來聘也，四月，晏弱城東陽而遂圍萊㊁，甲寅堙之環城傅於堞㊂。及杞桓公卒之月㊃，乙未，王湫帥師及正輿子棠人軍齊師㊄，齊師大敗之㊅，丁未，入萊，萊共公浮柔奔棠㊆，正輿子王湫奔莒，莒人殺之。四月，陳無宇獻萊宗器于襄宮㊇，晏弱圍棠，十一月丙辰而滅之，遷萊于郳㊈。高厚㊉崔杼定其田。

【今註】㊀萊恃謀也：因為萊國仗著賄賂夙沙衛的計謀。㊁晏弱城東陽而遂圍萊：此事在五年四月。㊂堙之環城傅於堞：在環繞著萊的四面築了一個小土山同萊的城牆一般高。㊃杞桓公卒之月：這在此年三月。㊄王湫帥師及正輿子棠人軍齊師：王湫率領著軍隊同萊的大夫正輿子及棠的軍隊一起攻打齊國的軍隊。㊅齊師大敗之：齊國軍隊反把王湫的軍隊打敗了。㊆萊共公浮柔奔棠：萊國的君名浮柔逃到棠的地方。棠據彙纂說：「在今山東省即墨縣西南八十里。」㊇陳無宇獻萊宗器于襄宮：陳無宇是陳完的玄孫，他把萊國所有的寶器獻到齊襄公的廟裡。（我在所著的中國古代社會新研中說古代同一輩的人祇有一個廟，所以齊襄公的廟也就是齊桓公的廟。）㊈郳：山東黃縣志說：「縣南十里有歸城，土人曰灰城，齊遷萊于郳，即此。」㊉高厚：高固的兒子。

【今譯】十一月，齊侯滅了萊國，因為萊國依仗著賄賂夙沙衛的計謀，在鄭子國來聘問魯國那年的四月，齊國的晏弱修理齊萊兩國邊境上的東陽城，就圍了萊國都城。甲寅這天，在這都城的四圍，修了一個土山和他的城牆那麼高，到了杞桓公死的那月乙未那天，王湫帥領軍隊同萊國的大夫正輿子以及棠人攻擊齊國的軍隊，齊國軍隊把他們打得大敗，丁未這天就進入萊國的都城。萊共公叫浮柔逃到棠這地方，正輿子同王湫逃到莒國，莒人把他們殺了。四月，齊國的大夫陳無宇把萊國宗廟的器皿獻到齊襄公的廟中。晏弱將棠包圍了，十一月丙辰這天把他滅了，把萊國君遷到郳國去。齊大夫高厚同崔杼劃定他的田地的疆界。

襄公七年（公元前五百六十六年）

㈠**經**七年春郯子來朝。

傳春，郯子來朝，始朝公也㊀。

【今註】㊀始朝公也：開始朝見魯襄公。

【今譯】七年春，郯子來朝見魯襄公，這是開始朝見魯襄公。

㈡**經**夏四月，三卜郊不從，乃免牲。

傳夏四月，三卜郊不從，乃免牲。孟獻子曰：「吾乃今而後知有卜筮。夫郊祀后稷以祈農事也，是故啟蟄而郊，郊而後耕，今既耕而卜郊㊀，宜其不從也。」

【今註】㊀既耕而卜郊：現在已經耕農田而後又占卜祭天。

【今譯】夏天四月三次占卜郊天，占卜不好，就把用的牛免除了。孟獻子就說：「我從今以後才能明白占卜。郊天是為的以周的祖先后稷配享，這是為的禱告農田的事情，所以在啟蟄節以後就郊天，郊天以後方才種地，現在已經耕地了，而然後再郊天，所以占卜不從，是很相宜的。」

㈢傳 南遺為費宰㊀叔仲昭伯為隧正㊁，欲善季氏而求媚於南遺，謂遺請城費，吾多與而役，故季氏城費。

【今註】㊀費宰：費是季孫氏的邑。費宰是費邑的主持人。㊁叔仲昭伯為隧正：叔仲昭伯是叔仲惠伯的孫子，隧正是管理公土的長官。

【今譯】南遺做季孫所管的費的首領，叔孫昭伯做隧正的官，想著見好于季孫氏，而巴結南遺，就告訴南遺說你要求修費這個城，我多給你公家的工人，所以季孫氏就修費這個城。

㈣經 小邾子來朝。

傳 小邾穆公來朝，亦始朝公也㊀。

【今註】㊀亦始朝公也：他也和郯子一樣，始來朝見魯襄公。

【今譯】小邾穆公來朝見，也是頭一次見魯襄公。

㈤經 城費。

【今譯】魯國修築費城。

㈥經 秋，季孫宿如衛。

傳 秋，季武子如衛，報子叔之聘，且辭緩報非貳也㊀。

【今註】㊀辭緩報非貳也：表示來報答甚晚而並不是有旁的心。

【今譯】秋天，季孫宿到衛國報答子叔的聘問，並且說明去的很晚，並非有貳心。

㈦經 八月螽㊀。

【今註】㊀此經無傳。

【今譯】八月，魯國有蝗蟲的災害。

(八)傳　冬十月，晉韓獻子告老，公族穆子有廢疾㈠，將立之，辭曰：「詩曰：『豈不夙夜，謂行多露㈡』又曰：『弗躬弗親，庶民弗信㈢。』無忌不才，讓其可乎？請立起也㈣。與田蘇游而曰好仁㈤。詩曰：『靖共爾位，好是正直，神之聽之，介爾景福㈥。』恤民為德㈦，正直為正㈧，正曲為直㈨參和為仁㈩如是則神聽之，介福降之，立之不亦可乎？」庚戌，使宣子朝，遂老。晉侯謂韓無忌仁，使掌公族大夫㈡。

【今註】㈠公族穆子有廢疾：長子無忌有不易治的病。㈡豈不夙夜，謂行多露：意思說豈不敢夜裡早走嗎？就是因為夜裡露水很多。㈢弗躬弗親，庶民弗信：這是詩經小雅節南山的詩句。意思是說假設在上位的，不親自管理政事，則人民不敢輕易信仰他的命令。㈣無忌不才，讓其可乎？請立起也：無忌我沒有才幹，可以不可以讓位給旁人？韓起是韓無忌的弟弟韓宣子。㈤與田蘇游而曰好仁：他和田蘇要好，而田蘇說他能好仁義。㈥靖共爾位好是正直神之聽之介爾景福：這是詩經小雅小明篇的詩句。意思是說你很恭敬的在你的位置上，求到正直的人，神明聽到了，就可以幫助你的大福氣。㈦恤民為德：安定人民就是德性。㈧正直為正：正直你的心就是正。㈨正曲為直：正旁人的心為直。㈩參和為仁：把德、正同直三種和在一塊就叫做仁。㈡使掌公族大夫：叫他做公族大夫的長官。

【今譯】冬天十月，晉國韓厥要告老，他的大兒子韓無忌有不容易治好的疾病，要使他接著韓厥的卿，他就辭謝說：「詩經曾經說過：『豈是不願意夜中走路，就是怕露水多的緣故。』又說：『不親自管理政事，人民就不會尊敬的。』我無忌沒有才幹，可以不可以讓位呢？請立我的弟弟韓起吧。他與晉國賢人田蘇相好，田蘇說韓起喜歡仁慈。詩經上說過：『安於你的位子，求得正直的賢人，神聽到這些，就會給你福祿的。』憐恤人民叫做德，正自己的心叫做正，正旁人的心叫做直，把德正直三種全都齊備了就叫做仁，有這樣的人，神就會聽從他，大福就降在他，立了他不也可以嗎？」庚戌這天，使韓起上朝見晉悼公，韓厥就告老了。晉悼公說韓無忌很仁，就叫他掌管公族大夫。

(九)**經**冬十月衛侯使孫林父來聘，壬戌，及孫林父盟。

傳衛孫文子來聘，且拜武子之言，而尋孫桓子之盟㈠，公登亦登㈡。叔孫穆子相，趨進曰：「諸侯之會，寡君未嘗後衛君㈢，今吾子不後寡君，寡君未知所過，吾子其少安㈣。」孫子無辭，亦無悛容㈤，穆叔曰：「孫子必亡，為臣而君，過而不悛，亡之本也。詩曰：『退食自公，委蛇委蛇。』謂從者也㈥，衡而委蛇必折㈦。」

【今註】㊀尋孫桓子之盟：孫桓子的盟在魯成公三年。㊁公登亦登：魯襄公上臺階的時候，孫文子也上臺階。㊂寡君未嘗後衛君：我們的國君也未嘗在衛國君的後面上臺階。㊃吾子其少安：你可以慢慢的走一點。㊄亦無悛容：也沒有改變的樣子。㊅謂從者也：這是指著順從著。㊆衡而委蛇必折：衡行不順道，必定會摧毀。

【今譯】衛孫林父來聘問魯國，並且拜謝季孫宿的話，且重申孫良夫的盟誓，魯襄公上臺階，孫林父也同時上臺階。叔孫豹趕快的走前說：「在諸侯會盟的時候，我們魯國的君沒有在衛國君的後面，現在你不在我們君的後面，我們君不知道有什麼錯誤了，你可以慢一點走嗎？」孫林父沒有話說，但是也沒有改變的意思。叔孫豹就說：「孫林父必定要失敗，做臣而變成君，有錯誤又不改變，這是失敗的原因，詩經上說過：『由公家辦公回來必定要謙順的。』這就是所說順從。不順著路必定要中斷。」

(十)經 楚公子貞帥師圍陳。

傳 楚子囊圍陳，會於鄬㊀以救之。

【今註】㊀鄬：據釋地說：「鄬在今河南省偃師縣。」

【今譯】楚國令尹公子貞圍了陳國都城，晉悼公就召各諸侯在鄬會見，以救援陳國。

(十)【經】十有二月，公會晉侯、宋公、陳侯、衛侯、曹伯、莒子、邾子于鄬。鄭伯髡頑如會，未見諸侯，丙戌卒于鄵。

【傳】鄭僖公之為大子也，於成之十六年㈠，與子罕適晉不禮焉，又與子豐㈡適楚，亦不禮焉。及其元年朝于晉㈢，子豐欲愬諸晉而廢之，子罕止之。及將會于鄬，子駟相，又不禮焉。侍者諫，不聽；又諫，殺之。及鄵㈣，子駟使賊夜弒僖公而以瘧疾赴于諸侯，簡公㈤生五年奉而立之。

【今註】㈠於成之十六年：這是魯成公十六年。㈡子豐：是鄭穆公的兒子。㈢其元年朝于晉：這是鄭僖公六年等於魯襄公三年。㈣鄵：在今河南省密縣南。㈤簡公：是僖公的兒子。

【今譯】鄭僖公做大子的時候是在魯成公十六年。和鄭國的子罕到晉國去，他對子罕不敬禮，又同子豐到楚國去也不敬禮。到了鄭僖公的元年，到晉國朝見，子豐想著到晉國告訴晉國，把僖公廢掉，子罕把他止住了。這次到鄬這地方開會，公子騑相禮，他又不敬禮。傭人規諫他，他不聽，再諫他，就把傭人殺掉。到了鄵這地方，子駟使人把他殺掉，而用說他暴病死了赴告諸侯。他的兒子簡公，祇生了五年，子駟就事奉立了他。

(十三)**傳**陳人患楚，㈠慶虎、慶寅㈡謂楚人曰：「吾使公子黃㈢往而執之。」楚人從之。二慶使告陳侯于會，曰：「楚人執公子黃矣。君若不來，羣臣不忍社稷宗廟，懼有二圖。」陳侯逃歸。

【今註】㈠陳人患楚：陳人因為楚國包圍了陳國都城的原故。㈡慶虎、慶寅：是陳國掌政權的大夫。㈢公子黃：是陳哀公的弟弟。

【今譯】陳國因為楚國包圍都城為憂患，兩個執政的大夫慶虎、慶寅就告訴楚國說：「我叫公子黃到楚國去，你們就把他逮起來。」楚國人就照樣的辦了，二個慶使人告訴陳侯在會中說：「楚國人已經把公子黃逮捕了，你要不回來，我們諸臣不忍著國家同宗廟，怕他們有特別的辦法。」陳侯就從會中逃回去了。

襄公八年（公元前五百六十五年）

(一)**經**八年春王正月，公如晉。

傳八年春，公如晉朝，且聽朝聘之數㈠。

【今註】㈠聽朝聘之數：打聽應該有多少數目的朝同聘。

【今譯】八年春正月，魯襄公到晉國去朝見，並且打聽應該有多少的朝同聘的數目。

(二)經　夏葬鄭僖公㈠。

【今註】㈠此經無傳。

【今譯】夏天，鄭僖公下葬。

(三)傳　鄭羣公子以僖公之死也，謀子駟，子駟先之。夏四月庚辰，辟殺子狐、子熙、子侯、子丁㈠，孫擊、孫惡㈡出奔衛。

【今註】㈠辟殺子狐、子熙、子侯、子丁：訂刑法來殺戮這四個人。㈡孫擊、孫惡：這二人全是子狐的兒子。

【今譯】鄭國的很多公子，因為僖公的突然死去，計謀子駟，子駟就搶先對付他們。夏天四月庚辰就以罪為名殺了子狐、子熙、子侯、子丁這四個人，子狐的兒子孫擊和孫惡逃奔到衛國。

(三)經　鄭人侵蔡，獲蔡公子燮。

傳　庚寅鄭子國、子耳侵蔡，獲蔡司馬公子燮㈠。鄭人皆喜，唯子產不順㈡，曰：「小國無文德而有武功，禍莫大焉，楚人來討，能勿從乎？從之，晉師必至。晉楚伐鄭，自今鄭國不四五年弗得寧矣。」子國怒之曰：「爾何知，國有大命，而有正卿，童子言焉㈢，將為戮矣。」

【今註】㈠公子燮：是蔡莊公的兒子。㈡唯子產不順：唯子產不隨著他們一起喜歡。㈢童子言焉：童子為什麼這樣說話。

【今譯】庚寅那天，鄭國的子國子耳率領軍隊侵略蔡國，捕獲了蔡國司馬公子燮。鄭國人都喜歡了，祇有子產不如此，就說：「小的國家沒有文德而祇有武功，這種災禍沒有比這再大的。楚國人來討伐能不順從嗎？要順從楚國，晉國軍隊必定要來。晉國同楚國來討伐鄭國，從今以後四五年的工夫，鄭國不得安寧。」他的父親子國生氣的說：「你又知道什麼，國家所有的大事情皆由正卿來主持，小孩子又知道什麼呢？將要被殺戮了。」

㈣經季孫宿會晉侯、鄭伯、齊人、宋人、衛人、邾人于邢丘。

傳五月甲辰，會于邢丘㈠，以命朝聘之數，使諸侯之大夫聽命，季孫宿、齊高厚、宋向戌、衛甯殖、邾大夫會之。鄭伯獻捷于會㈡，故親聽命。大夫不書，尊晉侯也。

【今註】㈠邢丘：晉地，在今河南省溫縣東二十里。㈡獻捷于會：他貢獻戰勝蔡國的勝利品到會裡。

【今譯】五月甲辰這天，在邢丘開會，命令諸侯們朝同聘的數目，使諸侯的大夫們進來聽命，魯國季孫宿、齊國高厚、宋國向戌、衛國甯殖、邾國大夫都來開會。鄭伯獻蔡捷到會中，所以親自來聽晉國的號令，春秋上不寫大夫們，是尊敬晉悼公的緣故。

(五)**經**公至自晉㊀。

【今註】㊀此經無傳。

【今譯】魯襄公從晉國回來。

(六)**經**莒人伐我東鄙。

傳莒人伐我東鄙，以疆鄫田㊀。

【今註】㊀以疆鄫田：為劃鄫國田地的界線。

【今譯】莒國人伐魯國的東面，他為著是劃鄫國田地的疆界。

(七)**經**秋九月，大雩。

傳秋九月，大雩，旱也。

【今譯】秋九月，行求雨的典禮，是魯國旱災的緣故。

(八)**經**冬，楚公子貞帥師伐鄭。

傳冬，楚子囊伐鄭討其侵蔡也。子駟、子國、子耳欲從楚，子孔、子蟜、子展欲待晉。子駟曰：「周詩有之曰：『俟河之清，人壽幾何？兆云詢多，職競作羅㊀。』謀之多族，民之多違㊁，事滋無成。民急矣，姑從楚以紓吾民。晉師至吾又從之，敬共幣帛，以待來者，小國之道也。犧牲玉帛，待於二竟㊂，以待彊者而庇民焉。寇不為害，民不罷病，不亦可乎？」子展曰：「小所以事大，信也。小國無信，兵亂日至，亡無日矣。五會之信㊃，今將背之，雖楚救我，將安用之？親我無成㊄，鄙我是欲㊅，不可從也㊆，不如待晉，晉君方明，四軍無闕，八卿和睦，必不棄鄭。楚師遼遠，糧食將盡，必將速歸，何患焉？舍之㊇聞之，杖莫如信，完守以老楚，杖信以待晉，不亦可乎？」子駟曰：「詩云：『謀夫孔多，是用不集，發言盈庭，誰敢執其咎？如匪行邁謀，是用不得于道㊈。』請從楚，騑㊉也受其咎。」乃及楚平。使王子伯駢㊁告于晉曰：

「君命敝邑修而車賦，儆而師徒，以討亂略。蔡人不從，敝邑之人不敢寧處，悉索敝賦㈢，以討于蔡，獲司馬燮，獻于邢丘。今楚來討曰：『女何故稱兵于蔡？』焚我郊保㈢，馮陵我城郭㈣，敝邑之眾，夫婦男女，不遑啟處以相救也。翦焉傾覆無所控告㈤，民死亡者非其父兄，即其子弟，夫人愁痛㈥，不知所庇，民知窮困而受盟于楚，孤也與其二三臣不能禁止，不敢不告。」知武子使行人子員對之曰：「君有楚命㈦，亦不使一介行李㈧告于寡君，而即安于楚，君之所欲也，誰敢違君。寡君將帥諸侯以見于城下，唯君圖之。」

【今註】㈠兆云詢多，職競作羅：占卜也很多，計謀也很多，所以也就沒有成功的希望。㈡謀之多族，民之多違：計謀出於多家族，人民也多有違拗。㈢待於二竟：等待在晉國同楚國的兩個邊境上。㈣五會之信：這是指著三年會雞澤，五年會戚，又會城棣，七年會鄬，八年會邢丘。㈤親我無成：親我的國家不能成功，指著晉國而言。㈥鄙我是欲：把我當做偏僻的地方反同我要好，指著楚國而言。㈦不可從也：意思說子駟的話，不可以聽從。㈧舍之：是子展的名字。㈨謀夫孔多，是用不集，發言盈庭，誰敢執其咎？如匪行邁謀，是用不得于道：這是詩經小雅小旻的詩句，意思是說計謀的人愈多就愈不能成功，滿庭中的人全都發言，誰敢擔任不是的呢？如同在路上，隨便問人道路，終久不能達到。⑩騑：駟的名字。⑪伯駢：是鄭大夫。⑫悉索敝賦：用盡了我們的軍隊。⑬焚我郊保：焚燒我郊外保護的小城池。⑭馮陵我城郭：並欺迫我們的內城同外城。⑮翦焉傾覆，無所控告：完全的被他們毀滅，沒有地方可以去告訴。⑯夫人愁痛：每個人全發愁痛苦。⑰君有楚命：你得到楚國討鄭國的命令。⑱一介行李：一個使者。

【今譯】冬天，楚國的公子貞帶兵去伐鄭國，是討他侵掠蔡國的罪。子駟子國子耳要想服從楚國，子孔子蟜子展要等著晉兵來救。子駟說：「周詩上有的說：『要等到黃河的清，人的壽命能有多少？既然占卜了，卻又主謀的多，難以成功的。』我們鄭國主謀的有很多家族，人民又多了違拗的事情，越發難成功了。如今人民已經很著急了。姑且服從了楚國，寬緩我們人民眼前的急，等晉兵到來，我便再服從他，恭恭敬敬的備辦了禮物，接待那來的大國，這就是小國服事大國的道理呢。把犧牲和玉帛擺在晉楚二國的境界上，等那強的國家來，便可庇護我們人民了。他們來寇掠的，可以不遭他害，我們國內的人民又不致於受著累，不也是可以的麼？」子展說：「小國所以服事大國的，全靠著信用，要是小國沒有信用，那末兵亂一天天的到來，滅亡沒有日子了！從前同晉國五次會盟的信約，不能算不多了，如今卻要違背他，雖是楚國肯來救我，有什麼用處呢？晉國和我有同姓的親屬，卻不和他要好，楚國要想把我做邊鄙的，卻專同他兩相願意、合作，怎說得過去呢？子駟的話是不可聽的；不如等晉國來救的好。現在晉君非常賢明，他們四支兵沒有缺少；八個卿又很和睦；一定不肯拋棄我們鄭國的。楚兵離開我們鄭國很遠，糧食要吃完的當兒，一定立刻就要回去的，有什麼憂患呢？我舍之聽見過的，做人最靠得住，沒有像信用二字的了，完全了守備的事。等楚兵日久疲勞起來，靠了信用，等候晉兵來救，不也是應該的麼？」子駟說：「詩經上說：『謀算的人太多了就會因此不成功的。發言的滿庭，有那個敢擔當過失？好像是同過路人商量一般，就會因此不知依了那個好呢？』請你們服從了楚國，讓我騑來擔當這過失吧！」便同楚國講和。一面又差王子伯騈告訴晉國說：「你君吩咐我敝邑說：『修你的兵車，叮囑你們的士卒，預備可去討伐擾亂侵略的人！』只因蔡國人不依你的吩咐，我這裏的人不敢安頓住著，便一概起了敝邑的兵車，去討伐蔡人，捉到個司馬燮，獻於邢丘那裏；現在楚國卻又來討伐我說：『你為什麼舉兵伐蔡呢？』便燒掉我們郊外的屋宇，圍困我們的城池；我這裏的百姓，無論夫婦男女，都不能安居，只是互相救護。怕要像翦掉坍倒下去，沒有地方可去伸冤呢！人民死亡的，不是他們的父兄，便是他們的子弟，個個人都愁著痛苦著，不知怎麼才可庇護。人民窮苦得沒法可想，只得受楚國的盟約，我寡人和二三個臣子，不能禁止他們，所以不敢不來告訴一聲。」晉國的知武子便派行人子員回答說：「你君既有了楚國討伐的消息，也不趕緊派個使臣來通告我寡君一聲，卻擅自同楚國和好，這原來是你願意的呀，還有那個拗強你呢？不過我寡君卻要帶領諸侯，同你君見面在城下呢？只請你君想想吧！」

㈨經晉侯，使士匄來聘。

傳晉范宣子來聘，且拜公之辱㊀，告將用師于鄭。公享之，宣子賦摽有梅㊁。季武子曰：「誰敢哉㊂？今譬於草木，寡君在君，君之臭味也㊃。歡以承命，何時之有。」武子賦角弓㊄。賓將出，武子賦彤弓㊅，宣子曰：「城濮之役，我先君文公獻功于衡雍，受彤弓于襄王，以為子孫藏㊆。匄也先君守官之嗣也，敢不承命㊇。」君子以為知禮。

【今註】㊀拜公之辱：來道謝襄公春天到晉國朝見。㊁賦摽有梅：是詩經召南的一篇詩。㊂誰敢哉：誰敢不從晉國的命令呢？㊃君之臭味也：這意思言同晉君趣味相同。㊄武子賦角弓：范武子就歌唱詩經小雅角弓這篇詩。㊅彤弓：也是詩經小雅的一篇詩。㊆以為子孫藏：這是收藏以示子孫觀看。㊇敢不承命：我不敢不接受你的命令。

【今譯】晉國士匄來魯國聘問，並且拜謝魯襄公到晉國的朝見，並且告訴魯國，晉國將同鄭國打仗。魯襄公就請他吃飯，士匄就歌唱詩經召南這篇詩。季孫宿就說：「誰敢不服從晉國的命令？譬如草木一樣，我們魯國的君對於晉國的君是氣味相同的。喜歡來接受命令，不論什麼時候全可以。」季孫宿就歌唱角弓這篇詩。客人將走出的時候，季孫宿又歌唱了彤弓這篇詩，士匄就說：「在城濮打仗時，我晉國的先君文公到衡雍這地方去獻功勞給周天子，周襄王就賞給他彤弓，這是藏在宮中給子孫看的，我士匄是從前守宮官吏的後人，敢不接承你的命令。」君子以為士匄很懂得禮。

襄公九年（公元前五百六十四年）

(一)**經**九年春，宋災。

傳九年春，宋災，樂喜為司城以為政㊀，使伯氏司里㊁，火所未至，徹小屋，塗大屋㊂，陳畚挶，具綆缶㊃，備水器㊄，量輕重，蓄水潦，積土塗，巡丈城，繕守備㊅，表火道，使華臣具正徒㊆，令隧正納郊保，奔火所，使華閱討右官㊇，官庀其司，向戌討左亦如之；使樂遄庀刑器，亦如之；使皇鄖命校正出馬，工正出車㊈，備甲兵，庀武守；使西鉏吾庀府守㊉，令司宮巷伯儆宮⑪，二師⑫令四卿正敬享，祝宗用馬于四墉⑬，祀盤庚于西門之外。晉侯問於士弱⑭曰：「吾聞之宋災，於是乎知有天道，何故？」對曰：「古之火正或食於心，或食於咮⑮，以出內火，是故咮為鶉火，心為大火。陶唐氏之火正閼伯居商丘⑯，祀大火而火紀時焉，相土因之⑰，故商主大火。

商人閱其禍敗之釁，必始於火，是以日知其有天道也。」公曰：「可必乎？」對曰：「在道，國亂無象，不可知也。」

【今註】㈠樂喜為司城以為政：樂喜即子罕。他是以司城的官當政權。㈡使伯氏司里：伯氏是宋大夫，司里是里的首領。㈢塗大屋：大屋沒法拆，用泥塗在上邊以避火。㈣陳畚挶具綆缶：畚是畚挶，綆是汲水用的繩子，缶是裝水的器具。㈤備水器：預備裝水盆罌之類的物器。㈥繕守備：治理防城的預備，大約是因為恐怕火災引起變亂。㈦華臣具正徒：華臣是華元的兒子，他預備工役。㈧華閱討右官：華閱也是華元的兒子，他替華元做右師的官，治理右師所管的各官。㈨使皇鄖命校正出馬，工正出車：皇鄖是皇父充石的後人，校正是管馬的官，工正是管車的官。㈩西鉏吾庀府守：西鉏吾是大宰，府守是六官的典冊。⑪司宮巷伯儆宮：司宮是管太監的，巷伯就是太監，管理宮中的事。⑫二師：即左師同右師。⑬祝宗用馬于四墉：祝是大祝，宗是宗人，用馬來祭四城，以求火的止息。⑭士弱：是士渥濁的兒子士莊子。⑮食於心，或食於咮：食是配享於心星，或者配享於柳星。⑯閼伯居商丘：閼音（ㄜˋ）閼伯是高辛氏的後人，住在商丘。即今河南省商丘縣。⑰相土因之：相土是商的祖先，也就是宋國的祖先也住在那裡。

【今譯】九年春天，宋國起火災，樂喜做司城的官當政權，他就派宋大夫伯氏管理里政，火還沒有到的地方，就拆去小房子，把大的房子瓦頂上塗上濕泥，預備了各種挑泥的畚挶，並預備了汲水的繩子同罐子，又預備了各種裝水的器皿，估量輸水所需人力，存儲著很多水還堆了很多濕泥，並且巡視城堡，預備守護的人，標示火所經行的道路，又派華臣預備了工匠，並且命隧正的官，把郊保的人民聚在一起，可以向火場那裡去救火，又使華閱管理右師屬下的官，管他所有的官屬，向戌管左師也一樣辦理，叫司寇樂遄保護刑書，也如此，叫皇鄖轉命令校正出馬，工正出車，備了甲兵，預備軍隊來守城，叫西鉏吾保護六官的典冊，又叫太監的頭目巷伯儆戒宮中。左右兩個師令各卿大夫各處祭祀，大祝同宗人用馬來祭四城，祭祀盤庚在西門的外邊。晉侯問士弱說：「我聽說由宋災可以知道天道，這是什麼緣故？」士弱回答說：「古代的火正的官，或者配享於心星，或者配享在柳星，以管理著火，所以柳星也叫鶉火，心星也叫大火。陶唐氏的火正閼伯住在商丘這地方，祭祀大火就管理著火，商人的祖先相土繼續著他，所以商人管理大火。商人看到禍敗的開端是由火開始的，所以知道他有天道。」晉悼公又說：「必定如此嗎？」他又回答說：「這在於道理，要是國裡頭亂了，就沒有現象也就不容易知道了。」

㈡**經**夏季孫宿如晉。

傳夏季武子如晉，報宣子之聘也㈠。

【今註】㈠報宣子之聘也：范宣子的聘問在襄公八年。

【今譯】夏天，季孫宿到晉國去了，這是報答去年士匄的聘問。

(三)**經** 五月辛酉，夫人姜氏薨。

傳 穆姜薨於東宮㊀。始往而筮之，遇艮之八䷳，史曰：「是謂艮之隨䷐㊁，隨其出也，君必速出。」姜曰：「亡㊂。是於周易曰：『隨元亨利貞，无咎。』元、體之長也，亨、嘉之會也，利、義之和也，貞、事之幹也。體仁足以長人，嘉德足以合禮，利物足以和義，貞固足以幹事，然故不可誣也，是以雖隨无咎㊃。今我婦人而與於亂，固在下位，而有不仁，不可謂元。不靖國家，不可謂亨。作而害身，不可謂利。弃位而姣㊄，不可謂貞。有四德者，隨而無咎，我皆無之，豈隨也哉？我則取惡，能無咎乎？必死於此，弗得出矣。」

【今註】㊀穆姜薨於東宮：穆姜是成公的母親，死於太子的宮中。㊁是謂艮之隨䷐：占卜的大史說：「這是艮卦變到隨卦」㊂亡：等於沒有。㊃故不可誣也，是以雖隨无咎：這是不可以誣賴的，雖然是隨卦沒有咎。㊄弃位而姣：穆姜是與叔孫僑如相通，所以等於捨棄夫人的位子而淫姣。

【今譯】成公的母親穆姜死在太子的宮中。在初搬去的時候，遇見艮卦的第八爻。占卜的太史就說：「這叫做艮卦變到隨卦了。隨卦是可以出去的，妳必定要很快的就出去。」穆姜說：「沒有這回事。

這在周易裡邊說：「隨元亨利貞无咎。」元是頭一個，亨是嘉好的會合，利是義氣的和併，貞是事情的幹材。用仁就可以使人長；嘉德行就可以合於禮；利物件足以和義氣；貞可以做事情，但是不可以對這四種德行誣賴，所以就是隨卦，也沒有錯誤。現在我一個女人而參加亂事，固然在下的位子，但是有不仁，所以不能叫做元；不能使國家安靜，不可以叫做亨；我的作為害了自己，不能叫做利；棄了我的位子而淫亂，不能叫做貞；有這四種德行的雖然遇見隨卦也沒有禍亂，我全沒有，豈是合於隨卦嗎？我自己造了禍了能沒有禍亂嗎？必定死在這裡，我不能出去啊。」

㈣經 秋八月癸未，葬我小君穆姜㈠。

【今註】㈠此經無傳。

【今譯】秋八月，癸未這天葬我小君穆姜。

㈤傳 秦景公使士雃㈠乞師于楚，將以伐晉，楚子許之。子囊曰：「不可，當今吾不能與晉爭，晉君類能而使之㈡，舉不失選㈢，官不易方㈣，其卿讓於善，其大夫不失守，其士競於教㈤，其庶人力於農穡㈥，商工皁隸不知遷業㈦。韓厥老矣，知罃稟焉以為政，范匄少於中行偃而上之，使佐中軍㈧，韓起少於欒黶、而欒黶士魴上之，使佐上軍㊈，魏絳多功，以趙武為賢而為之佐㊉。君明臣忠，上讓下競㊁。當是時也，晉不可敵，事之而後可，君其圖之。」王曰：「吾既許之矣！雖不及晉，必將出師。」秋，楚子師于武城以為秦援。秦人侵晉，晉饑弗能報也。

【今註】㊀士雃：是秦大夫。雃音（ㄑㄧㄢ）㊁類能而使之：隨著他的能力而使用人。㊂舉不失選：所舉的人全不會失掉人才。㊃官不易方：官吏沒有不合宜的。㊄其士競於教：士爭先奉上面的命令。㊅其庶人力於農穡：庶人全都用力耕田。㊆商工皁隸不知遷業：商人同工人同下級的皁隸不會改變職業。㊇佐中軍：范匄佐中軍。㊈佐上軍：韓起佐上軍。㊉趙武為賢而為之佐：魏絳以趙武為賢才使他將新軍而魏絳為佐。㊁君明臣忠，上讓下競：悼公很明白，臣下全都很忠心，各軍將們上邊退讓，下邊盡力。

【今譯】秦景公叫秦大夫士雃到楚國求軍隊，預備討伐晉國。楚王答應了他。公子貞說：「不可以，現在我們不能跟晉國來爭奪，晉君隨著人的能力而用他，所推舉的人不違背了他的能力，所派的官也沒有不相宜的。他的卿全都讓給比自己好的人，他大夫也各能擔任他的職務，他的士也全都遵守命令，庶人也全努力耕田，商工皁隸全都不必改換職業，韓厥已經告老了，知罃稟告他來掌政權，士匄比中行偃年輕但是超過中行偃，就使士匄為中軍佐，韓起比欒黶年輕，但是欒黶同士魴推舉他，使他為上軍佐，魏絳功勞很多，他以為趙武很有賢才，就做趙武的副佐。晉君很明白，晉臣很忠心，上邊推讓，下邊很競爭。這個時候不可以和晉國為敵人，必須要事奉他才可以，你何不細想想。」楚王說：「我已經答應他了，雖然打不倒晉國，但是必須出軍隊。」秋天，楚王派軍隊駐到武城做為對秦國的援助。秦國人侵略晉國，晉國有荒年所以沒法抵抗。

㈥**經**冬，公會晉侯、宋公、衛侯、曹伯、莒子、邾子、滕子、薛伯、杞伯，小邾子、齊世子光伐鄭。十有二月己亥，同盟于戲。

傳冬十月諸侯伐鄭㊀，庚午，季武子、齊崔杼、宋皇鄖從荀罃、士匄門于鄟門㊁，衛北宮括、曹人、邾人從荀偃、韓起門于師之梁㊂，滕人、薛人從欒黶、士魴門于北門㊃，杞人、郳人從趙武、魏絳斬行栗㊄。甲戌，師于氾㊅，令於諸侯曰：「修器備㊆，盛餱糧，歸老幼，居疾于虎牢㊇，肆眚圍鄭㊈。」鄭人恐乃行成。中行獻子曰：「遂圍之，以待楚人之救也而與之戰，不然無成。」知武子曰：「許之盟而還師以敝楚人，吾三分四軍⑩與諸侯之銳以逆來者㊁，於我未病，楚不能矣，猶愈於戰。暴骨以逞，不可以爭，大勞未艾，君子勞心，小人勞力，先王之制也。」諸侯皆不欲戰，乃許鄭成。十月己亥，同盟于戲⑫，鄭服也。將盟，鄭六卿公子騑⑬公子發⑭公子嘉⑮公孫輒⑯公孫蠆⑰公孫舍之⑱及其大夫門子⑲皆從鄭伯。晉士莊子為載書⑳曰：「自今日既盟之後，鄭國而不唯晉命是聽，而或有異志者，有如此盟。」公子騑趨進曰：「天禍鄭國，使介居二大國之間㉑，大國不加德音，而亂以要之，使其鬼神不獲歆其禋祀，其民人不獲享其土利，夫婦辛苦墊隘無所底告㉒。自今日既盟之後，鄭國而不唯有禮與彊可以庇民者是從，而敢有異志者，亦如之。」荀偃曰：「改載書㉓。」公孫舍之曰：「昭大神要言焉，若可改也，大國亦可叛也。」知武子謂獻子曰：「我實不德而要人以盟，豈禮也哉？非禮何以主盟？姑盟而退，修德息師而來，終必獲鄭，何必今日？我之不德，民將棄我，豈唯鄭？若能休和，遠人將至，何恃於鄭。」乃盟而還㉔。

【今註】㊀諸侯伐鄭：因為鄭國聽從楚國。㊁鄟門：方輿紀要：鄭城門有渠門、皇門、鄟門、墓門、師之梁門、純門（西門）時門（南門）桔秩之門（南門）閨門（內宮北門）等。魯齊宋三國皆從晉中軍。㊂師之梁：是衛、曹、邾三國皆從上軍。㊃北門：滕薛兩國皆從下軍。㊄行栗：道邊上的樹木。㊅汜：鄭地，在河南省中牟縣南。㊆修器備：修整軍隊所用的軍器。㊇虎牢：要是有病的人可以住到虎牢城去休息。㊈肆眚圍鄭：眚音ㄕㄥˇ，過失。使軍中有罪的人緩判罪去圍鄭國都城。㊉吾三分四軍：把四軍分成三部。⑪以逆來者：以便迎接來侵犯的楚國軍隊。⑫戲：在今河南汜水縣南。⑬公子騑：即子駟。⑭公子發：是子國。⑮公子嘉：是子孔。⑯公孫輒：是子耳。⑰公孫蠆：是子蟜。⑱公孫舍之：是子展。⑲門子：是卿的嫡子。⑳載書：是盟誓的文件。㉑介居二大國之間：處在晉楚兩大國的中間。㉒夫婦辛苦墊隘無所底告：夫婦終年的辛苦，非常之辛勞，沒有處所去告訴。㉓改載書：因為子駟所說的話寫在載書中，所以荀偃說再修改載書。㉔乃盟而還：就兩用盟誓的話，意思是說晉國的盟詞也用，鄭國的盟詞也用。

【今譯】冬天十月，諸侯討伐鄭國，庚午這天，季孫宿齊國崔杼宋國皇鄖從著晉國的荀罃士匄在鄟門攻打，衛國北宮括曹人邾人從著荀偃韓起在師之梁門攻打，滕國人薛國人從欒黶士魴在北門攻打，杞國人郳國人從趙武魏絳斬伐路旁的樹木。甲戌這天派軍隊調到汜這地方，就命令諸侯們說：「修補軍械，預備乾糧，把年老的年幼的全送回去，使有病的暫時住到虎牢城，把軍中有罪的人暫時不定罪，使他們圍鄭國，鄭國人害怕了，就想講和。荀偃說：「仍舊包圍他，等著楚國軍隊來救，我們就同他打仗，要不然就沒法講和。」知罃說：「答應他盟會，我們就把兵回去，使楚人疲勞，把我們的四軍分成三部，聯合諸侯的軍隊，用以迎接楚軍，如此我們就沒有衰弱，而楚國不能夠，這比打仗更好。用人命來拼，不可以爭奪，大的勞苦還沒有完，君子是勞心，小人就勞力，這是自古以來的制度。」各國的諸侯全不願意打仗，就答應鄭國和平了。十一月己亥，在戲同盟會，這是因為鄭國已經服從了。將盟會的時候，鄭國的六個卿公子騑、公子發、公子嘉、公孫輒、公孫蠆、公孫舍之同他的大夫同卿的嫡子全隨從著鄭伯去。晉國士弱寫了一個盟書說：「自從今天盟會以後，鄭國要不祇有聽從晉國的命令，而有旁的心的時候，就照著違盟的誓詞。」鄭國的公子騑就急著走進說：「天降禍給鄭國，使他居在晉楚兩大國中間，大國不加恩惠給他，而用軍隊的力量來要求他，使鄭國的鬼神不能夠得到祭享，他的人民也不能得到土田的利益，夫婦們辛苦委頓，無處去告訴。自從今天既然盟會以後，鄭國凡不是對有禮貌同強健可以保護鄭國人民的去從他，而敢有異心的時候，也應這種誓約。」荀偃說：「改這盟書。」公孫舍之就說：「起誓是告訴神明的，要可以改動，大國也可以違叛了。」知罃就對荀偃說：「我們實在不夠有德，而強要求人盟會，這豈是合於禮的嗎？沒有禮怎麼主持盟會，姑且盟會就回國，修德並休息軍隊再來，終必得到鄭國，何必今天呢？我要仍舊沒有德行，人民全要捨棄我，豈祇鄭國？若能夠休養和氣，遠方的國家全會來，何必專仗著鄭國呢？」就兩用盟書後回到晉國。

(七)傳 晉人不得志於鄭，以諸侯復伐之。十二月癸亥，門其三門㈠。閏月戊寅㈡，濟于陰阪㈢，侵鄭，次于陰口㈣而還。子孔曰：「晉師可擊也，師老而勞，且有歸志，必大克之。」子展曰：「不可。」

【今註】㈠門其三門：三門是鄟門、師之梁同北門。㈡閏月戊寅：據杜預推算這年不得有閏月戊寅，春秋上原本是寫的門五日在那裡攻打他的城門五天的工夫。後人遂改為閏月。㈢陰阪：是洧水的渡口。一統志說：「在河南省新鄭縣的西邊。」㈣陰口：鄭地。水經注說：「陰口者水口也，參陰聲相近，蓋傳呼之謬耳。」

【今譯】晉人沒有能夠對於鄭國得到好處，就拿諸侯的軍隊再去討伐。十二月癸亥攻打他的鄟門、師之梁、北門，三個城門，五日戊寅在陰阪這地方渡河，侵略鄭國都城，在陰口這地方就回國。子孔就說：「晉國軍隊可以打，老了而勞苦並且有歸晉國的心，必定能大敗他。」子展就說：「不可以。」

(八)傳 公送晉侯，晉侯以公宴于河上，問公年。季武子對曰：「會于沙隨之歲，寡君以生㈠。」晉侯曰：「十二年矣，是謂一終，一星終也㈡。國君十五而生子，冠而生子禮也君可以冠矣。大夫盍為冠具㊂。」武子對曰：「君冠必以祼享之禮行之㊃，以金石之樂節之㊄，以先君之祧處之㊅，今寡君在行，未可具也，請及兄弟之國而假備焉。」晉侯曰：「諾。」公還及衛，冠于成公之廟㊆，假鍾磬焉㊇，禮也。

【今註】㊀會于沙隨之歲，寡君以生：在沙隨開會那年我國的君就生了，沙隨開會在魯成公十六年。㊁是謂一終，一星終也：這是歲星十二年走了一周天。㊂大夫盍為冠具：大夫為什麼不預備給他行冠禮呢？㊃君冠必以祼享之禮行之：祼是灌鬯，享是祭祀，必行這兩種禮。㊄以金石之樂節之：用鍾磬來調節。㊅以先君之祧處之：在先君始祖的廟中來舉行。㊆冠于成公之廟：我在中國古代社會新研補充說：「按所以冠於成公之廟者，疑亦因魯襄公與衛成公同昭穆。以周公康叔為文之昭，則衛成公與魯襄公同屬昭位。蓋若以成公為當時衛君之曾祖，因須假其祖廟而冠，何不冠於衛之始祖康叔之廟乎？」㊇假鍾磬焉：借用衛國廟中的鍾磬。

【今譯】魯襄公送晉悼公回國，晉侯同魯襄公在河邊上宴會，問襄公幾歲了？季孫宿就回答說：「在沙隨開會那一年，我們的君生了。」晉悼公就說：「已經十二年了，這叫做一終，這是歲星周繞了天際一圈。一國的君應該十五歲就娶夫人，行冠禮而後生兒子，這是合於禮的，你可以行冠禮了，大夫何不給他預備冠禮的儀注。」季孫宿就回答說：「國君行冠禮的時候必定拿祼享的禮來實行，用金石樂章來調節，並在始祖的廟中來處理，現在我們的魯君正在途中，這沒有方法預備的。請到了同姓兄弟的國家，再去借他的地方來實行。」晉悼公說：「好吧！」魯襄公回來途經衛國，就到衛成公的廟中行冠禮，借用鍾同磬，這是合於禮的。

(九)**經**楚子伐鄭。

傳楚子伐鄭，子駟將及楚平，子孔、子蟜曰：「與大國盟，口血未乾而背之，可乎？」子駟、子展曰：「吾盟固云唯彊是從，今楚師至，晉不我救，則楚彊矣。盟誓之言，豈敢背之，且要盟無質，神弗臨也。所臨唯信，信者言之瑞也，善之主也。是故臨之。明神不蠲要盟，背之可也。」乃及楚平，公子罷戎入盟，同盟于中分㈠。楚莊夫人卒㈡，王未能定鄭而歸。

【今註】㈠中分：杜預注：「鄭城中里名。」㈡楚莊夫人卒：楚共王的母親死了。

【今譯】因為鄭國同晉國和好的緣故，楚王就去討伐他。鄭國的執政大夫子駟想著與楚國講和。另兩個大夫子孔、子蟜就說：「同晉國盟誓以後，當時盟誓用的血在嘴裡邊，尚且沒有乾，我們就違背了，可以嗎？」子駟同子展就回答說：「我們的盟誓曾經說過，祇有遵從強有力的國家，現在楚國軍隊來了，而晉國沒有來救我們，豈不是楚國有力量嗎？盟誓裡所說的話，我們也不敢違背，並且這是強迫的盟誓，沒有人能夠做主，神們也不能降臨。祇有信實神才降臨，信實是語言的祥瑞、善良的主人，所以神降臨到他，明神不管強要求的盟誓，違背了也沒關係。」就同楚國和解了。楚國的公子罷戎，到鄭國中分地方去盟誓，這時恰好楚共王的母親死了，共王也就沒法安定鄭國，就回去了。

(十)傳 晉侯歸，謀所以息民，魏絳請施舍㈠，輸積聚以貸㈡，自公以下，苟有積者盡出之，國無滯積㈢，亦無困人，公無禁利㈣，亦無貪民，祈以幣更㈤，賓以特牲㈥，器用不作㈦，車服從給㈧，行之期年，國乃有節，三駕而楚不能與爭㈨。

【今註】㈠施舍：施恩惠，舍去勞役。㈡輸積聚以貸：把所有存在的錢財借給旁人。㈢國無滯積：國中沒有存的錢財，全散給人民。㈣公無禁利：公自己沒有專利的事情。㈤祈以幣更：祈禱的時候不用畜牲，而改用貨幣。㈥賓以特牲：請客的時候用特牛特羊等。㈦器用不作：器用全不改成新的。㈧車服從給：車同衣服全都夠用就可以。㈨三駕而楚不能與爭：三次出兵，這指著十年在牛首，十一年在向，十一年的秋天在鄭國的東門。以後楚國不敢和晉國爭奪鄭國。

【今譯】晉悼公回國以後，計謀如何的安息人民，魏絳就請求施恩惠廢除勞工，把積的錢財借給人民，自悼公以下的官員，假設有屯積的就全拿出來，國裡沒有存很多積蓄，也沒有貧困的人，公沒有專利品，人民也沒有貪利的，禱告的時候祇用貨幣來替代畜牲，請客的時候，祇用大的畜牲，各種器用不做新的，車輛同衣服足用就可以，做一年的工夫，晉國就有節度了，晉悼公三次出兵，而楚國不敢與他爭戰。

卷十六　襄公二

襄公十年（公元前五百六十三年）

(一)經春，公會晉侯、宋公、衛侯、曹伯、莒子、邾子、滕子、薛伯、杞伯、小邾子、齊世子光，會吳于柤。

傳十年春，會于柤㊀，會吳子壽夢也㊁。三月癸丑，齊高厚相大子光，以先會諸侯于鍾離㊂，不敬。士莊子曰：「高子相大子以會諸侯，將社稷是衛，而皆不敬㊃，棄社稷也，其將不免乎㊄？」夏四月，戊午，會于柤。

【今註】㊀柤：宋地，在今江蘇省邳縣西北九十里。㊁壽夢：是吳國王。因為在吳國有時間將名字緩唸，就叫做壽夢，急著唸就變成乘。㊂鍾離：楚地，在今安徽省鳳陽縣東四里。㊃皆不敬：高厚同太子光全都不恭敬。㊄將不免乎：他們全將不免於災難。

【今譯】十年春天，在柤這地方開會，這是為的會見吳王壽夢。三月癸丑這天，齊國高厚為太子光相禮，在鍾離這地方，先會見諸侯，不恭敬。晉國的士莊子就說：「高厚為齊太子相禮以會見諸侯，這是為的保護齊國的社稷，而高厚和太子光全不恭敬，這是放棄他們的社稷了，恐怕他們全將不免於遭受禍難。」夏四月戊午，在柤再會盟。

(二)
經夏五月甲午，遂滅偪陽。

傳晉荀偃、士匄請伐偪陽，而封宋向戌焉㊀，荀罃曰：「城小而固，勝之不武，弗勝為笑。」固請，丙寅圍之，弗克。孟氏之臣秦堇父輦重如役㊁，偪陽人啟門，諸侯之士門焉㊂，縣門發㊃，郰人紇抉之以出門者㊄。狄虒彌㊅，建大車之輪，而蒙之以甲，以為櫓㊆，左執之，右拔戟以成一隊。孟獻子曰：「詩㊇所謂有力如虎者也。」主人縣布，堇父登之，及堞而絕之，隊，則又縣之，蘇，而復上者三㊈，主人辭焉，乃退。帶其斷以徇於軍三日㊉。諸侯之師久於偪陽，荀偃、士匄請於荀罃曰：「水潦將降，懼不能歸，請班師。」知伯怒⑪，投之以机，出於其間⑫，曰：「女成二事，而後告余，余恐亂命以不女違。女既勤君而興諸侯，牽帥老夫以至于此，既無武守，而又欲易余罪曰：『是實班師，不然克矣⑬。』余羸老也，可重任乎⑭？七日不克，必爾乎取之⑮。」五月庚寅，荀偃士匄帥卒攻偪陽，親受矢石⑯，甲午滅之。書曰遂滅偪陽⑰，言自會也⑱。以與向戌，向戌辭，曰：「君若猶辱鎮撫宋國，而以偪陽光啟寡君，羣臣安矣，其何貺如之⑲？若專賜臣，是臣興諸侯以自封也，其何罪大焉，敢以死請。」乃予宋公。

【今註】 ㈠封宋向戌焉：是為的拿偪陽來封宋國向戌。㈡孟氏之臣秦堇父輦重如役：這是孟獻子的家臣名叫秦堇父步行推著車子，載有重器物到陣前。㈢士門焉：軍隊全去攻打城門。㈣縣門發：在城門裏頭，有一個拿機器動作的門，有時可以上升，有時可以下降。㈤郰人紇抉之以出門者：魯國郰邑的大夫。郰邑在山東省曲阜縣東十里，有西鄒集。他把縣門用力舉起，使攻打的人可以出來。㈥狄虒彌：是魯國人。㈦以為櫓：做一個大楯。㈧詩：是詩經邶風。㈨蘇而復上者三：暈過去又醒來，再爬上城三次。㈩帶其斷以徇於軍三日：帶著斷的布去給軍隊看三天的工夫。⑪知伯怒：荀罃生氣了。⑫出於其間：在荀罃同士匄的中間。⑬是實班師，不然克矣：說是荀偃想著班師回去，要不然我們就可以把偪陽城攻克了。⑭余羸老也，可重任乎：我已經很老了，我敢擔任這種重大的責任嗎？⑮必爾乎取之：必定把你們殺掉。⑯親受矢石：親自不躲避箭同石塊。⑰偪陽：妘姓國，山東通志說：「在今山東嶧縣西南五十里有偪陽故城。」⑱言自會也：從開會中就滅了偪陽。⑲其何況如之：這有什麼賞賜比這再好的呢？

【今譯】　晉大夫荀偃士匄請求去伐偪陽，說是要把那地方封宋國的向戌呢。荀罃說：「偪陽城池雖小，卻很堅固，打勝了，算不得威武，打不勝，倒反被人家好笑！」他們倆卻再三要求，便只得應許了他。四月九日那天，便圍住偪陽，果然攻打不破。魯國孟氏的家臣，有個叫秦堇父的，他一手拉了很重的車子到兵中來，偪陽人故意開著城門騙他們，諸侯的士卒看見城門開了，便趕進去，那知到了那裏，守城的閘板門忽然放下來，攻城的兵士，有關在裏面的。郰地方人叫叔梁紇，便兩手撐起那閘板，放出門內的人來；又有個狄虒彌豎起大車的輪盤，外面包了鐵甲，當作大藤牌用，左手搦著，右手又拔了一枝戟，獨自當那一隊去了。孟獻子說：「這真是詩經上說的：『有力像老虎』的了！」偪陽人又盪著一匹布在城外，秦堇父便拉著那匹布爬上城去，等到快要到女牆的時候，卻忽然翦斷那布，堇父便掉了下去；而卻又盪布在城外。堇父醒了過來故意再爬上去。總共爬了三次，偪陽人便不敢再讓他上去。他於是退了回來，帶著那斷布，走在兵中給人們看，共走了三天工夫。諸侯的軍隊，長久圍在偪陽那裏。荀偃士匄便請求荀罃說：「快要落黃梅雨了！怕不得回去，請你發令退兵罷！」知伯便大發雷霆把茶几摵他們兩人，從兩人中間攛了出來，口中大罵：「你們完成伐偪陽封向戌二事，再來和我講話！我為的怕亂了君命，才不拗強你們的，你們既會在君主那裏獻勤，卻興著諸侯的兵，又帶累了我老夫到這地步！你們既然沒有武力能守，卻又要卸這罪名給我！只說『這都是他要退兵啦！不然，早已破城了。』但你們須知我現在已是不中用的老頭兒了，那裏還擔當得起這種重責任呢？倘再過了七天攻不破，我定要向你們要命的！」五月初四那天，荀偃士匄無法，只得帶兵去攻打偪陽。親自不躲避石頭同箭，甲午這天滅了偪陽。春秋上寫著說：「遂滅偪陽。」說他是因會盟而被滅的。後來便把偪陽送給向戌，向戌推辭說：「你君如果還肯照應我宋國的，便把這偪陽寵榮著我寡君，使他開闢些土地，那末我們許多臣子，心上也便安頓了！還有什麼賞賜能比這更好的？如果專門賜給我臣，這便是我臣興了諸侯的兵，專為自己要封地去了，還有什麼罪過比這更大的呢？就是死，也不敢要的。」便把偪陽送給宋公。

(三)【經】公至自會㊀。

【今註】㊀此經無傳。

【今譯】襄公從開會回來。

(四)【傳】宋公享晉侯于楚丘，請以桑林㊀，荀罃辭。荀偃、士匄曰：「諸侯宋魯於是觀禮㊁，魯有禘樂，賓祭用之，宋以桑林享君，不亦可乎？」舞師題以旌夏㊂，晉侯懼而退入于房，去旌，卒享而還。及著雍疾㊃，卜桑林見㊄，荀偃，士匄欲奔請禱焉㊅，荀罃不可曰：「我辭禮矣，彼則以之㊆。猶有鬼神，於彼加之㈧。」晉侯有間㈨，以偪陽子歸獻于武宮謂之夷俘。偪陽妘姓也，使周內史選其族嗣納諸霍人㈩，禮也。師歸，孟獻子以秦堇父為右，生秦丕茲，事仲尼。

【今註】㈠桑林：是因為成陽曾在這地方禱過雨。所以後來宋國都城也有桑林，並且有一種音樂叫做桑林。㈡諸侯宋魯於是觀禮：對諸侯，祇有宋國同魯國他們的禮樂可以觀看。㈢舞師題以旌夏：舞師是奏樂的首長，拿旌夏大旗來表示奏樂的次序。㈣及著雍疾：到了著雍這地方，晉悼公病了。著雍是晉地，釋地說在今河南省沁陽縣東。㈤卜桑林見：占卜以後發現有桑林的現象。㈥欲奔請禱焉：他們想著回到宋國去禱告。㈦彼則以之：是宋國強用之。㈧於彼加之：就對宋國加給罪。㈨晉侯有間：晉侯漸好了。㈩霍人：是晉邑，在今山西省繁峙縣東南。

【今譯】宋公於是宴享晉侯在楚丘地方，請奏桑林的樂，荀罃推辭不敢當。荀偃士匄就說：「諸侯中間，只有宋魯二國都是用著天子的禮樂，可以看得的，魯國有三年大祭的樂，待賓客時候應用的；宋國便把桑林宴享我們國君，不也是應該的麼？」因此樂師便用面很大的旗做行列的表示，晉侯忽然看見了，心中一嚇，便退進換衣的房中去。宋公命樂師撤去大旗，晉侯方才再出來完了事回去。到了著雍地方，晉侯害起病來，吩咐太史占卜一下子，說是桑林作怪呢。荀偃士匄要趕回去祈禱，荀罃不許說：「我起先已經推辭過了，是他們宋國一定要用這禮。如果真有鬼神的，自然應該讓他們受去。」

後來晉侯的病果然好了些，便帶了偪陽子回國，把他獻俘在武宮中，叫他夷俘。偪陽是姓妘的，便派周的內史揀選他族中的子孫，叫他住到霍人那裏去。這是合禮的！魯兵回國來，仲孫蔑便派秦堇父做車右。後來生一個兒子，名叫秦丕茲，便是拜仲尼做先生的。

(五) **經** 楚公子員，鄭公孫輒帥師伐宋。

傳 六月楚子囊鄭子耳伐宋師于訾母㈠，庚午圍宋，門于桐門㈡。

【今註】㈠訾母：宋地，在今河南省鹿邑縣境內。㈡桐門：宋都城門。紀要說：「宋城的北門叫桐門。」

【今譯】六月，楚公子貞同鄭子耳伐宋國軍隊在訾母這地方，庚午這天就圍了宋國都城，攻打桐門。

(六) **經** 晉師伐秦。

傳 晉荀罃伐秦報其侵也㈠。

【今註】㈠報其侵也：秦侵略晉國在魯襄公九年。

【今譯】晉國荀罃伐秦國，報復他的侵略。

(七) **傳** 衛侯救宋師于襄牛㈠。鄭子展曰：「必伐衛，不然，是不與楚也。得罪於晉，又得罪於楚，國將若之何？」子駟曰：「國病矣㊁。」子展曰：「得罪於二大國必亡，病不猶愈於亡乎？」諸大夫皆以為然，故鄭皇耳㊂帥師侵衛，楚令也㊃。孫文子卜追之，獻兆於定姜。姜氏問繇㊄，曰：「兆如山陵，有夫出征，而喪其雄。」姜氏曰：「征者喪雄，禦寇之利也㊅，大夫圖之。」衛人追之，孫蒯㊆獲鄭皇耳于犬丘㊇。

【今註】㊀襄牛：江永以為就是衛國的襄丘。在今山東省蒲縣東南。㊁國病矣：國家因為屢次打仗很疲倦了。㊂皇耳：是鄭大夫皇成子。㊃楚令也：受到楚國的命令。㊄繇：卜兆的文辭。㊅禦寇之利也：這是抵抗敵人的利益。㊆孫蒯：是孫林父的兒子。㊇犬丘：衛地，在今山東省荷澤縣北三十里。

【今譯】衛侯在襄牛這地方救宋國軍隊，鄭大夫子展說：「必定伐衛國，不然就是不跟楚國合作了，得罪了晉國，又得罪了楚國，那國家怎麼辦呢？」鄭國另一位大夫子駟就說：「鄭國因為屢次出兵，已經疲倦了。」子展就說：「得罪了兩個大國，鄭國必定要滅亡，病不比死亡較好嗎？」各位大夫全都以為這話對，所以鄭國的皇耳率領著軍隊，去侵略衛國，這是服從楚國命令。孫林父就占卜追鄭國的軍隊，把所得的卜詞獻給衛夫人定姜。定姜問卜辭怎麼說，回答說：「卜辭說好像山林一樣，有一個男子出征，而丟掉他的雄。」定姜就說：「來侵犯的人丟掉雄，這是抵抗敵人得到利益，大夫們可以仔細想想。」衛國人就追鄭國的軍隊，孫林父的兒子孫蒯在犬丘這地方，捕獲鄭國的皇耳。

(八)**傳** 秋七月，楚子囊，鄭子耳伐我西鄙，還圍蕭㈠，八月丙寅克之。九月，子耳侵宋北鄙。孟獻子曰：「鄭其有災乎，師競已甚。周猶不堪競，況鄭乎？有災其執政之三士乎㈡？」

【今註】㈠蕭：宋邑，在今江蘇省，蕭縣北十里。㈡其執政之三士乎：這恐怕就是掌鄭國政權的三個人，這指著子駟子國子耳。

【今譯】秋七月，楚公子貞，鄭國子耳侵犯魯國的西鄙，在回去的時候，把宋國的蕭邑包圍了。八月丙寅得到。九月，子耳又侵略宋國北方，魯國的仲孫蔑說：「鄭國恐怕要遇到災難了。軍隊競爭的過甚，周王尚且不堪競爭，何況鄭國呢？鄭國有災難，恐怕就是執掌政權的三位。」

(九)**經** 秋，莒人伐我東鄙。

傳 莒人間諸侯之有事也㈠，故伐我東鄙。

【今註】㈠間侯諸之有事也：乘著諸侯討伐鄭國的事情。

【今譯】莒人乘著諸侯有事的時候，就侵略魯國的東方。

(十)經 公會晉侯、宋公、衛侯、曹伯、莒子、邾子、齊世子光、滕子、薛伯、杞伯、小邾子伐鄭。

(土)傳 諸侯伐鄭，齊崔杼使大子光先至于師，故長於滕。己酉歸于牛首㈠。

【今註】㈠牛首：鄭地，在今河南省，陳留縣西南十一里。

【今譯】諸侯去討伐鄭國，齊國的崔杼，叫齊太子光先到軍隊去，所以春秋上將他寫在滕國的上面。己酉這天軍隊會在牛首這地方。

(土)經 冬，盜殺鄭公子騑、公子發、公孫輒。

傳 初子駟與尉止有爭，將禦諸侯之師而黜其車㈠。尉止獲，又與之爭㈡，子駟抑尉止曰：「爾車非禮也。」遂弗使獻㈢。初，子駟為田洫，司氏，堵氏，侯氏，子師氏皆喪田焉。故五族聚羣不逞之人因公子之徒以作亂㈣。於是子駟當國，子國為司馬，子耳為司空，子孔為司徒。冬十月戊辰，尉止、司臣、侯晉、堵女父、子師僕帥賊以入，晨攻執政于西宮之朝㈤，殺子駟、子國、子耳，劫鄭伯以如北宮，子孔知之故不死。書曰盜，言無大夫焉㈥。子西㈦聞盜，不儆而出㈧，尸而追盜㈨，盜入於北宮，乃歸授甲，臣妾多逃，器用多喪。子產㈩聞盜，為門者⑪，庀羣司⑫，閉府庫，慎閉藏，完守備，成列而後出⑬，兵車十七乘，尸而攻盜於北宮，子蟜帥國人助之，殺尉止、子師僕，盜眾盡死，侯氏奔晉，堵女父、司臣、尉翩、司齊奔宋。子孔當國⑭，為載書以位序聽政辟⑮，大夫諸司門子弗順，將誅之⑯，子產止之，請為之焚書⑰。子孔不可曰：「為書以定國，眾怒而焚之，是眾為政也，國不亦難乎⑱？」子產曰：「眾怒難犯，專欲難成，合二難以安國，危之道也。不如焚書以安眾，子得所欲⑲，眾亦得安，不亦可乎？專欲無成，犯眾興禍，子必從之。」乃焚書於倉門之外⑳，眾而後定。

【今註】㈠黜其車：減少他的車輛。㈡尉止獲又與之爭：尉止得到囚俘，子駟又跟他爭。㈢遂弗使獻：就不許他獻俘虜。㈣因公子之徒以作亂：因為魯襄公八年，子駟所殺的公子熙的黨羽。㈤西宮之朝：西宮是鄭君上朝的地方，在今河南省新鄭縣西北。㈥無大夫焉：意思說全都是士，不是大夫。㈦子西：公孫夏是子駟的兒子。㈧不儆而出：不儆戒就出去。㈨尸而追盜：他到他父親那兒看尸首，然後再追強盜。㈩子產：公孫僑是子國的兒子。㈡為門者：佈置看門的人。㈢庀羣司：把各官員全安排好。㈢成列而後出：擺成戰列，而後再出去。㈣子孔當國：子孔替子駟管理鄭國政權。㈤為載書以位序聽政辟：做盟書各按著次序以管理政權。㈥將誅之：子孔想要誅殺不聽他的話的。㈦焚書：請把盟書燒掉。㈧國不亦難乎：國家就難治理了。㈨子得所欲：你也得到政權。㈩焚書於倉門之外：按紀要對鄭都城的城門共有八門，而並沒有倉門，可見倉門大約是鄭國公宮的外面。為的使大家全都看見。

【今譯】最初的時候，鄭國的子駟跟尉止有爭奪，將抵抗諸侯在牛首的軍隊時，就把尉止的車減少。尉止得到敵人，子駟又與他爭。子駟對尉止說：「你的車過於華麗，不合於禮節。」就不使他上獻所捕獲的敵人。更早的時候，子駟管田洫的事，司氏、堵氏、侯氏、子師氏各族，都丟失了田地，所以這五個族又聚多了很不滿意的人，利用以前子駟所殺害的公子熙的黨羽做起亂事。這時，子駟掌著鄭國的政權，子國做司馬，子耳做司空，子孔做司徒。冬天十月戊辰，尉止、司臣、侯晉、堵女父、子師僕帥著賊人進入，早晨就攻執政官在西宮上朝的地方，殺了子駟、子國、子耳，劫了鄭國君到北宮去，因為子孔先就知道這件事，所以沒有死。春秋上寫著說是盜，意思是說沒有大夫的官。子駟的兒子子西聽見盜亂，他不儆戒就出去了，他先到他父親子駟的屍首前，然後才追盜賊。盜逃到北宮去了。然後回來，召軍隊，下級的官吏，同子駟的妾，全都逃了，器物全都喪失。子國的兒子子產聽見盜難發生，他就先派人守他的宅門，具備了各官吏，把府庫全都封閉，把所有的物件，全都慎重的把守，預備好了看守的人，擺成了陣勢，然後出去，共有兵車十七輛，先去看他父親的尸首，然後到北宮去攻擊羣盜。子耳的兒子子蟜，率領著貴族幫助他，殺了尉止、子師僕，強盜全都死了。餘下了侯晉逃到晉國去，堵女父、司臣、尉止的兒子翩、司臣的兒子司齊逃到宋國去了。於是子孔掌鄭國政權，立了一個章程，按著次序來聽政權，大夫們不順從子孔，子孔就想把他們殺掉，子產就攔止他，請求把章程燒掉。子孔不肯就說：「定章程以安定國家，眾人不高興就燒掉他，這就是眾人來當政了，這種治理國家，不也很難嗎？」子產說：「眾人的怒氣很難侵犯他，個人的欲望也就難成功，合兩種難事以定安國家，這是危險的道理。我想不如焚了章程以安定眾人的心。你就得到所希望的掌政權，眾人的心也得安寧，這不也是可以的嗎？一個人的欲望沒有方法成功，侵犯了眾人，必定興起禍患，你必須聽從我的辦法。」就在倉門的外面，把定章燒掉，眾人看見，然後心就安定了。

㈩三**經**戍鄭虎牢。

傳諸侯之師城虎牢而戍之，晉師城梧及制㈠，士魴魏絳戍之。書曰戍鄭虎牢，非鄭地也，言將歸焉㈡。鄭及晉平。

【今註】㈠城梧及制：梧同制全是鄭國的舊地方，彙纂說：「按今河南省滎陽縣南有梧通澗，大概就是梧這地方。」制在今河南省汜水縣東十里，現在叫著上街鎮。㈡言將歸：意思是說將來還給鄭國。

【今譯】 諸侯的軍隊，把虎牢這城修好，加以戍守。晉國軍隊也把梧同制兩城修好，晉國的士魴同魏絳來戍守它。春秋上寫著說，戍守鄭國的虎牢，這不是鄭國的地方。這樣的說法，是表示將歸還給鄭國。鄭國於是與晉和平了。

(十四)經 楚公子貞帥師救鄭。

傳 楚子囊救鄭。十一月，諸侯之師還鄭，而南至於陽陵(一)，楚師不退。知武子(二)欲退曰：「今我逃楚，楚必驕，驕則可與戰矣。」欒黶曰：「逃楚，晉之恥也，合諸侯以益恥，不如死，我將獨進。」師遂進，己亥，與楚師夾潁而軍(三)。子蟜曰：「諸侯既有成行(四)，必不戰矣。從之將退，不從亦退，退(五)，楚必圍我，猶將退也。不如從楚，亦以退之。」宵(六)涉潁與楚人盟。欒黶欲伐鄭師，荀罃不可曰：「我實不能禦楚，又不能庇鄭，鄭何罪？不如致怨焉(七)，而還。今伐其師，楚必救之。戰而不克，為諸侯笑，克不可命，不如還也。」丁未，諸侯之師還，侵鄭北鄙而歸(八)。楚人亦還。

【今註】㊀陽陵：鄭地，彙纂說：「在今河南省許昌縣西北。」㊁知武子：是荀罃。㊂夾潁而軍：在潁水的兩面擺軍隊。㊃諸侯既有成行：諸侯既然有離開的意思。㊄退：我們要退了。㊅宵：夜晚。㊆不如致怨焉：不如使他們怨恨然後再回國。㊇侵鄭北鄙而歸：侵略鄭國的北邊就回到晉國去，這就是所謂遭致怨恨。

【今譯】楚國令尹公子貞救鄭國。十一月，諸侯的軍隊回到鄭國，往南走到了陽陵這地方，楚國軍隊不退回，晉國荀罃想退就說：「我現在逃了楚國，楚國必定要驕傲，就可以跟他打仗了。」欒黶就說：「逃了楚國是晉國的羞恥，聯合諸侯，而增加羞恥，還不如死，我將獨自往前進。」軍隊因此也就往前進。己亥這天，與楚國的軍隊，各佔了潁水的一邊，而成陣勢。鄭國的子蟜說：「諸侯既有走的意思，必定不會打仗。服從他們將退，不服從他們也會退，等到他們退了以後，楚國必定圍了鄭國，也等於是退。不如現在就服從了楚國，也是使楚國可以退。」夜裏渡過潁水與楚人會盟。欒黶就想討伐鄭國的軍隊，荀罃不肯就說：「我實不能抵抗楚國，也不能庇護鄭國，鄭國有什麼罪？不如使他們怨恨，然後回晉國。現在伐鄭國的軍隊，楚國必救援他，這戰必不能勝，這會令諸侯笑，但是沒有方法必定戰勝，不如回晉國。」丁未這天，諸侯的軍隊，侵略鄭國的北邊，就回晉國，楚國人也回去了。

㊄經　公至自伐鄭㊀。

【今註】㈠此經無傳。

【今譯】魯襄公從伐鄭國回來。

⑽傳 王叔陳生與伯輿爭政㈠，王右伯輿。王叔陳生怒，而出奔，及河，王復之，殺史狡以說焉㈡，不入遂處之。晉侯使士匄平王室，王叔與伯輿訟焉，王叔之宰與伯輿之大夫瑕禽㈢坐獄於王庭，士匄聽之。王叔之宰曰：「篳門閨竇之人而皆陵其上㈣，其難為上矣。」瑕禽曰：「昔平王東遷，吾七姓從王㈤，牲用備具，王賴之而賜之騂旄之盟㈥曰：『世世無失職。』若篳門閨竇其能來東底乎？且王何賴焉？今自王叔之相也，政以賄成，而刑放於寵㈦，官之師旅不勝其富㈧，吾能無篳門閨竇乎？唯大國圖之。下而無直，則何謂正矣㈨。」范宣子曰：「天子所右，寡君亦右之，所左亦左之。」使王叔氏與伯輿合要，王叔氏不能舉其契㈩。王叔奔晉，不書不告也。單靖公為卿士，以相王室。

【今註】㈠王叔陳生與伯輿爭政：王叔陳生與伯輿全是周王的卿士，互相爭奪政權。㈡殺史狡以說焉：周王就殺掉史狡以對王叔有解釋。㊂瑕禽：是伯輿屬下大夫。㊃篳門閨竇之人，而皆陵其上：篳門是材木做的門，閨竇是小門，這種下賤的人，全都欺負他的上面的人。㊄七姓從王：伯輿的祖先同旁的六姓跟隨著平王東遷。㊅騂旄之盟：是用赤色的牛來做盟誓。㊆而刑放於寵：刑法全隨著寵來做，就是不聽從刑律。㊇官之師旅不勝其富：司旅的長官，受的賄賂沒法形容有多少。㊈下而無直，則何謂正矣：下面沒有直爽的人就怎麼算是正呢？㊉王叔氏不能舉其契：王叔沒有方法拿出他的證契。

【今譯】周王的兩個卿士王叔陳生與伯輿爭政權，周王幫助伯輿，王叔陳生甚不愉快，就出奔，想到晉國，到了黃河，周王就叫他回來，把史狡殺了，以作為解說，但是王叔陳生，仍舊不肯回來，就住在黃河邊上。晉悼公派士匄去給王室講和，王叔同伯輿爭訟，王叔的家臣同伯輿所屬的大夫瑕禽，在王庭中爭訟，士匄聽他的曲直。王叔的家臣說：「柴門小戶的這種人，而全都欺負他的上面，這真難做上面的人了。」瑕禽說：「以前周平王東遷的時候，我們一共七個姓從王來，各種祭祀用的牲畜，全由我們預備的，平王很仰賴我們，而用赤色的牛做盟誓，就說『每一代每一代的不要失掉職位。』要是柴門小戶的人還能隨著平王東遷嗎？並且平王為何仰賴我們？現在自從王叔掌政權以後，政治全是以賄賂成功，有寵的臣專管刑法，師旅的官富得不成樣子，我們能夠不是柴門小戶嗎？希望大國細想想。下邊沒有直爽的人，就怎麼樣叫做正呢？」士匄說：「周天子所願意幫助的，我們晉國君也願意幫助，他所不願幫助，我們晉國君也不願幫助。」叫王叔同伯輿將他們的訟詞對比，王叔這人不能提出他的證據。王叔就逃到晉國去了。春秋上沒有寫，因為周朝沒有告訴我國，單靖公就替代王叔為卿士，執掌王室的政權。

襄公十一年（公元前五百六十二年）

(一)**經**春王正月，作三軍。

傳春，季武子將作三軍㊀，告叔孫穆子曰：「請為三軍，各征其軍。」穆子曰：「政將及子，子必不能㊁。」武子固請之，穆子曰：「然則盟諸。」乃盟諸僖閎㊂，詛諸五父之衢㊃。正月作三軍，三分公室而各有其一㊄，三子各毀其乘。季氏使其乘之人，以其役邑入者無征㊅，不入者倍征㊆。孟氏使半為臣若子若弟㊇，叔孫氏使盡為臣㊈，不然不舍㊉。

【今註】㊀季武子將作三軍：因為魯國祇有兩軍，遇到戰事的時候，就由三卿輪流著來率領，現在加設中軍變成三軍。㊁子必不能：你一定不能如此辦理。㊂乃盟諸僖閎：僖閎是僖公的廟門，在那裏盟誓。㊃詛諸五父之衢：據山東通志說：「在今曲阜縣東南五里。」我們要注意的是盟同詛不太一樣，盟是貴族所舉行的，而詛是小人階級所舉行的，由左傳各年皆能考見。㊄三分公室而各有其一：將公家所有的人民分成三份，而每一個卿有一份。㈥以其役邑入者無征：拿他邑中的人歸入季氏的，就不必給公家賦稅。㈦不入者倍征：要是不歸季氏的，就加倍納稅。㈧使半為臣若子若弟：使他的子弟的一半歸他自己，可以說有三份歸於公家，而自己留了四分之一。㈨使盡為臣：把他子弟留下而把父兄歸到公家。㈩不然不舍：要不聽他的話，就不肯舍置。

【今譯】春天，季孫宿預備加設一軍為三軍，告訴叔孫豹說：「請作三個軍，我們三家各征他的軍的稅收。」叔孫豹說：「魯國的政令，必定要輪到你管，如此你必定不能夠。」季孫宿一再的要求。叔孫豹就說：「那麼我們就盟誓吧。」就到僖公廟門口去盟誓，又在五父之衢起誓。正月作成三軍，把魯國的公室三分，每個人各得一份，三家各把他的車乘部伍毀去，重新編為三軍。季氏叫他軍乘的人，拿他的地方的稅收，入給季孫氏，就不給公家稅收，不入季孫氏的，就加倍給公家稅收。孟氏取他人中子弟中的一半，等於以三份歸公家，而孟氏祇取一份，叔孫氏盡拿著子弟，把他的父兄歸到公家，要不這樣做，不肯舍置。

㈡經　夏四月，四卜郊不從，乃不郊㈠。

【今註】㈠此經無傳。

【今譯】夏天四月，四次占卜祭天，都不吉祥，就不郊天。

㈢經鄭公孫舍之帥師侵宋。

傳鄭人患晉楚之故，諸大夫曰：「不從晉，國幾亡。楚弱於晉，晉不吾疾也㈠。晉疾，楚將辟之，何為而使晉師致死於我？楚弗敢敵，而後可固與也㈡。」子展曰：「與宋為惡，諸侯必至，吾從之盟，楚師至吾又從之，則晉怒甚矣。晉能驟來㈢，楚將不能，吾乃固與晉。」大夫說之，使疆埸之司惡於宋。宋向戌侵鄭，大獲。子展曰：「師而伐宋可矣。若我伐宋，諸侯之伐我必疾，吾乃聽命焉，且告於楚。楚師至，吾乃與之盟，而重賂晉，師乃免矣㈣。」夏，鄭子展侵宋。

【今註】㈠晉不吾疾也：晉國不會侵略我們。㈡而後可固與也：然後就可以和晉國很堅強的和好。㈢晉能驟來：晉國可以急著來。㈣師乃免矣：戰禍就可以免了。

【今譯】鄭國人很以晉楚兩個國的爭奪為患，諸大夫就說：「不從晉國，鄭國幾乎滅亡。楚國較晉國為弱，晉不會很快來攻我。晉國若很快來攻我，楚國將躲避他，有何計使晉國的軍隊用力來攻打我們？楚不敢抵抗，然後我們可以和晉國堅強的和好。」子展就說：「為惡於宋國，諸侯必定全都來到，我們就同晉國盟會，楚國軍隊來了，我們又服從楚國，晉國的憤怒，必然很厲害。晉國可以很快來，而楚國不能夠，如此，我們就能同晉國堅固的和好。」大夫們全贊成，使守邊疆的官侵犯宋國。宋國向戌侵了鄭國，收穫很多。子展說：「我們的軍隊可以伐宋國了。我們要討伐宋國，諸侯的軍隊，必定很快的來討伐我們，我就聽從命令並且通知楚國。楚國軍隊來了，我們又跟他定盟誓，並且加重賄賂晉國，如此我們就能免除戰禍。」夏天，鄭國子展侵略宋國。

㈣經 公會晉侯、宋公、衛侯、曹伯、齊世子光、莒子、邾子、滕子、薛伯、杞伯、小邾子伐鄭。

㈤經 秋七月己未，同盟于亳城北。

傳 四月，諸侯伐鄭。己亥，齊太子光宋向戌先至於鄭，門于東門；其莫，晉荀罃至于西郊，東侵舊許；衛孫林父侵其北鄙。六月，諸侯會于北林㈠，師于向㈡，右還，次于瑣㈢，圍鄭，觀兵于南門，西濟于濟隧㈣，鄭人懼，乃行成。秋七月，同盟于亳㈤。范宣子曰：「不慎必失諸侯，諸侯道敝而無成，能無貳乎？」乃盟，載書曰：「凡我同盟，毋蘊年㈥，毋壅利㈦，毋保姦㈧，毋留慝㈨，救災患，恤禍亂，同好惡，獎王室㈩，或間茲命，司慎司盟(十一)，名山名川，羣神羣祀(十二)，先王先公，七姓十二國之祖⑬，明神殛之，俾失其民，隊命亡氏，踣其國家。」

【今註】㊀北林：鄭地，在今河南省新鄭縣東北。㊁向：彙纂說：「今河南省尉氏縣西南四十里有向城。」㊂瑣：一統志說：「今河南省新鄭縣東北有鎮侯亭。」㊃濟隧：水名。彙纂引水經注說：「滎澤在滎陽縣東南，蓋即濟水、汴水、滎澤分流處。」㊄亳：江永說：「左傳作亳城，公穀作京城。以諸侯圍鄭，當同盟于京城，應從公穀。」京城在滎陽縣東南二十里。㊅毋蘊年：不要屯積穀類。㊆毋壅利：不要專利山川利益。㊇毋保姦：不要藏著罪犯。㊈毋留慝：不要藏著壞心在心裏。㊉獎王室：獎助周王室。⑪司慎司盟：是兩個天上的神。⑫羣神羣祀：各種的神同各種祭典中的神。⑬七姓十二國之祖：七姓是指著姬姓、曹姓、子姓、姜姓、巳姓、姒姓、任姓，共有國家十二個。

【今譯】四月，諸侯們伐鄭。己亥這天，齊國太子光同宋國的向戌先到鄭國，攻擊鄭國首都的東門，到了晚間，晉國的荀罃到了鄭國的西郊，向東侵了舊許國的地方，衛國孫林父侵了鄭國的北邊。六月諸侯在北林聚會，把軍隊遷到向這地方，然後向北走再向西走，到了瑣，圍鄭國都城，到南門去示威，西邊渡過濟隧，鄭國人害怕了，乃要求和好。秋七月，諸侯在亳這地方同盟誓。士匄說：「這次若不慎重，必定要丟掉諸侯，諸侯們經過這麼多的道路，辛苦而沒有成功，能沒有貳心嗎？」就盟會了，盟書上說：「凡是我們同盟的國家，不要屯積食糧，不要專用山川的利益，不要藏慝罪人，不要存心不良，必定要救旁國的災患，憐恤旁國的禍亂，好惡同心，協助周王室，如果違犯了這個盟誓，司慎司盟兩個天神，各名山名川，各種在誓典上盟的神，所封的國家先王同先公，姬、曹、子、姜、巳、姒、任七姓，共十二國的祖先，各明神全都來誅殛他，使他丟掉他的人民，墜掉他的天命，丟掉他的姓氏，他的國家亡了。」

(六)【經】公至自伐鄭㈠。

【今註】㈠此經無傳。

【今譯】魯襄公從伐鄭回來。

(七)【經】楚子鄭伯伐宋。

【傳】楚子囊乞旅于秦㈠，秦右大夫詹帥師從楚子將以伐鄭，鄭伯逆之，丙子伐宋。

【今註】㈠楚子囊乞旅于秦：楚國公子貞請求秦國派遣軍隊。

【今譯】楚令尹公子貞向秦國要求軍隊，秦國的右大夫詹率著軍隊追隨楚王，將要討伐鄭國，鄭伯迎接他們，丙子伐宋國。

(八)**經**公會晉侯、宋公、衛侯、曹伯、齊世子光，莒子、邾子、滕子、薛伯、杞伯、小邾子伐鄭。

傳九月諸侯悉師以復伐鄭，鄭人使良霄、大宰石㚖如楚，告將服于晉曰：「孤以社稷之故，不能懷君，君若能以玉帛綏晉，不然則武震以攝威之㈠，孤之願也。」楚人執之。書曰行人，言使人也。

【今註】㈠武震以攝威之：你要是能夠拿武力來使他害怕。

【今譯】九月諸侯全部的軍隊，又去討伐鄭國，鄭人派良霄同大宰石㚖到楚國去，告訴楚國他們將服從晉國說：「我以國家的緣故，不能夠懷念你，你若能夠以用玉帛來安撫晉國，要不然就用武力以威嚇他，這是我的願望。」楚國人把他們逮起來。春秋上寫著行人，表示這是鄭國的使人。

(九)**經**會于蕭魚。

傳諸侯之師觀兵于鄭東門，鄭人使王子伯駢行成。甲戌，晉趙武入盟鄭伯。冬十月丁亥，鄭子展出盟晉侯。十二月戊寅，會于蕭魚㈠。庚辰，赦鄭囚，皆禮而歸之，納斥候㈡，禁侵掠。晉侯使叔肸告于諸侯㊂。公使臧孫紇對曰：「凡我同盟，小國有罪，大國致討，苟有以藉手，鮮不赦宥，寡君聞命矣。」

【今註】㊀蕭魚：鄭地。在今河南省許昌縣西。㊁納斥候：不再相防備。㊂晉侯使叔肸告于諸侯：叔肸即叔向。晉侯派叔向佈告給諸侯。

【今譯】諸侯的軍隊到鄭國的東門去示威，鄭國人叫王子伯駢去要求和好。甲戌這天，晉國的趙武到鄭國去盟會鄭伯。冬十月丁亥這一天，鄭國子展去盟誓晉悼公，十二月戊寅，在蕭魚開會。庚辰那天，把鄭國囚犯都赦免，皆加以禮貌遣送回去。取消國境內監視的人，禁止侵奪。晉悼公叫叔向告訴各諸侯。魯襄公叫臧孫紇回答說：「凡是我們同盟的國家，小國有了罪犯，大國就討伐他，假設能夠有藉手的功勞，沒有不赦免的，我們魯君聽從你的命令。」

㈩經公至自會㊀。

【今註】㊀此經無傳。

【今譯】魯襄公從開會回來。

㈩㈠經楚人執鄭行人良霄。

傳鄭人賂晉侯以師悝、師觸、師蠲㈠，廣車軘車淳㈡十五乘，甲兵備，凡兵車百乘㈢，歌鐘二肆㈣，及其鎛磬㈤，女樂二八。晉侯以樂之半賜魏絳曰：「子教寡人和諸戎狄，以正諸華，八年之中九合諸侯，如樂之和，無所不諧㈥，請與子樂之。」辭曰：「夫和戎狄，國之福也。八年之中九合諸侯，諸侯無慝，君之靈也，二三子之勞也，臣何力之有焉，抑臣願君安其樂而思其終也。詩曰：『樂只君子，殿天子之邦。樂只君子，福祿攸同，便蕃左右，亦是帥從㈦。』夫樂以安德㈧，義以處之㈨，禮以行之，信以守之，仁以厲之，而後可以殿邦國，同福祿，來遠人，所謂樂也㈩。書曰：『居安思危⑪。』思則有備，有備無患，敢以此規。」公曰：「子之教敢不承命，抑微子，寡人無以待戎，不能濟河⑫。夫賞國之典也，藏在盟府⑬，不可廢也，子其受之。」魏絳於是乎始有金石之樂，禮也。

【今註】㈠師悝、師觸、師蠲：這三個人全都是樂師的名字。㈡廣車、軘車淳：廣車軘車全是車的名字，淳是一對。㊂凡兵車百乘：其他的兵車同廣車軘車一共一百乘。㊃歌鐘二肆：一肆等於十六，二肆一共三十二個。㊄及其鎛磬：是全部的樂器。㊅如樂之和無所不諧：跟樂器的相和沒有不和諧的。㊆樂只君子，殿天子之邦。樂只君子，福祿攸同，便蕃左右亦是帥從：這是詩經小雅采菽的一篇詩，意思是說周王能禮樂君子來鎮撫天子的邦國，萬福來同，遠處的人全都來服從，便藏在天子的左右。㊇夫樂以安德：夫樂是用來安和德性。㊈義以處之：義是用來處理事宜。㊉所謂樂也：意思是說樂、義、禮、信、仁五種德性全都完備的時候，就成了樂。㊁居安思危：這是一句逸書的話，處在安樂的時候，要考慮危險的事。㊂不能濟河：不能夠渡過黃河南邊去打鄭國。㊂藏在盟府：這種賞賜記載在司盟的府中。

【今譯】鄭國人用師悝、師觸、師蠲同廣車軘車各十五乘，甲兵齊備，共有兵車一百輛，歌鐘一共三十二個，同鎛磬的各種樂器，同女樂十六人，來賄賂晉悼公。晉悼公拿樂器的一半賞給魏絳說：「你教給我聯合各種的戎狄，使中國各諸侯皆服從晉國，在八年的中間九次的會合諸侯，這如音樂的和諧，請同你一同來享受。」魏絳就辭謝說：「論起和諸戎狄，這是晉國的福祉，八年之中九次會合諸侯，諸侯全沒有不聽從的，這是你君的威靈，諸位臣子的功勞，我有什麼力量呢？並且我很希望你安這樂趣，同時想到終身享有，詩經小雅說過：『有德的君子，就能鎮守天子的邦國，有德性的君子，福祿聚在一塊，遠方的也來到天子的左右服從。』按音樂是用來安和德性，義是用來處理事宜，禮是用來行教令，守的是信實，厲風俗用仁，然後可以安定邦國，福祿同來，遠人也到了，這就是所謂音樂。逸書上說：『居住安定的地方，就想到危險的時候。』想著可有預備，有備就沒有危險，敢以這種話來規諫。」晉悼公說：「你的教訓我敢不接承嗎？沒有你我就無法對付戎人，渡河攻鄭。但是賞賜是國家的典，在司盟的官府，藏著這種記載，這是不可以廢，你還是接受吧！」魏絳從此以後，開始有了金石的樂，這是合禮的。

(十二)

經 冬，秦人伐晉。

傳 秦庶長鮑、庶長武帥師伐晉以救鄭，鮑先入晉地，士魴御之，少秦師而弗設備。壬午，武濟自輔氏(一)，與鮑交伐晉師。己丑，秦晉戰于櫟(二)，晉師敗績，易秦故也(三)。

【今註】(一)武濟自輔氏：秦國的庶長由輔氏渡黃河。輔氏在今陝西省朝邑縣西北十三里。(二)櫟：晉地，《方輿記要》說：「櫟陽城在陝西省臨潼縣北三十里，渭水之北。」(三)易秦故也：因為看秦國太容易的緣故。

【今譯】秦國庶長名叫鮑同叫武的帥領著軍隊伐晉國，以救鄭國。鮑先進入晉國地方，士魴去抵禦，看不起秦國軍隊，不設防備。壬午這天，武從輔氏這地方渡過黃河，同鮑一起攻伐晉國軍隊。己丑這天，秦晉在櫟這地方作戰，晉師打敗了，因為他們看不起秦國軍隊的緣故。

襄公十有二年（公元前五百六十一年）

(一)**經** 十有二年春王二月，莒人伐我東鄙，圍台。季孫宿帥師救台，遂入鄆。

傳 春，莒人伐我東鄙，圍台㈠。季武子救台，遂入鄆㈡。取其鐘以為公盤㈢。

【今註】㈠台：山東通志說：「今山東省費縣南，有台亭。」㈡鄆：是為莒鄆，在山東省沂水縣東北四十里。㈢取其鐘以為公盤：把鄆這地方的鐘，做成魯襄公用的銅盤。

【今譯】春天，莒國人討伐魯國東邊，圍了台的地方。季孫宿救台，就侵入莒國的鄆城，拿了他的銅鐘溶化了做成魯襄公所用的銅盤。

(二)**經** 夏，晉侯使士魴來聘。

傳 夏，晉士魴來聘，且拜師㈠。

【今註】㈠且拜師：並且來道謝前年魯國伐鄭的軍隊。

【今譯】夏天，晉國派士魴來聘問，且來謝前年魯國參加伐鄭國的軍隊。

㈢經秋九月吳子乘卒。

傳秋，吳子壽夢卒，臨於周廟㈠，禮也。凡諸侯之喪，異姓臨於外，同姓於宗廟㈡，同宗於祖廟㈢，同族於禰廟㈣，是故魯為諸姬臨於周廟，為邢、凡、蔣、茅、胙、祭臨於周公之廟㈤。

【今註】㈠臨於周廟：到周文王的廟中去哭臨。㈡同姓於宗廟：同姓的人就到宗廟裏。㈢同宗於祖廟：同一個宗的就到祖廟中去哭臨。㈣同族於禰廟：凡是同高祖以下的，就到父親的廟去哭臨。㈤邢、凡、蔣、茅、胙、祭臨於周公之廟：這六個全都是周公的兒子，所以就到周公的廟中哭臨。

【今譯】秋天，吳王壽夢死了，到周文王的廟中哭臨，這是很合於禮的。凡是諸侯死了以後，不同姓的就哭臨到都城以外，同姓的就到宗廟哭臨，同宗的人就到始封的君的廟中哭，同高祖的就到父親廟中哭，所以魯國為姬姓，到周廟中去哭臨，邢、凡、蔣、茅、胙、祭六國，到周公廟那兒哭臨。

㈣經冬，楚公子貞帥師侵宋。

傳冬，楚子囊，秦庶長無地伐宋師于楊梁㈠，以報晉之取鄭也。

【今註】㈠楊梁：宋地。一統志說：「今河南省商邱縣東南三十里有陽亭，即楊梁。」

【今譯】冬天，楚國令尹公子貞，秦國的庶長無地討伐宋國，出兵到楊梁這地方，以報復晉國取鄭國。

㈤傳　靈王求后于齊，齊侯問對於晏桓子㊀，桓子對曰：「先王之禮辭有之，天子求后於諸侯，諸侯對曰：『夫婦所生若而人㊁，妾婦之子若而人，無女而有姊妹及姑姊妹，則曰先守某公之遺女若而人。』」齊侯許昏，王使陰里㊂逆之。

【今註】㊀晏桓子：是晏弱。㊁若而人：這些個人，指女兒。㊂陰里：周大夫。

【今譯】周靈王到齊國去求王后，齊侯就問怎麼樣回答的方式，晏弱就回答說：「從前我們周先王的禮詞有一句話，天子要對諸侯求皇后，就回答說：『我們夫婦所生的這些女兒，妾婦的這些女兒，沒有女兒而有姊妹同姑姊妹等，就說我們先守某公的這些遺女。』」齊侯答應這段婚姻，周王就派周大夫陰里去迎親。

㈥經　公如晉。

傳　公如晉朝，且拜士魴之辱，禮也㊀。

【今註】㊀此經無傳。

【今譯】魯襄公到晉國朝見，並且拜謝士魴的聘問，這是很合於禮節的。

㈦傳　秦嬴歸于楚㊀，楚司馬子庚㊁聘于秦，為夫人寧，禮也。

【今註】㊀秦嬴歸于楚：秦景公的妹妹到楚國為楚共王的夫人。㊁子庚：是楚莊王的兒子子午。

【今譯】秦景公的妹妹秦嬴嫁給楚共王，楚國的司馬子庚到秦國聘問，這是為的楚國夫人歸寧，這是很合於禮的。

襄公十有三年（公元前五百六十年）

㈠經　春，公至自晉。

傳　春公至自晉，孟獻子書勞于廟㊀，禮也。

【今註】㊀書勞于廟：在廟中竹簡上寫襄公的勳勞。

【今譯】春天，魯襄公從晉國回來，仲孫蔑到魯國宗廟中，寫上公的勳勞，這是合於禮的。

㈡經　夏，取邿。

傳　夏，邿亂分為三㊀，師救邿㊁，遂取之。凡書取，言易也。用大師焉曰滅㊂，弗地曰入㊃。

【今註】㊀邿亂分為三：邿國亂了分成三部份。㊁邿：山東通志說：「在今山東省濟寧縣東南五十里。」㊂用大師焉曰滅：用很多的軍隊就叫做滅。㊃弗地曰入：不指名那地方，就是打敗他，而不佔領那地方叫做入。

【今譯】夏天，郜國發生亂事，分成三部份，魯國軍隊去救郜國，就佔據他了。凡是寫上取，就是說很容易，用很多軍隊就叫做滅，不指名地方，就叫做入。

(三)**傳**荀罃、士魴卒，晉侯蒐于緜上以治兵㊀，使士匄將中軍，辭曰：「伯游長㊁，昔臣習於知伯，是以佐之，非能賢也，請從伯游。」荀偃將中軍㊂，士匄佐之。使韓起將上軍，辭以趙武。又使欒黶，辭曰：「臣不如韓起，韓起願上趙武。君其聽之。」使趙武將上軍㊃，韓起佐之㊄。欒黶將下軍，魏絳佐之㊅。新軍無帥，晉侯難其人，使其什吏率其卒乘官屬以從於下軍，禮也。晉國之民是以大和，諸侯遂睦。君子曰：「讓禮之主也，范宣子讓，其下皆讓，欒黶為汰，弗敢違也，晉國以平，數世賴之，刑善也夫。一人刑善，百姓休和，可不務乎？書曰：『一人有慶，兆民賴之，其寧惟永㊆。』其是之謂乎？周之興也，其詩曰：『儀刑文王，萬邦作孚㊇。』言興善也。及其衰也，其詩曰：『大夫不均，我從事獨賢㊈。』言不讓也。世之治也，君子尚能而讓其下，小人農力以事其上，是以上下有禮，而讒慝黜遠，由不爭也，謂之懿德⑩，及其亂也，君子稱其功以加小人，小人伐其技以馮君子，是以上下無禮，亂虐並生，由爭善也，謂之昏德⑪。國家之敝，恒必由之。」

【今註】㊀晉侯蒐于緜上以治兵：晉悼公在緜上行軍禮，以治理軍隊。江永說：「緜上應當近於晉國都城，在今山西省翼城縣西。」㊁伯游長：伯游即荀偃。年紀長。㊂荀偃將中軍：替代荀罃。㊃趙武將上軍：趙武自新軍將超四等替代荀偃。㊄韓起佐之：韓起仍舊故位不動。㊅魏絳佐之：魏絳自新軍佐代士魴。㊆一人有慶，兆民賴之，其寧惟永：一人指天子。天子好善，很多的人民全都仰賴他，這種安寧是很永長的，這是尚書呂刑篇的一句。㊇儀刑文王，萬邦作孚：這是詩經大雅文王那篇的一句詩。意思是說文王善用法，所以為萬國所信賴。㊈大夫不均，我從事獨賢：這是詩經小雅北山那篇的詩句。意思是說大夫處事不公平，祇有我為王事効力獨多。⑩謂之懿德：這是好的德性。⑪謂之昏德：這叫做昏亂的德性。

【今譯】晉國的荀罃與士魴死了，晉悼公在晉都城左近的緜上這地方以治理軍隊，派士匄將中軍，他就辭謝說：「荀偃年紀比我長，因為我從前學習於荀罃，所以輔佐他，不是我真比旁人好，請隨從著荀偃。」於是荀偃就將中軍，士匄為中軍佐。派韓起將上軍，辭讓給趙武。又派欒黶，他辭謝說：「我不如韓起，韓起願意推讓趙武，你不如聽他。」就派趙武為上軍將，韓起做上軍佐，欒黶做下軍將，魏絳做下軍佐。新軍就沒有將帥，晉悼公很難找人選，就派他所屬的將吏，領著他的車輛來隨著下軍，這也合於禮的。晉國的人民於是大和，諸侯也對晉國和睦，君子說：「讓是禮的主人，士匄讓，他的下屬也都讓，欒黶雖然過奢，也不敢違背，晉國就和平了，幾代全仰賴他，這是有良好典型的原故。一個首領典型好，老百姓全都和平，能不朝這方向努力嗎？商書呂刑篇說過：『一個首領，要能幹，很多萬的人民全仰賴他，他的安定的能力是很長的。』是指著這件事說明的吧？從前周朝興起的時候，在大雅詩篇裏說：『文王善用法典，各邦國全都相信他。』意思是說政治善於讓。等他衰微的時候，在小雅北山那篇詩裏說：『大夫全處事不公平，只有我為王事盡心力。』這是表示不能謙讓。在世上太平的時候，君子重用能幹的人並對下謙讓，小人們耕地，以侍奉他的上司，所以上下有禮，而壞心的人全遠了，由於沒有爭端，所以叫做好的德行。等著亂的時候，君子自稱他的功勞，來壓迫小人，小人自以他的技術，來欺辱君子，於是上下沒有禮貌，亂虐同時生出，全自以為好，而不相讓，這叫做昏德。國家的衰敗，必定由於這種情形。」

㈣經秋九月庚辰楚子審卒。

傳楚子疾，告大夫曰：「不穀不德，少主社稷，生十年而喪先君，未及習師保之教訓，而應受多福㈠，是以不德，而亡師于鄢，以辱社稷，為大夫憂，其弘多矣㈡。若以大夫之靈，獲保首領以歿於地，唯是春秋窀穸之事，所以從先君以禰廟者㈢，請為靈若厲㈣，大夫擇焉。」莫對，及五命乃許。秋楚共王卒。子囊謀謚，大夫曰：「君有命矣㈤。」子囊曰：「君命以共，若之何毀之？赫赫楚國而君臨之，撫有蠻夷，奄征南海，以屬諸夏，而知其過，可不謂共乎？請謚之共㈥。」大夫從之。

【今註】㈠而應受多福：多福是指著做君。㈡其弘多矣：這是很大的事情。㈢所以從先君於禰廟者：將來隨著先君代為父廟。㈣請為靈若厲：請將謚號做為靈王或厲王。亂而不損為靈，戮殺不辜為厲。㈤君有命矣：君已經有命令了。㈥請謚之共：就請給他謚號叫做共王。

【今譯】楚共王有病，告訴大夫們說：「我沒有德性，很年青的時候，就掌管這個國家，才十歲就失了先君，沒來得及學習師傅們的教訓，就成了君王，所以沒有德性，而把軍隊毀在鄢這地方，使國家受羞辱，為大夫們憂慮，這是很大的事，我要託你們大夫們的福，安靜的死了。關於祭祀埋葬的事，藉著先君代為父廟，請給我一個謚號，叫做靈或是厲，你們選擇吧。」沒有人回答，他說了五次以後，才答應。秋天，楚共王死了。公子貞計謀他的諡號，大夫們說：「君王已經有了命令了。」公子貞說：「君王命令用共，為什麼來毀掉它？很光明的楚國，而君做王，安撫了蠻夷，征服了南海，以管理中原，而知道他的過錯，能不說他是恭敬嗎？就請給他諡號為共王。」各大夫都聽從他。

(五) **傳** 吳侵楚，養由基奔命，子庚㊀以師繼之。養叔㊁曰：「吳乘我喪，謂我不能師也，必易我而不戒。子為三覆㊂以待我，我請誘之。」子庚從之，戰于庸浦㊃，大敗吳師，獲公子黨。君子以吳為不弔，詩曰：「不弔是天，亂靡有定㊄。」

【今註】 ㊀子庚：是楚國的司馬。㊁養叔：即養由基。㊂三覆：三個埋伏軍隊。㊃庸浦：楚地，在今安徽省無為縣南，瀕江之浦。㊄不弔是天，亂靡有定：意思是說上天不憐恤他，所以亂事永遠沒有安定的時候。

【今譯】 吳國來侵欺楚國，養由基就各處去救援楚軍，楚國的司馬子庚，也用軍隊來救援他，養由基說：「吳國利用我們的喪事，認為我們不能用兵，必看不起我們不戒備，你做為三個埋伏兵，以等著我去誘敵，我請去引誘吳國。」子庚聽了他的話，在庸浦這地方作戰，把吳國軍隊打敗了，捕獲了吳國公子黨。君子以為吳國不恤他人之喪，詩經上說過：「要是不為上天所憐恤，亂事永遠沒有安定的時候。」

(六)經　冬城防。

傳　冬城防，書事時也。於是將早城，臧武仲請俟畢農事㈠，禮也。

【今註】㈠請俟畢農事：等著農事完畢以後再做。

【今譯】冬天，修築魯國防的城，春秋記載此事，因為合於時節。本來將早修城，臧武仲要求等到農事完了以後再修城，這是很合於禮的。

(七)傳　鄭良霄，大宰石㚟㈠猶在楚㈡，石㚟言於子囊曰：「先王卜征五年，而歲習其祥，祥習則行㈢，不習則增修德而改卜。今楚實不競，行人何罪？止鄭一卿㈣，以除其偪，使睦而疾楚以固於晉，焉用之？使歸而廢其所㈤，怨其君以疾其大夫而相牽引也㈥，不猶愈乎？」楚人歸之。

【今註】㈠石㚟：石㚟在魯襄公十一年為楚國所逮捕留在楚國一直到現在。㈡猶在楚：現在還在楚國。㈢祥習則行：要占卜全都吉祥就去。㈣止鄭一卿：一卿是指著良霄，他是鄭國卿。㈤使歸而廢其卿：使他回去就廢除他被使派的原意。㈥怨其君以疾其大夫而相牽引也：他會怨恨鄭國的君而恨他的大夫們，使鄭國全不相和。

【今譯】鄭國的良霄同石㚟，仍舊在楚國，石㚟對公子貞說：「先王占卜征伐五年的工夫，而每年看的吉祥不吉祥，吉祥就辦，不吉祥就增加修德行，再來占卜。現在楚國真正不能同晉國競爭，做行人官的何罪？祇留下鄭國一個卿良霄，實在是對鄭國除去他的害處，使鄭國的大夫們和睦而恨楚國，因此堅固的與晉國和好，這有什麼用處呢？叫他回國，使他的行人官失敗，他就回國怨恨他的君，又恨他的大夫們，使他們全互相不和，那不更好嗎？」楚國人就把他們送回去。

襄公十有四年（公元前五百五十九年）

㈠經　季孫宿，叔老會晉士匄、齊人、宋人、衛人、鄭公孫蠆、曹人、莒人、邾人、滕人、薛人、杞人、小邾人，會吳于向。

傳　春，吳告敗于晉㈠。會于向㈡，為吳謀楚故也。范宣子數吳之不德也㈢，以退吳人；執莒公子務婁㈣，以其通楚使也。將執戎子駒支㈤，范宣子親數諸朝，曰：「來！姜戎氏！昔秦人迫逐乃祖吾離于瓜州㈥，乃祖吾離被苫蓋㈦，蒙荊棘以來歸我先君，我先君惠公有不腆之田，與女剖分而食之，今諸侯之事我寡君不如昔者，蓋言語漏洩，則職女之由㈧，詰朝之事，爾無與焉，與將執女。」對曰：「昔秦人負恃其眾，貪于土地，逐我諸戎。惠公蠲其大德，謂我諸戎是四嶽之裔胄也(九)，毋是翦棄(一〇)，賜我南鄙之田，狐貍所居，豺狼所嗥，我諸戎除翦其荊棘，驅其狐貍豺狼，以為先君不侵不叛之臣，至于今不貳(一一)。昔文公與秦伐鄭，秦人竊與鄭盟而舍戍焉(一二)，於是乎有殽之師(一三)，晉禦其上，戎亢其下(一四)，秦師不復，我諸戎實然，譬如捕鹿，晉人角之，諸戎掎之(一五)，與晉踣之(一六)，戎何以不免。自是以來，晉之百役，與我諸戎，相繼于時(一七)，以從執政，猶殽志也。豈敢離逷？今官之師旅無乃實有所闕，以攜諸侯，而罪我諸戎？我諸戎飲食衣服不與華同，贄幣不通，言語不達，何惡之能為？不與於會，亦無瞢焉(一八)？」賦青蠅而退。宣子辭焉，使即事於會，成愷悌也(一九)。於是子叔齊子(二〇)為季武子介以會，自是晉人輕魯幣而益敬其使。

【今註】(一)吳告敗于晉：吳國來報告晉國，前年吳國被楚國打敗。(二)向：杜預說「是鄭地。」在今河南省尉氏縣西南四十里。(三)范宣子數吳之不德也：士匄數說吳國不應該伐楚共王的喪事。(四)莒公子務婁：莒國的公子名務婁。㊄駒支：是戎子的名字。㊅迫逐乃祖吾離于瓜州：驅逐你的祖先叫吾離的到瓜州的地方，瓜州在今甘肅省安西縣西南五里有瓜州城。㊆被苫蓋：披著編草的衣服。㊇蓋言語漏洩則職女之由：把話全洩漏了就是由於你們的原故。㊈是四嶽之裔胄也：四嶽是姜姓，他們也是姜姓的後人。㊉毋是翦棄：不要把他們毀掉。⑪至於今不貳：一直到今天我們對於你沒有貳心。⑫秦人竊與鄭盟而舍戍焉：這件事在魯僖公三十年。⑬有殽之師：這事在魯僖公三十三年。⑭戎亢其下：戎人當他的下邊。⑮晉人角之，諸戎掎之：晉人抓鹿的角，戎人抓鹿的腿。⑯與晉踣之：同晉國軍隊一起把他逮起來。⑰相繼于時：繼續不斷的做。⑱亦無瞢焉：瞢音（ㄇㄥˊ）。也沒有什麼煩悶。⑲成愷悌也：愷悌是表示不信讒言。⑳子叔齊子：是叔老的號。

【今譯】春天，吳國到晉國去告訴他被楚國打敗。在向這地方開會，為的是為吳國謀算楚國的緣故。士匄數說吳國的不合於道德，用以使吳人退步。執了莒國的公子務婁，因為他通楚國使臣的緣故。將把戎子駒支逮捕，士匄親自數說他在開會的朝位上，說：「來！姜戎氏！以前秦國的人，在瓜州迫逐你的祖先吾離，你的祖先吾離披著編草的衣服，冒著荊棘來歸到我們的先君，我先君惠公有不豐富的田地，同你分了一半而養著你們，現在諸侯們侍奉我們晉國的君，不如以前的情況，大概是語言之間洩漏了秘密，皆由你的緣故，明天開會的事情，你不要參加好了，你要參加就把你逮起來。」戎子回答說：「以前秦國人仗著他人數的眾多，想著我們的土地，把我們各戎狄全驅逐出來，惠公明白的宣佈他的大德性，說我們各戎皆是四嶽的後人，不要再削弱他們，賞給我們晉國南邊的土地，這是狐狸所住的地方，豺狼叫喚的地方，我們翦除所有的荊棘，轟走了狐狸豺狼，做為晉國先君不侵略也不反叛的臣子，一直到現在也不貳心。以前晉文公同秦國軍隊一起討伐鄭國，秦國人偷著跟鄭國接盟，並且加上戍衛的兵，就發生了殽的戰役，晉國在上面抵抗，戎人也在下邊抵抗，秦國的軍隊沒能完全退回去，這是我們戎人幫忙的緣故，譬如逮鹿一樣，晉國人抓他的角，戎人抓他的腿，跟晉國一同打鹿，戎人為什麼還不免於責難呢？自從這以後，晉國各種的軍役，不斷的給我們戎人，戎人遵從著晉國的執政，這等於殽的戰役的意思，豈敢遠離嗎？現在晉國官的師旅，也許是實在有所缺失，因此使諸侯攜貳，把這罪狀加在我戎身上，我們諸戎的飲食衣服，不與中國人相同，來往也不通，言語也不能明白，有什麼壞事能夠做呢？不參加開會，這也沒有什麼憂悶的。」就歌唱青蠅這篇詩，退下去。士匄就辭謝，使他參加開會，這是表示愷悌不信讒言的意思。於是子叔齊子做季孫宿的副使前往開會，由此晉人減輕魯國的貨幣，可是另外更恭敬他的使臣。

(二)**經**二月乙未朔日有食之㈠。

【今註】㈠此經無傳。

【今譯】二月乙未初一，魯國有日蝕。

(三)**傳**吳子諸樊既除喪，將立季札㈠。季札辭曰：「曹宣公之卒也，諸侯與曹人不義曹君，將立子臧。子臧去之，遂弗為也，以成曹君。君子曰能守節。君義嗣也㈡，誰敢奸君？有國非吾節也，札雖不才，願附于子臧以無失節。」固立之，棄其室而耕，乃舍之。

【今註】㈠季札：是吳王諸樊最小的弟弟。㈡君義嗣也：你是合理的後嗣。

【今譯】吳王諸樊既葬他的父親以後，將立他最小的弟弟季札。季札辭謝說：「曹宣公死的時候，諸侯同曹國人皆不以曹成公為合理，將要立了子臧。子臧就離開，而不答應，以成就曹成公。君子就說子臧是能守節。你是合理的繼嗣人，誰敢反對你？有國家，不是我應當有的節意，我札雖然沒有才幹，我願意附在子臧的後面，使我的節不失掉。」後來諸樊仍舊想立他，季札把他自己的房屋全部丟掉去耕地，祇好舍棄他了。

㈣經夏四月叔孫豹會晉荀偃、齊人、宋人、衛北宮括、鄭公孫蠆、曹人、莒人、邾人、滕人、薛人、杞人、小邾人伐秦。

傳夏，諸侯之大夫從晉侯伐秦，以報櫟之役也。晉侯待于竟，使六卿帥諸侯之師以進，及涇不濟㈠。叔向見叔孫穆子，穆子賦匏有苦葉㊁，叔向退而具舟，魯人、莒人先濟。鄭子蟜見衛北宮懿子曰：「與人而不固，取惡莫甚焉，若社稷何？」懿子說，二子見諸侯之師而勸之濟，濟涇而次。秦人毒涇上流，師人多死㊂。鄭司馬子蟜帥鄭師以進，師皆從之，至于棫林㊃，不獲成焉。荀偃令曰：「雞鳴而駕，塞井夷竈，唯余馬首是瞻㊄。」欒黶曰：「晉國之命未是有也，余馬首欲東。」乃歸，下軍從之。左史謂魏莊子㊅曰：「不待中行伯乎？」莊子曰：「夫子㊆命從帥，欒伯吾帥也，吾將從之，從帥所以待夫子也。」伯游曰：「吾今實過，悔之何及，多遺秦禽。」乃命大還，晉人謂之遷延之役㊇。欒鍼曰：「此役也，報櫟之敗也。役又無功，晉之恥也。吾有二位於戎路㊈，敢不恥乎？」與士鞅㊉馳秦師，死焉。士鞅反，欒黶謂士匄曰：「余弟不欲往，而子召之，余弟死而子來，是而子殺余之弟也。弗逐余亦將殺之。」士鞅奔秦。於是齊崔杼、宋華閱、仲江會伐秦，不書，惰也㊁。向之會亦如之。衛北宮括不書於向，書於伐秦，攝也㊂。秦伯問於士鞅曰：「晉大夫其誰先亡？」對曰：「其欒氏乎？」秦伯曰：「以其汰乎？」對曰：「然，欒黶汰虐已甚，猶可以免，其在盈乎㊂？」秦伯曰：「何故？」對曰：「武子之德在民，如周人之思召公焉，愛其甘棠，況其子乎㊃？欒黶死，盈之善未能及人，武子所施沒矣，而黶之怨實章，將於是乎在。」秦伯以為知言，為之請於晉而復之。

【今註】㊀及涇不濟：到涇水河邊諸侯軍隊不肯渡過。㊁穆子賦匏有苦葉：這是詩經邶風的一篇，意思是說：「深則厲，淺則揭。」表示志在必定渡過河水。㊂師人多死：因為受秦國人毒水的緣故，所以軍隊很多人死掉了。㊃棫林：秦地，方輿紀要說：「在今陝西省華縣」。㊄唯余馬首是瞻：眼睛看著我的馬的行動。意思是說進退全看我自己。㊅魏莊子：即魏絳。㊆夫子：指著荀偃。㊇遷延之役：這是一種遷延後退卻的戰役。㊈吾有二位於戎路：這指著欒鍼同他哥哥欒黶在軍隊中做將領。㊉士鞅：是士匄的兒子。㊀不書惰也：春秋不寫姓名，是因為他們惰慢的緣故。㊂攝也：這是因為他很能整攝的緣故。㊂其在盈乎：這必是在欒黶的兒子欒盈。㊃愛其甘棠況其子乎：這就是召南的一篇詩，因為周人喜愛召公常坐在底下的甘棠樹，何況他的兒子呢？

【今譯】夏天四月裏，諸侯的大夫都跟了晉侯去討伐秦國，是專為報復櫟那次戰爭。晉侯卻等在邊境上，並不親自前去，只派六卿帶領諸侯的兵向西進發。到了涇水邊，不肯渡過去。叔向便來見叔孫穆子。穆子向他唸著邶風匏有苦葉的　章詩句。叔向便退下來，預備船隻，魯人莒人先渡過去，鄭大夫子蟜見衛大夫北宮懿子說：「和人同去伐秦，卻拿不定主意，不肯渡河，惹怒人家，沒有再比這更厲害的了，對於自己的國家怎麼說得過去呢？」懿子聽到這話，快活的很。於是他兩人見了諸侯的兵，便勸他們渡過去，軍隊渡過了以後，便宿營在那裏。秦人放毒物在涇水的上流，諸侯的兵士飲了這毒水，死的很多。鄭國的司馬子蟜，卻頭一個領了鄭國軍隊向前去，諸侯的軍隊便跟他前去。到了棫林地方，不能和平解決；荀偃便發令說：「明天只聽雞一啼，便起來駕好車馬，塞了井，平了竈，進退只要看我的馬頭便了。」欒黶說：「晉國的發令，從來沒有這樣的，我的馬頭卻要向東去了。」便自由自主的回去，下軍也都跟他回國。左史對魏莊子說：「你也不等中行伯嗎？」魏莊子說：「夫子吩咐人們各跟元帥，欒伯是我的元帥，我應當跟他的；跟了他，就是聽夫子的吩咐呢。」伯游說：「我的號令差了，改悔也來不及了，徒然都給秦國捉去。」便下令全體回國。晉國人稱這次戰爭，叫做遷延之役。欒鍼說：「這次戰爭，是報復櫟那回子的敗仗的，但又並沒有功勞，這是晉國的羞恥。我們姓欒的有兩個名位在軍營中，那敢不自己害臊麼？」便同士鞅趕到秦師中去，死在那裏，士鞅卻逃回來；欒黶同士匄說：「我的兄弟本不願去，你的兒子招了他去；現在我兄弟死了，你的兒子倒老著臉回來，這好比就是你的兒子殺害我的兄弟一樣。你如果不趕他出去，我也要殺他。」士鞅便逃到秦國去。這次伐秦，有齊國的崔杼，宋國的華閱，仲江，會齊了一同去的，春秋上卻不寫出他們的名字，是因他們臨時懶惰的緣故。向的那次會盟，寫齊人、宋人，也是這種意思。衛國的北宮括不記在向的那一會，卻記在伐秦這一次，因為他能夠整頓他兵隊的緣故。秦伯同士鞅說：「晉國的大夫，那個該先滅亡？」士鞅答：「大概欒氏要先滅亡的。」秦伯說：「因為他太嫌過份嗎？」答說：「是的，欒黶過於作威作福，卻是還可以免掉殺身之禍，大約在欒盈身上罷？」秦伯又問：「為什麼？」答說：「武子的功德，還有些留在民間，好像周朝人的想念召公一樣，愛護他的甘棠樹，況且他的兒子嗎？若欒黶死了，盈的好處還及不到人，武子那時給他們的一些好處已經沒有了。於是黶埋伏下來的怨恨，漸漸要顯明起來，那麼滅亡就在那當兒了。」秦伯以為這話很是不錯，便替他請求晉國叫他回去。

(五)**經**己未衛侯出奔齊。

傳衛獻公戒孫文子甯惠子食，皆服而朝，日旰不召㊀，而射鴻於囿。二子從之，不釋皮冠㊁而與之言，二子怒。孫文子如戚，孫蒯入使。公飲之酒，使大師歌巧言之卒章㊂。大師辭，師曹㊃請為之。初，公有嬖妾，使師曹誨之琴，師曹鞭之，公怒，鞭師曹三百，故師曹欲歌之以怒孫子以報公。公使歌之，遂誦之㊄，蒯懼，告文子。文子曰：「君忌我矣！弗先必死。」

並帑於戚(六)，而入見蘧伯玉(七)曰：「君之暴虐，子所知也。大懼社稷之傾覆，將若之何？」對曰：「君制其國，臣敢奸之。雖奸之，庸知愈乎？」遂行，從近關出(八)。公使子蟜、子伯、子皮與孫子盟于丘宮，孫子皆殺之。四月己未，子展(九)奔齊，公如鄄(一〇)。使子行於孫子，孫子又殺之。公出奔齊，孫氏追之，敗公徒于河澤(一一)，鄄人執之。初，尹公佗學射於庾公差，庾公差學射於公孫丁，二子追公(一二)，公孫丁御公。子魚(一三)曰：「射為背師，不射為戮，射為禮乎？」射兩軥而還(一四)。尹公佗曰：「子為師，我則遠矣。」乃反之(一五)。公孫丁授公轡而射之，貫臂(一六)。子鮮從公(一七)。及竟，公使祝宗告亡，且告無罪(一八)。定姜曰：「無神何告，若有不可誣也。有罪若何告無？舍大臣而與小臣謀，一罪也。先君有冢卿以為師保，而蔑之，二罪也。余以巾櫛事先君，而暴妾使余，三罪也。告亡而已，無告無罪。」公使厚成叔(一九)弔于衛曰：「寡君使瘠(二〇)，聞君不撫社稷而越在他竟，若之何不弔？以同盟之故，使瘠敢私於執事曰：『有君不弔，有臣不敏㉑，君不赦宥，臣亦不帥職，增淫發洩，其若之何？』」衛人使大叔儀㉒對曰：「羣臣不佞，得罪於寡君，寡君不以即刑而悼棄之，以為君憂，君不忘先君之好，辱弔羣臣，又重恤之㉓，敢拜君命之辱，重拜大貺。」厚孫歸復命，語臧武仲曰：「衛君其必歸乎！有大叔儀以守，有母弟鱄以出，或撫其內，或營其外，能無歸乎？」齊人以郲㉔寄衛侯，及其復也，以郲糧歸。右宰穀㉕從而逃歸，衛人將殺之，辭曰：「余不說初矣㉖，余狐裘而羔袖㉗。」乃赦之。衛人立公孫剽㉘，孫林父寧殖相之，以聽命於諸侯。衛侯在郲，臧紇如齊唁衛侯，與之言虐，退而告其人曰：「衛侯其不得入矣，其言糞土也。亡而不變，何以復國？」子展，子鮮聞之，見臧紇與之言道㉙，臧孫說，謂其人曰：「衛君必入。夫二子者或輓之，或推之，欲無入得乎？」

【今註】㊀日旰不召：等到天很晚也不召見他。㊁皮冠：是田獵用的帽子。㊂使大師歌巧言之卒章：大師是掌樂大夫，巧言是詩經小雅的一篇，末了一篇說沒有拳沒有勇就敢作亂事，意思是在激刺孫林父。㈣師曹：是一個樂人。㈤遂誦之：不祇歌唱恐怕孫蒯不懂解，他就祇唸出來。㈥並帑於戚：就把他的妻子們全住在戚這地方。㈦蘧伯玉：是衛大夫。㈧從近關出：由最近通外國的關門出去。㈨子展：衛獻公的弟弟。㈩鄄：衛地，一統志說：「在今山東省濮縣東二十里之舊城集。」⑪河澤：衛地，水經注說：「河水右歷柯澤，春秋左傳襄公十四年，衛孫文子敗公徒于柯澤者也。」⑫二子追公：二子就是尹公佗與庾公差追趕衛獻公。⑬子魚：就是庾公差。⑭射兩軥而還：兩軥就是在車軛子上軨馬的。⑮乃反之：他就獨自回去了。⑯貫臂：穿過手臂。⑰子鮮從公：子鮮是衛獻公同母的弟弟。⑱且告無罪：並且說他沒犯什麼罪。⑲厚成叔：是魯孝公的後人。⑳瘠：就是厚成叔的名字。㉑有臣不敏：有臣不達於禮。㉒大叔儀：是衛大夫就是大叔文子。㉓又重恤之：又加以憐恤。㉔郲：齊所滅郲國。一統志說：「在今山東黃縣東南二十五里。」㉕右宰穀：是衛大夫。㉖余不說初矣：我當初從著衛獻公逃出，並不喜歡他。㉗余狐裘而羔袖：我是等於穿著狐的皮襖，祇有袖子是羊皮。意思說全身很美，祇是袖子差一點。㉘公孫剽：是衛穆公的孫子。㉙與之言道：跟他講道理。

【今譯】　衛獻公約孫林父寧殖宴會，兩人都穿著朝服，在朝上等候，直到時候很晚了，還不來召他們，卻只管在園中射天鵝。二人走到園中去，衛侯卻又不脫獵帽，便和他們講話。孫寧二人便大怒。孫文子便到戚邑去，派他的兒子孫蒯到獻公那裏來。獻公給他酒喝，吩咐管音樂的唱巧言末了一章。管樂的推辭，以為不可以，有個樂師叫曹的，出來請求唱這詩；只因當初獻公有個寵妾，叫師曹教她彈琴，師曹卻竟用鞭子打她，獻公便大怒，打了師曹三百鞭，所以師曹記恨在心，現在要唱這章詩，激怒孫子出這口氣。獻公並不理會，卻仍叫他唱，他恐怕孫蒯不懂，唱完後又讀了一遍，孫蒯嚇得不得了，回去告訴文子，文子說：「君主疑忌我了！我如果不先發難，一定要被他害死的。」就連妻子都搬到戚去，卻去見蘧伯玉說：「君主的暴虐，你是素來知道的，我恐怕國家快要覆亡了呢！你以為怎樣才好？」伯玉回答說：「君主統治著國家，臣子怎好觸犯他呢？就是觸犯了他，也那裏知道後來的會比他好呢？」及文子去後，伯玉便逃走，從最近的關走出國境。獻公後來便派子蟜、子伯、子皮三人，和孫文子會盟在丘宮那裏，孫子卻都把他們殺死。四月己未這天，獻公的兄弟子展逃到齊國去，公自己到了鄄，派子行到孫子那裏去，孫子又把他殺死，獻公也便逃到齊國去。孫氏追他，打敗公的徒眾在河澤地方。公的徒眾因戰敗散回，鄄地方人便把公拘執起來。當初尹公佗學射箭於庾公差，庾公差學射箭於公孫丁，佗與差二人替孫氏追趕獻公，公孫丁卻替獻公駕著車子。庾公差說：「射死他，便叫做違背師恩，不射他，便要被戮刑，我們只照射禮的方法，不求命中罷。」就向車軛頭上射了兩箭便回去，尹公佗說：「你對於他，是師生，我卻遠了一級了。」就回轉去要想射公孫丁，公孫丁便把馬韁繩交給獻公，自己抽取弓箭射他，那箭竟穿在佗的臂膊上。獻公的同母弟名叫鮮的，跟了公一同逃出。到了邊境上，公便叫他回去宗廟中祈禱逃亡順利，及沒有罪。公的母親定姜說：「如說沒有鬼神，還禱告什麼？若有，卻欺瞞不過他；既有罪，為什麼還說沒有罪呢？他丟掉大臣，專和小臣謀算，這就是第一種罪；先君有大臣給他做師保，他卻看輕他們，這就是第二種罪；我用手巾木梳服事先君，他卻很暴虐的看待我，和婢妾一般，這就是第三種罪。現在只要禱逃亡就好了，不必禱告無罪的。」魯襄公派大夫厚成叔到衛國去弔慰他，說：「寡君派我瘠來，因聽說你君不能安撫社稷，卻跑到他國去，怎可不來弔慰呢？因為是同盟國家的緣故，所以使瘠敢私下告訴諸位執事說：『做人君的，不能體諒人臣，做人臣的，不達於禮。君不能寬赦人臣的過失，臣也不能依照自己的職分，君臣只這麼的添起惡感來，一朝發洩，便到這步田地，現在把他怎麼樣呢？』」衛國人派太叔儀回答說：「我們羣臣沒有才能，得罪了寡君，寡君不把羣臣依法處刑，卻是自己傷痛著，遠離開去，使你君主憂愁，你君不忘卻先君的盟好，難為你來弔我們羣臣，還重重可憐他，敢拜謝你君命的辱臨；並且拜謝重賜呢！」厚孫回魯國去，復了命以後，對臧武仲說：「衛君一定能回國的，有太叔儀守在國中，有同母弟鱄一同出奔，有的鎮撫在國內，有的經營在國外，能夠不回去麼？」齊國人把郲邑給衛侯寄居，等到他回國的時候，卻把郲邑的糧食都帶了回去。右宰叫穀的，也跟著逃回去，衛人因他跟著國君，沒廉恥，要殺死他，右宰穀答說：「我當初跟著君，也不是喜歡他呢！叫做不得已啊。我的人好像一件狐裘，通身是好的，只袖上的羔皮有些不好罷了。比較起來，還是好的多，壞的少。」衛人就赦了他。衛人立了公孫剽做君，孫林父寧殖做相，預備可依照諸侯盟會的命令。衛侯住在郲邑，臧紇卻到齊國去安慰衛侯。衛侯和他說的，都是暴虐的事情。臧紇退下來對旁人說：「衛侯不能回國了，他所講的，都是踐踏臣民，和糞土一般的；既逃走在外，卻還不改變他的初志，怎可回國呢？」子展子鮮聽了這話，來見臧紇，和他講的，卻很有道理，臧武仲大悅，對他的跟來的人說：「衛君定能回國的，因為這兩人，一個拉他，一個推他，要想不進衛國，還能夠嗎？」

㈥經　莒人侵我東鄙㊀。

【今註】㊀此經無傳。

【今譯】莒國人侵略魯國東邊。

㈦傳　師歸自伐秦，晉侯舍新軍，禮也。成國不過半天子之軍，周為六軍，諸侯之大者三軍可也。於是知朔生盈而死㊀，盈生六年而武子卒，彘裘亦幼，皆未可立也。新軍無帥，故舍之。師曠㊁侍於晉侯，晉侯曰：「衛人出其君，不亦甚乎？」對曰：「或者其君實甚！良君將賞善而刑淫，養民如子，蓋之如天，容之如地，民奉其君，愛之如父母，仰之如日月，敬之如神明，畏之如雷霆，其可出乎？夫君，神之主也，民之望也。若困民之主，匱神乏祀，百姓絕望，社稷無主，將安用之？弗去何為？天生民而立之君，使司牧之，勿使失性。有君而為之貳㊂。使師保之，勿使過度，是故天子有公，諸侯有卿，卿置側室④，大夫有貳宗⑤，士有朋友，庶人、工、商、皁、隸、牧圉皆有親暱，以相輔佐也。善則賞之，過則匡之，患則救之，失則革之，自王以下各有父兄子弟以補察其政⑥，史為書⑦，瞽為詩⑧，工誦箴諫⑨，大夫規誨⑩，士傳言⑪，庶人謗⑫，商旅于市⑬，百工獻藝⑭。故夏書曰：『遒人以木鐸徇于路⑮』官師相規⑯，工執藝事以諫⑰，正月孟春於是乎有之，諫失常也。天之愛民甚矣，豈其使一人肆於民上⑱，以從其淫而棄天地之性，必不然矣。」

【今註】①知朔生盈而死：知朔是知罃的長子，知盈是知朔的兒子，生了知盈，知朔就死了。②師曠：是晉國掌樂的太師。③有君而為之貳：有君以後就給他設了卿佐。④卿置側室：卿下邊有側室。⑤大夫有貳宗：大夫底下也有宗子的副貳。⑥補察其政：為補救他的過失，察明他的得或錯。⑦史為書：大史編成史書。⑧瞽為詩：瞎子就作詩來譏刺。⑨工誦箴諫：樂工唸規諫的話。⑩大夫規誨：大夫可以直接諫諍。⑪士傳言：士因為比大夫低，他不能直接規諫，所以把話傳給大夫。⑫庶人謗：庶人的謗誨。⑬商旅于市：商人在市上陳列貨物。⑭百工獻藝：各種工人貢獻他的技巧。⑮遒人以木鐸徇于路：逸書說行人用木頭做的鐸，上面有金鈴，在路上搖著宣布政令。⑯官師相規：大夫們自己互相規正。㊆工執藝事以諫：百工拿著技巧來諫箴。㊇豈其使一人肆於民上：豈能使為君的一個人在人民上放肆。

【今譯】晉國的軍隊從討伐秦國回來，晉悼公就放棄了新軍，這是合禮的，大國軍隊不超過周天子軍隊的一半，周有六個軍，諸侯最大的國家，三軍就夠了。這時候荀罃的長子知朔生了知盈就死了，知盈生了六年，荀罃也死。士魴的兒子彘裘很年輕，全都不能夠立為卿。新軍沒有能率領的人，所以就舍棄了。晉國的樂大師叫師曠的坐在晉悼公的旁邊，晉悼公說：「衛國人把他的君放逐了，不是過於厲害嗎？」他就回答說：「或者他的君實在太過分！好的君將賞善良的人而刑罰不善良的人，養人民如他的兒子一樣，覆蓋如天一樣，容納他們如地一樣，人民侍奉他的君，愛慕他如同對父母一樣，尊仰他如同對日月一樣，恭敬他如對神明一樣，怕他如對天上的雷一樣，這樣的君會被轟出去嗎？實在說起來，君就是神的主人，而人民所仰望的。若使人民困窮的主人，使神也匱乏沒有祭祀，百姓也失掉了希望，國家沒有主人，那又何必用他？為什麼不放逐他呢？天生了人民而給他立了君，使他管理著人民，不要失掉應有的人性。有了君以後，而且加上卿佐，使他們輔導君主，不要使君主過了常度，所以天子有公，諸侯有卿，卿又有側室的官，大夫底下宗子有副貳，士也有朋友，庶人、工、商、皁、隸、牧圉皆有親密的人，以互相的輔佐，有好事就賞賜他，有過錯就匡正他，遇到患難就來救援他。有過失就更改他，自從王以下全都有父兄子弟以考察他政治的得失，大史記在竹簡上，瞽子作詩，樂工唸諫箴的話，大夫可以規正他的君，士不能直接傳達，有的話就傳給大夫，庶人就謗誨，商人陳列貨物在市場上，各種工匠全貢獻他的技藝。所以夏書說：『行人的官用木頭做的鐸在路中搖著宣布政令。』大夫們互相的規正，工人獻他的技藝，這在春天正月的時候方才有，這是諫箴失常的事。上天的愛人民，可以說是很厲害，那能夠叫一個放肆在人民上邊的，以隨著他的荒淫，而捨棄了天地共有的性，這必不會如此吧！」

㈧**經** 秋楚公子貞帥師伐吳。

傳 秋楚子為庸浦之役故，子囊師于棠㈠以伐吳，吳不出而還，子囊殿㈡，以吳為不能而弗儆。吳人自皐舟之隘㈢要而擊之，楚人不能相救，吳人敗之獲楚公子宜穀。

【今註】㈠棠：楚地。彙纂：「今江蘇六合縣古棠邑。」㈡子囊殿：子囊在軍隊最後。㈢皐舟之隘：皐舟據釋地說：「在今江西湖口。」——皐舟險地。

【今譯】秋天楚王因為從前庸浦那一伐的緣故，派令尹公子貞率軍隊到棠這地方，以討伐吳國，吳國人不敢出來，楚國軍隊就退回了，公子貞殿到軍隊的後面，他以為吳國人不會打楚國，並不警戒。吳國人從險要的地方出來，中間來攻打楚軍，楚國人不能互相援救，吳人把楚打敗了，捕獲了楚國公子宜穀。

(九)傳王使劉定公㈠賜齊侯命，曰：「昔伯舅大公，右我先王，股肱周室，師保萬民，世胙大師，以表東海，王室之不壞，繄伯舅是賴。今余命女環㈡，茲率舅氏之典，纂乃祖考，無忝乃舊。敬之哉，無廢朕命。」

【今註】㈠劉定公：即劉夏。㈡環：是齊靈公的名字。

【今譯】周王派劉定公去賜給齊靈公的命令，說：「以前伯舅大公，輔佐我們的先王，為周室股肱，保佑著老百姓，每輩都做大師的官，以表張東海，周王室不毀壞，完全仰賴著伯舅們。現在我命你環，遵守著伯舅的舊典章，繼續你祖父的舊章程，不要失掉你的舊功勞。你恭敬的不要廢掉我的命令。」

(十)經冬季孫宿會晉士匄、宋華閱、衛孫林父、鄭公孫蠆、莒人、邾人于戚。

傳晉侯問衛故於中行獻子，對曰：「不如因而定之，衛有君矣㈠，伐之未可以得志而勤諸侯。史佚有言曰：『因重而撫之』㈡仲虺㈢有言曰：『亡者侮之，亂者取之。』推亡固存，國之道也㈣。

君其定衛以待時乎。」冬，會于戚，謀定衛也㊄。

【今註】㊀衛有君矣：衛國已經立了剽為君。㊁因重而撫之：不如就此安撫他。㊂仲虺：是成湯的左相。㊃亡者侮之，亂者取之，推亡固存，國之道也：有滅亡之道的就侮之，國家亂的就拿他，使該亡的亡國，該存的強固，這是治國家的道理。㊄謀定衛也：這是為的計謀安定公孫剽為君。

【今譯】晉悼公問荀偃衛國驅逐獻公的緣故，他就回答說：「不如因為這個緣故，就安定他，衛國已經立了剽為君，要討伐衛國，必勞動諸侯們，不一定能達到願望。從前史佚說過：『不如因為不可改易就安撫他。』仲虺也說過這話：『有滅亡之道的就侮之，亂者就取他的國家，使該亡的亡國，該存的強固，這是治國家的道理。』你何不安定衛國，等著他有混亂的時候再討伐他。」冬天，在戚這地方開會，這是為的安定衛國，立了公孫剽。

(十一)傳 范宣子假羽毛於齊而弗歸㊀齊人始貳。

【今註】㊀假羽毛於齊而弗歸：他向齊國借的羽毛旗子而不還給他。

【今譯】士匄向齊國借用羽毛的旗子，而很久不歸還，齊國人開始有了貳心。

(十二)傳 楚子囊還自伐吳卒。將死遺言謂子庚必城郢。君子謂子囊忠，君薨不忘增其名㊀，將死不忘衛社稷，可不謂忠乎？忠民之望也，詩曰：「行歸于周，萬民所望㊁。」忠也。

【今註】㊀增其名：楚共王死了，他忘不了給他做好的謚號。㊁行歸于周，萬民所望：這是詩經小雅都人士這篇的詩句，意思是說德行要歸到忠信。這就是萬民所瞻望的。

【今譯】楚國令尹公子貞從討伐吳國回來就死了。將要死以前，告訴子庚說必定把楚國的都城郢，修好城池。君子說公子貞很忠，楚王死了以後，不忘增美他的謚號。他將要死時，又不忘保衛他的國家，這可以不說是忠嗎？忠是人民的仰望。詩經小雅都人士這篇說：「德行要歸到忠信，這是老百姓們所仰望的。」這就是忠的緣故。

襄公十有五年（公元前五百五十八年）

(一)**經**春，宋公使向戌來聘，二月己亥及向戌盟于劉。

傳宋向戌來聘，且尋盟㊀。見孟獻子，尤其室㊁曰：「子有令聞而美其室，非所望也。」對曰：「我在晉，吾兄為之。毀之重勞，且不敢間。」

【今註】㊀向戌來聘，且尋盟：宋國的向戌來聘問魯國，並且來重申襄公十一年亳的盟誓。㊁尤其室：責備他的屋子太好。

【今譯】宋國的向戌到魯國來聘問，並且重申亳的盟誓。見了仲孫蔑，責備他的房屋太講究，說：「你很有好的名望，而修的房屋很講究，這不是我所希望的。」仲孫蔑回答說：「我在晉國，我的哥哥給我修的，要把它毀了，又要勞動眾人，也不敢說是我哥哥的過錯。」

(二)經 劉夏逆王后于齊。

傳 官師㈠從單靖公逆王后于齊，卿不行，非禮也。

【今註】㈠官師：就指著劉夏。他祇是大夫而不是卿。

【今譯】劉夏追隨著單靖公，到齊國去迎接王后，卿不去，這不合於禮的。

(三)傳 楚公子午為令尹㈠，公子罷戎為右尹，蔿子馮㈡為大司馬，公子櫜師為右司馬，公子成為左司馬，屈到㈢為莫敖，公子追舒㈣為箴尹，屈蕩為連尹，養由基為宮廄尹，以靖國人。君子謂楚於是乎能官人，官人國之急也。能官人則民無覦心㈤，詩云：「嗟我懷人，寘彼周行㈥。」能官人也。王及公侯伯子男甸采衛大夫各居其列，所謂周行也。

【今註】㈠公子午為令尹：他是接續公子貞的職位。㈡蔿子馮：是孫叔敖的姪子。㈢屈到：是屈蕩的兒子。㈣公子追舒：是楚莊王的兒子子南。㈤能官人則民無覦心：能夠使做官的人合宜，則人民沒有求幸的心。㈤嗟我懷人，寘彼周行：這是周南卷耳篇的一句。意思是說我懷念這些人，使他全部列到應當有的位子。

【今譯】楚國公子午做令尹，公子罷戎做右尹，蔿子馮做大司馬，公子橐師做右司馬，公子成做左司馬，屈到做莫敖，公子追舒做箴尹，屈蕩做連尹，養由基做宮廄尹，以安定楚國的人民。君子說楚國真是能夠官人，官人是國家的急政。能夠官人，則人民沒有覦幸的心，詩經周南卷耳的詩篇說：「我很想著有賢能的人，各安置在他們的位置上。」這就是能夠給每個賢人適當的官。王同公侯伯子男甸采衛大夫各得到適當的行業，這就是所謂叫做周行啊。

㈣**傳**鄭尉氏司氏之亂㈠，其餘盜在宋，鄭人以子西、伯有、子產之故，納賂于宋，以馬四十乘㈡，與師茷、師慧㈢。三月，公孫黑為質焉。司城子罕以堵女父、尉翩、司齊與之，良司臣而逸之㈣，託諸季武子，武子寘諸卞。鄭人醢之，三人也㈤。師慧過宋朝，將私焉㈥。其相曰：「朝也。」慧曰：「無人焉。」相曰：「朝也！何故無人？」慧曰：「必無人焉！若猶有人，豈其以千乘之相易淫樂之矇，必無人焉故也。」子罕聞之，固請而歸之㈦。

【今註】㈠鄭尉氏司氏之亂：這次亂事在襄公十年。㈡以馬四十乘：共一百六十匹馬，一乘是四匹馬。㈢師茷，師慧：全是樂工，茷與慧是他們的名字。㈣良司臣而逸之：以司臣這人很好就放他走了。㈤鄭人醢之三人也：鄭人把他們做成肉醬，他們是堵女父、尉翩、司齊三個人。㈥將私焉：他要小解。㈦固請而歸之：子罕堅持請求把他們送還。

【今譯】鄭國尉氏、司氏那次的叛亂，他的餘黨都逃避在宋國。鄭國人因子西、伯有、子產的父親都被盜黨殺了，要想替他們出氣，便送些私賄給宋國，賄的是馬一百六十匹，與樂師筏及慧。三月又使公孫黑去做人質，宋國的司城子罕就把堵女父、尉翩、司齊還給鄭國。因內中有個司臣，實是好人，便放了他，把他託給魯國的季武子，武子叫他住在卞那裏。鄭人既得了那三人，便把他們都剁做肉醬。樂師名叫慧的，有一天走過宋國朝上，想要小便。扶他的人說：「這是朝廷呢！」師慧說：「沒有人，不妨小便的。」扶他的人說：「朝上那裏會沒人的？」師慧說：「一定沒有人的，如果還有人，難道肯把千乘的國相，換這淫樂的瞎子嗎？一定是沒有了人，才會這樣的。」子罕聽了這話，便只管請求宋君，把他送還鄭國。

(五)經 夏齊侯伐我北鄙，圍成。公救成至遇㊀。

【今註】㊀此經無傳。

【今譯】夏天，齊伐魯國的北邊，圍了成這地方。魯襄公救成到了遇這地方。

(六)經 季孫宿、叔孫豹帥師城成郛。

傳 夏齊侯圍成，貳於晉故也。於是乎城成郛㊀。

【今註】㊀於是乎城成郛：就修理城的外郭。

【今譯】齊侯圍了成，因為齊國對晉國有貳心的緣故，就馬上修成這地方的外郭。

(七)經 秋八月丁巳，日有食之㊀。

【今註】㊀此經無傳。

【今譯】秋天八月，丁巳，魯國有日食。

(八)經 邾人伐我南鄙。

(九)經 冬，十有一月癸亥，晉侯周卒。

傳 秋，邾人伐我南鄙，使告于晉。晉將為會以討邾、莒㊀，晉侯有疾乃止。冬，晉悼公卒，遂不克會。

【今註】㊀以討邾莒：這次是邾國侵犯魯國，而襄公十二年襄公十四年，莒人兩次侵犯魯國的緣故。

【今譯】邾國人伐魯國南邊，派人去告訴晉國。晉國將開會，去討伐邾國同莒國，因為晉悼公有病了，就停止。冬天，晉悼公死了，就不能開會。

(十) 傳 鄭公孫夏㊀如晉奔喪，子蟜送葬。

【今註】㊀公孫夏：是子西。

【今譯】鄭國的公孫夏到晉國奔晉悼公的喪事，鄭大夫子蟜送晉悼公下葬。

(十一) 傳 宋人或得玉，獻諸子罕，子罕弗受。獻玉者曰：「以示玉人㊀，玉人以為寶也，故敢獻之。」子罕曰：「我以不貪為寶，爾以玉為寶。若以與我，皆喪寶也，不若人有其寶。」稽首而告曰：「小人懷璧不可以越鄉，納此以請死也㊁。」子罕寘諸其里，使玉人為之攻之㊂，富而後使復其所。

【今註】㈠以示玉人：給雕刻玉的人看。㈡納此以請死也：送你這塊玉是為的免除死亡。㈢攻之：雕刻。

【今譯】宋國有個人得了一塊玉，獻給司城子罕，子罕不接受。獻玉的說：「我把這玉請治玉的細看，治玉的以為是寶貝，所以敢來奉獻呢！」子罕說：「我把不貪當寶貝，而你把這塊玉當做寶貝，如果把它給了我，這就兩人都失了寶，倒不如各人保有各人的寶貝罷！」獻玉的叩頭答說：「小人拿著這塊玉，是不可以遠走到他鄉去的，獻了這東西，只求免死罷了。」子罕便叫獻玉的住在他里中，派治玉的給他雕琢好了，賣出去；既然有了錢，方才叫他回到原住的地方。

㈢傳十二月，鄭人奪堵狗之妻而歸諸范氏㈠。

【今註】㈠歸諸范氏：因為堵狗的夫人是晉國范氏的女兒。

【今譯】十二月，鄭人奪掉堵狗的妻子，把她還給晉國的范氏。

卷十七　襄公三

襄公十有六年（公元前五百五十七年）

(一)經十有六年春王正月，葬晉悼公。

(二)經三月公會晉侯、宋公、衛侯、鄭伯、曹伯、莒子、邾子、薛伯、杞伯、小邾子于溴梁，戊寅，大夫盟。晉人執莒子、邾子以歸。

傳十六年春，葬晉悼公。平公即位㊀，羊舌肸為傅㊁，張君臣㊂為中軍司馬，祁奚、韓襄、欒盈㊃，士鞅為公族大夫，虞丘書為乘馬御㊄，改服修官，烝于曲沃，警守而下，會于溴梁㊅，命歸侵田，以我故，執邾宣公，莒犂比公㊆，且曰通齊楚之使。晉侯與諸侯宴于溫，使諸大夫舞，曰：「歌詩必類㊇。」齊高厚之詩不類，荀偃怒，且曰：「諸侯有異志矣。」使諸大夫盟高厚，高厚逃歸。於是叔孫豹、晉荀偃、宋向戌、衛甯殖、鄭公孫蠆、小邾之大夫盟曰：「同討不庭㈨。」

【今註】㈠平公即位：是悼公的兒子公子彪。㈡羊舌肸為傅：羊舌肸即叔向替代士渥濁。㈢張君臣：是張老的兒子。㈣欒盈：欒書的兒子。㈤虞丘書為乘馬御：替代程鄭。㈥溴梁：一統志說：「在今河南省濟源縣西北。」㈦犂比公：江永說：「莒國君多半以地方名為號，犂比也是地名，當在今山東省莒縣境內。」㈧歌詩必類：歌唱詩必定合於題材。㈨同討不庭：一同討伐不尊敬周天子的國家。

【今譯】春天，給晉悼公行葬禮。悼公的兒子平公即位。叔向替代士渥濁做傅的官，張君臣做中軍司馬，祁奚、韓襄、欒盈、士鞅這幾人做公族大夫，虞丘書做駕車的官，改了喪服選任賢能之後就到曲沃去祭祀晉國的祖廟，警備了守衛，順著黃河東而下到溴梁這地方開會，把諸侯所侵略的田地，都歸還原主，因為魯國的原故，逮住了邾宣公，莒國的犂比公，並且責備他們說互相通過齊楚的使臣。晉平公和諸侯們在溫這地方宴會，使各國大夫舞蹈說：「歌唱詩必定相類。」齊國高厚的詩不相類，晉大夫荀偃惱怒，並且說：「諸侯們有旁的心了。」叫各位大夫對高厚盟誓，高厚嚇得逃回齊國。於是叔孫豹同晉國荀偃，宋國向戌，衛國甯殖，鄭國公孫蠆，小邾大夫盟誓說：「一同討伐不尊重周王室的國家。」

(三)經 齊侯伐我北鄙㊀。

【今註】㊀此經無傳。

【今譯】齊侯討伐魯國北邊。

(四)經 夏，公至自會㊀。

【今註】㊀此經無傳。

【今譯】夏天，魯襄公從開會回來。

(五)經 五月甲子，地震㊀。

【今註】㊀此經無傳。

【今譯】五月甲子這天魯國有地震。

(六)經 叔老會鄭伯、晉荀偃、衛甯殖、宋人伐許。

傳 許男請遷于晉，諸侯遂遷許。許大夫不可，晉人歸諸侯㊀，鄭子蟜聞將伐許，遂相鄭伯以從諸侯之師。穆叔從公，齊子帥師會晉荀偃。書曰會鄭伯，為夷故也㊁。夏六月次于棫林㊂。庚寅伐許㊃次于函氏㊄。

【今註】㊀晉人歸諸侯：因為許不肯遷，所以叫諸侯回國去。㊁為夷故也：為的是平夷的關係。㊂棫林：秦地，方輿紀要說：「在今陝西省華縣。」㊃伐許：討伐許國。㊄函氏：許地。在今河南省葉縣北。

【今譯】許男請遷到晉國去，諸侯就去遷許國。許國的大夫們認為不可以，晉國人就使諸侯各回國。鄭國大夫子蟜聽說晉國要討伐許國，他就隨著鄭伯從著諸侯的軍隊。叔孫豹就隨著魯襄公回國，齊子就帥著軍隊會晉國的荀偃。春秋上寫著與鄭伯相會，為平夷的緣故。六月停住在棫林這地方，庚寅這天討伐許國，軍隊到了函氏。

(七)傳 晉荀偃欒黶帥師伐楚，以報宋楊梁之役㊀，楚公子格帥師及晉師戰于湛阪㊁，楚師敗績，晉師遂侵方城之外，復伐許而還。

【今註】㊀楊梁之役：此役在襄公十二年。㊁湛阪：一統志說：「在今河南省葉縣北三十里。」

【今譯】晉國的荀偃、欒黶率著軍隊去討伐楚國，以報復楊梁的戰役，楚國公子格率領軍隊同晉軍在湛阪作戰，楚軍被打敗，晉軍就侵略到方城的外邊，再次討伐許國才回國。

(八)**經**秋齊侯伐我北鄙，圍郕。

傳秋，齊侯圍郕㊀，孟孺子速徼之㊁。齊侯曰：「是好勇，去之以為之名。」速遂塞海陘㊂而還。

【今註】㊀郕：是魯國孟孫氏的封邑。㊁孟孺子速徼之：孟孺子是孟獻子的兒子，名字叫速，來截斷他。㊂遂塞海陘：海陘是魯國地方的近海窄路。遂塞是堵塞。

【今譯】秋天，齊侯又圍了魯國的郕這地方，仲孫蔑的兒子仲孫速來截斷齊國軍隊。齊侯就說：「這個人很勇敢，我們不如離開他，使他成名。」仲孫速就把幾個險要的道路堵塞了，而回去了。

(九)**經**大雩㊀

【今註】㊀此經無傳。

【今譯】有旱災，行求雨的禮。

(十)**經**冬叔孫豹如晉。

傳冬，穆叔如晉聘，且言齊故㊀。晉人曰：「以寡君之未禘祀㊁，與民之未息㊂，不然不敢忘。」穆叔曰：「以齊人之朝夕釋憾於敝邑之地，是以大請。敝邑之急，朝不及夕，引領西望曰：『庶幾乎㊃？』比執事之間恐無及也。」見中行獻子，賦圻父㊄，獻子曰：「偃知罪矣，敢不從執事以同恤社稷，而使魯及此！」見范宣子，賦鴻雁之卒章㊅。宣子曰：「匄在此，敢使魯無鳩乎？」

【今註】㊀且言齊故：並且說道齊國兩次侵略魯國的緣故。㊁未禘祀：禘祀是三年喪完了以後，吉祥的祭祀。㊂與民之未息：因為人民的沒有休息，最近曾經侵伐許國及楚國。㊃庶幾乎：庶幾晉國來救魯國。㊄圻父：是詩經小雅中的一篇詩。㊅鴻雁之卒章：詩經小雅末了一章說：「鴻雁于飛，哀鳴嗷嗷。」㊆魯無鳩乎：魯國還沒有集合的地方嗎？

【今譯】冬天，叔孫豹到晉國聘問，並且說齊國屢次伐魯國的原因。晉國人說：「因為我們君還沒有舉行禘祀，與人民沒有休息，要不是這些事，我們不敢忘記。」叔孫豹說：「因為齊國人早晚會到我們魯國來出氣，所以請求的很厲害。我們的急難，早晨不能到晚上，伸長了脖子從西邊盼望說：『庶幾能來援救我們吧！』等到你們有閒工夫的時候，恐怕已經來不及了。」看見荀偃，就歌唱圻父這篇詩，荀偃說：「我知道罪狀了，我敢不同執事一樣來憐恤魯國的社稷，而使魯國到如此地步。」見了士匄，歌鴻雁末了這章。士匄說：「我尚在這兒，能讓魯國無地集止嗎？」

襄公十有七年（公元前五百五十六年）

㈠經春王二月，庚午，邾子牼卒㊀。

【今註】㊀此經無傳。

【今譯】春二月，庚午這天，邾宣公死了。

㈡經宋人伐陳。

傳宋莊朝伐陳，獲司徒卬，卑宋也㊀。

【今註】㊀獲司徒卬卑宋也：司徒卬是陳國的大夫。因為陳國輕視宋國不設備的緣故。

【今譯】宋大夫莊朝伐陳國，捕獲了陳大夫司徒卬，因為他輕視宋國不設備的緣故。

㈢經夏，衛石買帥師伐曹。

㈣經秋，齊侯伐我北鄙圍桃。

㈤經高厚帥師伐我北鄙圍防。

傳衛孫蒯田于曹隧㊀，飲馬于重丘㊁，毀其瓶。重丘人閉門而詢之㊂，曰：「親逐而君，爾父為厲㊃，是之不憂，而何以田為？」夏，衛石買㊄，孫蒯伐曹，取重丘。曹人愬于晉。齊人以其未得志于我故，秋，齊侯伐我北鄙圍桃㊅，高厚圍臧紇于防㊆，師自陽關㊇，逆臧孫至于旅松㊈，郰叔紇㊉、臧疇、臧賈⑪帥甲三百宵犯齊師，送之而復⑫，齊師去之。齊人獲臧堅⑬，齊侯使夙沙衛唁之，且曰無死。堅稽首曰：「拜命之辱，抑君賜不終，姑又使其刑臣禮於士。」以杙抉其傷而死⑭。

【今註】㊀衛孫蒯田于曹隧：孫蒯是孫林父的兒子，越過曹國邊境去打獵。㊁重丘：曹邑。山東通志說：「在今山東省荷澤縣東北三十里。」㊂閉門而詢之：關著門罵他。㊃親逐而君，爾父為厲：你父把君驅逐出走，而你的父親也變成厲鬼。孫林父驅逐衛君在魯襄公十四年。㊄石買：是衛國大夫。㊅桃：是魯地。江永以為在今山東省汶昌縣東北四十里，正當魯國的北部。㊆防：是臧紇的邑。㊇陽關：續山東考古錄說：「在今泰安縣境。」㊉郰叔紇：是孔子的父親叔梁紇。⑪臧疇、臧賈：全是臧紇的弟兄。⑫送之而復：把臧紇送到旅松，他們幾個人就回到防這地方。⑬臧堅：是臧紇的同族。⑭以杙抉其傷而死：用木椿把他的傷處毀出血就死了。

【今譯】衛國孫林父的兒子孫蒯越過他的邊境到曹國打獵，在曹國的重丘，飲他的戰馬，把他的瓶子毀掉。重丘人關上城門，就罵他說：「你的父親把衛君驅逐了，你的父親就變成了惡鬼，你這個還不憂慮，為什麼還打獵？」夏，衛國的石買和孫蒯侵伐曹國，佔領了重丘這地方，曹國人就到晉國去愬願。齊國人因為對於魯國未得到他所希望得到的事物，秋天，齊侯伐魯國北邊，圍了桃這地方。高厚圍了臧紇在防這地方，魯國的軍隊從陽關這地方迎接臧紇到了旅松，郰叔紇同臧疇臧賈率了軍隊三百個人夜中侵了齊國的軍隊，送臧紇回去後又回到防地，齊國軍隊因為沒有得到臧紇他們也走了。但是齊國人在打仗中逮住了臧堅，齊莊公派太監夙沙衛去憑弔他，並且說不要死。臧堅就稽首說：「拜謝你的命令，但是你的賞賜不到底，你又叫這個受刑的臣來到我這士前面來敬禮。」拿一個木椿挖他的傷口就死了。

(六)經 九月大雩㈠。

【今註】㈠此經無傳。

【今譯】九月，魯國天旱，行求雨的禮。

(七)經 宋華臣出奔陳。

傳 宋華閱卒，華臣弱皐比之室㈠使賊殺其宰華吳，賊六人以鈹殺諸盧門合左師之後㈡。左師懼曰：「老夫無罪。」賊曰：「皐比私有討於吳。」遂幽其妻㊂，曰：「畀余而大璧。」宋公聞之曰：「臣也不唯其宗室是暴，大亂宋國之政，必逐之。」左師曰：「臣也亦卿也，大臣不順，國之恥也。不如蓋之。」乃舍之。左師為己短策㊃，苟過華臣之門必騁。十一月甲午，國人逐瘈狗㊄，瘈狗入於華臣氏，國人從之。華臣懼遂奔陳。

【今註】㊀華臣弱皐比之室：華臣是華閱的弟弟，皐比是華閱的兒子。華臣就侵犯皐比的家產。㊁以鈹殺諸盧門合左師之後：拿一把刀將華吳殺在盧門左近，向戌家的後面。㊂遂幽其妻：就把華吳的妻子幽禁起來。㊃短策：短的馬鞭子。㊄瘈狗：是瘋狗。

【今譯】宋國的華閱死了，他的弟弟華臣侵犯他的兒子皐比的財產，使賊人殺皐比的家宰華吳，六個賊用刀殺死華吳在盧門的旁邊向戌的房屋的後面。向戌害怕就說：「我這個老頭兒沒有罪。」這般賊人就說：「皐比私人為討吳這罪。」就把吳的妻子關起來了，說：「把他的大玉幣給我。」宋公聽見就說：「華臣不祇是侵略他的宗室，並且將宋國的政事也亂了，必須把他驅逐走。」向戌說：「華臣也是卿，大臣不和順，也是國家的恥辱，不如掩蓋他吧！」於是就舍去華臣。向戌做了一個短馬鞭子，假設經過華臣的門前，必定打馬快走。十一月甲午，宋國人驅逐野瘋狗，瘋狗進入華臣的家中，宋國人也就追逐它，華臣害怕就逃到陳國去。

(八)經 冬，郲人伐我南鄙。

傳 冬，郲人伐我南鄙，為齊故也㈠。

【今註】㈠為齊故也：這是因為齊國要得志於魯國的緣故，所以郲國幫助他侵犯。

【今譯】冬天，郲國人侵了魯國的南邊，這因為齊國的緣故。

(九)傳 宋皇國父為大宰，為平公築臺，妨於農功㈠。子罕請俟農功之畢，公弗許。築者謳曰：「澤門之皙，實興我役。邑中之黔，實慰我心㈡。」子罕聞之，親執扑，以行築者而抶其不勉者，曰：「吾儕小人皆有闔廬，以辟燥溼寒暑，今君為一臺而不速成，何以為役？」謳者乃止。或問其故，子罕曰：「宋國區區而有詛有祝㈢，禍之本也。」

【今註】㈠妨於農功：周代的十一月就是夏正的九月，正當農人收成的時候。㈡澤門之皙，實興我役。邑中之黔，實慰我心：澤門是宋都城，東面的南門，皇國父人長得很白，他住在澤門左近，他是開始叫我工作的。子罕長得黑，他住在城中間，他實在能夠安慰我們。㈢宋國區區而有詛有祝：宋國很小的地方，有的人咒詛，而有的人祝賀。

【今譯】　宋國的皇國父做大宰，為宋平公修築一個臺子，對於農人的收成很妨害。子罕請等著農工完畢以後再做，宋平公不答應。築臺子的人就歌唱說：「澤門那個白面孔的人，實在開始命我們工作。城中那個黑面孔的人很能安慰我們的心。」子罕聽見說了，親自拿了一個扑杖，監視築臺的人，並且打那些不勉力築臺的說：「我們這種小人全都有房子以躲避熱同濕寒同暑，現在宋君因為一個臺，而不能夠趕快的完成，這還作什麼工呢？」唱歌的人聽見他的話，就阻止了歌唱。有人問是什麼原故，子罕就說：「宋國很小的地方，有人咒罵，也有人祝福，這是禍亂的本源啊！」

㈩傳齊晏桓子㈠卒，晏嬰麤縗斬㈡，苴經帶，杖菅屨㈢，食鬻，居倚廬，寢苫枕草㈣。其老曰：「非大夫之禮也。」曰：「唯卿為大夫。」

【今註】㈠晏桓子：是晏嬰的父親晏弱。㈡麤縗斬：晏嬰穿著粗布而不縫邊的衣服。㈢苴經帶杖菅屨：用粗麻縫著帶子，杖是用竹子做的枴杖，菅屨是草鞋。㈣食鬻居倚廬，寢苫枕草：吃稀飯，住在靠東牆木頭做的小房子。睡在乾草上，也枕在草上。

【今譯】　齊國的晏弱死了，他的兒子晏嬰，穿著粗的喪服，用麻做的帶子，拿著竹杖，穿著草鞋，吃粥，住在一間木造的房子，睡在草上，他的家臣說：「這不是大夫的禮節。」晏嬰回答：「祇有卿才是大夫。」

襄公十有八年（公元前五百五十五年）

(一)經 十有八年春㈠，白狄來。

傳 春，白狄始來。

【今註】㈠白狄始來：白狄是狄人之一種，他初次到魯國來。

【今譯】春，白狄開始到魯國來。

(二)經 夏晉人執衛行人石買。

傳 夏，晉人執衛行人石買于長子㈠，執孫蒯于純留㈡，為曹故也。

【今註】㈠長子：在今山西省長子縣。㈡純留：在今山西省純留縣。

【今譯】夏天，晉國人在長子地方逮住了衛國行人石買，又在純留這地方逮住了孫蒯，這是為著曹國的原故。

(三)經 秋，齊師伐我北鄙。

(四)經 冬十月公會晉侯、宋公、衛侯、鄭伯、曹伯、莒子、邾子、滕子、薛伯、杞伯、小邾子同圍齊。

(五)傳秋，齊侯伐我北鄙，中行獻子將伐齊，夢與厲公訟弗勝，公以戈擊之，首隊於前，跪而戴之，奉之以走，見梗陽之巫皐㈠。他日見諸道，與之言同。巫曰：「今茲主必死，若有事於東方，則可以逞㈡。」獻子許諾。晉侯伐齊，將濟河，獻子以朱絲係玉二瑴㈢。而禱曰：「齊環怙恃其險，負其眾庶，棄好背盟，陵虐神主，曾臣彪將率諸侯以討焉，其官臣偃實先後之。苟捷有功，無作神羞，官臣偃無敢復濟，唯爾有神裁之。」沈玉而濟。冬十月會于魯濟㈣，尋湨梁之言，同伐齊㈤。齊侯禦諸平陰㈥，塹防門而守之廣里㈦，夙沙衛曰：「不能戰莫如守險㈧。」弗聽。諸侯之士門焉，齊人多死。范宣子告析文子㈨曰：「吾知子，敢匿情乎？魯人、莒人，皆請以車千乘，自其鄉入，既許之矣。若入，君必失國，子盍圖之。」子家以告公，公恐。晏嬰聞之曰：「君固無勇，而又聞是，弗能久矣。」齊侯登巫山㈩以望晉師，晉人使司馬斥山澤之險，雖所不至，必旆而疏陳之⑪，使乘車者左實右偽，以旆先⑫，輿曳柴而從之⑬。齊侯見之，畏其眾也，乃脫歸。丙寅晦，齊師夜遁。師曠告晉侯曰：「鳥烏之聲樂⑭，齊師其遁。」邢伯⑮告行中伯曰：「有班馬之聲⑯，齊師其遁。」叔向告晉侯曰：「城上有烏，齊師其遁⑰。」十一月丁卯朔，入平陰，遂從齊師，夙沙衛連大車以塞隧而殿⑱。殖綽郭最曰：「子殿國師，齊之辱也。子姑先乎。」乃代之殿。衛殺馬於隘以塞道⑲。晉州綽及之，射殖綽中肩，兩矢夾脰⑳，曰：「止，將為三軍獲；不止，將取其衷㉑。」顧曰：「為私誓。」州綽曰：「有如日。」乃弛弓而自後縛之。其右具丙㉒，亦舍兵而縛郭最，皆衿甲面縛㉓，坐于中軍之鼓下。晉人欲逐歸者，魯衛請攻險㉔。己卯，荀偃、士匄以中軍克京茲㉕。乙酉，魏絳、欒盈，以下軍克邿㉖，趙武、韓起以上軍圍盧㉗，弗克。十二月戊戌，及秦周伐雍門之萩㉘，范鞅門于雍門，其御追喜以戈殺犬于門中，孟莊子斬其橁以為公琴㉙。己亥，焚雍門及西郭、南郭，劉難、士弱㉚率諸侯之師焚申池之竹木。壬寅，焚東郭、北郭。范鞅門于揚門㉛，州綽門于東閭㉜，左驂迫還于東門中，以枚數闔㉝。齊侯駕，將走郵棠㉞，大子與郭榮㉟，扣馬曰：「師速而疾，略也㊱，將退矣，君何懼焉。且社稷之主不可以輕，輕則失眾，君必待之。」將犯之，大子抽劍斷鞅乃止。甲辰，東侵及濰㊲南及沂㊳。

【今註】①梗陽之巫皋：梗陽是晉國地方，括地志說：「梗陽故城，在清源縣南百二十步，分晉陽縣置。」那裏頭有一個巫人，名叫皋。②則可以逞：就可以得意。③二瑴：一對玉叫做瑴，二瑴是四塊玉。④魯濟：濟水在魯國的，叫做魯濟。⑤尋溴梁之言，同伐齊：溴梁之盟在魯襄公十六年，一同討伐齊國。⑥平陰：續山東考古錄說：「以平陰防門故地，現劃歸肥城，在肥城西北六十里，今稱廣里鋪。」⑦塹防門而守之廣里：在防門外做一個地道，橫行寬一里。⑧莫如守險：沒有再比守險要的更好了。⑨析文子：齊大夫子家。⑩巫山：齊地，彙纂說：「今山東肥城縣西北七十五里有孝堂山，即齊侯望晉師之巫山。」⑪必旆而疏陳之：必定在那兒擺上大旗，遠遠的一個一個擺成陣。⑫以旆先：用大旗列在車前面。⑬輿曳柴而從之：車後面拴的柴木，使塵土飛揚。⑭烏烏之聲樂：烏同烏鴉得到一個空營棚，鳴聲很樂。⑮邢伯：是晉大夫。⑯有班馬之聲：是一隊一隊的馬回去的聲音。㈦城上有烏齊師其遁：城上邊有烏鴉，齊國軍隊必定要逃走。㈧連大車以塞隧而殿：他把很多大車連在一塊堵住隧道，而夙沙衛在軍隊的後面。㈨衛殺馬於隘以塞道：夙沙衛把馬殺到隘道中加以堵塞。㈩兩矢夾脰：兩個箭夾住脖子。⑪不止將取其衷：你要不聽話，我將再用箭射兩箭的中間。⑫其右具丙：州綽的車右叫具丙。⑬衿甲面縛：不去掉盔甲，臉衝到前邊被捕。⑭攻險：攻險固的城。⑮京茲：續山東考古錄說：「在肥城縣西境。」⑯邿：一統志說：「平陰縣西十二里有郝山，今名亭山。」⑰盧：在今山東省長清縣東南。⑱秦周伐雍門之萩：方輿紀要說：「古齊城周五十里，有十三門，其可考者，西曰雍門，南曰稷門，亦作棘門，西南曰申門，門外有申池，西北曰揚門，東南曰鹿門，一作武鹿門，又有郭關，則齊郭門也。」秦周是魯大夫同趙武一同伐雍門的萩草。⑲孟莊子斬其橁以為公琴：孟莊子即孺子速，把那橁樹砍掉，做為魯襄公的琴。⑳劉難，士弱：這二人全是晉大夫。㉑揚門：是齊國都城西門。㉒東閭：是齊國都城東門。在今臨淄縣北。㉓以杖數闔：用馬鞭子數幾扇門。㉔郵棠：今山東即墨縣南八十里有甘棠社即古郵棠。㉕郭榮：是齊大夫。㉖略也：這是侵略而沒有佔領地方的意思。㉗濰：水經注說：「濰水出琅玡箕縣（今莒縣）之濰山，過東武（諸城）平昌淳于（安邱）逕都昌（昌邑）入海」。㉘沂：一統志說：「沂水源出今山東臨朐縣南之沂山，流經沂水臨沂二縣至江蘇邳縣入泗。」

【今譯】秋天，齊侯討伐了魯國的北邊。荀偃將要討伐齊國，夢見與晉厲公打官司，沒有勝訴。晉厲公用刀來攻擊他，荀偃的腦袋就掉到前，跪下來戴上去，抱著他往前走，看見梗陽的巫人皐。後來就在路上碰見這個巫人，巫人也夢見同樣的夢，巫人說：「今年你必定要死，你若在東方打仗就可以成功。」荀偃就答應。晉平公伐齊國，將過黃河的時候，荀偃用紅絲把兩對玉石繫在一塊禱告說：「齊環仰仗著他的險要，又仗著他的人多，放棄了和好，違背了盟約，又欺負旁國的人民，陪臣彪將率領諸侯去討伐齊國，守臣荀偃是追隨著這件事，假設能夠戰勝有功，不要為神明的羞恥，荀偃不敢渡回黃河，祇是聽從你神的命令。」把玉石扔在河裏就渡過去了。冬十月，在魯國的濟水旁邊相會，這是重申以前溴梁盟誓的話，一同討伐齊國。齊莊公在平陰這地方防禦他們，把防門做一個戰壕，長一里。夙沙衛說：「不能夠打仗，最好守險要。」齊侯不聽。諸侯的軍隊攻擊各門，齊人多被戰死。士匄告訴齊大夫析文子說：「我認識你，敢對你隱藏我們的軍情嗎？魯國人同莒國人皆要求用兵車一千輛，從他們的國裏攻齊國，晉國已經答應他們了，若他們的兵進入齊國，齊莊公必定喪失了國家，你何不細想想。析文子告訴了齊莊公，莊公害怕了。晏嬰聽見就說：「君王本來就沒有勇氣，又聽見了這種話，不能支持長久了。」齊莊公到巫山上遠望晉國軍隊，晉國人叫司馬凡山澤的險要地方，就是軍隊不到，必定掛上大旗，表示軍隊已經到了，叫每個車上左邊有軍官，右邊假做軍官，用了一個大旗做前導，軍後拴著木柴在後面追隨著發揚塵土。齊莊公看見了，怕晉國軍隊很眾多，就去掉了旗子，逃歸齊國。丙寅這天，齊國軍隊，夜裏逃走。晉國的師曠告訴晉平公說：「飛的鳥同烏鴉鳴聲很樂，齊國軍隊必定要逃走。」晉國大夫邢伯告訴荀偃說：「有回去的馬聲，齊國軍隊必定逃走。」叔向告訴晉平公說：「城上有烏鴉，齊國軍隊必定逃走。」十一月丁卯朔，晉國軍隊進入平陰，追逐齊國的軍隊，夙沙衛連著很多大車堵塞隧道，他並在軍隊的後面。殖綽同郭最說：「你做齊國軍隊的殿後，這是齊國的羞辱。你何不在前面呢？」他們說了這句話，就替他殿後。夙沙衛就將馬匹殺在隘道中來堵塞。晉國的州綽趕上了，射殖綽中他兩肩，兩個箭全夾住他的脖子，就說：「你要站住就一定被捕，你要不站住我再射這兩箭的中間。」殖綽回頭說：「我們可以做私下的盟誓。」州綽就說：「如果殺你，就對太陽發誓。」放下弓從後面拴上他。州綽的車右具丙也扔下兵器，把郭最拴上，全都不棄掉甲，坐在中軍的鼓下面。晉國想著追逐齊國逃走的人，魯國衛國請求攻打險要的城池。己卯，荀偃、士匄用中軍佔領京茲。乙酉魏絳、欒盈用下軍佔領邿，趙武、韓起用上軍圍了盧，沒能戰勝。十二月戊戌，趙武同魯國大夫秦周砍伐雍門外的萩樹，范鞅攻打雍門，他的駕車的追喜用槍在門中殺狗，孟孫速把那裏的楢木毀掉給襄公做琴。己亥，燒掉雍門及齊都城的西郭、南郭，劉難同士弱率領著諸侯的軍隊燒掉申池的竹同樹木。壬寅，又燒掉齊都城的東外郭，北外郭。范鞅攻打都城的西門揚門，州綽攻打齊都城東門東閭，他左邊的馬匹在門中往還，用馬鞭子數他城門上的樹木，表示不懼。齊莊公將逃走到郵棠去，大子同齊大夫郭榮拉著馬說：「晉國的軍隊到得很快，這是略地的作用，晉國軍隊將要退了，你又何必害怕呢？並且一個國家的人，是不可以輕舉的，輕舉必定失掉眾心，你一定要等候。」齊莊公還想逃，大子就抽劍將馬頸革帶砍斷，才阻止。甲辰，晉國軍隊侵略東邊到濰水，南邊到沂水。

㈤經曹伯負芻卒於師㈠。

【今註】㈠此經無傳。

【今譯】曹伯負芻在軍隊中死了。

㈥經楚公子午帥師伐鄭。

傳鄭子孔欲去諸大夫，將叛晉而起楚師以去之，使告子庚㈠，子庚弗許。楚子聞之，使楊豚尹宜告子庚曰：「國人謂不穀主社稷，而不出師，死不從禮。不穀即位於今五年，師徒不出，人其以不穀為自逸而忘先君之業矣。大夫圖之，其若之何？」子庚歎曰：「君王其謂午懷安乎？吾以利社稷也。」見使者稽首而對曰：「諸侯方睦於晉，臣請嘗之㈡。若可，君而繼之，不可，收師而退，可以無害，君亦無辱。」子庚帥師治兵於汾㈢。於是子蟜、伯有、子張從鄭伯伐齊，子孔、子展，子西守。二子㈣知子孔之謀，完守入保㈤，子孔不敢會楚師。楚師伐鄭次於魚陵㈥，右師城上棘㈦，遂涉潁，次於旃然㈧，蔿子馮、公子格率銳師侵費滑、胥靡、獻于、雍梁㈨，右回梅山㈩侵鄭東北至于蟲牢而反。子庚門于純門，信于城下而還，涉於魚齒⑪之下，甚雨及之，楚師多凍，役徒幾盡。晉人聞有楚師，師曠曰：「不害，吾驟歌北風，又歌南風，南風不競⑫多死聲，楚必無功。」董叔曰：「天道多在西北，南師不時必無功。」叔向曰：「在其君之德也⑬。」

【今註】㈠子庚：楚令尹公子午。㈡臣請嘗之：我請試一試。㈢汾：在今河南襄城縣東北。㈣二子：子展、子西。㈤完守人保：守著城內加以保守。㈥魚陵：鄭地，即魚齒山，在南陽犨縣北。㈦上棘：一統志說：「上棘城在河南禹縣西北。」㈧旃然：一統志說：「在今河南滎陽縣東南。入汴水。」㈨胥靡、獻于、雍梁：全是鄭國的邑。彙纂說：「胥靡在今河南偃師縣東南四十里，雍氏城在禹縣東北，梁縣城在河南臨汝縣西南四十里。」程發軔教授說：「案蔿子馮子格，率銳師由費滑向東南侵鄭，胥靡即在偃師，雍梁在禹縣，則獻于應在登封縣境矣。」可供參考。㈩梅山：一統志說：「在今河南鄭縣西南三十里，與密縣新鄭接界。」⑪魚齒：魚齒山的下邊。⑫南風不競：南方的音調不能競爭。⑬在其君之德也：這還是在他君的德性。

【今譯】鄭國的子孔要想去掉旁的大夫，他想先背叛晉國，領取楚國的軍隊，使他們去掉，派人去告訴楚國令尹公子午，公子午不答應。楚王聽了就派楊豚尹宜告訴公子午說：「國人說是我主持國家以後，並不出兵，我若死了以後，不能照著先君的禮節來埋葬，我現在即位已經五年了，不出軍隊，人家必定說我自己安逸而忘記了先君的事業。大夫細想想怎麼樣辦呢？」公子午嘆息著說：「君王還是說我午只想安寧嗎？我這是以為國家有利。」見了楚王所派去的使者，稽首而對答說：「諸侯對於晉國正在和睦，我請嘗試一下。若可以，君王就繼續著，不可以就集合軍隊後退，這還沒有害處，在君王亦無羞辱。」公子午於是率著軍隊到汾這地方去訓練。這時候子蟜、伯有、子張隨從鄭伯去討伐齊國，子孔、子展、子西留守。子展子西知道子孔的計謀，完備城郭裏邊的保守。子孔就不敢去會合楚國軍隊。楚國軍隊伐鄭國，屯在鄭國魚陵這地方，楚國的右師修上棘這城，就渡過穎水，屯在旃然，楚國的蔿子馮、公子格帥精銳的軍隊侵了鄭地費滑、胥靡、獻于、雍梁四地，右邊轉回梅山，侵略鄭國的東北部到了蟲牢這地方就回去了。公子午攻打鄭國都城的純門，在城下住了兩天就回楚國去了，在魚齒山的下邊渡過水，天還下著大雨，楚國軍隊全受凍，隨從的人員，幾乎全沒有了。晉國人聽見有楚國軍隊來，晉國的太師師曠說：「不要緊，我方才歌唱北風，然後歌唱南風，南風很微弱多有死聲音，楚國必定不能成功了。」董叔又說：「天道都在西北，南方的軍隊不合於時宜，必不能成功。」叔向說：「這要看他的君的德行啊！」

襄公十有九年（公元前五百五十四年）

(一)經 春王正月，諸侯盟于祝柯。晉人執邾子。

傳 諸侯還自沂上，盟于督揚㈠曰：「大毋侵小㈡。」執邾悼公，以其伐我故。

【今註】㈠督揚：即祝柯。大約在今山東省滋陽縣境。㈡大毋侵小：大國不要侵略小國。

【今譯】圍齊國的諸侯從沂水上回來，到督揚的地方去盟誓說：「大國不要侵略小國。」把邾悼公逮著，因為他伐魯國的緣故。

(二)經 公至自伐齊㈠。

【今註】㈠此經無傳。

【今譯】魯襄公從伐齊國回來。

(三)經 取邾田自漷水。

傳 遂次于泗上，疆我田。取邾田，自漷水歸之於我㈠。晉侯先歸，公享晉六卿于蒲圃，賜之三命之服，軍尉、司馬、司空、輿尉、侯奄皆受一命之服，賄荀偃束錦加璧乘馬，先吳壽夢之鼎㈡。荀偃癉疽生瘍於頭㈢，濟河及著雍病，目出㈣，大夫先歸者皆反。士匄請見，弗內，請後，曰：「鄭甥可㈤。」二月甲寅卒，而視不可含㈥。宣子盥而撫之曰：「事吳敢不如事主㈦。」猶視。欒懷子曰：「其為未卒事於齊故也乎？」乃復撫之曰：「主苟終，所不嗣事于齊者，有如河。」乃瞑受含。宣子曰：「吾淺之為丈夫也㈧！」

【今註】 ㈠取邾田自漷水歸之于我：一統志說：「漷水今名南汕河，源出山東滕縣直北連青山，西南流至三河口，會於薛河，又西南流入泗水。邾因在漷水東，今山東滕縣東北。」㈡先吳壽夢之鼎：古代凡贈送物品，在重要的前面必先獻旁的物品，這次是吳壽夢之鼎為主要贈品，而以幣同馬為先。㈢癉疽生瘍於頭：癉音（ㄉㄢ），疽音（ㄐㄩ），瘍音（ㄧㄤ）。大而深的毒的瘡生在頭上。㈣目出：眼睛突出來。㈤鄭甥可：鄭甥可以繼任卿位。㈥視不可含：瞪著眼睛而嘴也不閉上，沒法把含的珠玉擺在嘴裏。㈦事吳敢不如事主：我事奉著荀吳，不敢不如事奉你一樣。㈧吾淺之為丈夫也：我很不夠做一個大丈夫，意謂小看了荀偃。

【今譯】 就把軍隊屯到泗水邊上，疆理魯國田地。取邾國的田地，到漷水為止歸給魯國。晉平公先回去了，魯襄公在蒲圃這地方宴享晉國六個卿，每個人全給他三命的衣服，軍尉、司馬、司空、輿尉、候奄給一命的衣服，先賄賂荀偃用束錦加璧乘馬，再獻主要禮物吳壽夢的鼎。荀偃頭上生了很多惡瘡，渡過黃河到了著雍的地方就病得厲害，眼睛突出，大夫們先回去的全都回來了。士匄請求見荀偃，荀偃不肯讓他進來，士匄請示將來由誰繼任卿位，荀偃就說：「鄭甥可以。」二月甲寅這天，他死了，瞪著眼沒法給他在口中含玉。士匄盥洗後撫著他說：「事奉荀吳不敢不如事奉你。」眼睛還瞪著。欒盈就說：「大約是沒有把齊國戰爭完畢的原故。」就再撫屍說：「假設你要死了，要不繼續對付齊國的戰事，敢用黃河為誓。」就閉上眼，接受含玉。士匄出門就說：「我做大丈夫很淺了。」

㈣**經**季孫宿如晉。

傳季武子如晉拜師㈠，晉侯享之，范宣子㈡為政，賦黍苗㈢。季武子興，再拜稽首曰：「小國之仰大國也，如百穀之仰膏雨焉。若常膏之，其天下輯睦，豈唯敝邑。」賦六月㈣。季武子以所得於齊之兵作林鐘而銘魯功焉㈤。臧武仲謂季孫曰：「非禮也。夫銘天子令德㈥，諸侯言時計功㈦，大夫稱伐㈧。今稱伐則下等也，計功則借人也㈨，言時則妨民多矣，何以為銘？且夫大伐小，取其所得以作彝器，銘其功烈以示子孫，昭明德而懲無禮也。今將借人之力以救其死，若之何銘之？小國幸於大國⑩，而昭所獲焉以怒之，亡之道也。」

【今註】㈠如晉拜師：到晉國拜謝晉國派兵幫助討伐齊國。㈡范宣子：士匄替代荀偃將中軍。㈢黍苗：是詩經小雅的一篇詩，是稱美召伯勞來諸侯如陰雨使黍苗能成長。㈣六月：是詩經小雅的一篇稱美尹吉甫輔佐天子的詩，用晉侯來比喻尹吉甫。㈤作林鐘而銘魯功焉：林鐘是一個樂律的名稱，作林鐘的器以表示魯國的功勞。㈥夫銘天子令德：物上的銘詞，天子要做就為表示他的德性。㈦諸侯言時計功：諸侯就是為的得時表功。㈧大夫稱伐：大夫也是為的表示他的動伐。㈨計功則借人也：要是照計功算，就是借晉國的力量，不是自己的。⑩小國幸於大國：小國僥倖的戰勝大國。

【今譯】季孫宿到晉國去拜謝晉國討伐齊國的軍隊，晉平公宴享他，士匄掌政權歌唱黍苗這篇詩。季孫宿站起來再拜稽首的說：「小國仰望大國，就好像各種穀物，仰望天下著雨來。要是常潤澤他，天下可能和睦，豈祇我們國。」季孫宿就歌唱六月這篇詩，季孫宿把所得的齊國的軍器作林鐘，銘刻魯國的功勞。臧孫紇對季孫宿說：「這是不合於禮的。銘刻這件事，天子是表示德行，諸侯是得時表功，大夫是稱他的動伐。現在要稱動伐就是下等，計算功勞，這是借晉國的力量，若問時間就妨害人民很多，這有什麼銘可作？並且大國要伐小國，取他所得的軍器，築成宗廟的常器，銘刻他的功烈給子孫們看，這是為的昭明明德而懲戒無禮。現在借別人的力量來拯救死亡，為什麼來銘刻它？小國僥倖的戰勝大國，還誇耀所得使他發怒，這是滅亡的道路啊！」

(五)經　葬曹成公㈠。

【今註】㈠此經無傳。

【今譯】給曹成公行葬禮。

(六)經　夏衛孫林父帥師伐齊。

傳　晉欒魴帥師從衛孫文子伐齊㈠。

【今註】㈠伐齊：這是為的應付欒盈所說的話。

【今譯】晉國欒魴帥領軍隊隨從衛國孫林父討伐齊國。

(七)經　秋七月，辛卯，齊侯環卒。

傳　齊侯娶于魯，曰顏懿姬㈠，無子，其姪鬷聲姬㈡，生光，以為大子。諸子仲子、戎子。戎子嬖，仲子生牙，屬諸戎子，戎子請以為大子，許之㈢。仲子曰：「不可。廢常不祥㈣，間諸侯難㈤。光之立也列於諸侯矣，今無故而廢之，是專黜諸侯㈥，而以難犯，不祥也，君必悔之。」公曰：「在我而已。」遂東大子光。使高厚傅牙以為大子，夙沙衛為少傅。齊侯疾，崔杼微逆光，疾病而立之㈦。光殺戎子，尸諸朝，非禮也，婦人無刑，雖有刑不在朝市。夏五月壬辰晦，齊靈公卒，莊公即位㈧，執公子牙於句瀆之丘，以夙沙衛易己，衛奔高唐以叛。

【今註】㈠顏懿姬：是魯國女子，顏是他的母姓。㈡鬷聲姬：也是魯國女子。鬷是他的母姓。㈢許之：齊靈公答應他。㈣廢常不祥：廢除立嫡的尋常規矩不吉祥。㈤間諸侯難：使諸侯所承認的，又使他離開這很難。㈥專黜諸侯：因為大子光已經加入過諸侯的盟誓，因此他的地位也等於是諸侯，把他廢除就等於把諸侯廢掉。㈦疾病而立之：靈公病重了，就把大子光立為君。㈧莊公即位：，莊公就是大子光就即君位。

【今譯】齊靈公從魯國娶位夫人叫做顏懿姬，她沒有生兒子，她的隨嫁的姪女鬷聲姬生了光，立他為太子。仲子、戎子都是他的妾，戎子很得齊靈公的寵愛。仲子生了兒子牙，屬託給戎子，戎子請齊靈公立為太子，齊靈公答應他。仲子就說：「不可以。廢除立適子的常規不祥，離開諸侯很困難，光的立為太子是列在諸侯裏邊，現在沒緣故廢除他，是等於廢除一個諸侯，這是用艱難侵犯不祥的事，你必定要後悔。」齊靈公就說：「這祇在我怎麼辦！」就派大子光到齊國東邊去。叫高厚為太子牙的師傅，並派他的太監夙沙衛做少傅。齊靈公有病了，崔杼就偷著迎接光到都城，趁靈公病的厲害，就把他立成君。太子光就殺掉戎子，並把她的屍體陳列在朝上，這是非禮的。婦人沒有刑，就是有刑也不能在朝廷或市場上。夏五月，壬辰這天齊靈公死了，莊公即位，把公子牙在句瀆之丘逮捕，他因為夙沙衛輕視他自己，夙沙衛就逃到高唐反叛。

(八)經 晉士匄帥師侵齊，至穀聞齊侯卒乃還。

傳 晉士匄侵齊，及穀聞喪而還㈠，禮也。

【今註】㈠及穀聞喪而還：到穀這地方，聽到齊國有喪事，就退兵回晉國去了。

【今譯】晉國士匄侵略齊國，到穀這地方，聽見齊靈公死了，就返回晉國，這是合於禮的。

(九)傳 於四月丁未，鄭公孫蠆卒，赴於晉大夫。范宣子言於晉侯，以其善於伐秦也㈠，六月，晉侯請於王，王追賜之大路，使以行禮也。

【今註】㈠以其善於伐秦：這事在襄公十四年，鄭國子蟜勸諸侯的軍隊渡過涇水的事。

【今譯】在這年四月丁未，鄭國公孫蠆死了，送赴告到晉國大夫。士匄告訴晉平公，因為他伐秦國的時候很前進。六月晉平公請於周王，周王就賞賜他大路的車，使用以行葬禮。

(十)經 八月丙辰，仲孫蔑卒㈠。

【今註】 ㈠此經無傳。

【今譯】 八月，丙辰這天，魯國孟獻子死了。

(十一)經 齊殺其大夫高厚。

傳 秋八月，齊崔杼殺高厚於灑藍㈠而兼其室。書曰齊殺其大夫，從君於昏也。

【今註】 ㈠灑藍：齊地，當在今山東省臨淄郊外。

【今譯】 秋天八月，齊國崔杼殺了高厚在灑藍這地方，而兼併他的家產。春秋上寫著齊國殺他的大夫，這是因為崔杼跟他的君王同為昏亂。

(十二)經 鄭殺其大夫公子嘉。

傳 鄭子孔之為政也專，國人患之，乃討西宮之難㈠，與純門之師㈡，子孔當罪，以其甲及子革、子良氏之甲守㈢。甲辰，子展、子西率國人伐之，殺子孔而分其室，書曰鄭殺其大夫，專也。子然、子孔，宋子之子也，士子孔，圭嬀之子也。圭嬀之班亞宋子而相親也，士子孔亦相親也。僖之四年㊃子然卒，簡之元年㊄，士子孔卒，司徒孔實相子革子良之室，三室如一，故及於難㊅。子革子良出奔楚，子革為右尹㊆。鄭人使子展當國，子西聽政，立子產為卿㊇。

【今註】㊀討西宮之難：襄公十年，尉止等在西宮作難，事實上子孔知道，而他不說。㊁純門之師：在襄公十八年。㊂以其甲及子革子良氏之甲守：子革是子然的兒子，子良是士子孔的兒子。㊃僖之四年：鄭僖公的四年等於魯襄公六年。㊄簡之元年：鄭簡公的元年等於魯襄公的八年。㊅三室如一，故及於難：子孔同子革子良三個家等於一家，所以子革子良也連著這禍難。㊆子革為右尹：子革就是鄭丹在楚國做右尹的官。㊇子產為卿：鄭國子產就做卿的官，因為當時鄭簡公年幼，所以大夫們當權。

【今譯】鄭國的子孔掌政很專權，鄭國的貴族全都以為禍患，就討伐他在西宮的患難，跟楚國軍隊到鄭國都城純門的事情，他該負這個罪，子孔用他的軍隊同子革子良的軍隊一直守衛。甲辰這天，子展子西率著貴族討伐他，殺了子孔並分了他的家財，春秋上寫著說鄭國殺他的大夫，是因為子孔專權的緣故。子然、子孔是鄭穆公的妃子宋子的兒子。士子孔是圭嬀的兒子。圭嬀的班次低於宋子，而他們很親愛，子孔同士子孔也很親愛。鄭僖公四年，子然死了，鄭簡公元年士子孔也死了，子孔管理著子革子良的房屋，這三個人家跟一家一樣，所以子革、子良也連帶遭到禍難。子革子良逃到楚國去，子革在楚國做右尹的官。鄭國人叫子展當政權，子西也輔佐聽政，立子產為卿。

㈩經 冬葬齊靈公㈠。

【今註】㈠此經無傳。

【今譯】冬天，給齊靈公下葬禮。

㈩傳 齊慶封圍高唐㈠，弗克。冬十一月，齊侯圍之，見衛在城上，號之乃下㈡，問守備焉，以無備告，揖之，乃登㈢。聞師將傳，食高唐人，殖綽工僂㈣會夜縋納師，醢衛于軍㈤。

【今註】㈠高唐：齊地。一統志說：「今山東省禹城縣西北四里有古高唐城。」㈡號之乃下：叫他，他就下來跟齊侯說話。㈢揖之乃登：齊侯因為夙沙衛告訴他實話，所以就給他作揖。他仍登上城去。㈣殖綽工僂：是齊國二大夫。㈤醢衛于軍：就將夙沙衛在軍中切成肉塊。

【今譯】齊國的慶封圍了高唐，不能夠攻克。冬十一月，齊莊公自己去圍他，看見夙沙衛在城上，叫喚他，他就下來，問他的守衛怎麼樣，夙沙衛說沒有防備，齊莊公作揖謝他，但他還是登上城去。

他聽說齊軍將傳城，就為高唐人設饌打氣。齊大夫殖綽和工僂乘昏夜登城，再縋下城去，納齊國的軍隊，就把夙沙衛在軍中切成肉塊。

(十五)**經** 城西郛。

傳 城西郛，懼齊也㈠。

【今註】㈠懼齊也：因為魯國曾經與晉國伐齊國，所以恐怕他來報復。

【今譯】魯國修西郛門，是怕齊國的關係。

(十六)**經** 叔孫豹會晉士匄于柯。

(十七)**經** 城武城。

傳 齊及晉平，盟于大隧㈠，故穆叔會范宣子于柯㈡，穆叔見叔向，賦載馳之四章㈢。叔向曰：「肸敢不承命㈣。」穆叔曰：「齊猶未也，不可以不懼。」乃城武城㈤。

【今註】㈠大隧：彙纂說：「大約在今山東省高唐縣境。」㈡柯：一統志說：「在今河南省內黃縣東北。」㈢賦載馳之四章：載馳是詩經中的一篇，第四章的意思說希望大國能夠幫助他。㈣肸敢不承命：肸是叔向的名字。我敢不遵從你的命令嗎？㈤武城：魯國有兩個武城，就是東武城與南武城。南武城在今山東省嘉祥縣。

【今譯】齊國及晉國和平了，在大隧這地方盟誓，所以叔孫豹在柯這地方會士匄。叔孫豹見了叔向歌唱載馳的四章詩。叔向說：「我敢不遵從命令嗎？」叔孫豹回來就說：「齊國的和平還沒有真正來，不可以不畏懼。」就修武城這個城。

㈥**傳**衛石共子卒㈠，悼子㈡不哀。孔成子曰：「是謂蹷其本㈢必不有其宗。」

【今註】㈠石共子卒：石買死了。㈡悼子：是石買的兒子石惡。㈢是謂蹷其本：蹷音（ㄐㄩㄝ）拔掉他的根本。

【今譯】衛國石買死了，他的兒子石惡不悲哀。孔成子就說：「這是拔掉他的本根，必定不能使他宗祖存在。」

襄公二十年（公元前五百五十三年）

㈠**經**春王正月辛亥，仲孫速會莒人盟于向。

傳 春及莒平，孟莊子會莒人盟于向㈠，督揚之盟故也。

【今註】㈠向：莒地，在今山東省莒縣南七十里。

【今譯】春天，魯國與莒國和平，仲孫速和莒國人在向這地方盟會，這是因為督揚的盟會，諸侯對於魯國同莒國和解的緣故。

㈡經 夏六月庚申，公會晉侯、齊侯、宋公、衞侯、鄭伯、曹伯、莒子、邾子、滕子、薛伯、杞伯、小邾子盟于澶淵。

傳 夏盟于澶淵㈠齊成故也。

【今註】㈠澶淵：江永說：「澶淵之地，當在內黃之南，河北省濮陽縣的西北。」

【今譯】夏，在澶淵盟會，因為齊國同晉國和平的關係。

㈢經 秋公至自會㈠。

【今註】㈠此經無傳。

【今譯】秋天，魯襄公從盟會後回來。

(四)經 仲孫速帥師伐邾。

傳 邾人驟至㊀，以諸侯之事，弗能報也。秋孟莊子伐邾以報之㊁。

【今註】㊀邾人驟至：邾人屢次來侵犯魯國。㊁伐邾以報之：就討伐邾國以報怨恨。

【今譯】邾國人屢次來侵犯魯國，因為與諸侯會盟的關係，所以尚沒有能報復。秋天仲孫速討伐邾國，用以報復。

(五)經 蔡殺其大夫公子燮，蔡公子履出奔楚。

傳 蔡公子燮欲以蔡之晉㊀，蔡人殺之。公子履㊁其母弟也，故出奔楚。

【今註】㊀欲以蔡之晉：想背叛楚國，同晉國要好。㊁公子履：是公子燮的弟弟，因為與他有同樣的計謀。

【今譯】蔡國的公子燮，想把蔡國叛楚國與晉國聯合，蔡國人把他殺掉。公子履是他的同母弟弟，所以逃奔楚國。

(六)經 陳侯之弟黃出奔楚。

傳陳慶虎、慶寅，畏公子黃之偪㈠，愬諸楚曰：「與蔡司馬同謀。」楚人以為討。公子黃出奔楚。初，蔡文侯欲事晉，曰：「先君與於踐土之盟㈡，晉不可棄，且兄弟也。」畏楚不能行而卒㈢。楚人使蔡無常㈣，公子燮求從先君以利蔡，不能而死。書曰蔡殺其大夫公子燮，言不與民同欲也。陳侯之弟黃出奔楚，言非其罪也㈤。公子黃將出奔，呼於國曰：「慶氏無道，求專陳國，暴蔑其君，而去其親，五年不滅是無天也！」

【今註】㈠畏公子黃之偪：畏懼公子黃的壓迫。㈡先君與於踐土之盟：先君是指著蔡文侯的父親莊侯甲午。踐土之盟在魯國僖公二十八年。㈢畏楚不能行而卒：畏懼楚國，所以不敢如此辦，就死了。蔡文公死在魯宣公十七年。㈣楚人使蔡無常：楚國對蔡國徵集夫役及軍需品沒有常律。㈤言非其罪也：意思說這不是他的罪狀，祇是陳侯同慶虎、慶寅的罪狀。

【今譯】陳國的卿慶虎，同慶寅畏懼公子黃的壓迫，告訴楚國說：「與蔡國的司馬同一個計謀。」楚國人因為這事討責陳國。公子黃就逃奔到楚國去了。最初的時候，蔡文侯想事奉晉國，說：「先君曾經參加踐土的盟會，所以晉國不可以捨棄，並且是兄弟的國家。」但是他怕楚國，不能辦理這件事，就死了。楚國人對於蔡國，徵集夫役及軍需品沒有常律，公子燮想著順著先君的辦法，對於蔡國有利，不能成功，也死了。春秋上寫著說蔡國殺他的大夫公子燮，這表示與人民不同欲望，又寫著說陳侯的弟弟黃逃奔到楚國去，意思說他沒有罪。公子黃要出奔的時候，在國裡大喊叫說：「慶氏沒有道理，求專陳國的政權，欺負他的君，而去掉他的君的親戚，五年若不滅他，這是上邊沒有天。」

(七)**經** 叔老如齊。

傳 齊子初聘于齊，禮也㊀。

【今註】㊀禮也：這是很合禮的。

【今譯】叔老初次聘問齊國，這是合於禮的。

(八)**經** 冬十月丙辰朔，日有食之㊀。

【今註】㊀此經無傳。

【今譯】冬天十一月丙辰朔，魯國有日蝕。

(九)**經** 季孫宿如宋。

傳 冬，季武子如宋，報向戌之聘也㊀。褚師段㊁逆之以受享，賦常棣之七章以卒㊂，宋人重賄之。歸復命，公享之，賦魚麗之卒章㈣，公賦南山有臺㈤，武子去所㈥曰：「臣不堪也。」

【今註】㈠報向戌之聘也：是報答向戌的聘問，在襄公十五年。㈡褚師段：是宋公的兒子子石。㈢常棣之七章以卒：常棣是詩經上的一篇。七章以卒是連第八章也唱完。㈣魚麗之卒章：魚麗是詩經小雅的詩篇。意思是說對於聘問宋國是合於時候。㈤南山有臺：是詩經小雅的一篇。意思是說季武子奉使能為國爭光。㈥去所：離開所坐的地方。表示不敢當的意思。

【今譯】冬天，季孫宿到宋國去，這是報答向戌聘問的緣故，褚師段迎接他並設享宴，季孫宿歌唱常棣全詩，宋國人重重賄賂他。回到魯國回復命令，魯襄公以宴享他，季孫宿歌唱魚麗末了一篇詩，魯襄公歌唱南山有臺這篇詩。季孫宿避席說：「我不敢當。」

(十)傳 衛甯惠子疾，召悼子㈠曰：「吾得罪於君，悔而無及也，名藏在諸侯之策曰：『孫林父、甯殖出其君。』君入則掩之，若能掩之則吾子也，若不能，猶有鬼神，吾有餒而已，不來食矣㈡。」悼子許諾，惠子遂卒。

【今註】㈠悼子：是甯喜。㈡吾有餒而已，不來食矣：我祇能挨著餓，也不能來吃。

【今譯】衛國的甯殖有病，叫他的兒子甯喜，對他說：「我得罪了君，後悔也來不及了，我的名字藏在諸侯的簡策上，說：『孫林父、甯殖出其君。』君若再回到國家，你就可以掩蓋我的惡名，若能夠掩蓋，你就真正是我的兒子；要是不能夠掩蓋，假設仍舊有鬼神，我祇能忍著餓也不來吃了。」甯喜就答應他了，甯殖就死了。

襄公二十有一年（公元前五百五十二年）

(一)經　春王正月，公如晉。

傳　春公如晉，拜師及取邾田也㊀。

【今註】㊀拜師及取邾田也：拜謝襄公十八年晉國伐齊的軍隊，並且把漷水以東的田地給魯國。

【今譯】春天，魯襄公到晉國去，拜謝晉國伐齊國的軍隊，及拿了邾國的田地。

(二)經　邾庶其以漆閭丘來奔。

傳　邾庶其以漆閭丘來奔㊀，季武子以公姑姊妻之㊁。皆有賜於其從者。於是魯多盜，季孫謂臧武仲曰：「子盍詰盜㊂？」武仲曰：「不可詰也，紇又不能。」季孫曰：「我有四封，而詰其盜，何故不可？子為司寇，將盜是務去，若之何不能？」

武仲曰：「子召外盜而大禮焉，何以止吾盜㈣？子為正卿而來外盜，使紇去之，將何以能？庶其竊邑於邾以來。子以姬氏妻之而與之邑㈤，其從者皆有賜焉，若大盜禮焉以君之姑姊與其大邑，其次皁牧輿馬；其小者衣裳劍帶，是賞盜也。賞而去之，其或難焉。紇也聞之，在上位者洒濯其心，壹以待人，軌度其信，可明徵也，而後可以治人。夫上之所為，民之歸也。上所不為而民或為之，是以加刑罰焉，而莫敢不懲，若上之所為，而民亦為之，乃其所也㈥，又可禁乎？夏書曰：『念茲在茲，釋茲在茲，名言茲在茲，允出茲在茲，惟帝念功㈦。』將謂由己壹也，信由己壹，而後功可念也。」庶其非卿也，以地來，雖賤必書重地也㈧。

【今註】㈠邾庶其以漆閭丘來奔：邾庶其是邾大夫，漆同閭丘是邾國兩個城，一統志說：「漆在今山東省鄒縣東北有漆鄉。閭丘在今山東省鄒縣漆鄉東北十里有閭丘亭。」㈡以公姑姊妻之：據杜預說，以魯襄公的姑姑同姊姊給他做妻子。㈢子盍詰盜：你為什麼不治理強盜。㈣何以止吾盜：你有什麼方法叫國裏強盜全阻住。㈤姬氏妻之，而與之邑：你把姬姓的女子給他做妻子而又給他封邑。

㈥乃其所也：這是他應該做的。㈦念茲在茲，釋茲在茲，名言茲在茲，允出茲在茲，惟帝念功：這是夏朝的逸書。意思是說想到這種事，應當可以做，釋除這種事，也在此，能夠實行的也就在此，能夠相信的也就在此，祇是為的帝可以成功。㈧重地也：所以寫在春秋上，因為重這個地方。

【今譯】邾大夫庶其，私下取了漆和閭丘兩塊地方，逃到魯國來。季武子把襄公的姑和姊嫁給他做妻，跟了庶其逃來的人，也都有賞賜給。這當兒，魯國正多盜案，季孫對臧武仲說：「你為什麼不審治強盜呢？」武仲說：「這是不可以治的，況且我又不能治他。」季孫說：「我們有了四面的封疆，只治我們封疆內的盜賊，為什麼不可以呢？你既然做了司寇，當專心去盜，算是盡職，為什麼不能辦呢？」武仲答說：「你招進國外的盜賊來，卻用大禮待他，怎可禁止國內的盜賊呢？你做了正卿，卻招國外的大賊來，反而要使我去掉他，怎樣能夠呢？庶其從邾國偷了地方來，你把姬氏嫁給他做妻，而且把那地方給他，凡跟他來的，也都有賞賜。如果對待大盜，要用君的姑姊，再給他那大地方；次一等的，又要供給皁班車夫馬夫；最細微的，也要用衣裳劍帶賞賜他。這分明是賞賜盜賊啊！賞了再要去掉他，這恐怕難作罷？我紇聽說：『在上位的人，先要洗清了自己的私心，專一地待人，做事一概要酌量信義，前後的行為都是一律的，儘管覆驗，沒有兩樣，方才可以治理人民。』因為上位人所做的事情，就是人民的榜樣，要是上位人不做的，人民卻有的敢做了，才可以加上刑罰去，則沒有人敢不受懲戒。如果上位人做了，人民也做了，這是他們應該的，怎可禁止他們呢？夏書上說：『要想做的，在這理上嗎？要除掉的，在這理上嗎？定了名目說出來的，在這理上嗎？實在該這麼做的，到底在這理上嗎？總是帝王想做成功，才會成功的。』這是說先要從自己專一了才行，果真從自己專一了，然後成功方才想能得到手。」庶其在邾國不是卿，因為他以邾國地來投降，所以雖下賤，必定寫在春秋上，因為是以地為重。

(三)**經**夏，公至自晉㈠。

【今註】㈠此經無傳。

【今譯】夏天，魯襄公從晉國回來。

(四)**傳**齊侯使慶佐為大夫㈠，復討公子牙之黨，執公子買于句瀆之丘，公子鉏來奔，叔孫還㈡奔燕。

【今註】㈠慶佐為大夫：慶佐是崔杼的黨羽。㈡公子買，公子鉏，叔孫還：這三個人全是齊國公族。

【今譯】齊莊公派慶佐做大夫的官，又討責公子牙的黨羽，把公子買在句瀆之丘逮住了，公子鉏逃奔到魯國，叔孫還逃奔到燕國。

(五)**傳**夏，楚子庚卒。楚子使薳子馮為令尹，訪於申叔豫㈠。叔豫曰：「國多寵而王弱㈡，國不可為也。」遂以疾辭，方暑，闕地下冰而牀焉，重繭衣裘，鮮食而寢。楚子使醫視之，復曰：「瘠則甚矣，而血氣未動。」乃使子南㊂為令尹。

【今註】㊀申叔豫：是申叔時的孫子。㊁國多寵而王弱：專權的人很多，並且楚王很衰微。㊂子南：即公子追舒。

【今譯】夏天，楚國令尹公子午死了。楚王就派薳子馮做令尹，薳子馮就訪問申叔豫。申叔豫說：「國裏多寵愛，而楚王力量弱，國家的政治不可做。」薳子馮就說是有病而辭讓，在很熱的天，把地下挖個洞，擺上冰，上邊再擺上牀，穿著絲的衣服，並穿上皮襖，很少吃東西，就睡覺。楚王派了醫生去看，報告說：「瘦得很厲害，但是沒有病。」就叫公子追舒做令尹。

㈥經　秋晉欒盈出奔楚。

傳　欒桓子娶於范宣子，生懷子㊀，范鞅以其亡也怨欒氏，故與欒盈為公族大夫而不相能。桓子卒，欒祁㊁與其老州賓通，幾亡室矣，懷子患之。祁懼其討也，愬諸宣子曰：「盈將為亂，以范氏為死桓主而專政矣㊂，曰：『吾父逐鞅矣，不怒而以寵報之㊃，又與吾同官而專之㊄，吾父死而益富，死吾父而專於國，有死而已，吾蔑從之矣。』其謀如是，懼害於主，吾不敢不言。」范鞅為之徵⑥。懷子好施，士多歸之，宣子畏其多士也信之。懷子為下卿⑦，宣子使城著⑧而遂逐之，秋欒盈出奔楚。宣子殺箕遺、黃淵、嘉父、司空靖、邴豫、董叔、邴師、申書、羊舌虎、叔羆⑨。囚伯華、叔向、籍偃⑩。人謂叔向曰：「子離於罪，其為不知乎？」叔向曰：「與其死亡若何⑪？詩曰：『優哉，游哉，聊以卒歲⑫。』知也。」欒王鮒⑬見叔向曰：「吾為子請。」叔向弗應，出，不拜。其人皆咎叔向，叔向曰：「必祁大夫⑭。」室老聞之曰：「欒王鮒言於君無不行，求赦吾子，吾子不許。祁大夫所不能也，而曰必由之，何也？」叔向曰：「欒王鮒從君者也，何能行？祁大夫外舉不棄讎，內舉不失親，其獨遺我乎？詩曰：『有覺德行，四國順之。』夫子覺者也⑮。」晉侯問叔向之罪於欒王鮒，對曰：「不棄其親，其有焉⑯。」於是祁奚老矣，聞之乘馹而見宣子曰：「詩曰：『惠我無疆，子孫保之⑰。』書曰：

『聖有謩勳，明徵定保㈥。』夫謀而鮮過，惠訓不倦者，叔向有焉。社稷之固也，猶將十世宥之㈨，以勸能者。今壹不免其身，以棄社稷，不亦惑乎？鯀殛而禹興；伊尹放大甲而相之，卒無怨色；管蔡為戮，周公佑王。若之何其以虎也棄社稷？子為善，誰敢不勉？多殺何為？」宣子說，與之乘與言諸公而免之。不見叔向而歸，叔向亦不告免焉而朝㈩。初，叔向之母妬叔虎之母美而不使㈡，其子皆諫其母。其母曰：「深山大澤，實生龍蛇，彼美，余懼其生龍蛇以禍女。女敝族也，國多大寵㈢，不仁人間之，不亦難乎？余何愛焉？」使往視寢，生叔虎，美而有勇力。欒懷子嬖之，羊舌氏之族及於難。欒盈過於周，周西鄙掠之㈢，辭於行人㈣曰：「天子陪臣盈㈤得罪於王之守臣㈥，將逃罪，罪重於郊甸，無所伏竄，敢布其死。昔陪臣書能輸力於王室，王施惠焉。其子黶不能保任其父之勞，大君若不棄書之力，亡臣猶有所逃，若棄書之力而思黶之罪，臣戮餘也㈦。將歸死於尉氏，不敢還矣。敢布四體，唯大君命焉。」王曰：「尤而效之，其又甚焉？」使司徒禁掠欒氏者，歸所取焉，使侯㉘出諸轘轅㉙。

【今註】㈠懷子：是欒盈。㈡欒祁：是欒黶的夫人，她是士匄的女兒。㈢以范氏為死桓主而專政矣：他以為欒黶是死了，而范氏就專政權。㈣不怒而以寵報之：對於士鞅不生氣，而對他很寵愛。㈤又與吾同官而專之：又跟欒盈同為公族大夫，而范鞅專權。㈥范鞅為之徵：范鞅就給這件事做證人。㈦下卿：因為欒盈做下卿佐。㈧著：晉邑，按即著雍，在今河南省修武縣。㈨箕遺、黃淵、嘉父、司空靖、邴豫、董叔、邴師、中書、羊舌虎、叔羆：共十人皆是晉大夫，欒盈的黨羽。㈩籍偃：是上軍司馬。⑪與其死亡若何：比死亡尚好一點。⑫優哉游哉聊以卒歲：這是詩經小雅采菽篇的詩句，表示君子優游在衰微的世界裏，可以躲避他的禍害，延長他的壽命。⑬樂王鮒：是晉大夫欒桓子。⑭必祁大夫：必定由於祁奚，方能得到請求。⑮夫子覺者也：夫子指著祁奚，是比較正直的人。⑯不棄其親，其有焉：意思說叔向不會捨棄他的弟弟叔虎，可能他知道這件事。⑰惠我無疆，子孫保之：這是詩經周頌的一句詩，言周文王同周武王有加惠百姓的德性，所以子孫全能夠保賴他。⑱聖有謨勳，明徵定保：這是逸書，聖人有謀算的功勳，必能安定他。⑲猶將十世宥之：這種人假設十世之後子孫犯罪，也該赦免。⑳不告免焉而朝：並不告謝祁奚就上朝去了。㉑不使：不使她見叔向的父親。㉒國多大寵：國裏的六卿專政。㉓周西鄙掠之：周國的西邊人民劫掠財物。㉔

行人：是周王的行人官。㉕陪臣盈：因為是諸侯的臣，所以對天子自稱陪臣，指欒盈。㉖守臣：是指著士匄。㉗臣戮餘也：我是該殺所剩下的人。㉘候：是送賓客的官。㉙轘轅：周地，一統志說：「今河南鞏縣西南，偃師東南，登封縣北，有轘轅山，山阪有十二曲道，將去復還，故名曰轘轅。」

【今譯】欒桓子娶了士匄的女兒為妻，生一個兒子叫盈，就是懷子。士匄的兒子范鞅，因為欒黶趕逐他，逃到秦國去，所以一向怨著欒氏。雖然和欒盈同做公族大夫，卻彼此不很要好。後來欒黶死了，他的妻子欒祁，便和他的管家州賓秋通，幾乎亂得不成家了，懷子心中很愁。欒祁怕他辦州賓的罪，便去告訴士匄說：「盈將要作亂了，他當是范氏氣死家主桓子，要獨當晉國的政權呢？他說：『我父親曾趕走范鞅，外公不怨自己的兒子不好，反把榮寵的官位給他，又和我同做了公族大夫，卻總是鞅獨專權勢。現在我父親死了，他們倒越發富有起來。這明明是氣死我父親，卻讓他專權國政。我除死罷了，一輩子不會依從他的。』你想他的計謀如此，恐怕要害你主子呢！我做女兒的卻不敢不說。』范鞅又在旁邊做證，也說是有這種計謀。欒盈又是個好歡喜施舍的人，所以士人都歸附他；范宣子正忌他多得士人的心，便真信了女兒和兒子的話。那時盈正做下卿，士匄便派他到著這地方去監督築城，順便就趕掉他。秋天，欒盈便逃到楚國去。宣子殺死了他的黨人箕遺、黃淵、嘉父、司空靖、邴豫、董叔、邴師、申書、羊舌虎、叔羆，拘禁了伯華、叔向、籍偃。有人對叔向說：「你也會受這罪，那真太不乖巧了！」叔向說：「我雖被拘禁，但是和死的、逃的比起來到底怎樣？詩經上說：『很愉快地，聊且過了一世就是了！』這才是乖巧呢！」欒王鮒探望叔向說：「我去替你說情好嗎？」叔向卻不理他，他臨去時，又一聲也不謝他。叔向這邊的人都埋怨叔向。叔向說：「一定要祁大夫才能替我說情。」叔向的管家聽了這話便說：「欒王鮒去向君上說，沒有做不到的，現在他來求赦你，你卻不應許他；那祁大夫是說不動君上的，你倒說一定要憑著他，這是什麼緣故呢？」叔向說：「欒王鮒是依順君上的人，那裏會做得到？祁大夫的為人，薦舉外人不忌冤家；薦舉家裏的人不錯過兒子。他難道會單單漏掉我嗎？詩經上說：『有了正直的德行，天下都會依順他。』祁大夫便是正直的人。」後來晉侯果然向欒王鮒問叔向的罪，欒王鮒回答說：「叔向是離不開親兄弟的，他也許和叔虎同謀呢！」這時祁奚雖已經年老告退了，聽了這事，便坐了驛站的車子去見士匄說：「詩經上說：『文武有好處給百姓，所以子孫能靠他保住。』書經上說：『聖哲有了謀算的功勞，應當顯明地相信保護他。』要他謀算而沒有差錯，有好的訓話而不疲倦，只叔向有這本領呢！這種人是要靠他堅固社稷的，就是十世之後，他的子孫有了罪，也要赦免他，借此勸勉有才幹的人。如今只因一兄弟的緣故，便不寬免他自身，丟掉社稷的依靠，不也是很可疑惑的嗎？從前鯀殛死在羽山，禹卻仍舊起用；伊尹趕走太甲，後來改過了，仍舊做他的宰相，並沒有怨恨的臉色；管叔、蔡叔做了死囚，周公仍舊保護著成王；可知父子兄弟，是罪不相及的。為什麼因為叔虎，就丟掉國家靠傍的柱子呢？現在只要你肯為善，那個敢不出力，多殺有什麼用處？」士匄聽了這話，心中很歡喜，便和他同坐車子去見晉侯。說明了以後，就放掉叔向，祁奚並不去見叔向，便獨自回家；叔向也並不去謝他一聲，便去朝見。當初叔向的母親妬忌叔虎之母的美麗，不讓她去見叔向的父親。他的兒子都勸母親，他母親說：「深山大澤的中間，實是生龍蛇的地方，她長得這麼美麗，我恐怕他要生龍蛇害你們呢！你們又是衰敗的寒族，國家正多寵幸的人在那裏，有了殘狠不仁的人，羼雜在中間，不就難於免禍了嗎？至於我個人，又有什麼為難呢？」後來就教她陪侍叔向父親夜寢，便生一個叔虎，容貌很美，並且力氣很大。欒盈很喜歡他，所以羊舌氏的族人，會累及這禍害。欒盈逃到楚國去，路過周朝，周朝西面邊界的百姓便劫奪了他的財物。欒盈便去責備周王的使者說：「天子的陪臣盈，得罪了王的守臣，將要逃罪，卻又得罪了郊外的人民了。沒有什麼地方可以躲避，敢於布告這死罪呢！從前陪臣書，他能夠盡力於你王室，王曾有恩惠給他的。他的兒子黶，不能保守他父親的功勞；現在你天王如果不忘掉書的出力，那麼我這逃走的臣子，還可有逃避的地方。如果忘掉了書的出力，單記念著黶的罪惡，那麼我臣也是戮餘的人了，我終歸要死在刑官那裏，也不敢再回國去。敢於布告我的意思，請天王吩咐罷！」周王說：「晉國趕掉盈，我既叫他不好，卻再去學著他，便比晉國更不好了。」就派刑官禁止劫掠欒氏的，還給他被搶的財物，又派迎送賓客的官，送他出轘轅這地方。

㈦**經**　九月，庚戌朔，日有食之㈠。

【今註】㈠此經無傳。

【今譯】九月庚戌朔，魯國有日蝕。

(八)經冬十月庚辰朔，日有食之㊀。

【今註】㊀此經無傳。

【今譯】冬十月庚辰朔，魯國有日蝕。

(九)經曹伯來朝。

傳冬，曹武公來朝，始見也㊀。

【今註】㊀始見也：他已經即位三年了，開始來見魯襄公。

【今譯】曹武公到魯國來朝見，這是頭一次來朝見魯襄公。

(十)經公會晉侯、齊侯、宋公、衞侯、鄭伯、曹伯、莒子、邾子于商任。

傳會于商任，錮欒氏也㊀。齊侯衞侯不敬，叔向曰：「二君者必不免，會朝禮之經也，禮政之輿也，政身之守也，怠禮失政㊁，失政不立，是以亂也。」

【今註】㊀會于商任，錮欒氏也：方輿紀要說：「商任在今河北任縣東南地近商墟，故謂之商任。」

使諸侯們不能接受欒盈。㈡怠禮失政：對於禮節不修整，政治也就丟掉。

【今譯】在商任開會，這是為的禁止欒氏在國外受官職。齊侯同衛侯不恭敬，晉國叔向就說：「這兩位君必定不能免於禍難。會朝是禮的大經大法，禮是所以行政治的。政是所以保守人身的，對禮不恭敬，就丟掉政治，丟掉政治，人身就不能存在，這就是亂的源起。」

(十一)傳 知起、中行喜、州綽、邢蒯㈠出奔齊，皆欒氏之黨也。樂王鮒謂范宣子曰：「盍反州綽、邢蒯，勇士也。」宣子曰：「彼欒氏之勇也，余何獲焉㈡？」王鮒曰：「子為彼欒氏，乃亦子之勇也。」

【今註】㈠知起、中行喜、州綽、邢蒯：他們皆是晉大夫。㈡余何獲焉：我又能夠得到什麼。

【今譯】晉國的四個大夫知起、中行喜、州綽、邢蒯全是欒氏的黨羽，都逃到齊國去。樂王鮒就對士匄說：「何不使州綽、邢蒯返回晉國，他們是勇敢的士。」士匄說：「他是欒氏的勇士，我又怎麼能得到呢？」樂王鮒說：「你若以欒氏的地位對待他們，他們也就變成你的勇士了。」

(十二)傳 齊莊公朝，指殖綽、郭最曰：「是寡人之雄也。」州綽曰：「君以為雄，誰敢不雄？然臣不敏，平陰之役先二子鳴㈠。」

莊公為勇爵，殖綽郭最欲與焉，州綽曰：「東閭之役，臣左驂迫還於門中，識其枚數，其可以與於此乎？」公曰：「子為晉君也。」對曰：「臣為隸新㈡，然二子者譬於禽獸，臣食其肉而寢處其皮矣。」

【今註】㈠平陰之役先二子鳴：平陰之役在魯襄公十八年，州綽捕獲殖綽郭最，表示等於兩雞相鬬勝利的就先叫。㈡臣為隸新：我是做僕隸很新的。

【今譯】齊莊公上朝，指著殖綽、郭最說：「這是寡人的雄士。」州綽說：「你以他們為雄士，誰敢不以他們為雄士呢？我不敏捷，在平陰那一戰，比他們二人叫得早。」莊公做了一種勇士的爵位，殖綽、郭最全都想參加，州綽說：「在齊國東閭的那一戰役，我左邊的馬，在門裏邊往返，數門的數目，是不是也可以參加這個爵位。」齊莊公說：「你那時候是為的晉國的君。」他回答說：「我做僕隸雖還不久，但是對於這二人，就如禽獸，我可以吃了他們的肉，而將他們的皮舖著睡覺。」

襄公二十有二年（公元前五百五十一年）

㈠經 春王正月，公至自會㈠。

【今註】㈠此經無傳。

【今譯】春正月，魯襄公從開會回來。

(二)傳 春，臧武仲如晉，雨，過御叔㊀，御叔在其邑將飲酒，曰：「焉用聖人㊁？我將飲酒而已。雨行何以聖為？」穆叔聞之曰：「不可使也，而傲使人㊂，國之蠹也。」令倍其賦㊃。

【今註】㊀御叔：是魯國禦邑的大夫。㊁焉用聖人：聖人有什麼用。㊂而傲使人：御叔不能夠做派出去的使人，因為他驕傲。㊃令倍其賦：使他邑中的稅收加倍以表示處罰。

【今譯】春天，臧孫紇到晉國去，天下雨，過訪御叔。御叔在他的封邑裏面，正將喝酒就說：「何必用聖人？我祇是將喝酒。經過大雨天而行路，這指著能稱聖人嗎？」叔孫豹聽見就說：「這種人不能夠派去做使節，對人驕傲，這是國家的蠹害。」令加倍他的封邑中賦稅。

(三)經 夏四月。

傳 夏晉人徵朝於鄭㊀，鄭人使少正公孫僑㊁對曰：「在晉先君悼公九年，我寡君於是即位㊂，即位八月㊃，而我先大夫子駟從寡君以朝于執事㊄，執事不禮於寡君，寡君懼。因是行也，我二年六月朝于楚，晉是以有戲之役㊅。楚人猶競，而申禮於敝邑，敝邑欲從執事而懼為大尤，曰晉其謂我不共有禮，是以不敢攜貳於楚。我四年三月㊆，先大夫子蟜又從寡君以觀釁於楚㊇，晉於是乎有蕭魚之役㊈，謂我敝邑邇在晉國，譬諸草木，吾臭味也㊉，而何敢差池。楚亦不競，寡君盡其土實⑪，重之以宗器⑫，以受齊盟，遂帥羣臣隨于執事以會歲終⑬，貳於楚者子侯石盂⑭，歸而討之。溴梁之明年⑮，子蟜老矣，公孫夏從寡君以朝於君，見於嘗酎⑯，與執燔焉⑰。間二年聞君將靖東夏，四月又朝以聽事期⑱，不朝之間，無歲不聘，無役不從，以大國政令之無常，國家罷病，不虞荐至，無日不惕，豈敢忘職？大國若安定之，其朝夕在庭，何辱命焉？若不恤其患，而以為口實⑲，其無乃不堪任命，而翦為仇讎，敝邑是懼，其敢忘君命，委諸執事，執事實重圖之。」

【今註】㊀晉人徵朝於鄭：晉平公叫鄭國君到晉國朝見。㊁少正公孫僑：少正是鄭國的卿，公孫僑即子產。㊂即位：鄭君即位在魯襄公八年。㊃即位八月：就是那年的八月。㊄朝于執事：因為謙讓，不敢直稱晉侯，所以稱他左右的官。㊅有戲之役：這是在魯襄公九年。㊆四年三月：這是鄭簡公的四年三月。㊇觀釁於楚：意思是說看楚國有什麼信息，實在是往楚國朝見。㊈蕭魚之役：在魯襄公十一年。㊉譬諸草木吾臭味也：這是講晉國同鄭國全是同姓。㊁寡君盡其土實：貢獻鄭國土地所生產的物品。㊂重之以宗器：再加以上鄭國宗廟所用的鍾磬之類的物品。㊂以會歲終：歲終就是朝正。㊃石孟：即石臭。㊄溴梁之明年：溴梁之盟在魯襄公十六年，明年是十七年。㊅見於嘗酎：嘗酎是嘗新酒，在這時間見晉平公。㊆與執燔焉：參加幫助祭祀。㊅四月又朝以聽事期：這是在魯襄公二十年澶淵盟之前，往聽開會的日期。㊈以為口實：意思是說祇是嘴上所說如此。

【今譯】夏天，晉人招鄭伯去朝見，鄭人派少正公孫僑回答說：「在你晉先君悼公九年時，我寡君才即位，即位那天八月裏，我先大夫子駟，便跟著寡君來朝見你執事，因你執事不以禮節待我寡君，寡君心中害怕，因此次朝晉不順遂，我在二年六月中，朝貢於楚，晉國所以有戲的那次戰事。那時楚國還很強盛，卻來向敝國要規章，敝國雖然想服從你晉國，卻恐怕成為大罪過，料想著：『晉國難道會責備我不恭順有禮的國家嗎？』所以不敢背叛楚國。我四年三月中，先大夫子蟜又跟著寡君去看楚國的情形，晉國因此就有蕭魚的那回事，我方說：『我們敝國，靠近晉國，好比草木，我就是他的氣味，怎敢不同心呢？』這時候楚國也漸漸地衰弱，寡君把土地上所有的東西，加上宗廟中的器具，來加入你的同盟，率領了羣臣跟著執事，在歲末時會齊，預備正月朝賀晉君。有二心向楚國的，只有子侯石孟，寡君回國後，便治他們的罪。溴梁那回事的第二年，我們的子蟜年紀老了，便叫公孫夏跟著寡君來朝你晉君，是在嘗新酒的時節朝見的，還預聞執著燔肉呢！隔了二年，又聽得晉君將要安靖東夏了，四月中便又來朝聘，探聽會合的時期，在不朝期間，沒有一年不遣使聘問；沒一次戰爭不跟去。只因大國政令的沒有一定，國家疲倦，人民病苦，不測的災禍，一次次的頻仍而來，沒一天不驚心，那裏敢忘卻職守呢？你大國如果安定我敝國，敝國自然早晚在廷聽命，為什麼還要你來招呢！若不體惜他的為難，只拿他做個話柄，那麼恐怕他擔當不起這吩咐，卻要割開做仇敵了。敝國是這麼的憂懼著，怎敢忘掉君命？現在所以只把這事委託你執事，請執事好好打算一番！

㈣**經**秋七月辛酉，叔老卒㈠。

【今註】㈠此經無傳。

【今譯】秋天七月，辛酉這天，叔老死了。

㈤**傳**秋欒盈自楚適齊。晏平仲言於齊侯曰：「商任之會受命於晉，今納欒氏，將安用之？小所以事大信也，失信不立，君其圖之。」弗聽，退告陳文子曰：「君人執信，臣人執共，忠信篤敬，上下同之，天之道也，君自棄也，弗能久矣㈠？」

【今註】㈠弗能久矣：這就是做為襄公二十五年齊國弒莊公的原因。

【今譯】欒盈從楚國逃到齊國去，晏嬰對齊侯說：「在商任開會的時候，曾受晉國的命令，不准欒氏入境，現在如果接納欒氏，那怎麼辦呢？小國能夠事奉大國就是仗著信用，失掉了信用，就沒有方法立國，你何不仔細想想。」齊莊公不聽，晏嬰退下以後，就告訴陳無忌說：「君以信為標準，臣子以恭敬為標準，忠信篤敬是上下相同的，這是天的道理。君王自己捨棄自己，這是不能長久的。」

㈥**傳**九月，鄭公孫黑肱㈠有疾，歸邑于公，召室老宗人立段㈡，而使黜官薄祭㈢，祭以特羊，殷以少牢㈣，足以共祀。盡歸其餘邑曰：「吾聞之，生於亂世，貴而能貧，民無求焉，可以後亡。敬共事君與二三子，生在敬戒，不在富也。」己巳，伯張卒。君子曰：「善戒。詩曰：『慎爾侯度，用戒不虞㈤。』鄭子張其有焉。」

【今註】㈠黑肱：就是子張。㈡立段：立他的兒子段即子石。㈢使黜官薄祭：叫他少受官職，祭祀所用的物品也甚少。㈣殷以少牢：每三年特祭的時候用羊豬為少牢。㈤慎爾侯度，用戒不虞：這是詩經大雅的一句詩。意思是說戒慎你的法度，以防備未想到的事發生。

【今譯】九月，鄭國的公孫黑肱有病，把他的封邑歸到公室，他叫室老同宗人立他兒子段，使他不要多受官職，祭祀以微薄，祭祀祇用羊，每三年用羊同豬來祭祀，足以供給祭祀就夠了，把他賸下的封邑全都歸還。他說：「我曾聽說，生在亂的世界，地位貴重而能夠安貧，使人民對他無所要求，如此就可以最後滅亡。恭敬的事奉君同各大夫，人生長在敬戒，不在富有。」已巳這天，子張死了。君子說：「他很善於敬戒。詩經大雅說過：『慎用你的法度，以戒備未曾想到的事情。』鄭國子張就能如此。」

(七)**經** 冬公會晉侯、齊侯、宋公、衛侯、鄭伯、曹伯、莒子、邾子、薛伯、杞伯、小邾子于沙隨。

傳 冬會于沙隨㈠，復錮欒氏也㈡。欒盈猶在齊，晏子曰：「禍將作矣！齊將伐晉，不可以不懼。」

【今註】㈠沙隨：在今河南省寧陵縣西。㈡復錮欒氏也：這是為的更加禁止各國接受欒氏。

【今譯】冬，魯襄公同各諸侯在沙隨會盟，是為的更加禁止各國接受欒氏。這時欒盈還在齊國，晏嬰說：「禍亂將要發生了，齊國就要討伐晉國，不可以不害怕。」

(八)**經** 公至自會㈠。

【今註】㈠此經無傳。

【今譯】魯襄公從沙隨開完會回來。

(九)**經** 楚殺其大夫公子追舒。

傳 楚觀起有寵於令尹子南，未益祿而有馬數十乘，楚人患之，王將討焉。子南之子棄疾為王御士㈠，王每見必泣。棄疾曰：「君三泣臣矣，敢問誰之罪也？」王曰：「令尹之不能，爾所知也，國將討焉，爾其居乎？」對曰：「父戮子居，君焉用之？洩命重刑，臣亦不為。」王遂殺子南於朝，轘觀起於四竟。子南之臣謂棄疾，請徙子尸於朝㈡，曰：「君臣有禮，唯二三子㈢。」三日，棄疾請尸，王許之。既葬，其徒曰：「行乎？」曰：「吾與殺吾父，行將焉入？」曰：「然則臣王乎？」曰：「棄父事讎，吾弗忍也。」遂縊而死。復使薳子馮為令尹，公子齮為司馬，屈建㈣為莫敖。有寵於薳子者八人，皆無祿而多馬。他日朝，與申叔豫言，弗應而退，從之，入於人中，又從之，遂歸。退朝見之㈤，曰：「子三困我於朝，吾懼，不敢不見。吾過，子姑告我，何疾我也？」對曰：「吾不免是懼，何敢告子？」曰：「何故？」對曰：「昔觀起有寵於子南，子南得罪，觀起車裂，何故不懼？」自御而歸，不能當道㊅，至謂八人者曰：「吾見申叔夫子，所謂生死而肉骨也㊆。知我者如夫子則可，不然請止。」辭八人者而後王安之。

【今註】㊀棄疾為王御士：棄疾是楚康王趕車的人。㊁請徙子尸於朝：叫棄疾不得到楚國的命令，就去將他父親的尸首出殯。㊂君臣有禮，唯二三子：有君臣的禮節，我不願違反楚國的命令。㊃屈建：即子木。㊄退朝見之：蘧子馮退朝以後，就到申叔豫家中見他。㊅自御而歸，不能當道：自己趕著車回來，不能夠順著道路而走。㊆生死而肉骨：就是所說叫死者再生，而使白骨再生出肉來。

【今譯】楚人觀起，受寵於令尹子南，所以官俸雖沒有增加，但卻有了馬幾十匹。楚人都因此忌患他，楚王將要治他的罪。子南的兒子棄疾，當時正做楚王駕車的官，王每次看見他，必定要哭，棄疾說：「君王三次在臣的面前哭，敢問到底是誰的罪過？」王說：「令尹的無能是你素來就知道的。現在國家快要治他的罪了，你仍肯留在此服事我嗎？」棄疾答說：「父親做了死囚，兒子還在這裏，這樣的臣子，你還用他做什麼？不過洩漏了君命，犯第二重罪，卻也不肯做的。」楚王就殺子南於朝，用車子把觀起分屍示眾四境上。子南的家臣向棄疾說：「派人到朝中搬你的父親的屍身回來吧！」棄疾說：「君的殺臣，臣的事君，都有一定的禮制，請你們稍耐煩些！」過了三天，棄疾便在王面前請求收屍，王允許了他。埋葬後，他的家臣說：「走罷！」棄疾說：「我知道王要殺我父親，卻沒告訴他，這等於我也參預殺父，還走到什麼地方去呢？」他們說：「那麼難道還做王的臣子不成？」棄疾說：「丟開父親，去服事仇人，我心中反是不忍的。」便自己吊死。子南既死，楚王便再派薳子馮做令尹，公子齮做司馬，屈建做莫敖。一時被薳子寵用的有八個人，都是沒有官俸，卻有許多馬匹的。有一天薳子在朝上，和申叔豫談天，申叔不理他，便退下去，薳子便跟著他走，申叔就走進人叢中遠避他，薳子卻再跟他走，申叔便回家去了。薳子退朝後，到申叔家中去見他，便說：「你三次窘得我在朝上無可如何，我心中害怕，不敢不來見你；不過我有了若干差處，你不妨告訴我，為什麼生我的氣呢？」申叔豫答說：「怕的連我都不免受罪，那裏還敢告訴你呢？」薳子說：「為什麼呢？」申叔豫答說：「從前觀起受子南寵用，子南為他而受罪，觀起自己弄得車裂四肢，為什麼還不害怕呢？」薳子聽了這話，心中嚇得不得了，自己駕了車子回家，竟至不能走在路中央。回到家中，對那八人說：「我見了申叔夫子，真是如俗語所說的：救活了死人，白骨上生起肉來了。和我知己的，要像申叔夫子，方才可以算得上，否則便請罷休！」就辭掉了那八個人，楚王才對他放了心。

㈩**傳**十二月，鄭游販㈠將歸晉，未出竟，遭逆妻者，奪之以館于邑㈡。丁巳，其夫攻子明㈢殺之，以其妻行。子展廢良而立大叔㈣，曰：「國卿，君之貳也，民之主也，不可以苟，請舍子明之類㈤。求亡妻者使復其所，使游氏勿怨。」曰：「無昭惡也㈥。」

【今註】㈠游眅：是公孫蠆的兒子。㈡以館于邑：就是在他的邑中不再前進。㈢子明：即游眅。㈣廢良而立大叔：他把游眅的兒子良廢掉，而立了游眅的弟弟大叔游吉。㈤請舍子明之類：請把子明這一種類的人捨掉。㈥無昭惡也：不要顯明怨恨。

【今譯】十二月，鄭國游眅將回晉國，沒有出鄭國邊境就碰見迎接妻子的，游眅就把他的妻奪走，住到他的封邑裏。丁巳這天，她的丈夫就攻殺游眅，將她的妻子帶走。子產就把游眅的兒子廢掉，而立游眅的弟弟游吉，說：「一國的卿是君的副貳，人民的主人，不可以隨便的立，請放棄游眅這類的人。尋求丟掉妻子那個人，使回到他的原位置，叫游氏不要怨恨。」說：「不要宣張惡毒。」

卷十八　襄公四

襄公二十有三年（公元前五百五十年）

㈠經春王二月癸酉朔，日有食之㊀。

【今註】㊀此經無傳。

【今譯】春天二月癸酉朔魯國有日食。

㈡經三月己巳，杞伯匄卒。

傳春，杞孝公卒。晉悼夫人㊀喪之，平公不徹樂，非禮也，禮為鄰國闕㊁。

【今註】㊀晉悼夫人：是晉平公的母親，是杞孝公的姊妹。㊁禮為鄰國闕：照禮說，為鄰國有喪事就不能奏樂。

【今譯】三月己巳這天，杞孝公死了，晉悼公的夫人是他的姊妹，所以很悲傷，而晉平公不徹去音樂，這是不合禮的，照著禮節，應該為鄰國不奏音樂。

(三)經 夏，邾畀我來奔(一)。

【今註】(一)此經無傳。

【今譯】夏天邾國的畀我逃到魯國來。

(四)經 葬杞孝公(一)。

【今註】(一)此經無傳。

【今譯】給杞孝公行葬禮。

(五)經 陳殺其大夫慶虎及慶寅。

(六)經 陳侯之弟黃自楚歸于陳。

傳 陳侯如楚，公子黃愬二慶於楚(一)，楚人召之，使慶樂往，殺之(二)，慶氏以陳叛。夏，屈建(三)從陳侯圍陳，陳人城，板隊而殺人，役人相命各殺其長，遂殺慶虎慶寅。楚人納公子黃，君子謂慶氏不義，不可肆也。故書曰：「惟命不于常(四)。」

【今註】(一)公子黃愬二慶於楚：公子黃說慶虎同慶寅的壞話到楚國。(二)使慶樂往，殺之：慶虎同慶寅不敢去，就派慶樂往楚國，楚國就把慶樂殺掉。㊂屈建：是楚國莫敖。㊃惟命不于常：這是周書康誥篇的話。天命不是永遠在這一個地方。

【今譯】 陳侯到楚國朝見，陳國的公子黃對楚人說慶虎同慶寅的壞話，楚人召他二人，他們不敢去，就派他的族人慶樂去，楚國人就把他殺了。於是慶氏用陳國來叛楚國。夏天，楚國莫敖屈建跟從陳侯去圍陳國都城，陳國人就修理都城，板墜下來，慶氏怒，殺修城工人，修城的工人就各殺他的長官，就因此把慶虎、慶寅殺掉。楚國人就把公子黃納回陳國，君子說慶氏不義，不可以仿效。所以書經康誥說：「天命是不常在一個人的。」

(七)**經** 晉欒盈復入于晉，入于曲沃。

傳 晉將嫁女于吳，齊侯使析歸父媵之，以藩㊀載欒盈及其士，納諸曲沃。欒盈夜見胥午㊁而告之。對曰：「不可。天之所廢，誰能興之？子必不免，吾非愛死也，知不集也。」盈曰：「雖然，因子而死，吾無悔矣。我實不天，子無咎焉。」許諾，伏之而觴曲沃人。樂作，午言曰：「今也得欒孺子何如？」對曰：「得主而為之死猶不死也。」皆歎，有泣者。爵行又言，皆曰：「得主何貳之有？」盈出，徧拜之。四月，欒盈帥曲沃之甲因魏獻子③以晝入絳。初，欒盈佐魏莊子④於下軍，獻子私焉⑤，故因之。趙氏以原屏之難怨欒氏，韓趙方睦⑥，中行氏以伐秦之役怨欒氏，而固與范氏和親，知悼子少而聽於中行氏，程鄭嬖於公，唯魏氏及七輿大夫⑦與之，樂王鮒侍坐於范宣子，或告曰：「欒氏至矣。」宣子懼，桓子⑧曰：「奉君以走固宮，必無害也。且欒氏多怨，子為政，欒氏自外，子在位，其利多矣。既有利權，又執民柄⑨，將何懼焉？欒氏所得，其唯魏氏乎，而可強取也。夫克亂在權，子無懈矣。」公有姻喪⑩，王鮒使宣子墨縗冒絰⑪二婦人輦以如公，奉公以如固宮。范鞅逆魏舒，則成列既乘，將逆欒氏矣，趨進曰：「欒氏帥賊以入，鞅之父與二三子在君所矣。使鞅逆吾子，鞅請驂乘持帶。」遂超乘⑫，右撫劍，左援帶，命驅之出，僕請⑬。鞅曰：「之公。」宣子逆諸階，執其手，賂之以曲沃。初，裴豹隸也，著於丹書⑭。欒氏之力臣曰督戎，國人懼之。裴豹謂宣子曰：「苟焚丹書，我殺督戎。」宣子喜曰：「而殺之，所不請於君焚丹書者，有如日。」乃出豹而閉之㊄，督戎從之，踰隱而待之。督戎踰入，豹自後擊而殺之。范氏之徒在臺後㊅，欒氏乘公門，宣子謂鞅曰：「矢及君屋，死之。」鞅用劍以帥卒，欒氏退。攝車從之㊆，遇欒樂㊇，曰：「樂免之，死將訟女於天。」樂射之不中，又注㊈，則乘槐本而覆，或以戟鉤之，斷肘而死。欒魴傷，欒盈奔曲沃，晉人圍之。

【今註】㊀藩：藩車是車上障蔽，表示有女子在其中。㊁胥午：是守曲沃的大夫。㊂魏獻子：是魏舒。㊃魏莊子：是魏絳。㊄獻子私焉：魏舒同欒盈要好。㊅韓趙方睦：因為韓起曾經讓過趙武的位置，所以很相和睦。㊆七輿大夫：根據服虔的註，七輿大夫是下軍的官名。㊇桓子：是欒王鮒。㊈民柄：就是賞罰的權利。㊉公有姻喪：因為是晉平公的母親有杞國的喪事。㊀墨縗冒絰：晉國自殺的戰爭以後，常把縗衣上抹上墨，經是麻衣。㊁遂超乘：跳上魏舒的車。㊂僕請：趕車的人問往那裏去。㊃丹書：是把犯罪的人的名字用紅顏色寫上。㊄乃出豹而閉之：就使裴豹到外邊而把門關上。㊅在臺後：在晉平公的臺子後面。㊆攝車從之：范鞅就上了士匄打仗的車。㊇欒樂：是欒盈的族人。㊈又注：又把箭擱到弓弦上。

【今譯】晉侯將要嫁女兒到吳國去，齊侯差析歸父送陪嫁婢妾到晉國來，用有遮蓋的篷車，裝載著欒盈和他的心腹爪牙之士，送進曲沃。欒盈便趁夜間去見曲沃大夫胥午，並且告訴他要如此這般。胥午回答說：「不可以這樣的，天要拋棄他，那個能夠使他再興起來呢？你一定不能免禍的，我不是怕死，卻是明知不能成功的。」欒盈說：「事雖這般，但是靠你起了事，倘有不成，雖是死了，我也沒有懊悔了！我實在沒有天保佑，你有什麼差呢？」胥午便允許他，先把欒盈藏匿起來，卻請曲沃的眾人喝酒，音樂奏出以後，胥午便對他們說：「現在啊！無意中得了個孺子欒盈，該怎樣處置？」眾人回答說：「得了個主人，替他出死力，就是死，也好像不死一樣呢？」都嘆著氣，竟有哭的。等到舉杯勸酒了，胥午便又談起欒盈的話來。眾人都說：「既然得了主人，怎麼敢有別的心念呢？」欒盈於是走出一一的拜謝他們。四月內，欒盈便率領曲沃的兵卒，靠魏獻子的內應，竟很大膽的於白晝闖進絳都去。起初，欒盈幫過魏莊子在軍中做事的，獻子和他私下是很親暱，所以欒盈往依獻子。趙氏因為原屏的那次患難，怨著欒氏，韓趙二族正當要好，所以韓氏也不幫著欒氏，中行氏因為伐秦那次戰爭，也怨著欒氏，卻和范氏更加要好，荀罃年紀輕，是聽中行氏的吩咐的，程鄭又寵用在晉侯那裡，只有魏氏和「七輿」大夫是和欒氏要好的。樂王鮒正暗坐在士匄這邊，有人告訴他們說：「欒氏到了。」士匄大懼，樂王鮒說：「只消侍奉了君主到堅固的宮裏去，一定不會有禍害的。況且欒氏有許多恨他的人，你是在國中執掌政權的人，他是從外邊來的，兩下比較起來，你的便利甚多了！既然有了利權，又執掌罰人民的權柄，還要怕他做什麼？那與欒氏交好的，想來只有魏氏罷了。卻又可用威強取他，克平禍亂的權柄，全在你手，你祇要不鬆懈罷！」這時公正有姻戚的喪事，王鮒便差宣子著了墨縗，冒了麻衣，假裝兩個婦人，坐了車子到公那裡，便侍奉公到固宮中去。范鞅用王鮒的計策去迎接魏舒，只見魏獻子的兵士，已經排成隊伍，坐好車子，將要去迎接欒氏了。范鞅便跑進去說：「欒氏領了賊進來，我的父親和兩三位大夫，已都在君的旁邊了，特地差我來迎接你呢！我來給你做驂乘拿帶子罷！」便跳上了車，右手執了劍，左手拉著攔腰的帶子，吩咐快把車子趕去。既出門以後，獻子的僕人問到什麼地方去？范鞅說：「到公那裡去。」便直向固宮走來，既然到了，宣子到階下去迎接獻子，攙住他們的手，就說：「把曲沃地方送給你，說要請你幫忙！」當初有個裴豹的，他曾經犯了罪，沒作官奴，有朱筆記著的罪案在那裏。欒氏有個大力士叫督戎，晉國人都怕他。裴豹趁機對宣子說：「你如果肯把朱筆罪案燒掉，我便去殺死督戎好嗎？」宣子很歡喜的說：「你殺死他，我若不請求晉君燒掉朱筆罪案的，有白日為誓。」就放裴豹出去，關他在門外。督戎見裴豹，便跟著他，豹就跳短牆候他來，督戎也跳過來，豹就從後面擊殺了他。那時范氏的徒黨，在公臺之後，前面欒氏已爬上公門了，宣子急得對范鞅說：「賊的箭已射得到公的屋上了，你快拼命出些死力罷！」范鞅便用劍指揮兵士，和敵短兵相接，欒氏方才退去。范鞅便權宜坐了宣子的兵車追上，碰到了欒樂。范鞅大叫著說：「欒樂！我饒了你呢！那怕死了，也還要和你打官司在天上呢！」欒樂射他不中，再注射一箭在弦上，正要射范鞅，那知欒樂的車輪又在槐樹根上一撞，連車子都倒翻；有人用戟鉤他，把他的手肢撐拉斷了，便死去。欒魴也受著傷，欒盈便逃回曲沃，晉人便去圍住他。

(八)經 秋，齊侯伐衛，遂伐晉。

(九)經 八月，叔孫豹帥師救晉次于雍榆。

傳 秋，齊侯伐衛，先驅㈠穀榮御王孫揮，召揚為右，申驅㈡成秩御莒恒，申鮮虞之子傅摯㈢為右，曹開御戎，晏父戎為右，貳廣㈣上之登御邢公，盧蒲癸為右；啟㈤牢成御襄罷師，狼蘧疏為右，胠㈥商子車御侯朝，桓跳為右；大殿㈦商子游御夏之御寇，崔如為右，燭庸之越駟乘，自衛將遂伐晉。晏平仲曰：「君恃勇力以伐盟主，若不濟國之福也，不德而有功，憂必及君。」崔杼諫曰：「不可。臣聞之小國間大國之敗而毀焉，必受其咎，君其圖之。」弗聽，陳文子㈧見崔武子曰：「將如君何？」武子曰：「吾言於君，君弗聽也。以為盟主而利其難，羣臣若急，君於何有㈨？子姑止之。」文子退，告其人曰：「崔子將死乎？謂君甚而又過之㈩，不得其死，過君以義，猶自抑也，況以惡乎？」齊侯遂伐晉，取朝歌⑾，為二隊入孟門⑿，登大行⒀，張武軍於熒庭⒁，戍郫邵⒂，封少水⒃，以報平陰之役乃還。趙勝⑰帥東陽之師⑱以追之，獲晏氂⑲。八月，叔孫豹帥師救晉，次于雍榆⑳，禮也。

【今註】㊀先驅：是最前的先鋒隊。㊁申驅：是前驅以後的隊。㊂傅摯：是申鮮虞的兒子。㊃貳廣：是齊侯的副車。㊄啟：是左翼。㊅胠：是右翼。㊆大殿：是殿後的隊伍。㊇陳文子：是陳完的孫子陳須無。㊈羣臣若急君於何有：羣臣假設有急難的時候，那對於君怎麼辦呢？㊉謂君甚而又過之：說是君做的錯，而他做的更錯。意思說齊莊公祇是背棄盟主，崔杼直想著弒君。⑪朝歌：衛地，在今河南省汲縣東北有朝歌城。⑫孟門：江永說孟門就是河南省輝縣之白陘。⑬大行：江永說在輝縣之西，又大行陘一名丹陘，在山西晉城縣南，河南沁陽縣西北三十里，亦為入晉要道。⑭熒庭：晉地。一統志說：「在今山西翼城東南七十里。」⑮戍郫邵：晉邑，今河南濟源縣西一百二十里，有郫益西有邵原關，與山西垣曲縣接壤。⑯少水：彙纂說：「少水即山西絳縣之澮水。」⑰趙勝：趙旃的兒子。⑱東陽之師：晉地。自今河南淇縣以北至河北之正定，皆謂之東陽，地當太行山東南也。⑲晏氂：氂音（ㄌㄧˊ）。是齊大夫。⑳雍榆：一統志說：「雍榆城在今河南省濬縣南四十八里」。

【今譯】秋天，齊莊公去伐衛國，前鋒隊是穀榮給王孫揮駕車，召揚做車右，以下接著是成秩給莒恒駕車，申鮮虞的兒子傅摯做車右。曹開給齊莊公駕車，晏父戎做車右，莊公的副車上之登給邢公駕車，盧蒲癸做車右。左翼的牢成給襄罷師駕車，狼蘧疏做車右，右翼的商子車給侯朝駕車，桓跳為車右，最後的軍隊由商子游給夏之御寇駕車，崔如做車右，另有燭庸之越駟乘，自從衛國討伐晉國。晏嬰說：「你仗著勇力去討伐盟主，要是不能成功是齊國的福份，沒有德行而有功勳，這憂愁必定達到君的身上。」崔杼規諫說：「不可以。我聽說小國乘著大國的敗績而去侵略他，必定受到災殃，你還是細想想吧！」不聽從。陳須無見到崔杼說：「將來對君怎麼樣？」他回答說：「我曾經對君說，而他不聽，以他為盟主而利用他的禍難，假設羣臣著急有所行動，君還能有什麼？你還是勸勸君吧！」陳須無退下，告訴他侍從的人說：「崔杼將死，說君不好而他又超過君，他必定不能得到好死！臣行仁義多過君王，尚須自己貶損，何況做壞事呢？」齊莊公就去討伐晉國，佔領了朝歌，分成兩隊入了孟門，登了大行山，在熒庭這地方建築壁壘，佔據了晉國郫邵，派兵去看守，把晉國軍隊的屍首在少水築成京觀，這是為了報復平陰的戰事，就回齊國去了。晉國趙勝率領著東陽的軍隊追趕齊軍，捕獲了齊大夫晏氂。八月，叔孫豹帥軍隊救晉國，屯駐在雍榆這地方，這是很合於禮的。

(十)**經**己卯，仲孫速卒。

(土)**經**冬十月乙亥，臧孫紇出奔邾。

傳季武子無適子，公彌長而愛悼子(一)，欲立之，訪於申豐(二)曰：

「彌與紇吾皆愛之，欲擇才焉而立之。」申豐，趨退歸，盡室將行。他日又訪焉。對曰：「其然，將具敝車而行。」乃止③，訪於臧紇，臧紇曰：「飲我酒，吾為子立之。」季氏飲大夫酒，臧紇為客④。既獻⑤，臧孫命北面重席新樽絜之⑥，召悼子，降逆之，大夫皆起⑦，及旅⑧而召公鉏，使與之齒⑨，季孫失色。季氏以公鉏為馬正⑩，慍而不出。閔子馬⑪見之曰：「子無然，禍福無門，唯人所召。為人子者患不孝，不患無所⑫。敬共父命，何常之有⑬？若能孝敬，富倍季氏可也；姦回不軌，禍涪下民可也⑭。」公鉏然之，敬共朝夕，恪居官次，季孫喜，使飲己酒，而以具往，盡舍旃⑮，故公鉏氏富，又出為公左宰⑯。孟孫惡臧孫，季孫愛之。孟氏之御騶豐點好羯⑰也，曰：「從余言必為孟孫⑱。」再三云，羯從之。孟莊子疾，豐點謂公鉏苟立羯，請讎臧氏⑲。公鉏謂季孫曰：「孺子秩固其所也⑳，若羯立則季氏信有力於臧氏矣。」弗應。己卯，孟孫卒，公鉏奉羯立于戶側㉑，季孫至，入哭而出曰：「秩焉在？」公鉏曰：「羯在此矣。」季孫曰：「孺子長。」公鉏曰：「何長之有，唯其才也㉒。且夫子之命也㉓。」遂立羯，秩奔邾。臧孫入，哭甚哀，多涕。出，其御曰：「孟孫之惡子也，而哀如是，季孫若死，其若之何？」臧孫曰：「季孫之愛我，疾疢也㉔；孟孫之惡我，藥石也㉕。美疢不如惡石。夫石猶生我㉖，疢之美其毒滋多㉗。孟孫死，吾亡無日矣！」孟氏閉門，告於季孫曰：「臧氏將為亂，不使我葬。」季孫不信，臧孫聞之戒。冬十月，孟氏將辟㉘，藉除於臧氏㉙，臧孫使正夫助之㉚，除於東門，甲從己而視之㉛，孟氏又告季孫。季孫怒，命攻臧氏。乙亥，臧紇斬鹿門之關以出奔邾㉜。

初，臧宣叔娶于鑄㉝，生賈及為而死，繼室以其姪㉞，穆姜之姨子也㉟，生紇長於公宮，姜氏愛之，故立之，臧賈、臧為出在鑄，臧武仲自邾使告臧賈，且致大蔡焉㊱，曰：「紇不佞，失守宗祧，敢告不弔。紇之罪不及不祀，子以大蔡納請，其可。」賈曰：「是家之禍也，非子之過也，賈聞命矣。」再拜受龜，使為以納請㉗，遂自為也㉘。臧孫如防，使來告曰：「紇非能害也，知不足也。非敢私請，苟守先祀，無廢二勳㉙，敢不辟邑㉚。」乃立臧為，臧紇致防而奔齊。其人曰：「其盟我乎？」臧孫曰：「無辭㉛。」將盟臧氏，季孫召外史掌惡臣而問盟首焉㉜。對曰：「盟東門氏也，曰：『毋或如東門遂，不聽公命，殺適立庶。』盟叔孫氏也，曰：『毋或如叔孫僑如，欲廢國常，蕩覆公室。』」季孫曰：「臧孫之罪皆不及此。」孟椒㉝曰：「盍以其犯門斬關？」季孫用之，乃盟臧氏曰：「無或如臧孫紇，干國之紀犯門斬關。」臧孫聞之曰：「國有人焉，誰居？其孟椒乎？」

【今註】㊀公彌長而愛悼子：就是公鉏他年次居長，悼子就是季孫紇，他喜歡季孫紇。㊁申豐：是季孫氏所屬大夫。㊂乃止：不立季孫紇。㊃臧紇為客：臧紇做主客。㊄既獻：既然已經獻酒。㊅命北面重席新樽絜之：在北面重加上席把新的酒杯重新洗過。㊆大夫皆起：因為臧孫下席迎接悼子，所以大夫全都站起來。㊇旅：在獻酬的禮以後就命為旅。㊈使與之齒：就將公鉏列為庶子在悼子的下面。㊉馬正：是季孫氏的家司馬。⑪閔子馬：就是閔馬父。⑫不患無所：不怕沒有位置。⑬何常之有：有什麼常的位置。⑭禍涪下民可也：比貧賤還壞。⑮盡舍旃：把要享的器具全都留在公鉏處。⑯又出為公左宰：又派他做襄公的左宰。⑰羯：是孟莊子的庶子孟孝伯。⑱從余言必為孟孫：聽我的話，必定做孟孫的後嗣。⑲請讎臧氏：請來對付讎視臧氏。⑳孺子秩固其所也：孺子秩原應當立的。㉑立于戶側：立到戶側表示他是喪主。㉒何長之有唯其才也：當季孫廢鉏立紇時也是以紇有才為理由。㉓且夫子之命也：夫子是指著孟孫。㉔疾疢也：疢音（ㄔㄣˋ）就是疾病。㉕藥石也：治病用的藥名。㉖夫石猶生我：藥石可以治我的病。㉗疢之美其毒滋多：病愈利害，則毒愈多。㉘將辟：是穿藏的穴。㉙藉除於臧氏：同臧氏借人除下葬的道路。㉚臧孫使正夫助之：臧孫叫隧正來幫助他。㉛甲從己而視之：他帥領著軍隊去看。㉜斬鹿門之關以出奔邾：鹿門是魯國都城南城的東門。逃到邾國去了。㉝鑄：續山東考古錄在泰安縣西南。㉞繼室以其姪：用她的姪女來做繼室。㉟穆姜之姨子也：這是魯成公的母親穆姜的姨母的兒子。㊱致大蔡焉：蔡國出的龜做占卜用的。㊲為以納請：叫臧為去請立臧賈。㊳遂自為也：臧為他就自己請立了。㊴無廢二勳：不要廢除了兩個有功的臧文仲同仲宣叔。㊵敢不辟邑：我不敢不讓出封邑。㊶無辭：他沒有方法來加罪於我。㊷掌惡臣而問盟首焉：管出奔的人用何種的盟誓的方法。㊸孟椒：是孟獻子的孫子子服惠伯。

【今譯】季孫宿沒有嫡出的兒子，公彌年紀長，而他喜歡季孫紇，就想立他，曾經訪問他的家宰申豐說：「彌同紇我全喜歡，想選他們一個有才能的立他為後。」申豐趕緊退下，想著把全家逃到旁國。另一天又訪問他，就回答說：「假設真正如此。我將用我的車全載走。」季孫宿就罷了。他又訪問了臧紇，臧紇說：「請我吃酒，我就能為你立他。」季孫宿就請各大夫吃酒，臧紇做上客。既然獻酒以後，臧孫紇就叫北面重新換席，又將新的酒杯重新洗過，叫季孫紇來，臧孫紇下去迎接他，大夫們全站起來，到了獻酬喝酒以後，又派人去叫公彌，使他從庶子的禮節，立他在季紇的下邊，季孫宿嚇得臉上全變了顏色。季氏以公彌做家司馬，他惱怒而不出來。閔馬父見他說：「你不要這樣子，禍福是無常的，一切唯人自取，做人家的兒子的，祇以不孝順為患，不怕沒有位置。恭敬父親的命令，有什麼常的位置？你若能夠孝敬，可以財富超過季氏，你若姦回不遵守法律，災禍更勝於貧賤。」公彌以他的話為然，對季孫宿朝夕的恭敬，在官舍裡，按日辦事。季孫宿高興，請他喝自己的酒，而拿各種宴享的器皿全留在那裡，所以公彌很有財富，又使他做魯襄公的左宰。孟孫素來反對臧孫，但是季孫宿喜歡他。孟氏的駕車豐點喜歡孟孫羯說：「聽我的話你定做孟孫氏的後人。」屢次跟他說，羯聽從他的話。仲孫速有病，豐點對公彌說假設立了羯，請反對臧氏。公彌就對季孫宿說：「孺子秩自然當立，要是羯能夠立，那麼季孫氏真正有力量對臧氏。」季孫不聽，己卯那天孟孫死了，公彌叫羯立到門的旁邊，季孫到來，先去哭後出來就問：「秩在什麼地方？」公彌說：「羯在這裡。」季孫宿就說：「秩年紀長。」公彌就說：「有什麼長不長的問題，祇是看他的才能而已。並且這是孟孫氏的命令。」就立了羯，秩就逃到邾國去。臧孫羯進去哭，很悲哀，流了很多淚水。出來，他的駕車人說：「孟孫是反對你的，而你悲哀的如此厲害，季孫若死了怎麼辦？」臧孫就說：「季孫的愛我，等於疾病；孟孫的反對我，等於藥物。好的疾病不如壞的藥物。藥物他能使我病好。病愈厲害則毒愈多。孟孫死了，我就沒日子活了。」孟孫氏關上門告訴季孫說：「臧氏將作亂，不使我下葬。」季孫不信這話，臧孫聽了就戒備。冬天十月，孟孫氏將修理穴道藉臧氏修路，臧孫叫隧正幫忙。在東門出道，使軍隊從著臧紇去看，孟孫氏又去告訴季孫。季孫發怒了，就派人攻臧氏。乙亥這天，臧紇斬了魯南城鹿門的關逃到邾國去。最早的時候，臧宣叔在鑄國娶了夫人，生了賈同為就死了，用她的姪女做繼室。她是成公母親穆姜姨母的女兒。生了臧紇生長在宮中，穆姜喜歡他，所以立他為臧氏的後人，臧賈臧為就逃到鑄國去。臧紇自邾國叫人去告訴臧賈，並拿了大蔡的龜去說：「紇不好，不能守住宗廟，這是不為上天所弔恤的。我的罪狀不至於不被人祭祀，你拿這個大蔡龜去請求為先人立後，可以達到。」臧賈就說：「這是家的禍亂，不是你的過錯，我聽從你的命令。」兩次拜謝受龜，就叫臧為去為自己請立。臧為卻為他自己請立，臧紇就到了他的封邑防的地方，他派人去說：「我紇不是能害人，祇是我的智力不夠。我不敢為我自己私人請求，假設能夠守著從前的祭祀，不要廢掉我的祖先文仲、宣叔二位的勳勞，我不敢不讓封邑。」於是就立了臧為。臧紇就交出防的地方，逃到齊國去了。臧紇隨從的人說：「他們將要與我們盟誓嗎？」臧紇說：「他沒有理由。」將盟臧紇的時候，季孫召外史管理奔亡在外的人問用那一種盟誓的首章。回答說：「盟東門氏的時候就說：『不要照東門遂那樣，不聽魯公的命令，殺適而立庶子。』盟叔孫氏的時候說：『不要照叔孫僑如那樣，想著廢除魯國的正常，蕩覆魯國的公室。』」季孫說：「臧孫的罪過不至於如此。」孟椒說：「何不用他侵犯國境的門，斬國境上的關？」季孫就用了這句話，就盟臧氏說：「不要同臧孫紇那樣，干犯國家的常紀，犯門斬關。」臧孫紇聽見就說：「魯國尚有人在，誰呀？就是孟椒吧？」

㈩經晉人殺欒盈。

傳晉人克欒盈于曲沃，盡殺欒氏之族黨，欒魴出奔宋。書曰晉人殺欒盈，不言大夫，言自外也。

【今註】㈠言自外也：因為是表示他從外國逃回來。

【今譯】晉國人把欒盈戰勝在曲沃，把欒氏一家人全殺掉，欒魴出奔到宋國去。而竹簡上寫著說晉國人殺欒盈，不講大夫，表示他從外國進來的。

㈫經齊侯襲莒。

傳齊侯還自晉不入，遂襲莒，門于且于㈠，傷股而退。明日將復戰，期于壽舒。杞殖、華還載甲夜入且于之隧，宿於莒郊。明日先遇莒子於蒲侯氏，莒子重賂之，使無死，曰：「請有盟。」華周對曰：「貪貨棄命，亦君所惡也。昏而受命，日未中而棄之，何以事君？」莒子親鼓之，從而伐之，獲杞梁。莒人行成，齊侯歸，遇杞梁之妻於郊，使弔之，辭曰：「殖之有罪，何辱命焉；若免於罪，猶有先人之敝廬在，下妾不得與郊弔。」齊侯弔諸其室。

【今註】㊀且于、壽舒、蒲侯氏：皆莒邑。案傳文先襲且于，次戰于壽舒，次遇于蒲侯氏，由北向南，均在今山東莒縣西北境，沂水縣東北境。

【今譯】齊侯從晉國回去，卻不走進齊國，順便領兵去討伐莒國。攻打且于的城門，傷了大腿才退下。第二天還要戰，約他的兵士在壽舒地方相見。杞植華還二人載了甲兵，夜間走到且于的狹路中，宿在莒國的郊外。第二天先碰著莒子在蒲侯氏的地方，莒子便重重行賄，請他們不要出力死戰，就說：「我們要訂個盟約呢！」華周回答說：「貪財不顧君命，恐怕也是你所厭惡的。倘今天黃昏受了命令，明天太陽沒到天中，便抛掉不顧，怎可對得起你君呢？」莒子便親自敲鼓，從後追殺他們，捉住了杞梁。莒人既然勝了，就和齊國講和。齊侯回國去，遇著杞梁的妻子在郊外，差人去弔慰他。杞梁的妻子推辭說：「殖如果有罪嗎？為什麼還要煩勞君命下弔呢？如果能免得罪的，那末我還有先人的幾間破屋在那裏，我賤妾決不敢參與這郊外的弔慰！」齊侯便到他家中去弔慰。

(十四)【傳】齊侯將為臧紇田，臧孫聞之，見齊侯。與之言伐晉㊀。對曰：「多則多矣，抑君似鼠，夫鼠晝伏夜動，不穴於寢廟，畏人故也。今君聞晉之亂而後作焉㈡，寧將事之，非鼠如何？」乃弗與田。仲尼曰：「知之難也，有臧武仲之知，而不容於魯國，抑有由也，作不順而施不恕也。夏書曰：『念茲在茲㈢。』順事恕施也㈣。」

【今註】㈠與之言伐晉：齊侯跟他討論伐晉的功勞。㈡而後作焉：而後起兵。㈢念茲在茲：這是夏朝逸書的一句話。意思說凡事情皆如在自己身上一樣。㈣順事恕施也：這是順著事理而施捨合乎恕道。

【今譯】齊莊公將給臧紇田邑，臧紇聽見說了就見齊莊公。莊公對他鼓吹自己伐晉的功勞。他回答說：「多是很多，但是君跟耗子一樣，耗子是白天伏著，夜裡才敢動，不敢到寢或廟中去做穴，因為他怕人的原故。現在你聽見晉國有災亂，而後起兵，安寧以後，而事奉晉國，這不是耗子是什麼？」齊莊公就不給他田邑了。仲尼說：「智慧是很難的，有臧紇的智慧而不能為魯國容納，這是有原故的。因為他的作為不順事理，而施捨不合恕道。夏書說過一句話：『行事的時候常念著如在自己身上一樣。』這是順行事而恕施捨。」

襄公二十有四年（公元前五百四十九年）

㈠經　春，叔孫豹如晉。

傳　春，穆叔如晉，范宣子逆之，問焉，曰：「古人有言曰死而不朽，何謂也？」穆叔未對，宣子曰：「昔匄之祖，自虞以上為陶唐氏，在夏為御龍氏㊀，在商為豕韋氏㊁，在周為唐杜氏㊂，晉主夏盟為范氏，其是之謂乎？」穆叔曰：「以豹所聞，此之謂世祿，非不朽也。魯有先大夫曰臧文仲，既沒其言立㊃，其是之謂乎。豹聞之，大上有立德㊄，其次有立功㊅，其次有立言㊆，雖久不廢，此之謂不朽。若夫保姓受氏，以守宗祊㊇，世不絕祀，無國無之，祿之大者，不可謂不朽。」

【今註】㊀御龍氏：就是劉累。㊁豕韋氏：一統志說：「在今河南滑縣東南五十里。」㊂唐杜氏：一統志說：「唐在今山西翼城縣西，杜即今陝西長安縣東南十五里之杜陵故城。」㊃既沒其言立：他死以後，他的話仍舊存在。㊄大上有立德：最高有的是立德性的。譬如黃帝堯舜等。大音泰。㊅其次有立功：次一等的是有功勞。譬如夏禹同后稷。㊆其次有立言：再其次有立話存在的。如史佚臧文仲等。㊇以守宗祊：以看守著宗廟的門。

【今譯】春天，叔孫豹到晉國去，士匄出來迎接他，問叔孫豹說：「從前的人有句話說：『死了不會腐朽的。』這是怎麼說法呢？」叔孫豹還沒有回答，士匄又說：「從前我匄的祖先，在虞朝以前就是陶唐氏，在夏朝時是御龍氏，在商朝是豕韋氏，在周朝是唐杜氏，到現在晉國主盟中夏了，便是范氏。死了不腐朽，不就是這種說法麼？」叔孫豹說：「我豹所聽到的，這些叫做世祿，並不是叫不朽罷。魯國有我的先大夫，叫做臧文仲，既死之後，他的說話還留傳在世上，這才叫做死了不腐朽。豹聽過的最好是樹立德行；次一等的是樹立功勞；最次的是樹立說話，這三等人，那怕是死了好久，卻廢不掉他的，這才叫做不朽呢！至於像那保守始祖的姓，承受先代的氏族，使宗廟世代守住，祭祀總不斷絕，這那一國沒有呢？像你所說的，只是世祿的大的，不可說他是不朽罷！」

(二)**傳**范宣子為政，諸侯之幣重，鄭人病之。二月，鄭伯如晉，子產寓書於子西以告宣子曰：「子為晉國，四鄰諸侯不聞令德，而聞重幣，僑也惑之。僑聞君子長國家者，非無賄之患，而無令名之難。夫諸侯之賄聚於公室，則諸侯貳，若吾子賴之，則晉國貳。諸侯貳則晉國壞，晉國貳則子之家壞，何沒沒也㈠？將焉用賄？夫令名德之輿也，德國家之基也。有基無壞，無亦是務乎？有德則樂，樂則能久。詩云：『樂只君子，邦家之基㈡。』有令德也夫？『上帝臨女，無貳爾心㈢。』有令名也乎？恕思以明德，則令名載而行之，是以遠至邇安。毋寧使人謂子，子實生我，而謂子浚我以生乎？象有齒以焚其身，賄也。」宣子說，乃輕幣。是行也鄭伯朝晉，為重幣故，且請伐陳也。鄭伯稽首，宣子辭。子西相曰：「以陳國之介恃大國㈣，而陵虐於敝邑，寡君是以請罪焉，敢不稽首。」

【今註】㈠何沒沒也：為什麼這樣沉迷不悟。㈡樂只君子，邦家之基：這是詩經小雅的一句詩。意思是說這位君子很快樂，可以做邦家的基礎。㈢上帝臨女，無貳爾心：這是詩經大雅的一句詩，意思說上天在你的上邊，不要發生兩個心。㈣大國：指楚國。

【今譯】士匄執晉國的政權，將諸侯朝貢的禮物增加，鄭國以為很不好。二月，鄭伯到晉國去，子產寫信託子西帶給士匄，勸告他說：「你執了晉國的政權，四鄰的諸侯，不聽得你的善德，卻聽得你將加重諸侯的幣帛，我很疑惑你呢？僑聽得君子的治理國家，不愁沒有財貨，單慮沒有很好的名譽。如果要想把諸侯的財貨都聚在你晉國的公堂上面，那末諸侯便要離心；如果你自私自利，那末晉國人便要離心於你。諸侯離心了，晉國便不能保。晉人離心了，你的室家便不能保。為什麼還要沉溺在財貨中呢？貪財的禍患既然這般，還要用財做什麼呢？好的名譽，好像德行的車子呢！德行是國家的基礎，國家有了基礎就不致敗壞，你何不盡力去求那絕好的名譽呢？有了德行就能與人們同樂，便能久居其位，詩經上說：『快樂得很的君子，是邦家的基礎。』這就是說他有絕好的德性啊。又說：『上帝來看顧你，你不要有兩個心。』這是有絕好的名譽啊。能夠把恕道存心，拿來顯明自己的德行，那末自然有絕好的名譽做了車子，載了這德行，頒行在世上，所以遠地方的人會慕著趕來，近地方人都安靖了，寧可使人議論你，說你實在能生養我民，而不願聽說你奪取我們錢財，拿來自養呢？象因有牙齒就此喪失他的身體，因為他的牙齒值錢的緣故啊！」士匄聽了這話，心中歡喜，便減輕了諸侯的貢幣。這次鄭伯到晉國朝見，就是為的貨幣很重的緣故，並且請求討伐陳國。鄭伯行稽首禮，士匄辭謝。子西相禮說：「因為陳國仗著楚國，以欺負我們鄭國，所以寡君請求向陳問罪，所以不敢不行稽首禮。」

㈢經　仲孫羯帥師侵齊。

傳　孟孝伯侵齊，晉故也㈠。

【今註】㈠晉故也：這是因為晉國報復的原故。

【今譯】仲孫羯伐齊國，這是因為晉國的原故。

㈣經　夏楚子伐吳。

傳　夏楚子為舟師以伐吳，不為軍政㈠，無功而還。

【今註】㈠不為軍政：不訂賞罰的差事。

【今譯】夏天，楚王做水軍預備伐吳國，但是他不做賞罰的規律，沒有能成功就回來。

㈤經　秋七月甲子朔，日有食之既㈠。

【今註】㈠此經無傳。這是魯都曲阜看到的日食。

【今譯】秋七月甲子初一這天，魯國有日食。

㈥傳　齊侯既伐晉而懼，將欲見楚子，楚子使薳啟彊如齊聘，且請期㈠。齊社蒐軍實，使客觀之㈡。陳文子曰：「齊將有寇。吾聞之，兵不戢必取其族。」

【今註】㈠且請期：並且問開會的日期。㈡齊社蒐軍實，使客觀之：齊國祭祀，並且展覽他的軍器，使楚客來觀看。

【今譯】齊侯既然伐晉國又害怕，很想與楚王相見，楚王派遣薳啟彊到齊國去聘問，且請會見的日期。齊國祭社的時候，陳列著各種兵器，使楚國的客人來看，陳須無說：「齊國將遇到敵寇。我聽見說過兵器若不藏起來，必定有害他的本身。」

(七)經 齊崔杼帥師伐莒。

(八)經 大水㈠。

【今註】㈠此經無傳。

【今譯】魯國有大水。

(九)經 八月癸巳朔，日有食之㈠。

【今註】㈠此經無傳。

【今譯】八月癸巳初一，魯國有日蝕。

(十)經 公會晉侯、宋公、衞侯、鄭伯、曹伯、莒子、邾子、滕子、薛伯、杞伯、小邾子于夷儀。

傳 秋，齊侯聞將有晉師㈠，使陳無宇從薳啟彊如楚，辭且乞師㈡。崔杼帥師送之，遂伐莒，侵介根㈢。會于夷儀㈣，將以伐齊，水，不克㊄。

【今註】㈠聞將有晉師：他聽見晉國在夷儀開會將討伐齊國。㈡辭且乞師：因為有晉國軍隊的原故，所以他說明不能朝楚的原故，並且請楚國幫助他的軍隊。㈢介根：一統志說：「計斤故城在山東膠縣西南五里之介根城。」㈣夷儀：齊地，在山東省聊城縣西南十二里。㈤水不克：因為有雨水，所以不能攻齊國。

【今譯】秋天，齊莊公聽見晉國在夷儀開會，將討伐齊國，就派陳無宇隨從著薳啟彊到楚國去，說明不能與楚王相見的原故，並且求助軍隊。崔杼帥著軍隊去護送，就討伐莒國，侵了介根這地方。各諸侯在夷儀開會，將討伐齊國，因為大水所以無法進攻。

(十)經 冬，楚子、蔡侯、陳侯、許男伐鄭。

傳 冬，楚子伐鄭以救齊，門于東門，次于棘澤㈠。諸侯還救鄭㈡，晉侯使張骼、輔躒致楚師，求御于鄭㈢，鄭人卜宛射犬㈣吉。子大叔戒之曰：「大國之人不可與也。」對曰：「無有眾寡，其上一也。」大叔曰：「不然，部婁無松柏㊄。」二子在幄，坐射犬于外，既食而後食之，使御廣車㈥而行，己皆乘乘車㈦，將及楚師而後從之乘，皆踞轉而鼓琴，近不告而馳之㈧，皆取冑於櫜而冑，入壘皆下，搏人以投，收禽挾囚。弗待而出㈨，皆超乘抽弓而射。既免，復踞轉而鼓琴曰：「公孫，同乘兄弟也，胡再不謀？」對曰：「曩者志入而已，今則怯也。」皆笑曰：「公孫之亟也。」

【今註】㈠棘澤：方輿紀要說：「在今河南省新鄭縣東南。」㈡諸侯還救鄭：這是指在夷儀相會的諸侯。㈢求御于鄭：他們因為不認識鄭國的方向，所以求鄭國駕車的人。㈣宛射犬：是鄭國公孫。㈤部婁無松柏：部婁是小山，松柏是大樹。小山上不能長大樹。意思說小國與大國不相同。㈥廣車：兵車。㈦乘車：是文官坐的車，比較安定。㈧近不告而馳之：接近了楚國軍隊，射犬不告訴他們兩個人知道就打著馬往前去。㈨弗待而出：指著射犬不等他們兩人就出去。

【今譯】冬天，楚王帥兵伐鄭救齊，便攻鄭國的東門，宿在棘澤這地方。諸侯本來是要伐齊國的，聽這消息便回轉來救鄭國。晉侯派張骼輔躒到楚兵中去挑戰，想要找個鄭國人駕車子，做個引導。鄭人占卜了一回，是宛射犬吉利的。子大叔叮囑他說：「大國的人不容易相與的，應該要謙虛一點才好！」射犬回答說：「不論國家大小，那在上位的，總有一定的分寸。」大叔說：「不是這麼說的，你不見小土堆上生不起松柏來嗎？」後來，張骼輔躒坐在帳中，卻使射犬坐在帳外，他二人等著自己吃完了後，方才給他吃，又使他駕著一輛兵車先走，自己卻坐在安穩的車子中，快要進楚兵的地方了，方才跟射犬同坐在那兵車上，二人都盤膝坐在衣捲上彈琴，射犬心中恨他們無禮，近了敵人便故意不告訴他們，把車子飛跑的趕去，那二人便急忙向袋中取了頭盔，戴在頭上，走進營壘中，便都跳下車，空手打著楚人，向他車上拋去。又收拾起捉住的人，掮著囚虜便走。射犬卻不等他們了，就自己出來，那二人便都跳上車子，抽起弓來射那楚人。既然脫險後，卻又坐在衣捲上彈琴了，並且說：「公孫！我們同坐一車子，就好比兄弟呢！為什麼進和出來都不同我們商量呢？」射犬心中害羞，口裏遮掩說：「起初是一心想進去罷了！現在倒是膽小呢！」那二人都冷笑著說：「怕是你公孫的性急呢！」

㈩經 公至自會㈠。

【今註】㈠此經無傳。

【今譯】魯襄公從開會的地方回來。

㈢傳 楚子自棘澤還，使薳啟彊帥師送陳無宇。

【今譯】楚王從棘澤回去後，派薳啟彊率領軍隊護送陳無宇。

㈥傳吳人為楚舟師之役故，召舒鳩人㈠，舒鳩人叛楚。楚子師于荒浦㈡，使沈尹壽與師祁犂㈢讓之，舒鳩子敬逆二子，而告無之，且請受盟。二子復命，王欲伐之。薳子㈣曰：「不可。彼告不叛，且請受盟，而又伐之，伐無罪也。姑歸息民以待其卒㈤，卒而不貳，吾又何求？若猶叛我，無辭有庸㈥。」乃還。

【今註】㈠舒鳩人：是楚屬國的人，在今安徽省廬江縣境。㈡荒浦：方輿紀要說：「即舒城東南十五里之黃陂與黃浦一音之轉。」㈢沈尹壽、師祁犂：皆楚大夫。㈣薳子：楚令尹薳子馮。㈤以待其卒：以等待他的終了。㈥無辭有庸：他沒有話說，我們就能成功。

【今譯】吳國人因為楚王用水軍來討伐他的原故，就召舒鳩人來，舒鳩就違叛了楚國。楚王派軍隊到荒浦這地方，派楚大夫沈尹壽和師祁犂去責讓他，舒鳩的君恭敬的迎接這兩個人，而告訴他們並沒有反叛這件事，並且請求接受盟誓。這兩個人回來報告，楚王仍舊想著討伐舒鳩，令尹薳子馮說：「不可以，他告訴我們說不反叛，並且請接受盟誓，現在又要討伐他，這是討伐無罪的人。何不趕回國安息人民，你看他到末了何如？就是到了末了仍舊沒有二心，那我們又要求什麼？假設仍舊對我反叛，而後再加以討伐。他沒有話可講，我們也可以立功。」就把楚國軍隊調回去了。

㈤經陳鍼宜咎出奔楚。

傳陳人復討慶氏之黨，鍼宜咎出奔楚。

【今譯】陳國人又討慶氏的黨羽，鍼宜咎就逃奔到楚國去了。

㈥經叔孫豹如京師。

傳齊人城郟㈠，穆叔如周聘且賀城，王嘉其有禮也，賜之大路㈡。

【今註】㈠郟：一統志說：「在今河南省洛陽城西北。」㈡賜之大路：大路是周王所賜車的名。

【今譯】齊國人為周王修理王城，叔孫豹到周都聘問，且賀修城，周天子嘉他很禮貌，賞賜給他大路的車。

㈦經大饑㈠。

【今註】㈠此經無傳。

【今譯】魯國大飢荒。

㈧傳晉侯嬖程鄭，使佐下軍㈠，鄭行人公孫揮如晉聘，程鄭問焉曰：「敢問降階何由㈡？」子羽不能對，歸以語然明㈢。然明曰：「是將死矣，不然將亡。貴而知懼，懼而思降，乃得其階，下人而已，又何問焉？且夫既登而求降階者，知人也，不在程鄭。其有亡釁乎？不然其有惑疾，將死而憂也。」

【今註】㈠使佐下軍：為的替代欒盈。㈡敢問降階何由：請問從高位降為卑下如何自處。㈢然明：就是鬷蔑。

【今譯】晉平公喜歡程鄭，使他代欒盈做下軍佐，鄭國的行人公孫揮到晉國來聘問，程鄭問他說：「請問從高位降為卑下如何自處？」公孫揮不能回答。回到鄭國告訴然明。然明說：「這個人將死了，要不然就是將逃亡。貴而知道害怕，害怕就想降下，就能得到他的道路，這祇是比旁人低下就是了，又何必問呢？並且既然登到高位，而求降階的，這是一種智慧的人，程鄭不夠如此。或者有逃亡的現象嗎？要不就是他有瘋病，將死而發愁啊！」

襄公二十有五年（公元前五百四十八年）

㈠**經** 春，齊崔杼帥師伐我北鄙。

傳 春，齊崔杼帥師伐我北鄙，以報孝伯之師也。公患之，使告于晉。孟公綽㈠，曰：「崔子將有大志㈡，不在病我，必速歸，何患焉？其來也不寇㈢，使民不嚴㈣，異於他日。」齊師徒歸㈤。

【今註】㈠孟公綽：是魯大夫。㈡大志：是指著弒齊莊公。㈢不寇：他不寇害老百姓。㈣使民不嚴：對魯國人也不厲害，為的要得到魯國的民心。㈤齊師徒歸：齊國軍隊空著手回去。

【今譯】　春天，齊國崔杼率領著軍隊討伐魯國北邊，這是為的報復魯國仲孫的軍隊。魯襄公很以為憂患，派人去告訴晉國。魯大夫孟公綽說：「崔杼必將有大的志向，不在使我發生災害，他必定會趕緊回國去，何必害怕呢？他事實上來的時候，並沒有搶掠，使魯國人民也不太威嚴，同其他的戰爭不一樣。」結果齊國軍隊空著手回去。

(二)**經**夏五月乙亥，齊崔杼弒其君光。

傳齊棠公㈠之妻東郭偃之姊也，東郭偃臣崔武子，棠公死，偃御武子以弔焉，見棠姜而美之㈡，使偃取之㈢。偃曰：「男女辨姓㈣，今君出自丁㈤，臣出自桓㈥，不可。」武子筮之，遇困䷮之大過䷛㈦。史皆曰：「吉。」示陳文子，文子曰：

「夫從風，風隕妻，不可娶也。且其繇曰：『困于石，據于蒺梨，入于其宮，不見其妻，凶。』困于石，往不濟也㈧。據於于梨，所恃傷也㈨。入于其宮，不見其妻，凶，無所歸也。㈩」崔子曰：「嫠也何害，先夫當之矣。」遂取之。莊公通焉，驟如崔氏，以崔子之冠賜人。侍者曰：「不可。」公曰：「不為崔子，其無冠乎？」崔子因是（一一），又以其間伐晉也（一二），曰：「晉必將報。」欲弒公以說于晉，而不獲間。公鞭侍人賈舉，而又近之，乃為崔子間公（一三）。夏五月，莒為且于之役故，莒子朝于齊。甲戌，饗諸北郭，崔子稱疾不視事。乙亥，公問崔子（一四），遂從姜氏。姜入于室，與崔子自側戶出，公拊楹而歌，侍人賈舉止眾從者，而入閉門（一五）。甲興，公登臺而請，弗許。請盟弗許。請自刃於廟（一六），勿許。皆曰：「君之臣杼疾病，不能聽命。近於公宮陪臣干掫有淫者，不知二命（一七）。」公踰牆又射之，中股，反隊，遂弒之，賈舉、州綽、邴師、公孫敖、封具、鐸父、襄伊、僂堙（一八）皆死。祝佗父祭於高唐，至復命，不說弁(一九)，而死於崔氏。申蒯侍漁者(二〇)，退謂其宰曰：「爾以帑免，我將死。」其宰曰：「免！是反子之義也。」與之皆死，崔氏殺鬷蔑于平陰(二一)。晏子立於崔氏之門外，其人曰：「死乎？」曰：「獨吾君也乎哉？吾死也。」曰：「行乎？」曰：「吾罪也乎哉？吾亡也。」曰：「歸乎？」曰：「君死安歸。君民者豈以陵民？社稷是主。臣君者豈為其口實？社稷是養。故君為之社稷死則死之，為社稷亡則亡之。若為己死而為己亡，非其私暱，誰敢任之？且人有君而弒之，吾焉得死之？而焉得亡之？將庸何歸？」門啟而入，枕尸股而哭(二二)興，三踊而出。人謂崔子必殺之，崔子曰：「民之望也，舍之得民。」盧蒲癸奔晉，王何奔莒。叔孫宣伯之在齊也，叔孫還(二三)納其女於靈公，嬖，生景公。丁丑，崔杼立而相之，慶封為左相。盟國人於大宮(二四)，曰：「所不與崔慶者。」晏子仰天歎曰：「嬰所不唯忠於君利社稷者是與，有如上帝。」乃歃(二五)。辛巳，公與大夫及莒子盟(二六)。大史書曰：

「崔杼弑其君。」崔子殺之。其弟嗣書而死者二人，其弟又書，乃舍之。南史氏聞大史盡死，執簡以往，聞既書矣，乃還。閭丘嬰以帷縛其妻而載之與申鮮虞㉗乘而出，鮮虞推而下之曰：「君昏不能匡，危不能救，死不能死，而知匿其暱，其誰納之？」行及弇中，將舍㉘，嬰曰：「崔慶其追我？」鮮虞曰：「一與一，誰能懼我？」遂舍，枕轡而寢。食馬而食，駕而行，出弇中，謂嬰曰：「速驅之，崔慶之眾，不可當也！」遂來奔。崔氏側莊公于北郭。丁亥，葬諸士孫之里，四翣㉙，不蹕㉚，下車七乘㉛不以兵甲。

【今註】㈠棠公：是齊國的棠邑大夫。㈡見棠姜而美之：看見棠姜就稱讚她的美貌。㈢使偃取之：叫東郭偃為崔杼娶做妻。㈣男女辨姓：男的同女的兩方面要分別姓氏。㈤今君出自丁：你崔杼是齊國丁公的後人。㈥臣出自桓：我是齊桓公的後人。㈦遇困䷮之大過䷛：就是遇到困卦變到大過的卦。㈧往不濟也：去而不能渡過水。㈨所恃傷也：靠著蒺梨所以會受傷。㈩無所歸也：沒地方可回。⑪崔子因是：崔杼因這個緣故對齊莊公懷恨。⑫又以其間伐晉也：又因為利用晉國的亂而伐晉國。⑬乃為崔子間公：賈舉就為崔杼窺伺齊莊公的間隙。⑭公問崔子：齊莊公去問崔杼的病狀。

⑮而入閉門：賈舉就進了崔杼的家裡，把門關上。⑯請自刃於廟：他請到祖廟中自殺。⑰干掫有淫者，不知二命：因為我們巡夜碰見淫人，我們不知旁的命令。⑱賈舉、州綽、邴師、公孫敖、封具、鐸父、襄伊、僂堙：這八人全都是齊國的勇士，很為齊莊公信任。⑲不說弁：沒有摘下祭祀的帽子。⑳申蒯侍漁者：申蒯是給莊公取漁的官。㉑殺鬷蔑于平陰：鬷蔑是守平陰的大夫。㉒枕尸股而哭：把莊公的尸首枕在自己的腿上就哭。㉓叔孫還：齊羣公子。㉔大宮：齊國姜大公的廟，大音泰。㉕乃歃：就飲盟會的血。本來這盟誓的書說：「所不與崔慶者有如上帝」。這盟誓還沒有唸完，晏嬰就更換詞句說：「嬰所不唯忠於君利社稷者是與有如上帝。」㉖及莒子盟：莒子恰好到齊國朝見，所以也參加盟誓。㉗閭丘嬰，申鮮虞：這二人全是齊莊公的近臣。㉘行及弇中將舍：在窄的道中，將暫時屯住。㉙四翣：照道理諸侯是有六個翣，他為齊莊公減至四個翣。翣是喪車上的裝飾。翣音（ㄕㄚˋ）。㉚不蹕：不止住行人。㉛下車七乘：送葬的車七輛。照道理諸侯有九輛。

【今譯】　齊大夫棠公的妻，是東郭偃的姊姊，而東郭偃是崔杼的家臣，所以棠公死後，東郭偃給崔杼駕了車子去弔喪的。崔杼見棠姜的容貌美麗，叫東郭偃給他娶來。東郭偃說：「娶妻應當辨姓，君是齊丁公的子孫，臣是齊桓公的子孫，同是姜姓，不可以結婚的呢。」崔杼便派人占卜一下，碰著困卦變到大過卦，史官都奉承崔杼說是吉的。崔杼把所筮的卦給陳須無看，須無說：「這是坎變成巽，好比夫是跟了風去，風是吹落萬物的，便是妻也要墮落了，這人是不可娶的呢！並且他的爻辭上說：『困于石，據于蒺藜，入于其宮，不見其妻，凶。』困于石，是去了也不成功，據于蒺藜，是靠著要傷的，入于其宮，不見其妻，凶，是沒有地方可歸的。」崔杼說：「寡婦呢，有什麼禍患！他的前夫已經當了這凶去了。」便終究娶他做妻。後來莊公和她私通了，屢次到崔氏家中去，將崔杼的帽子，賞賜旁人，服事的人說：「這是不可以的。」莊公說：「不是崔杼，難道便沒有帽子了麼？」崔杼因此怒著莊公，又因他趁晉國有患難，領兵去伐了晉，因此說：「晉國一定要來報復的！」要想趁勢弒掉莊公，討晉國的好，可是得不到機會。恰巧莊公因事鞭打了太監賈舉，卻又仍舊和他親近，他便替崔杼窺伺莊公的間隙。夏天五月中，莒人因為且于這次戰爭的緣故，莒子來齊國上朝。甲戌這天，在北郭請他宴會，崔杼託辭有病，不能管理各事。乙亥那天，莊公去問候崔杼的病，便跟著姜氏不放，姜氏便走進室中，和崔杼從旁邊小門裏逃出去。莊公拍著庭柱唱起歌來，太監賈舉便阻止莊公從者，自己走進裏面，關住了門，伏著的兵一哄而出。莊公知道不妙，便上臺請兵士放他，兵士不許。莊公請訂個盟約，也不允許。請自殺於宗廟中，也不允許。都說：「君的臣子崔杼害了病，不能聽你的吩咐，這裏和公宮甚接近，公或是冒充來的色鬼呢？我們只知趕打色鬼，不知道有旁的事呢。」莊公便要爬牆出去，又用箭射他，中在腿上，就跌下來，便被他們弒掉。護衛的賈舉、州綽、邴師、公孫敖、封具、鐸父、襄伊、僂堙也都被殺死。莊公的親信叫祝佗父的，正去祭高唐的別廟，回來復命，沒有脫掉祭服，就死在崔氏的屋中。申蒯是個監取魚類的官，退下去對他的家宰說：「你帶了妻子就走罷，我將要死了！」他的家宰說：「我如果走了，便是違反你死君的忠義了。」就跟他一同死了。崔杼又殺掉平陰的大夫鬷蔑。晏嬰立在崔杼的門外，他的左右說：「為君死難麼？」他回答說：「君王不是我個人的君王，我卻為什麼要一個人獨死呢？」左右說：「棄國出奔麼？」回答說：「君王的死，不是我的罪，我為什麼要逃走呢？」左右說：「那末回去罷！」他又回答說：「君已死了，叫我回到那裏去？凡是做人君的，不僅位在人民的上面，全在主持國家的政治，做臣子的，不僅為著自己的俸祿，全在保護國家。所以人君為了國家死的，那末做臣子的，就該和他同死。人君為了國家亡的，那末做臣的，就該和他同亡，如果人君為自己私事死的，和為自己的私事亡的，我又不是他最寵倖的人，那個敢擔當他這禍害呢？況且他人有了君還弒掉他，我怎麼能夠為他死呢？怎能夠為他亡呢？還打算回到那裏去呢？」等門開了，晏嬰便跑進去，把莊公的屍首枕在大腿上哭，哭完立起來，跳了三跳便出去。大家以為崔杼一定要把他殺掉。崔杼說：「他是人民所仰望的人啊！放了他可以得民心的。」在這時候，盧蒲癸逃到晉國去，王何逃到莒國去。從前叔孫宣伯在齊國的時候，齊羣公子叔孫還便把宣伯的女兒送給靈公，很得寵倖，生了景公。丁丑那天，崔杼便立他做君主，自己做宰相，慶封做了左相，和國人盟於太公的廟中說：「有那個不幫崔慶的。」晏平仲仰天歎著說：「嬰倘不支持忠於君利著社稷的人，有上帝在那裏。」便歃了盟血。辛巳那天，齊景公又和大夫及莒子會盟，太史記在史書上記下：「崔杼弒他的君。」崔杼便把他殺死，他的兄弟接著又記，又殺死兩人，他的小弟弟再記，才饒了他。南史氏聽得太史都死了，執了簡冊便來，又聽得已記好了，便回去。閭丘嬰用個帳幔綑綁了他的妻子，裝在車上，和申鮮虞一同坐了逃走。申鮮虞把嬰的妻子推下車去說：「人君昏庸，不能匡正；人君危險了，又不能救護；人君死了，又不能死難，卻只曉得藏匿親愛的人，有誰再肯收留我們呢？」走到狹路中將要宿了。閭丘嬰說：「崔慶要差人來追我們的呢！」申鮮虞說：「在狹路中一人和一人相殺，有誰能夠使我們怕他呢？」便宿在那裏，把馬韁繩枕在頭下面睡。第二天先餵了馬，然後自己吃東西，再拿起鞍子走出，既出狹路，申鮮虞對閭丘嬰說：「快些跑！崔慶的徒黨很多，不可抵敵的。」便逃到魯國來。崔杼埋莊公在北部的地方。丁亥那天，改葬於士孫的里中。喪車上只用四箇翣，路上也並不禁止行人，送葬的車子只有七乘，又不用什麼兵甲。

㈢**經**　公會晉侯、宋公、衛侯、鄭伯、曹伯、莒子、邾子、滕子、薛伯、杞伯、小邾子于夷儀。

傳　晉侯濟自泮㈠會于夷儀伐齊，以報朝歌之役，齊人以莊公說。使隰鉏㈡請成，慶封如師。男女以班，賂晉侯以宗器、樂器㈢，自六正㈣、五吏㈤、三十帥、三軍之大夫、百官之正長師旅，及處守者皆有賂，晉侯許之。使叔向告於諸侯㈥，公使子服惠伯對曰：「君舍有罪以靖小國，君之惠也，寡君聞命矣。」

【今註】㈠泮：在今山東省聊城縣西北。㈡隰鉏：隰音（ㄒㄧˊ）。是隰朋的曾孫。㈢宗器樂器：宗器是祭祀所用的，樂器是鐘磬之類。㈣六正：是六軍的卿。㈤五吏：我以為就是定公四年所謂「職官五正」。㈥使叔向告於諸侯：告訴齊國服從晉國。

【今譯】晉侯由泮水渡過到夷儀來開會，討伐齊國，以報答朝歌的戰爭，齊國人拿莊公被殺掉來向晉解說；叫隰鉏請求和平，派慶封到晉國軍隊中。男女分做班，用祭祀的器皿和樂器，賄賂晉平公，自從六軍的將領、五個吏、三十個統帥、三軍的大夫、百官的正長師旅，同看守晉國的官吏皆得到賄賂，晉侯就答應了。叫叔向告訴諸侯齊國服從，魯襄公派子服惠伯回答說：「你放過有罪的，以安定小國，這是你的恩惠，我們魯國君聽從你的命令。」

(四)傳　晉侯使魏舒宛沒逆衛侯㈠，將使衛與之夷儀，崔子止其帑以求五鹿㈡。

【今註】㈠衛侯：是指衛獻公於魯襄公十四年奔到齊國。㈡五鹿：在河北省濮陽縣南三十里。

【今譯】晉平公派魏舒宛沒到齊國迎接衛獻公，將使衛國給他夷儀這地方，崔杼留下衛侯妻子作人質，預備要求五鹿這地方。

(五)經　六月壬子鄭公孫舍之帥師入陳。

傳　初，陳侯會楚子伐鄭，當陳隧者井堙木刊㈠，鄭人怨之。六月，鄭子展、子產帥車七百乘伐陳，宵突陳城㈡，遂入之。陳侯扶其大子偃師奔墓，遇司馬桓子曰：「載余。」曰：「將巡城㈢。」遇賈獲㈣，載其母妻，下之而授公車。公曰：「舍而母。」辭曰：「不祥。」與其妻扶其母以奔墓，亦免。子展命師無入公宮，與子產親御諸門，陳侯使司馬桓子賂以宗器，陳侯免擁社㈤，使其眾男女別而纍以待於朝。子展執縶而見㈥，再拜稽首，承飲而進獻。子美㈦入數俘而出。祝祓社，司徒致民，司馬致節。司空致地，乃還。

【今註】㈠井堙木刊：井全堵塞，樹全都被砍倒。㈡宵突陳城：夜裡攻擊陳國都城。㈢將巡城：將巡視城牆。㈣賈獲：是陳大夫。㈤擁社：擁抱著社主的牌位。㈥執縶而見：拿著馬的縶絆來見陳侯，表示執臣僕之禮。㈦子美：即子產。

【今譯】最初的時候，陳侯會同楚王伐鄭國，當著通往陳國的道路上，井全被堵塞、樹也全被砍倒，鄭國很怨恨陳國。六月，鄭國子展、子產就率領軍隊七百乘伐陳國都城，夜裡突襲陳國城牆，就進入都城。陳侯扶著他的太子偃師逃到墳墓中去，遇見陳國的司馬就招呼他說：「你載著我們去吧！」司馬桓子就拒絕說：「我要巡視城牆去。」又遇見賈獲，他車中載著他的母親同妻子，就叫他母妻下去，將車給陳侯。陳侯說：「不要叫你母親下來吧。」他就辭謝說：「那不吉祥。」同他的妻扶著他的母親也逃到墳墓中，也逃過一難。子展就命鄭國軍隊，不要進入陳侯的宮中，同子產親自擋著宮中的門，陳侯叫司馬桓子以宗廟的器皿來賄賂，陳侯穿著喪服抱著社主，叫他的眾人男女分列，自己囚禁在朝廷等候發落。子展拿著馬的縶絆去見陳侯，再拜稽首，拿著酒杯進獻給他。子產進來數了俘虜的數目就出去了。子展子產命陳國宗祝對於社神行祓除典禮，司徒招致人民，司馬整理兵符，司空掌理土地，鄭國人就回去了。

(六)**經** 秋八月，己巳，諸侯同盟于重丘。

傳 秋七月，己巳，同盟于重丘㈠，齊成故也。

【今註】㈠重丘：齊地，方輿紀要說：「在山東聊城縣東南五十里，為曹衛齊之邊邑。」

【今譯】秋七月己巳在重丘這地方同盟會，這是齊國服從的緣故。

(七)**經** 公至自會㈠。

【今註】㈠此經無傳。

【今譯】魯襄公從開會的地方回來。

(八)**傳** 趙文子為政㈠，令薄諸侯之幣，而重其禮。穆叔見之，謂穆叔曰：「自今以往，兵其少弭矣㈡。齊崔慶新得政，將求善於諸侯。武也知楚令尹㊂，若敬行其禮，道之以文辭，以靖諸侯，兵可以弭。」

【今註】㊀趙文子為政：趙文子即趙武，他當政權。㊁兵其少弭矣：打仗可以稍為停止。㊂武也知楚令尹：我跟楚國令尹屈建很熟識。

【今譯】趙武當政權，叫諸侯所送的財幣減輕，而加重禮遇諸侯。魯國叔孫豹見著他，就對叔孫豹說：「自從今天以後戰爭就可以停止了。齊國的崔杼同慶封新近得了政權，他想跟諸侯親善。我趙武跟楚國的令尹屈建素來熟識，要是恭敬的行禮，加上以文辭的方法，以安定諸侯，戰爭就可以停止。」

(九)**經**楚屈建帥師滅舒鳩。

傳楚薳子馮卒，屈建為令尹，屈蕩為莫敖。舒鳩人卒叛，楚令尹子木㊀伐之，及離城㊁，吳人救之，子木遽以右師先㊂，子彊息桓子捷子駢子孟帥左師以退㊃，吳人居其間七日㊄。子彊曰：「久將墊隘，隘乃禽也㊂，不如速戰。請以其私卒誘之，簡師陳以待我。我克則進，奔則亦視之，乃可以免，不然必為吳禽。」從之，五人以其私卒先擊吳師，吳師奔，登山以望，見楚師不繼，復逐之，傳諸其軍，簡師會之，吳師大敗。遂圍舒鳩，舒鳩潰。八月，楚滅舒鳩。

【今註】㊀子木：是屈建。㊁離城：彙纂說：「在今安徽省舒城縣境。」㊂遽以右師先：右邊的軍隊先到舒鳩。㊃帥左師以退：因為左師遇見吳國軍隊，所以先退。㊄吳人居其間七日：吳國的軍隊在楚國兩軍的中間七天的工夫。㊅久將墊隘，隘乃擒也：日久雨水將墊到窄道中，堵住以後就要被擒。

【今譯】楚薳子馮死了，屈建就做了令尹，屈蕩做莫敖。舒鳩人終究反叛，楚令尹屈建討伐他，到離城這地方，吳國人來救舒鳩。屈建先領著右邊軍隊到了舒鳩，子彊息桓子捷子駢子盂帥領左師遇見吳國人就退下來。吳人停止在楚國兩個軍隊中間七天的工夫，子彊就說：「日久雨水就要墊到窄道中，堵住以後我們必定被擒，不如趕緊打仗。請拿各人的軍隊來引誘吳國軍隊，把訓練的軍隊擺成陣以等著我。我們若戰勝就往前進，我們逃走也要看著情勢，這樣還可以免除患難，要不然必定為吳國所擒獲。」於是大家全聽了他的話，五個人拿著他私人軍隊先攻擊吳國軍隊，吳國軍隊逃奔到山上，望見楚國軍隊不接續，於是又追逐他們，一直到他們的本軍，訓練的軍隊會合上來，吳國軍隊就打敗了，楚軍於是圍了舒鳩，舒鳩崩潰。八月楚國滅了舒鳩。

(十)經　衛侯入于夷儀。

傳　衛獻公入于夷儀。

【今譯】　衛獻公進入夷儀這地方。

(土)經　冬，鄭公孫夏帥師伐陳。

傳　鄭子產獻捷于晉，戎服將事㈠。晉人問陳之罪，對曰：「昔虞閼父為周陶正㈡，以服事我先王，我先王賴其利器用也，與其神明之後也㈢，庸以元女大姬配胡公㈣，而封諸陳，以備三恪㈤，則我周之自出，至于今是賴。桓公之亂，蔡人欲立其出㈥，我先君莊公奉五父而立之㈦，蔡人殺之。我又與蔡人奉戴厲公，至於莊、宣㈧皆我之自立。夏氏之亂，成公播蕩，又我之自入，君所知也。今陳忘周之大德，蔑我大惠，棄我姻親，介恃楚眾，以憑陵我敝邑，不可億逞，我是以有往年之告㈨。未獲成命，則有我東門之役㈩，當陳隧者，井堙木刊，敝邑大懼不競，而恥大姬，天誘其衷，啟敝邑之心，陳知其罪，授手于我，用敢獻功。」晉人曰：「何故侵小。」對曰：「先王之命，唯罪所在，各致其辟㈡，且昔天子之地一圻，列國一同，自是以衰，今大國多數圻矣，若無侵小，何以至焉？」晉人曰：「何故戎服？」對曰：「我先君武莊為平桓卿士，城濮之役，文公布命曰：『各復舊職。』命我文公戎服輔王，以授楚捷，不敢廢王命故也。」士莊伯不能詰，復於趙文子。文子曰：「其辭順，犯順不祥。」乃受之。冬十月子展相鄭伯如晉拜陳之功。子西復伐陳，陳及鄭平。仲尼曰：「志有之，『言以足志，文以足言，』不言誰知其志？言之無文，行而不遠。』晉為伯，鄭入陳，非文辭不為功，慎辭也。」

【今註】㈠戎服將事：穿著軍服來行禮。㈡昔虞閼父為周陶正：虞閼父是舜的後人，在周武王的時候他故陶正的官。㈢與其神明之後也：因為他是舜的後人。㈣庸以元女大姬配胡公：所以用武王的長女大姬許配給胡公滿。㈤以備三恪：在周得天下以後，封舜及夏、殷二王的後人為三恪。㈥蔡人欲立其出：蔡國想立他所出的兒子陳厲公。此事見於魯桓公五年。㈦我先君莊公奉五父而立之：五父是陳佗。㈧莊宣：是陳莊公同陳宣公全是厲公的兒子。㈨我是以有往年之告：就是所謂鄭伯稽首請晉國准許他伐陳。㊉則有我東門之役：所以陳國就從楚國伐鄭國都城東門。㊀各致其辟：就要他們犯了什麼罪就按他的罪狀給他誅殺。

【今譯】鄭國子產獻功到晉國去，並且穿著軍服行禮。晉國人問他陳國有什麼罪？他回答說：「從前虞舜的子孫閼父，做了周朝的陶正，曾經服事我周王，我周王利用他所造的器具，又因他是神聖的後代，就把長女太姬許配給閼父的兒子胡公滿，而且封他於陳，充虞夏殷三朝後代三恪中的一個。那末，他是我周朝的外甥，到如今還依賴周朝呢！等到陳桓公死後，陳國便大鬧亂子，蔡人想立他女兒生的厲公，我先君莊公便送五父進去定他的君位，蔡人卻又把他殺了，我先君不得已，又和蔡人一同立了厲公。一直到莊公、宣公，都是我國助他即位的。後來夏徵舒弒靈公的時候，靈公的兒子成公流離失所，又靠了我國才得進去，這是你們都知道的。現在陳國忘掉周朝的大德，看輕我國的大恩，丟開姻親不管，單仗著楚國的兵眾，敢來欺侮敝邑，又料不定他做到什麼地步，才算暢快。我所以有去年請求伐陳的告稟，卻又不得你們的允許，後來弄得我有都城東門的那次戰役，陳國竟膽敢來侵伐，當陳兵經過的地方，井都塞掉，樹林都被砍掉，敝邑恐怕國勢從此衰弱，卻羞辱了太姬的神靈。幸虧上天引誘出雙方的誠心，開導敝邑人的心理，陳國也自己知道他的罪了，自拿把柄出來給我們，所以才敢來獻功的。」晉人又問：「為什麼要侵略小國？」他回答說：「先王的命令只要看有罪的所在，便可對他用一種懲罰的；而且從前天子的土地，只正方一千里，列國的諸侯，只正方一百里，從此以下便漸漸少下去，都有一定的規矩。如今大國的土地，多至數圻了，如果不是侵吞小國的，怎會大得這般多呢？」晉人又問他說：「為什麼要穿著軍服來呢？」他回答說：「我的先君武公莊公，做了周朝平王桓王的卿士，城濮的那次戰役，你們晉文公發布命令給諸侯說：『各人都回復舊職！』便使我們文公穿了軍服擁護周王，獻勝楚國的功勞。今天穿著軍服也是不敢廢王命的緣故呢！」士莊伯不能再詰問他，便回報到趙武那裏，趙武說：「他的說話理由很順當，如果我們故意惹觸順當的事，是不吉利的。」便受了他的獻。冬天十月，子展給鄭伯相禮，到晉國去，拜謝討伐陳國的功勞。子西又討伐陳國，陳國同鄭國就和平了。仲尼說：「古書上有過的：『說話是所以成功心志的，文采是所以成功說話的。倘若不說話，誰能知道他的心志呢？但是倘若說話沒有文采，雖能表明心意，卻不能及於遠方。』晉國做了諸侯的伯主，鄭國卻敢興兵入陳國都城，如果不是這優美的說話，一定不會成功的。所以說話應該小心的！」

㈦**傳**楚蔿掩㊀為司馬，子木使庀賦，數甲兵㊁。甲午，蔿掩書土田㊂，度山林㊃，鳩藪澤㊄，辨京陵㊅，表淳鹵㊆，數疆潦㊇，規偃豬㊈，町原防㊉，牧隰皐⑪，井衍沃⑫，量入修賦⑬，賦車籍馬⑭，賦車兵⑮，徒卒⑯，甲楯之數⑰，既成以授子木，禮也。

【今註】㊀蔿掩：是蔿子馮的兒子。㊁數甲兵：清點甲兵的數目。㊂書土田：寫明土地所種植的物品。㊃度山林：估量山林木材。㊄鳩藪澤：鳩就是聚。聚成藪澤使人民不會破壞它，以備田獵的用處。⑥辨京陵：京是高的山，陵是比較低的。⑦表淳鹵：這是不容易種田的地方，表出之以減輕他的賦稅。⑧數疆潦：疆界旁邊有小水，可以減輕租稅。⑨規偃豬：偃豬是下窪的地方，算計容納水有多少。⑩町原防：在平地上看怎樣設隄防。⑪牧隰皋：隰皋是水岸下濕地，為芻牧之用。⑫井衍沃：衍沃是又平又美的地方，可以做井田。⑬量入修賦：看收入的多少以備賦稅的治理。⑭賦車籍馬：用稅收來購買車馬。⑮賦車兵：看車上甲士有多少。⑯徒卒：是步兵。⑰甲楯之數：盔甲同楯牌的數目。

【今譯】 楚國蒍子馮的兒子蒍掩做司馬的官，屈建使他整理賦稅，數甲兵的數目。甲午，蒍掩寫上土地所種植的物品，度量山林的木材，聚集藪澤，辨別大山或小堆，並且表示出不易種植的地方，數有小水溝的數目，計算濕窪的地方，用來貯水，做隄防，下濕的地方，為牧畜用，在平坦的地方，就劃為井田，看收成多少，來定他的賦稅，用稅收來購買車馬，清點甲士步卒、還有盔甲及楯牌的數目，既成以後就交給屈建，這是合於禮的。

⑬**經** 十有二月吳子遏伐楚門于巢卒。

傳 十二月，吳子諸樊伐楚，以報舟師之役，門于巢。巢牛臣曰：「吳王勇而輕，若啟之將親門，我獲射之必殪。是君也死，彊其少安。」從之。吳子門焉，牛臣隱於短牆以射之，卒。

【今譯】十二月，吳王諸樊伐楚國，以報復舟水軍的戰役，攻打巢門。巢牛臣就說：「吳王勇敢而輕敵，如果開了門他將親自攻打，我用箭射他，他必定死。這個人若死了，疆場可以安靜。」於是就照他的辦法，吳王就攻打巢門，巢牛臣藏在短牆後面，射他，就死了。

(十四)傳　楚子以滅舒鳩賞子木，辭曰：「先大夫蔿子之功也，以與蔿掩。」

【今譯】楚王因為滅了舒鳩就賞屈建，屈建就辭謝說：「這是我們先大夫蔿子馮的功勞，就把這賞賜給蔿掩。」

(十五)傳　晉程鄭卒，子產始知然明，問為政焉。對曰：「視民如子，見不仁者誅之，如鷹鸇之逐鳥雀也。」子產喜，以語子大叔，且曰：「他日吾見蔑㈠之面而已，今吾見其心矣。」子大叔問政於子產，子產曰：「政如農功，日夜思之，思其始而成其終，朝夕而行之，行無越思，如農之有畔㈡，其過鮮矣。」

【今註】㈠蔑：然明的名字。㈡農之有畔：跟農人耕地有次序。

【今譯】晉國程鄭死了，子產方才明白然明的本領，就問他為政的方法。然明回答說：「對人民看他像自己的兒子一樣，看見不仁的人誅殺他，等於大鷹追逐小鳥。」子產喜歡，告訴子大叔，並且說：「我從前祇看見他的臉，我現在看見他的心了。」子大叔有一天問政於子產，子產說：「行政與耕田的一樣，日夜想著他，由他開始想起來，一直到他的終了，早晨到晚上去辦理，細想然後再做，跟農人有次序一樣，這過錯就不會有了。」

㈥**傳**　衛獻公自夷儀使與甯喜言，甯喜許之。大叔文子㊀聞之曰：「烏呼，詩所謂我躬不說，皇恤我後者，甯子可謂不恤其後矣。將可乎哉？殆必不可。君子之行，思其終也，思其復也。書曰：『慎始而敬終，終以不困。』詩曰：『夙夜匪解，以事一人。』今甯子視君不如奕棋，其何以免乎？奕者舉棋不定，不勝其耦，而況置君而弗定乎？必不免矣。九世之卿族，一舉而滅之，可哀也哉。」

【今註】㊀大叔文子：即大叔儀。

【今譯】衛獻公從夷儀的地方，派人向甯喜請求回衛國，甯喜答應他。大叔儀聽說了就說：「詩經所說我自己不能自主，更有什麼功夫去念及後人，甯喜可以說不想著後人，這可以嗎？想必不可以。君子的行為，必定想到末了可以成功，必定可以再做。逸書上說：『謹慎的開始，恭敬的一直到末了，所以末了一定不會困難。』詩經上也說：『早晨同晚上不可以懈怠，以事奉一個君。』現在甯喜對於君還不如下棋，這還能夠免除禍難嗎？下棋的永遠不能定軌，所以不能成功，何況立個君，而不定軌嗎？必不能免除禍難。他是九輩的卿族，一下子就被滅了，豈不是可哀的事情。」

(七)【傳】會于夷儀之歲，齊人城郟㈠，其五月，秦晉為成，晉韓起如秦涖盟，秦伯車如晉涖盟，成而不結。

【今註】㈠城郟：這是在魯襄公二十四年。應該在二十五年。因為竹簡破爛所以抄在這兒。

【今譯】在夷儀會的那一年，齊國人修了周王的郟城，那年的五月，秦國同晉國定了和平，晉國韓起到秦國參加盟會，秦伯的弟弟鍼到晉國去參加盟會，和平而不能團結。

卷十九　襄公五

襄公二十有六年（公元前五百四十七年）

(一)傳春，秦伯之弟鍼如晉修成，叔向命召行人子員，行人子朱曰：「朱也當御㈠。」三云，叔向不應。子朱怒曰：「班爵同㈡，何以黜朱於朝？」撫劍從之㈢。叔向曰：「秦晉不和久矣，今日之事幸而集㈣，晉國賴之。不集，三軍暴骨，子員道二國之言無私，子常易之。姦以事君者，吾所能御也。」拂衣從之，人救之。平公曰：「晉其庶乎㈤！吾臣之所爭者大。」師曠曰：「公室懼卑，臣不心競而力爭，不務德而爭善，私欲已侈，能無卑乎？」

【今註】㈠朱也當御：我應當輪到做這個職位。㈡班爵同：同為大夫。㈢撫劍從之：按著寶劍追叔向。㈣幸而集：幸而能夠成功。㈤晉其庶乎：晉國或者很能夠治理了。

【今譯】秦伯的弟弟鍼到晉國去同晉國和好，叔向叫行人子員去答謝秦國的聘問。行人子朱說：「我應當去。」說了三次，叔向不答應。子朱生了氣說：「我同子員都是大夫的官，為什麼在朝庭上使我降等。」就按著劍去追叔向。叔向就說：「秦晉兩國，久已不相和睦，今日的事情，僥倖能成功，晉國必定仰賴他，要是不能成功，打起仗來，三軍將士就要暴露骨頭。子員稱道兩國的話沒有私心，你常變換去說。用姦來事奉君，我是可以管理的。」叔向就牽著子朱衣服爭吵起來，由旁人來勸解他們。晉平公說：「晉國或者庶幾能治理了！我的臣們所爭的事情大。」師曠在旁邊說：「公室恐怕要卑了，這兩個人不能心競而由力爭，不務德性而自己說他所爭的是對的，這是私欲已經很多，能夠不卑嗎？」

(二)**經** 二月辛卯，衛甯喜弒其君剽，衛孫林父入于戚以叛。甲午，衛侯衎復歸于衛。

傳 衛獻公使子鮮為復㊀，辭。敬姒㊁強命之。對曰：「君無信，臣懼不免。」敬姒曰：「雖然，以吾故也。」許諾。初，衛公使與甯喜言。甯喜曰：「必子鮮在，不然必敗。」故公使子鮮，子鮮不獲命於敬姒，以公命與甯喜言曰：「苟反，政由甯氏，祭則寡人㊂。」甯喜告蘧伯玉，伯玉曰：「瑗不得聞君之出，敢聞其入。」遂行，從近關出。告右宰穀㊃，右宰穀曰：「不可。獲罪於兩君㈤，天下誰畜之？」悼子曰：「吾受命於先人不可以貳㈥。」穀曰：「我請使焉而觀之。」遂見公於夷儀，反曰：「君淹恤在外十二年矣，而無憂色，亦無寬言，猶夫人也㈦。若不已，死無日矣。」悼子曰：「子鮮在。」右宰穀曰：「子鮮在何益？多而能亡，於我何為？」悼子曰：「雖然，不可以已。」孫文子在戚，孫嘉聘於齊，孫襄㈧居守。二月庚寅，甯喜、右宰穀伐孫氏不克，伯國㈨傷。甯子出舍於郊㈩，伯國死，孫氏夜哭。國人召甯子，甯子復攻孫氏，克之。辛卯，殺子叔⑪及大子角。書曰甯喜弒其君剽，言罪之在甯氏也。孫林父以戚如晉。書曰入于戚以叛，罪孫氏也。臣之祿君實有之，義則進，否則奉身而退，專祿以周旋，戮也。甲午，衛侯入。書曰復歸，國納之也。大夫逆於竟者，執其手而與之言；道逆者自車揖之；逆於門者頷之而已⑫。公至，使讓大叔文子曰：「寡人淹恤在外，二三子⑬皆使寡人朝夕聞衛國之言，吾子獨不在寡人。古人有言曰：『非所怨勿怨。』寡人怨矣。」對曰：「臣知罪矣。臣不佞，不能負羈絏以從扞牧圉，臣之罪一也；有出者，有居者㊃，臣不能貳通外內之言以事君，臣之罪二也。有二罪敢忘其死。」乃行，從近關出，公使止之。

【今註】㊀子鮮為復：叫子鮮幫他回到衛國去。㊁敬姒：是衛獻公同子鮮的生母。㊂政由甯氏祭則寡人：政權全由甯喜來掌管，我祇管祭祀。㊃右宰穀：衛大夫。㊄不可獲罪於兩君：從前出衛獻公，現在弒公孫剽。㊅不可以貳：不可以變心。㊆猶夫人也：仍舊是那一種人。㊇孫嘉、孫襄：全是孫林父的兒子。㊈伯國：是孫襄。㊉甯子出舍於郊：甯喜就到郊外去住，預備逃奔的方便。⑪子叔：衛侯剽。⑫頷之而已：祇是同他點點頭。⑬二三子：他們諸位。⑭有出者，有居者：出者是指衛獻公說，有居者是指著公孫剽說。

【今譯】衛獻公叫他弟弟子鮮為他設法回國，子鮮辭謝不能夠，他們的生母敬姒強迫子鮮。子鮮回答說：「君沒有信用，我怕辦了之後不免於禍。」敬姒就說：「雖然如此，但是因為我的原故。」子鮮後來許諾。最初的時候，獻公叫人跟甯喜說。甯喜回答說：「必須是子鮮做中間，不然必定失敗。」所以獻公就命令子鮮，子鮮既然沒有方法應付敬姒，就用獻公的命令同甯喜說：「假設返到衛國，政權由甯氏主管，我祇管祭祀。」甯喜告訴蘧瑗。蘧瑗說：「我在君出去的時候沒有參加，現在敢來參加他回來。」他就走了從近的關口出去。告訴右宰穀，右宰穀說：「不可以，得罪了兩君，天下誰還能夠容納我們。」甯喜就說：「我受命於我的先人，不可以變心。」右宰穀說：「我請派我去看看。」就到夷儀去見獻公。回來說：「君住在外面已經十二年，既然沒有憂愁的顏色，也沒有寬容的話，仍舊是這麼一個人。若仍舊如此不改，死亡沒有日子了。」甯喜說：「子鮮在。」右宰穀說：「子鮮在有什麼用處？頂多能夠逃亡在外，於我有什麼用呢？」甯喜說：「雖然如此，但是沒有方法不動了。」這時候，孫林父在戚，他的兒子孫嘉出聘於齊國，又一個兒子孫襄守孫氏的家。二月庚寅，甯喜、右宰穀討伐孫氏沒能成功，可是孫襄受了傷，甯喜看見這種情形就住到郊外去，預備出奔。後來孫襄死了，孫氏夜裡哭，貴族們叫甯喜，甯喜又進攻孫氏，這回打敗他。辛卯這天，殺衛侯剽同他的太子角。春秋上寫著說甯喜弒他的君剽，意思是罪過在甯氏。孫林父就將戚邑帶到晉國去。春秋上寫著孫林父入戚叛，這意思是罪狀在孫氏。凡是臣的奉祿，應該屬於君，合道理則往前進，否則就自己退下，專仗著奉祿與君周旋，這是該殺戮的。甲午這天，衛獻公回到衛國。春秋上寫著復歸，表示衛國使他回去。大夫在邊境上迎接他，獻公就拉著手跟他說話，在道路上迎接的，就在車上跟他做揖，在門口迎接的，只點點頭而已。獻公到了宮中以後，派人責讓大叔儀說：「寡人留在外邊，諸位大夫全叫我早晚聽見衛國的報告，你唯獨心不在我。古人說過話：『不應怨望的不要怨望。』寡人可是怨望了。」他回答說：「我知道罪狀了。我不才，不能夠背著馬韁繩跟著你從行，這是我罪狀的第一種。有如你是出去的，而剽在衛國，我沒有方法把事情裏外相通，以事奉你，這是我第二種罪狀。有二種罪狀，還敢忘了死嗎？」他就走了，從近的關口出去，衛獻公派人阻住他來。

(三)**傳**衛人侵戚東鄙，孫氏愬於晉，晉戍茅氏㈠。殖綽㈡伐茅氏，殺晉戍三百人，孫蒯追之，弗敢擊。文子曰：「厲㈢之不如？」遂從衛師，敗之圉㈣，雍鉏㈤獲殖綽，復愬于晉。

【今註】㈠茅氏：是戚的東部。戚在今河北省濮陽縣北七里，茅氏在戚城之東。㈡殖綽：本是齊人現在衛國。㈢厲：惡鬼。㈣圉：今河北濮陽縣東有圉城。㈤雍鉏：孫林父的家臣。

【今譯】衛國人因為孫林父以戚叛的原故，就侵略東邊。孫林父就到晉國去告訴，晉國就派軍隊去戍守茅氏。殖綽就討伐茅氏，殺晉戍守的兵三百人。孫林父的兒子孫蒯追趕他，也不敢動手。孫林父就罵他說：「你還不如一個厲鬼。」孫蒯被罵以後，就追逐衛國軍隊，在圉這地方打敗他，孫林父的家臣雍鉏逮著殖綽，又到晉國去告訴。

(四)**傳**鄭伯賞入陳之功，三月甲寅朔，享子展，賜之先路三命之服，先八邑。賜子產次路、再命之服，先六邑。子產辭邑曰：「自上以下，降殺以兩，禮也。臣之位在四㈠，且子展之功也，臣不敢及賞禮，請辭邑。」公固予之，乃受三邑。公孫揮曰：

「子產其將知政矣㈡，讓不失禮。」

【今註】㈠臣之位在四：上卿是子展，次卿是子西，再下是良霄，後來又立子產為卿，所以說是第四位。㈡子產其將知政矣：子產恐怕將要掌政權了。

【今譯】鄭伯償他的諸臣攻入陳國的功勞，三月甲寅朔，宴享子展，賜給他先路的車與三命的服裝，為八邑賞賜的先。又賞給子產次路的車與再命的服裝，在賞賜六邑之前，子產辭讓邑說：「由上邊以至下邊，全是以兩為等次，這是合於禮的。我的位置在第四，並且這是子展的功勞，臣不敢接受賞禮，請辭讓邑的賞賜。」鄭伯非給不可，就收了三邑。公孫揮就說：「子產恐怕將當政權了，謙讓不失掉禮節。」

㈤**經**夏，晉侯使荀吳來聘。

傳晉人為孫氏故召諸侯，將以討衛也。夏，中行穆子來聘，召公也㈠。

【今註】㈠召公也：召魯襄公開澶淵的會。

【今譯】晉國人因為孫林父的緣故，召盟諸侯，預備討伐衛國，夏天，晉國的荀吳來聘，是召魯襄公去開會。

㈥傳　楚子、秦人侵吳，及雩婁㊀，聞吳有備而還，遂侵鄭。五月，至于城麇㊁，鄭皇頡㊂戍之，出與楚師戰，敗，穿封戌囚皇頡，公子圍㊃與之爭之，正於伯州犁。伯州犁曰：「請問於囚。」乃立囚。伯州犁曰：「所爭君子也㊄，其何不知？」上其手曰：「夫子為王子圍，寡君之貴介弟也。」下其手曰：「此子為穿封戌，方城外之縣尹也。誰獲子？」囚曰：「頡遇王子弱焉㊅。」戌怒，抽戈逐王子圍，弗及。楚人以皇頡歸。印堇父㊆與皇頡戍城麇，楚人囚之以獻於秦。鄭人取貨於印氏以請之，子大叔為令正㊇，以為請。子產曰：「不獲。受楚之功，而取貨於鄭，不可謂國，秦不其然。若曰：『拜君之勤鄭國，微君之惠，楚師其猶在敝邑之城下。』其可。」弗從，遂行，秦人不予。更幣從子產而後獲之。

【今註】㊀雩婁：楚地，一統志說：「在河南省商城縣東南。」㊁城麇：釋地說：「在今河南西華縣西境為陳鄭境上邑，故云戍也。」㊂皇頡：鄭大夫。㊃公子圍：是楚靈王。㊄所爭君子也：爭功的兩人一個是王子圍，一個是穿封戌，全不是小人。㊅頡遇王子弱焉：我遇見王子圍失敗了。㊆

印堇父：鄭大夫。㈧令正：做主辭令的官。

【今譯】楚王和秦國人去侵伐吳國，到了雩婁的地方，聽得吳國已有防備了，便回來順便侵伐鄭國。五月中到了城麇，有個鄭大夫皇頡守在那裏，出兵和楚軍打仗，被打得大敗。楚國的穿封戌拘拿住皇頡，公子圍和他爭功，就辨正曲直在伯州犂那裡，伯州犂說：「只問囚虜便得了！」便吩咐皇頡站在庭中，伯州犂說：「他們爭你的都是君子，很容易認識的，你那裡會不知道呢？」便高舉他的手指點王子圍說：「這個是王子圍，是寡君的貴介弟呢。」又低著他的手指，點著穿封戌說：「這個是穿封戌，是方城外的縣尹呢，到底是那個捉住你的？」那囚虜會意了，便說：「我碰見了王子，敗在他手中的。」穿封戌便大怒，抽起戈來追趕王子圍，沒有追到，楚人便帶了皇頡回國去。印堇父是和皇頡同守城麇的，楚人便一併囚著印堇父，獻給秦國。後來鄭人便向印氏要出些財貨來，去贖那印堇父。游吉做傳話的，拿私賄去討情。子產說：「討不回來的，他們受了楚國獻的功，卻私自得我鄭國的賄，這不成為國了，秦國一定不肯這樣做的，如果說：『謝你君的關心我鄭國，倘沒有你君的暗中幫忙，恐怕楚軍到現在還在敝邑的城下呢！』這樣說法，那末可以了！」他們不聽從，便到秦國去，秦人果然不允許。後來終究換了幣帛，依著子產的說話，方才討回。

㈦經　公會晉人鄭良霄、宋人、曹人于澶淵。

(八)**經**晉人執衛甯喜。

傳六月，公會晉趙武、宋向戌、鄭良霄、曹人于澶淵，以討衛疆戚田(一)，取衛西鄙懿氏(二)六十以與孫氏。趙武不書，尊公也。向戌不書後也。鄭先宋，不失所也。於是衛侯會之，晉人執甯喜，北宮遺(三)，使女齊(四)以先歸。衛侯如晉，晉人執而囚之於士弱氏(五)。秋七月，齊侯、鄭伯為衛侯故如晉，晉侯兼享之。晉侯賦嘉樂(六)，國景子(七)相齊侯，賦蓼蕭(八)，子展相鄭伯，賦緇衣(九)。叔向命晉侯拜二君曰：「寡君敢拜齊君之安我先君之宗祧也，敢拜鄭君之不貳也。」國子使晏平仲私於叔向曰：「晉君宣其明德於諸侯，恤其患而補其闕，正其違而治其煩，所以為盟主也。今為臣執君，若之何？」叔向告趙文子，文子以告晉侯。晉侯言衛侯之罪，使叔向告二君(十)。國子賦轡之柔矣(十一)，子展賦將仲子兮(十二)。晉侯乃許歸衛侯。叔向曰：「鄭七穆，罕氏其後亡者也，子展儉而壹(十三)。」

【今註】(一)疆戚田：劃清戚的封疆。(二)懿氏：一統志說：「在今河北濮陽縣北五十七里。」(三)北宮遺：北宮括的兒子。㊃女齊：晉國司馬侯。㊄士弱氏：晉國管理監獄的大夫。㊅嘉樂：詩經大雅的一篇詩。㊆國景子：是國弱。㊇蓼蕭：詩經小雅的一篇。㊈緇衣：詩經鄭風的一篇。㊉告二君：將衛侯的罪狀，就是因為他殺晉國的戍兵，告訴齊侯同鄭伯。⑪〈轡之柔矣〉：逸詩。⑫將仲子兮：詩經鄭風的一篇。⑬子展儉而壹：子展是很勤儉而用心專壹。

【今譯】六月，魯襄公去會合晉國趙武、宋國向戌、鄭國良霄、曹人在澶淵的地方，為的討伐衛國並且疆臨戚的田界，取衛國西邊懿氏六十井給孫林父。春秋上不寫趙武，是因為尊重魯襄公，也不寫向戌，是因為他到的晚。鄭國在宋國的先，這是按他到的先後，於是衛獻公去開會，晉國人捕獲了甯喜、北宮遺，使司馬侯先送他們回晉國去。衛獻公也到晉國去了。晉國人把他逮起來，囚到士弱氏的家中。秋七月，齊侯、鄭伯為了衛獻公也到晉國去。晉平公亦請他們兩人宴會。晉平公歌唱嘉樂這篇詩。國弱為齊侯的相禮，賦蓼蕭這篇詩，子展做鄭伯的相禮，賦緇衣這篇詩。叔向命晉平公拜兩位君說：「晉國君敢拜齊國君的安定我國的宗祧，又敢拜鄭國君的不貳心。」國弱使晏嬰私下同叔向說：「晉國君宣佈他的明德對於諸侯，憐恤他們的患難，而補正他的闕失，正他的違背，治理他的煩難，所以能做盟主。現在為孫林父而執衛侯，這是怎麼回事？」叔向告訴趙武，趙武轉告晉侯。晉平公述說衛獻公的真正罪狀，使叔向轉告兩位君。國弱賦轡之柔矣這篇詩。子展賦將仲子兮這篇詩。晉平公就答應送還衛獻公。叔向又說：「鄭國七穆之中，罕氏是最後亡的一個，子展能夠節儉而心志專壹。」

(九)經秋宋公殺其世子痤。

傳初，宋芮司徒㊀生女子，赤而毛，棄諸堤下。共姬㊁之妾，取以入，名之曰棄，長而美。平公入夕㊂，共姬與之食。公見棄也，而視之尤㊃。姬納諸御，嬖，生佐㊄，惡而婉㊅。大子痤美而很㊆，合左師㊇畏而惡之。寺人惠牆伊戾㊈為大子內師而無寵。秋，楚客聘於晉，過宋，大子知之，請野享之，公使往，伊戾請從之。公曰：「夫不惡女乎？」對曰：「小人之事君子也，惡之不敢遠，好之不敢近，敬以待命，敢有貳心乎？縱有共其外，莫共其內，臣請往也。」遣之，至則欿用牲加書徵之㊉，而騁告公曰：「大子將為亂，既與楚客盟矣。」公曰：「為我子又何求？」對曰：「欲速⑪。」公使視之，則信有焉。問諸夫人與左師，則皆曰：「固聞之。」公囚大子，大子曰：「唯佐也能免我。」召而使請曰：「日中不來，吾知死矣。」左師聞之聒而與之語⑫，過期，乃縊而死。佐為大子，公徐聞其無罪也，乃亨伊戾。左師見夫人之步馬者⑬，問之，對曰：「君夫人氏也。」左師曰：「誰為君夫人？余胡弗知。」圉人歸以告夫人，夫人使饋之錦與馬，先之以玉，曰：「君之妾棄使某獻。」左師改命曰「君夫人」。而後再拜稽首受之。

【今註】㈠芮司徒：是宋大夫。㈡共姬：魯國的伯姬。㈢平公入夕：平公是共姬的兒子，晚上去見他的母親。㈣而視之尤：見著她很美。㈤佐：宋元公。㈥惡而婉：長得很難看，但是心中和順。㈦大子痤美而很：大子痤長得美，而心很惡。㈧合左師：即向戌。㈨惠牆伊戾：惠牆是氏，伊戾是名字。㈩至則欿用牲加書徵之：到了以後就假作窪了一個坑，上面還有牛再加上盟誓的書來做證明。⑪欲速：意思是說趕緊得到君位。⑫聒而與之語：聒音（ㄍㄨㄚ）。就故意多同他說話。⑬步馬者：養馬的。

【今譯】起初，宋大夫芮司徒生了一女兒，滿身是紅色，又都是毛，就把他拋棄在堤下。宋共姬的侍妾看見了她，便抱她進去養著，取名叫棄。後來長大了，容貌卻很美麗，平公到母親那裏去請晚安，共姬給他吃些食物，平公就看見了棄，而且看得非常出神。共姬就叫她去服侍宋平公，很是得寵。生個兒子名叫佐，相貌雖不好，心地卻很和順，平公的大子叫痤，相貌雖好，心地卻凶甚拗強，合左師既怕他，又厭惡他。有個太監以惠牆為氏名伊戾的，做了大子宮內的教師，卻是並不寵用他。

他心中很怨恨。秋天，有個楚客聘問到晉國去，經過宋國，太子痤素和楚客交好的，請求宋公說要在郊外請他吃一頓。宋平公允許了他，教他前去。伊戾便請要跟去，平公說：「大子不是厭惡你麼？」他回答說：「小人的服事君子，那怕怒我，也不敢遠離他；那怕喜歡我，也不敢分外親近，只是很恭敬的侍候他；敢有什麼二心麼？縱然有人供應他外邊的一切事，可是沒有人供應他裏邊的一切事，只可讓臣同去了。」宋平公便派他同去。伊戾到了那裏便假造結盟的樣子，掘地成欿，用牲畜放在那裏，加上盟書，做出太子要謀亂的見證來，使立刻騎馬回來，告訴平公說：「太子將要作亂了，已經和楚客訂了盟約。」平公說：「既然是我的兒子，這君位早晚是他的，他還要求什麼呢？」回答說：「他想快點取得君位啊！」平公便派人去看，果然有的，就問夫人和左師，他們也都說：「本來聽得的。」平公便把太子拘禁起來。太子說：「只有佐能夠救我的。」便叫人去請他來，說：「如果過了中午還不來，我便知道一定要死了。」左師聽到這事，竟故意嚷著和佐談話，使他誤過時期。既過期後，太子痤便自己吊死。佐就做了太子。平公後來慢慢聽見太子並沒有罪，就烹死伊戾。左師有一天看到替夫人調練馬的馬夫，就問他說：「這馬是誰的？」回答說：「君夫人氏的。」左師說：「那個是君夫人，我怎麼不知道呢？」後來養馬的人回去，便把這話告訴夫人，夫人就派人送他緞帛和馬，先用玉送去說：「君的妾名棄的，派某人獻進。」左師便吩咐派來的人改稱君夫人，然後方才拜兩拜，磕頭收受。

(十)傳 鄭伯歸自晉，使子西如晉聘，辭曰：「寡君來煩執事，懼不免於戾㈠，使夏㈡謝不敏。」君子曰善事大國。

【今註】㈠不免於戾：恐怕不免於得罪大國。㈡夏：子西的名字。

【今譯】鄭伯從晉國請衛獻公以後回到鄭國，叫公孫夏到晉國聘問，就說：「寡君又來麻煩執事，恐怕失敬大國而不免於罪戾，使夏來敬謝不敏。」君子說這很善於事奉大國。

(土)傳 初，楚伍參與蔡太師子朝友，其子伍舉與聲子㈠相善也。伍舉娶於王子牟，王子牟為申公而亡，楚人曰伍舉實送之，伍舉奔鄭，將遂奔晉。聲子將如晉，遇之於鄭郊，班荊相與食而言復故㈡。聲子曰：「子行也，吾必復子。」及宋，向戌將平晉楚，聲子通使於晉。還如楚，令尹子木與之語，問晉故焉㈢；且曰：「晉大夫與楚孰賢？」對曰：「晉卿不如楚，其大夫則賢，皆卿材也。如杞、梓，皮革自楚往也。雖楚有材，晉實用之㈣。」子木曰：「夫㈤獨無族姻乎？」對曰：「雖有而用楚材實多，歸生㈥聞之，善為國者賞不僭而刑不濫。賞僭則懼及淫人，刑濫則懼及善人。若不幸而過，寧僭無濫。與其失善，寧其利淫，無善人則國從之(七)。詩曰：『人之云亡，邦國殄瘁(八)。』無善人之謂也。故夏書曰：『與其殺不辜，寧失不經(九)。』懼失善也。商頌有之曰：『不僭不濫，不敢怠皇，命于下國，封建厥福(一〇)。』此湯所以獲天福也。古之治民者勸賞而畏刑，恤民不倦，賞以春夏，刑以秋冬。是以將賞為之加膳，加膳則飫賜(一一)，此以知其勸賞也。將刑為之不舉，不舉則徹樂(一二)，此以知其畏刑也。夙興夜寐，朝夕臨政，此以知其恤民也。三者禮之大節也，有禮無敗。今楚多淫刑，其大夫逃死於四方而為之謀主，以害楚國，不可救療，所謂不能也(一三)。子儀之亂，析公奔晉(一四)，晉人寘諸戎車之殿(一五)，以為謀主。繞角之役(一六)，晉將遁矣。析公曰：『楚師輕窕，易震蕩也。若多鼓鈞聲，以夜軍之，楚師必遁。』晉人從之，楚師宵潰，晉遂侵蔡，襲沈，獲其君，敗申息之師於桑隧，獲申麗而還。鄭於是不敢南面，楚失華夏，則析公之為也。雍子之父兄譖雍子，君與大夫不善是也㊀七，雍子奔晉。晉人與之鄐，以為謀主。彭城之役，晉楚遇於靡角之谷㊀八，晉將遁矣，雍子發命於軍曰：『歸老幼，反孤疾，二人役，歸一人，簡兵蒐乘㊀九，秣馬蓐食㊁〇，師陳焚次，明日將戰，行歸者而逸楚囚。』楚師宵潰，晉降彭城而歸諸宋，以魚石歸㊁一。楚失東夷，子辛死之，則雍子之為也。子反與子靈㊁二爭夏姬，而雍害其事㊁三，子靈奔晉，晉人與之邢，以為謀主。扞禦北狄，通吳於晉，教吳叛楚，教之乘車射御驅侵，使其子狐庸為吳行人焉，吳於是伐巢，取駕，克棘，入州來，楚罷於奔命，至今為患，則子靈之為也。若敖之亂㊁四，伯賁之子賁皇奔晉，晉人與之苗，以為謀主。鄢陵之役㊁五，楚晨壓晉軍而陳，晉將遁矣。苗賁皇曰：『楚師之良在其中軍王族而已，若塞井夷竈成陳以當之，欒范易行以誘之㊁六，中行二郤必克二穆㊁七，吾乃四萃於其王族，必大敗之。』晉人從之，楚師大敗，王夷師熸㊁八，子反死之，鄭叛吳興，楚失諸侯，則苗賁皇之為也。」子木曰：「是皆然矣。」聲子曰：「今又有甚於此。椒舉娶於申公子牟，子牟得戾而亡，君大夫謂椒舉女實遣之，懼而奔鄭，引領南望曰：『庶幾赦余(二九)。』亦弗圖也(三〇)，今在晉矣。晉人將與之縣以比叔向，彼若謀害楚國，豈不為患？」子木懼，言諸王益其祿爵而復之。聲子使椒鳴(三一)逆之。

【今註】㈠伍舉聲子：伍舉是椒舉。聲子是蔡太師子朝的兒子。㈡班荊相與食而言復故：他們二人坐在地下吃飯，而商量回楚國的事情。㈢問晉故焉：打聽晉國的事情。㈣雖楚有材，晉實用之：楚國雖然有才幹，晉國用他們。㈤夫：指晉國。㈥歸生：聲子的名字。㈦無善人則國從之：若沒有好人，這個國家必定要亡了。㈧人之云亡，邦國殄瘁：這是詩經大雅的詩。意思說這人若死了，全國也糟了。㈨與其殺不辜，寧失不經：夏朝逸書。與其殺了冤枉的人，寧可失去刑法。㈩不僭不濫，不敢怠皇，命于下國，封建厥福：賞也不敢多，刑法也不敢濫，不敢懈怠，命令著各國，使他們全有福氣。(一一)加膳則飫賜：加膳就賞賜以下的人。(一二)不舉則徹樂：不舉盛宴的，就徹掉奏樂。(一三)所謂不能也：因為楚國不能用他的才幹。(一四)子儀之亂，析公奔晉：在魯文公十四年。(一五)寘諸戎車之殿：把他擱到戎車的殿後。(一六)繞角之役：在魯成公六年。(一七)君與大夫不善是也：楚國的君同大夫，不分別他的曲直。(一八)晉楚遇於靡角之谷：在魯成公十八年。(一九)簡兵蒐乘：簡擇軍隊，看車輛。

㉑秣馬蓐食：餵了馬而軍隊於夜間吃飯。㉒晉降彭城而歸諸宋，以魚石歸：在襄公元年。㉓子靈：巫臣。㉔雍害其事：子反亦雍害巫臣使他不能取夏姬。㉕若敖之亂：在魯宣公四年。㉖鄢陵之役：在魯成公十六年。㉗欒范易行以誘之：欒氏同范氏簡易軍備來引誘楚軍。㉘中行二郤必克二穆：中行偃佐上軍，二郤指郤錡他是將上軍，郤至佐新軍，這上軍同新軍聯合起來，必定打敗子重子辛的軍隊。因為他們全是楚穆王的後人。㉙王夷師熸：楚共王被射傷，楚軍全打敗。㉚庶幾赦余：希望楚國趕緊赦免我。㉛亦弗圖也：而楚國也不注意到這點。㉜椒鳴：是伍舉的兒子。

【今譯】最初的時候，楚國的伍參與蔡國的太師子朝友愛，而他們的兒子伍舉和歸生很相親善。伍舉娶了王子牟的女兒，王子牟做到楚國的申公伏罪逃亡，楚國人說伍舉實在送他出國的。伍舉逃到鄭國，想就逃去晉國。歸生將到晉國去，兩人在鄭國郊外碰見了，坐在草地上聚餐，而商量將來回到楚國。歸生說：「你去吧！我必定叫你回來。」到了宋國，宋國的向戌將聯合晉楚的和平，歸生到晉國去。回到楚國，楚令尹屈建跟他說話，問晉國的故事，並且問：「晉國的大夫與楚國大夫那一國較多賢材？」歸生回答說：「晉國的卿不如楚國，他的大夫賢材很多，全多是卿的才幹。如同杞、梓、皮革全都來自楚國。雖然楚國有才幹，晉國常常用他們。」屈建就說：「晉國都沒有親戚嗎？」他回答說：「雖然有，而用的楚國才幹很多。我歸生聽見說，善治理國家的人，賞不錯誤，而刑也不濫。賞錯誤了，就怕賞到淫人，刑濫的就怕到了善人。若不幸的時候而錯誤了，寧可賞的錯誤，而刑不要濫，與其失掉善人，寧可利於淫人，沒有善人這國家就會亡了。詩經大雅說：『善人亡了，邦國全都毀了。』這是沒有善人的緣故。所以夏書也說：『與其殺無罪的，寧可失掉不用常法的人。』這就是怕丟掉善人的緣故啊。商頌也有這句話：『賞若不錯誤，刑也不能錯誤，不敢懈怠自寬暇，所以能夠命令在下國，做了天子。』這成湯所以得到天命的福氣。古代的治理人民的人很想著願意多賞賜，而畏懼刑法。不倦的憐恤人民，賞在春夏，刑是在秋冬。所以將賞賜的事就叫加膳，加膳就賞賜屬下，是以知道為的勸善。將刑就不設盛宴，不設盛宴就撤除音樂，這就所以畏懼刑法。早晨起來，夜裡睡覺，早晨夜裡臨執政權，這所以知道他是憐恤人民。這三件事全是禮的大節，有禮就不會失敗。現在楚國很多刑法，他的大夫們全逃亡死在四方，去做謀主，來謀害楚國，沒有方法救治，這也是我所謂楚國人不能用他的才能。子儀的亂事，析公逃奔到晉國去，晉國把他擺到戎車的殿後，以他做謀主。繞角那戰役，晉國本來已經要逃走了，析公就說：『楚國軍隊很輕窕，容易受震蕩。如果多鼓動同樣的聲音，夜裡使他們聽，楚國軍隊必定逃走。』晉國人果然聽從他的話，楚國軍隊夜裡就逃走了。晉國遂侵略蔡國，偷襲沈國，捕獲沈國的君，敗楚國申息的軍隊在桑隧的地方，獲得申麗，晉國軍才回國。鄭國於是不敢向南與楚國聯合，楚國失去了中原，這都是析公的作為啊。雍子的父兄說雍子的壞話，楚王與大夫們不分別他的曲直，雍子逃到晉國去。晉人給他鄐的地方，叫他做謀主，在彭城的戰役，晉楚兩國軍隊在靡角之谷相遇見，晉國又要逃走了，雍子在軍中發命令說：『把老幼全送回去，送還沒有父親同有病的人，一家有二個人出征的就派一個人回去，簡擇步卒與車輛，給馬早點吃草，軍隊也早點吃，擺起陣來燒毀住的房間，明天將打仗，叫回去的人全走，而把楚國的囚犯也放開。』

楚國軍隊夜裡就奔潰了。晉國把彭城降服而歸到宋國，祇叫魚石回到晉國去。楚國丟掉東方夷人，而子辛也死了，這全是雍子的作為。令尹子反與巫臣爭奪夏姬，而妨害巫臣的事情，巫臣逃奔到晉國去，晉人給他邢的地方，叫他做謀主。擋禦著北狄，使吳國同晉國相通，教給吳人反叛楚國，教吳國用車戰，駕車射箭，叫他兒子狐庸在吳國做行人官，吳國於是伐巢取駕、克棘，進入州來，楚國勞苦於奔命，到現在為楚國的禍患，這就是巫臣的作為。若敖的亂事，伯賁的兒子賁皇逃奔到晉國，晉人給他苗這地方，使他做謀主。鄢陵的戰役，楚國軍隊早晨就壓著晉軍擺成陣勢，晉國軍隊就要逃走，苗賁皇說：『楚國軍隊的好的祇在他中軍王族而已，如果堵塞井，拆了竈擺成陣勢來抵抗他，欒范兩軍簡易兵備來引誘他，中行偃同郤錡這上軍連上郤至的新軍來攻打子重子辛的軍隊，四面來包圍他的王族的軍隊，必定大敗他。』晉國軍隊聽從他，楚軍大敗，王受傷，軍隊全毀了，子反死了，鄭國叛了楚國，吳國興起來，楚國失掉諸侯，這就是苗賁皇的作為。」屈建就說：「這全不錯。」歸生又說：「現在有比這更厲害。椒舉娶了申公子牟的女兒，子牟得罪逃離楚國。君大夫們全說椒舉你是送他去的，他怕就逃到鄭國去了，他向著南邊望說：『庶幾可以赦了我。』而楚國人也不以他為意，現在他到了晉國了。晉人將給他一個地方，以他才能與叔向一樣，他若想著謀害楚國，豈不是可以為患難嗎？」屈建害怕了，對楚王說加上他的爵位而使他回國。歸生就使伍舉的兒子椒鳴去迎接他。

㈦經　八月壬午許男甯卒于楚。

(十三) 經 冬楚子蔡侯陳侯伐鄭。

(十四) 經 葬許靈公。

傳 許靈公如楚請伐鄭，曰：「師不興，孤不歸矣。」八月卒于楚。楚子曰：「不伐鄭何以求諸侯。」冬十月，楚子伐鄭，鄭人將禦之。子產曰：「晉楚將平，諸侯將和，楚王是故昧於一來㈠，不如使逞而歸，乃易成也。夫小人之性釁於勇，嗇於禍，以足其性而求名焉者，非國家之利也，若何從之。」子展說，不禦寇。十二月乙酉，入南里㈡，墮其城，涉於樂氏㈢，門于師之梁㈣，縣門發，獲九人焉，涉于氾而歸。而後葬許靈公。

【今註】㈠楚王是故昧於一來：就這原因，楚王就冒昧的來攻鄭國。㈡南里：鄭邑，今河南省新鄭縣南五里。㈢樂氏：彙纂說：「今河南省新鄭縣境，洧水濟渡處。」㈣師之梁：鄭國城門。

【今譯】許靈公到楚國去請求伐鄭國，他說：「楚國軍隊若不出，我就不回許國去。」八月，他就死在楚國。楚王說：「要不討伐鄭國，怎麼樣能夠求到諸侯的來。」冬十月，楚王討伐鄭國，鄭國想抵抗他。子產說：「晉國同楚國將和平，諸侯們也將和平相處，楚王所以他冒昧的來攻，不如使他快意回去，就容易成功了。小人因血氣而動，自取禍敗，只為了逞性求名，這不是國家的利益，為什麼聽從他們。」子展聽了這話很高興，不抵抗楚國。十二月乙酉這天，楚軍登入南里，毀掉他的城池，就渡過樂氏小河，攻打鄭國都城的城門師之梁，鄭人下縣門堅守，楚人逮著鄭國九個人，就渡過汜水而回到楚國，然後給許靈公下葬。

(十五) **傳** 衛人歸衛姬於晉，乃釋衛侯，君子是以知平公之失政也。

【今譯】衛國把他女兒嫁給晉國，於是晉平公就釋放衛獻公，君子現在明白了，晉平公已失了為政之道。

(十六) **傳** 晉韓宣子聘于周，王使請事㈠，對曰：「晉士起將歸時事於宰旅，無他事矣。」王聞之曰：「韓氏其昌阜於晉乎，辭不失舊。」

【今註】㈠王使請事：問為什麼來聘問。

【今譯】晉國的韓起到周去聘問，周王問他為什麼來聘問，他回答說：「晉國的士起將歸時事的貢職，沒有旁的事。」周王聽了說：「韓氏在晉國恐怕要昌大了，他的文辭不失掉舊樣子。」

(十七) **傳** 齊人城郟之歲㈠其夏齊烏餘㈡以廩丘㈢奔晉，襲衛羊角㈣取之，遂襲我高魚㈤，有大雨，自其竇㈥入，介于其庫㈦，以登其城，克而取之，又取邑于宋。於是范宣子卒，諸侯弗能治也。及趙文子為政，乃卒治之。文子言於晉侯曰：「晉為盟主，諸侯或相侵也，則討之使歸其地。今烏餘之邑皆討類也，而貪之，是無以為盟主也，請歸之。」公曰：「諾。孰可使也？」對曰：「胥梁帶㈧，能無用師。」晉侯使往。

【今註】㈠城郟之歲：在魯襄公二十四年。㈡烏餘：是齊大夫。㈢廩丘：一統志說：「今山東范縣東南七十里，有義東堡，即古廩邱。」㈣羊角：據山東通志說：「在今山東范縣東南七十里與廩邱相近。」㈤高魚：彙纂說：「在今山東鄆城西境之高魚鄉。」㈥竇：因為天下雨，水竇門開著。㈦介于其庫：到高魚的庫中，拿甲冑穿起來。㈧胥梁帶：是晉大夫。

【今譯】齊國人修王城郟那一年，夏天，齊大夫烏餘拿廩丘這地方奔逃到晉國，他又偷襲衛國的羊角佔領他，又偷襲魯國的高魚，這天正趕上大雨，他就從高魚的水道近城，到了他的庫中，穿上盔甲，登上他的城，就佔領他。又佔領宋國的一個城，這時候士匄死了，諸侯也沒有方法治理他，到了趙武管理政權以後，就治理這件事。趙武對晉平公說：「晉國是盟主，諸侯互相侵害，就討伐他們，退還他的地方。現在烏餘所有的城邑，皆屬於該追討這一類，而晉國貪圖他們，這就不能做盟主了，請歸還給他們。」晉平公說：「好吧！但是誰可以派呢？」回答說：「胥梁帶這人能夠，不必用軍隊。」晉平公就派他辦理。

襄公二十有七年（公元前五百四十六年）

㈠ **傳** 春，胥梁帶使諸喪邑㈠者具車徒以受地，必周㈡，使烏餘具車以受封㈢。烏餘以眾出㈣，使諸侯偽效烏餘之封者㈤而遂執之，盡獲之，皆取其邑而歸諸侯。諸侯是以睦於晉。

【今註】㈠諸喪邑：就是齊、魯、宋各國丟掉城邑的。㈡必周：必定很秘密的。㈢具車徒以受封：預備車輛以便受封地。㈣烏餘以眾出：烏餘領著軍隊全出來。㈤使諸侯偽效烏餘之封者：使諸侯們假著拿著些城邑來封烏餘。

【今譯】春晉國的胥梁帶叫所有丟掉城邑的人來領著車輛來接受地畝，但是必定要秘密的。另外使烏餘預備了車輛來接受封邑，烏餘聽了，就帶他的眾人出來接受封邑，使齊、魯、宋各諸侯假裝著給烏餘封地的人。晉國就把烏餘的人全都逮捕全得到，並全拿了他的封邑交給各諸侯。諸侯們所以對於晉國很親睦。

(二)經齊侯使慶封來聘。

傳齊慶封來聘，其車美。孟孫謂叔孫曰：「慶季(一)之車，不亦美乎？」叔孫曰：「豹聞之，服美不稱，必以惡終。美車何為？」叔孫與慶封食，不敬，為賦相鼠(二)，亦不知也。

【今註】(一)慶季：即慶封。(二)相鼠：詩經鄘風的一篇，意思是說相鼠有皮，人而無儀，人而無儀，不死何為？

【今譯】齊國的慶封來魯國聘問，他乘的車輛很美，孟孫就對叔孫豹說：「慶封的車輛，不也很美嗎？」叔孫豹就說：「我聽見說過，車服美到和他的為人不相稱，末了必定是壞的完結，車美有什麼用呢？」叔孫豹給慶封飲食，慶封吃食的時候不恭敬，叔孫豹為他歌唱相鼠這篇詩，他也不懂。

(三)經夏叔孫豹會晉趙武、楚屈建、蔡公孫歸生、衛石惡、陳孔奐、鄭良霄、許人、曹人于宋。

(四)經衛殺其大夫甯喜。

(五)經衛侯之弟鱄出奔晉。

傳衛甯喜專，公患之，公孫免餘㈠請殺之，公曰：「微甯子不及此㈡，吾與之言矣㈢。事未可知，祇成惡名，止也。」對曰：「臣殺之，君勿與知。」乃與公孫無地、公孫臣㈣謀，使攻甯氏，弗克皆死㈤。公曰：「臣也無罪，父子死余矣㈥。」夏，免餘復攻甯氏，殺甯喜及右宰穀，尸諸朝。石惡將會宋之盟，受命而出，衣其尸，枕之股而哭之，欲斂以亡，懼不免，且曰受命矣，乃行。子鮮曰：「逐我者出㈦，納我者死㈧，賞罰無章，何以沮勸？君失其信，而國無刑，不亦難乎？且鱄實使之㈨。」遂出奔晉，公使止之不可，及河，又使止之，止使者而盟於河，託於木門㈩，不鄉衛國而坐。木門大夫勸之仕，不可曰：「仕而廢其事，罪也；從之，昭吾所以出也，將誰愬乎？吾不可以立於人之朝矣？」終身不仕。公喪之如稅，服終身。公與免餘邑六十，辭曰：「唯卿備百邑，臣六十矣，下有上祿，亂也。臣弗敢聞，且甯子唯多邑故死，臣懼死之速及也。」公固與之，受其半，以為少師，公使為卿，辭曰：

「大叔儀不貳，能贊大事，君其命之。」乃使文子為卿。

【今註】㈠公孫免餘：衛大夫。㈡微甯子不及此：要不是甯喜我不能夠回國。㈢吾與之言矣：我已經跟他說過政由寧氏的話。㈣公孫無地、公孫臣：全是衛大夫。㈤弗克皆死：沒能攻下公孫無地同公孫臣全戰死。㈥父子死余矣：在衛獻公出亡在齊國時，公孫臣的父親也為孫林父所殺。㈦逐我者出：指孫林父。㈧納我者死：指著甯喜。㈨且鱄實使之：並且鱄實在使甯喜迎衛獻公回國。㈩木門：彙纂引穀梁傳說：「織絢邯鄲。則木門當在今河北邯鄲縣境。」

【今譯】衛國甯喜專權，衛獻公深以他為患，公孫免餘請把他殺掉，獻公說：「要不是甯喜，我不會返回衛國，我曾經跟他說過，政權由甯氏來掌，殺他的事沒有把握一定成功。祇得到壞的名譽，不如停止吧。」免餘回答說：「我把他殺掉，你當作不知道好了。」就與公孫無地、公孫臣計謀，叫他攻打甯氏家，沒有成功，全都死了。衛獻公說：「公孫臣沒有罪，他父子兩個人全都為我死了。」夏天，免餘又攻甯氏，殺了甯喜同右宰穀，把他們的屍首全擺在朝上。石惡將到宋國去開會，已經受了命令預備走了，就用衣服覆蓋甯喜屍體，又把甯氏的屍首枕到腿上，哭了一陣，想著等到甯喜入斂以後再逃亡，怕是免不了罪，另外，他又說已經受了命令了，就去開會。獻公的弟弟子鮮說：「驅逐我的孫林父，他出奔到晉國去，迎接我回國的甯喜可是死了，這是賞罰沒有規章，怎麼樣可以勸善，攔阻惡人呢？君失掉信用，而國家沒有刑賞，這不是也難嗎？並且我鱄實在使甯喜納君回來。」就出亡到晉國，獻公派人攔住他，他不肯留下，到了黃河，又使人攔阻他，他叫派去的使者停止，而在黃河上盟誓說不回來，住在晉國的木門的地方，不向著衛國的方向而坐，木門的大夫勸他出仕，他認為不可以。他說：「做官而廢掉他的事業，這是罪惡的，從著辦理事，這是表示我為什麼出來，這還告訴誰呢？我不可以立在旁人的朝上。」終身不做官。獻公以他的走等於喪事，穿著小喪服一輩子。獻公給免餘邑六十，他辭讓說：「卿可有一百邑，我已經有六十了，在下的有在上的奉祿，這是亂事，我不敢知道這件事，並且甯喜因為邑很多，所以死了，我很怕死來的快。」獻公非給他不可，就接受了一半，叫他做少師。獻公又讓他做卿，他辭謝說：「大叔儀沒有貳心，能佐理大事情，你何不命令他做。」就讓大叔儀做卿。

㈥**經**秋七月辛巳豹及諸侯之大夫盟于宋。

傳宋向戌善於趙文子，又善於令尹子木，欲弭諸侯之兵以為名㈠，如晉告趙孟，趙孟謀於諸大夫。韓宣子曰：「兵，民之殘也，財用之蠹㈡，小國之大菑也。將或弭之，雖曰不可，必將許之。弗許，楚將許之，以召諸侯，則我失為盟主矣。」晉人許之。如楚，楚亦許之。如齊，齊人難之，陳文子曰：「晉楚許之，我焉得已。且人曰弭兵，而我弗許，則固攜吾民矣，將焉用之？」齊人許之。告於秦，秦亦許之，皆告於小國為會於宋。五月甲辰，晉趙武至於宋。丙午，鄭良霄至。六月丁未朔，宋人享趙文子，叔向為介，司馬置折俎㊂，禮也。仲尼使舉是禮也，以為多文辭。戊申，叔孫豹、齊慶封、陳須無、衛石惡至。甲寅，晉荀盈從趙武至。丙辰，邾悼公至。壬戌，楚公子黑肱先至㊃，成言於晉。丁卯，宋戌㊄如陳從子木成言於楚。戊辰，滕成公至。子木謂向戌請晉楚之從交相見也。庚午，向戌復於趙孟，趙孟曰：「晉、楚、齊、秦匹也，晉之不能於齊，猶楚之不能於秦也。楚君若能使秦君辱於敝邑，寡君敢不固請於齊。」壬申，左師復言於子木，子木使馹謁諸王。王曰：「釋齊、秦，他國請相見也。」秋七月戊寅，左師至。是夜也，趙孟及子晳㊅，盟以齊言。庚辰，子木至自陳，陳孔奐、蔡公孫歸生至，曹許之大夫皆至，以藩為軍，晉楚各處其偏㊆。伯夙㊇謂趙孟曰：「楚氛甚惡，懼難。」趙孟曰：「吾左還入於宋㊈，若我何？」辛巳，將盟於宋西門之外，楚人衷甲(一〇)。伯州犂曰：「合諸侯之師以為不信，無乃不可乎？夫諸侯望信於楚，是以來服。若不信，是棄其所以服諸侯也。」固請釋甲。子木曰：「晉楚無信久矣，事利而已，苟得志焉，焉用有信？」大宰(一一)退，告人曰：「令尹將死矣。不及三年，求逞志而棄信，志將逞乎？志以發言，言以出信，信以立志，參以定之(一二)，信亡何以及三？」趙孟患楚衷甲，以告叔向。叔向曰：「何害也？匹夫一為不信，猶不可，單斃其死，若合諸侯之卿以為不信，必不捷矣。食言者不病(一三)，非子之患也。夫以信召人，而以僭濟之，必莫之與也，安能害我？且吾因宋以守病，則夫能致死，與宋致死(一四)，雖倍楚可也，子何懼焉？又不及是。曰弭兵以召諸侯，而稱兵以害我，吾庸多矣，非所患也。」季武子使謂叔孫以公命曰：「視邾滕。」既而齊人請邾，宋人請滕，皆不與盟。叔孫曰：「邾、滕人之私也，我列國也，何故視之？宋、衛吾匹也。」乃盟。故不書其族，言違命也。晉楚爭先(一五)，晉人曰：「晉固為諸侯盟主，未有先晉者也。」楚人曰：「子言晉楚匹也，若晉常先，是楚弱也，且晉楚狎主諸侯之盟也久矣，豈專在晉。」叔向謂趙孟曰：「諸侯歸晉之德只，非歸其尸盟也。子務德，無爭先。且諸侯盟，小國固必有尸盟者，楚為晉細，不亦可乎〔一六〕？」乃先楚人。書先晉，晉有信也。壬午，宋公兼享晉楚之大夫，趙孟為客〔一七〕，子木與之言，弗能對，使叔向侍言焉，子木亦不能對也。乙酉，宋公及諸侯之大夫盟于蒙門之外〔一八〕。子木問於趙孟曰：「范武子〔一九〕之德如何？」對曰：「夫子之家事治，言於晉國無隱情，其祝史陳信於鬼神無愧辭。」子木歸以語王，王曰：「尚矣哉！能歆神人，宜其光輔五君〔二〇〕以為盟主也。」子木又語王曰：「宜晉之伯也，有叔向以佐其卿，楚無以當之，不可與爭。」晉荀盈遂如楚涖盟。

【今註】㈠欲弭諸侯之兵以為名：想著使諸侯軍隊停止打仗，以獲得安息人民的名譽。㈡財用之蠹：蠹是害物的蟲名。這是為損害財物的。㈢折俎：享卿的宴法。㈣楚公子黑肱先至：因為楚國令尹屈建到陳國去，所以公子黑肱先來。㈤宋戌：宋國向戌。㈥子晳：公子黑肱。㈦晉楚各處其偏：晉國在北部，楚國在南部。㈧伯夙：荀盈。㈨吾左還入於宋：我往左邊就可以進到宋國都城裡。⑩楚人衷甲：楚國人把甲穿在衣服裏面。⑪大宰：伯州犁。⑫參以定之：志、言、信三者全定軌然後身體可以安存。⑬食言者不病：無信之人不能害人，只會害己。⑭與宋致死：宋人因為地主的關係必定齊力幫助我們。⑮晉楚爭先：爭著先喝血水。⑯楚為晉細，不亦可乎：楚國為晉國辦理細事，不也可以嗎？⑰趙孟為客：趙武作主客。⑱蒙門之外：蒙門是宋國都城的城門。⑲范武子：士會。⑳宜其光輔五君：五君是指著晉文公、襄公、靈公、成公、景公。

【今譯】　宋左師向戌和晉國的趙武要好，又和楚國的令尹屈建也很要好，要想聯合晉楚兩國，息滅諸侯的兵事，借此成功自己的名聲，便到晉國去把這意思告訴趙武，趙武和眾大夫商量。韓宣子說：「兵原是殘害人民的，又是耗財的蠹，是小國的大災殃呢！如今向戌想要停息兵事，雖明知兵事不能久息，但也不可不允許他。如果我們不允許他，楚國倒要允許他了，他若借此號召起諸侯來，那麼我反要失掉盟主的資格了。」晉人便允許了他。向戌再到楚國去告訴屈建，楚人也允許了他。向戌到齊國去，齊人以為困難，陳須無說：「晉國，楚國已經答應，我們安能不答應。他們說要停止軍隊競爭，我們若不答應，就使我們人民分離，這怎麼辦呢？」齊國人就答應了。去告訴秦國，秦國也答應，他們分別告訴各小國，到宋國去開會。五月甲辰這天，晉國趙武到宋國都城。丙午，鄭國良霄也來到。六月初一丁未，宋國人宴享趙武，叔向做相禮的，宋國司馬擺上享卿的宴法，這是合於禮的。

孔子使弟子紀錄這次享宴之禮，以為賓主都長於辭令，值得取法。戊申這天，魯國的叔孫豹，齊國的慶封同陳須無，衛國的石惡全都來到。甲寅這天，晉國趙武命令荀盈也來了。丙辰這天，邾國的悼公也來了。壬戌這天，楚公子黑肱先到，對於晉國與楚國盟誓的書，兩面全承認。丁卯這天，宋國向戌到陳國去，同楚國令尹屈建說好。戊辰這天，滕國成公來了。屈建對向戌說，請屬晉、楚的諸侯互相見面。庚午這天，向戌報告趙武，趙武說：「晉、楚、齊、秦全是相等的國家，晉國的不能干涉齊國，猶楚國也不能干涉秦國一樣。楚國君若能使秦國君到晉國來，我們晉國的寡君，敢不盡力的要求齊國到楚國去朝見。」壬申這天，向戌回答了屈建，屈建使馹車告訴楚王。楚王說：「除了齊、秦以外，旁的國家請互相見面。」秋天七月戊寅這天，向戌從陳國回來。這天夜裏，趙武同楚國的公子黑肱達成協議。庚辰，楚卿子木來到宋國，陳國的孔奐，蔡國的公孫歸生都一同來，曹國、許國大夫也來了，用竹籬笆做範圍，晉楚兩國各分居在偏北偏南的盡處，晉大夫荀盈對趙武說：「楚國的情景很不好，怕有禍難呢！」趙武說：「碰著緊急的時候，我只須向左轉進宋國的東城門，楚國能奈何我麼？」辛巳這天，諸侯將要定盟在宋國的西門以外，楚人都暗著鐵甲在衣中，伯州犂說：「會齊了諸侯的兵，卻做不信實的事情，不是不可以的嗎？那些諸侯都是希望我楚國有信實，所以相率來服從的；如果不信實，行了詐術，這分明是丟掉所以服從諸侯的道理了。」便再三請子木脫掉鐵甲，子木說：「晉楚兩國沒有誠意已經很久了，只求於事有利便罷。如果能夠得志就好了，用得著什麼信實呢？」伯州犂退了出來告訴他人說：「令尹快要死了，不出三年以外，他單求稱心，不管信義，但心到底能夠稱著的麼？有了心願才發出說話，說話是要表示誠信的，誠信是所以成功心願的，定要志言信三種都有，身體方才可以安定，誠信既然沒有，怎樣過三年呢？」趙武愁楚人衣中暗著鐵甲，怕有不測的禍，把這件事告訴叔向，叔向說：「有什麼禍害呢？沒有職官的人做了一回沒信義的事，尚且不可以自保，要跌倒死呢！如果會合了諸侯的卿大夫，卻做不誠信的事情，這一定不能成功的，無信之人不能害人，只會害己，不是你愁的呢。你想他們用信義招來人家到後來卻終究做了不信的事，一定沒有人和他好的，那裏能夠害我呢？並且我們可以入到宋國都城，楚國就沒辦法，每個人全可以拚命，與宋國一同的拚命，你又何必害怕呢？又不會到這樣的。他嘴裡說彌兵以號召諸侯，而稱兵以害晉國，我們晉國有信用，所以這不是可怕了。」季孫宿叫人告訴叔孫豹說魯襄公的命令說：「魯國以邾滕為列。」後來齊國人要邾國去，宋國人要滕國去，他們全不參加盟會。叔孫豹說：「邾、滕是旁國的私人產業，我們是列國，為什麼比他們？宋國同衛國是我們併列的。」於是就盟會。所以不寫他的族，表示他違了魯襄公的命令。晉國和楚國互爭個先，晉人說：「晉國原來是諸侯的盟主，從沒有誰先過晉國的呢。」楚人說：「你說晉國和楚國是一樣的，倘若晉國常僭了先去，這分明是楚國弱了一步了啊！並且晉楚屢次替換了做諸侯的盟主，已經好久了，難道專在你晉國的嗎？」叔向便對趙武說：「諸侯是依靠我們晉的德量呀！並非是靠我能主盟的呢！你只要講究德量就好了，不要去和他爭先，並且諸侯聯盟小國，原來是一定要有人出來主辦這盟事的，現在只讓楚國為晉國辦理細小的事，不也是很好麼？」便讓楚國在先，春秋上記的卻先記晉國。這為的是晉國有信義。壬午這天，宋公同時宴享晉國同楚國的大夫，趙武做主客，屈建跟趙武說話，趙武不能回答，叫叔向來說話，屈建也不能回答。乙酉這天，宋公同諸侯大夫在蒙門的外邊會盟，屈建問趙武說：「士會的德性到底怎麼樣？」趙武回答說：「他的家事很能治理，在晉國說話沒有隱瞞的情形，他的祝史在鬼神前面陳詞的時候，沒有說過瞎話。」屈建回去告訴楚王。楚王說：「這真是最好的，能使神人享受他的貢獻，他能夠光輔晉國的文、襄、靈、成、景五公來做盟主，是很應當的。」屈建又對楚王說：「晉國做霸主很相宜，有叔向來輔佐他的卿，楚國找不出這樣的人，我們不可以跟他爭。」晉國荀盈就到楚國參加盟約。

(七)**傳**　鄭伯享趙孟于垂隴㈠，子展、伯有、子西、子產、子大叔，二子石從。趙孟曰：「七子從君，以寵武也，請皆賦以卒君貺，武亦以觀七子之志。」子展賦草蟲㈡，趙孟曰：「善哉，民之主也㈢，抑武也不足以當之。」伯有賦鶉之賁賁㈣。趙孟曰：「牀笫之言不踰閾，況在野乎？非使人之所得聞也。」子西賦黍苗之四章㈤。趙孟曰：「寡君在，武何能焉。」子產賦隰桑㈥。趙孟曰：「武請受其卒章。」子大叔賦野有蔓草㈦。趙孟曰：「吾子之惠也。」印段賦蟋蟀㈧。趙孟曰：「善哉保家之主也，吾有望矣。」公孫段賦桑扈㈨。趙孟曰：「匪交匪敖，福將焉往？若保是言也，欲辭福祿，得乎？」卒享，文子告叔向曰：「伯有將為戮矣。詩以言志，志誣其上，而公怨之，以為賓榮，其能久乎？幸而後亡。」叔向曰：「然，已侈，所謂不及五稔者，夫子之謂矣。」文子曰：「其餘皆數世之主也，子展其後亡者也，在上不忘降。印氏其次也，樂而不荒。樂以安民，不淫以使之，後亡不亦可乎？」

【今註】㈠垂隴：鄭地。今河南滎陽縣東。㈡草蟲：詩經召南的一篇。㈢民之主也：這篇詩裡說在上不忘降。所以可以做人民的主人。㈣鶉之賁賁：詩經鄘風的一篇。㈤黍苗之四章：詩經小雅的一篇。意思恭維召伯，比趙孟於召伯。㈥隰桑：詩經小雅的一篇。㈦野有蔓草：詩經鄭風的一篇。㈧蟋蟀：詩經唐風的一篇。㈨桑扈：詩經小雅的一篇。

【今譯】鄭伯宴享趙武，在垂隴這地方。鄭大夫子展、伯有、子西、子產、子大叔、印段、公孫段隨從著。趙武說：「七位隨從著君，這是為的光寵我武的，請你們全都賦詩，以表明鄭君的賞賜，我也可以看你們七位的志向。」子展賦草蟲這詩，趙武說：「這是很好的，可以做人民的主人，但是我武不足以當君子的稱謂。」伯有賦鶉之賁賁這篇詩。趙武說：「牀笫的話，不能夠超過門限，何況在野地呢？這不是使人所應當聽見的。」子西賦黍苗詩的四章。趙武說：「我們晉國的君還在，我武怎麼能當？」子產歌唱隰桑這首詩。趙武說：「武請接受末了那章。」子大叔歌唱野有蔓草這詩。趙武說：「這是吾子的恩惠。」印段歌唱蟋蟀這詩。趙武稱善著說：「這是保衛家的主人，我對你很有希望。」公孫段歌唱桑扈這詩。趙武說：「不驕傲，福澤將到那裡去。保有這句話，要想辭掉福祿，能夠嗎？」享宴完了，趙武告訴叔向說：「伯有將被殺戮了。詩所以表示志向，志誣辱他的上邊，而公開了怨望，以為客人的榮耀，這還能久嗎？能後亡是大幸。」叔向說：「對了，這很奢侈，所說不到五年的，就指著這人所說。」趙武說：「其餘的人全是可以做幾輩的主人，子展是最後亡的一個，在上位而心不忘降。印氏是第二個，樂而不荒淫，樂以安定人民，不淫來使他，最後亡不也可以嗎？」

(八)

傳宋左師請賞曰：「請免死之邑。」公與之邑六十，以示子罕。子罕曰：「凡諸侯小國，晉楚所以兵威之，畏而後上下慈和，慈和而後能安靖其國家，以事大國，所以存也。無威則驕，驕則亂生，亂生必滅，所以亡也。天生五材㊀民並用之，廢一不可，誰能去兵？兵之設久矣，所以威不軌而昭文德也，聖人以興㊁，亂人以廢㊂，廢興存亡，昏明之術，皆兵之由也。而子求之，不亦誣乎？以誣道蔽諸侯，罪莫大焉，縱無大討，而又求賞，無厭之甚也。」削而投之㊃。左師辭邑。向氏欲攻司城㊄，左師曰：「我將亡，夫子存我，德莫大焉，又可攻乎？」君子曰：「彼己之子，邦之司直㊅。」樂喜之謂乎？「何以恤我，我其收之㊆？」向戌之謂乎。

【今註】㊀天生五材：金、木、水、火、土五種材。㊁聖人以興：指著成湯、周武王而說。㊂亂人以廢：指夏桀同商紂。㊃削而投之：子罕將宋公賞向戌所寫的竹簡，削去字跡，扔到地上。㊄司城：子罕。㊅彼己之子，邦之司直：這是詩經鄭風的一句話。他這人是國中管理直道的。㊆何以恤我，我其收之：這是一句逸詩。怎麼樣憐恤我，我全能夠接受。

【今譯】宋國向戌請宋君賞賜他說：「請免我死罪的城邑。」宋公給他城邑六十，給樂喜看。樂喜說：「凡是諸侯的小國，晉楚大國拿兵來威脅他，害了怕就能上下慈和，慈和然後就能安靜他的國家，所以能事奉大國，他們就所以生存。沒有威脅則驕傲，驕傲就禍亂生，亂生國家就必定滅亡，所以亡了。天生金木水火土五材，人民全用它，廢除一個全不可以。能夠去兵嗎？兵的設立很久了，這為的威脅不軌的而昭明文德，聖人如湯武就興起來，亂人如桀紂就廢除了，廢興存亡，昏亂與明白的方術，皆兵所由來的。而你想把他去掉，這不也是胡想嗎？以胡想來蔽諸侯，這罪過莫大，縱然沒有大的討伐，而又求賞賜，這是很無厭的事。」把這竹簡削掉字跡扔在地上。向戌辭掉賞邑，向氏想著攻樂喜，向戌說：「我將亡，他把我存住了，這個德行很大，還可以攻打嗎？」君子說：「他這個人是邦中的管直道的。」豈非指樂喜而說的。「怎樣憐恤我，我全接受他。」豈不是指著向戍說的。

(九)

傳　齊崔杼生成及彊而寡，娶東郭姜，生明，東郭姜以孤人，曰棠無咎㊀，與東郭偃㊁相崔氏。崔成有病㊂而廢之，而立明，成請老于崔，崔子許之，偃與无咎弗予曰：「崔宗邑也，必在宗主㊃」。成與彊怒將殺之，告慶封曰：「夫子㊄之身亦子所知也，唯无咎與偃是從，父兄莫得進矣。大恐害夫子，敢以告。」慶封曰：「子姑退，吾圖之。」告盧蒲嫳㊅。盧蒲嫳曰：「彼君之讎也㊆，天或者將棄彼矣。彼實家亂，子何病焉？崔之薄，慶之厚也。」他日又告㊇。慶封曰：「苟利夫子，必去之，難，吾助女。」九月庚辰，崔成崔彊殺東郭偃棠无咎於崔氏之朝，崔子怒而出，其衆皆逃，求人使駕不得，使圉人駕寺人御而出，且曰：「崔氏有福，止余猶可。」遂見慶封。慶封曰：「崔慶一也，是何敢！然請為子討之。」使盧蒲嫳帥甲以攻崔氏，崔氏堞其宮㊈而守之，弗克，使國人助之，遂滅崔氏，殺成與彊，而盡俘其家，其妻縊㊉。嫳復命於崔子，且御而歸之，至則無歸矣，乃縊㊁。崔明夜辟諸大墓。辛巳，崔明來奔，慶封當國。

【今註】㊀棠無咎：是棠公的兒子。㊁東郭偃：是東郭姜的弟弟。㊂有病：有惡疾。㊃必在宗主：必屬於宗主，就是要歸崔明管。㊄夫子：指崔杼。㊅盧蒲嫳：嫳音（ㄆㄧㄝˋ）是慶封的屬大夫。㊆君之讎也：君是指齊莊公，他為崔杼所弒。㊇他日又告：另一天成彊又來告訴慶封。㊈堞其宮：在他宮裡築短牆來看守。㊉其妻縊：東郭姜也上吊了。㊁乃縊：崔杼也上吊了。

【今譯】齊大夫崔杼先娶的妻，生了二人：一個名叫成，一個名叫彊，沒多時，他的妻子便死。後來又娶了東郭姜，生子名叫明，東郭姜又帶了先夫兒子來，名叫棠無咎，是和東郭偃一同做崔氏的家相的，崔成有了惡疾，把他廢掉，卻立明做世子，崔成便請求要終老在崔邑，崔子已經應許他了，東郭偃和無咎不肯給他，對他說：「崔是宗廟所在的地方，定要歸承宗的家主居的。」成和彊便很怒，要想殺死偃和無咎，前去告訴慶封說：「我們夫子一身的重要，也是你素來知道的，現在只聽棠無咎和偃的話了，崔氏的諸父諸兄沒一個能夠說得進的了，恐怕要害了夫子呢，所以敢來告訴你一聲。」慶封說：「你且退去，讓我計劃一下罷。」就把這件事告訴盧蒲嫳，盧蒲嫳說：「他原是君主的冤家呢！天或者要除掉他了，他實在是自己家中有亂子，於你有什麼妨礙呢？須知崔氏勢力的衰薄，便是我慶氏的強厚呢。」過了幾天，成和彊又來告訴了，慶封說：「如果有益於夫子的，自然定要去掉他，倘有別種為難，我來幫忙你就好了。」九月庚辰那天，崔成崔彊在崔氏的朝上，便殺死東郭偃和棠無咎，崔子大怒走出，他手下的人眾也都逃走了，叫人駕車子叫不到，便差養馬的駕了車子，叫太監趕了走出，崔杼說：「崔氏如果有福的，單傷我一身還不妨。」便去見慶封。慶封說：「崔慶如同一家，他們那敢這麼樣？我來替你辦他們。」便差盧蒲嫳領了甲兵去攻打崔氏，崔氏築短墻守宮，攻打不破，便再差國人幫著，方才滅掉崔氏，殺死成和彊，並且把他家中的各人都擄來，他的妻子便自己吊死，盧蒲嫳回報了崔子，而且替崔子駕了車子回家，到了家中，卻沒有什麼地方可回歸的了，便也自己吊死，只有崔明是趁夜掘開先人的墳墓，躲藏在那裡，沒有被擄去。辛巳那天崔明奔到魯國來，於是慶封便一人獨當齊國的政權。

㈩**傳**楚薳罷㈠如晉涖盟，晉侯享之，將出賦既醉㈡。叔向曰：「薳氏之有後於楚國也宜哉，承君命不忘敏，子蕩將知政矣。敏以事君，必能養民，政其焉往㈢？」

【今註】㈠薳罷：楚國令尹子蕩。㈡將出賦既醉：宴罷將出來就唱既醉這篇詩。這是詩經大雅的一篇。㈢政其焉往：那政權不歸他，歸誰呢？

【今譯】楚國的薳罷到晉國去參加盟約，晉平公宴享他。將要出來，他就歌唱既醉這篇詩。叔向說：「薳氏在楚國有後人，這是很應當的，承受君的命令，不忘敏捷，薳罷將管政權了。敏捷以事奉君，必能養活人民，政權不歸他將歸誰呢？」

(十一)傳 崔氏之亂㈠，申鮮虞來奔，僕賃於野以喪莊公。冬，楚人召之，遂如楚為右尹。

【今註】㈠崔氏之亂在襄公二十五年。

【今譯】崔氏的亂，申鮮虞逃到魯國來，僕人在野地租賃地方以為齊莊公的服喪。到了冬天，楚國人召他去，就到楚國做右尹的官。

(十二)經 冬十有二月乙卯朔，日有食之。

傳 十一月乙亥朔，日有食之。辰在申，司厤過也，再失閏矣㈠。

【今註】㈠再失閏矣：已經兩次失掉了閏月。

【今譯】十一月乙亥朔，魯國有日蝕。北斗指著申，這是司厤的錯誤，魯國已經兩次失掉閏月。

襄公二十有八年（公元前五百四十五年）

(一)經 二十八年春，無冰。

傳 二十八年春，無冰。梓慎㈠曰：「今茲宋，鄭其饑乎？歲在星紀而淫於玄枵㈡，以有時菑，陰不堪陽㈢，蛇乘龍㈣，龍，宋、鄭之星也，宋鄭必饑。玄枵虛中也㈤，枵秏名也，土虛而民秏㈥，不饑何為？」

【今註】㈠梓慎：魯大夫。㈡歲在星紀而淫於玄枵：歲是歲星，應當在星紀就是在丑，而錯行至玄枵，就是錯行至子。㈢以有時菑，陰不堪陽：時菑指著無冰的現象，菑音義同災。這是由於陰不能抗陽。㈣蛇乘龍：龍就是歲星，龍在下邊，而蛇在上面，所以說蛇乘龍。㈤玄枵虛中也：玄枵包括三宿，而虛星在中間。㈥土虛而民秏：土虛而不實，人民損失。

【今譯】二十八年春，沒有冰。魯國大夫梓慎說：「今年宋國同鄭國恐怕要饑荒了。歲星應當在丑，而錯走到子，因此就沒有冰，陰氣受不了陽氣的壓迫。蛇在歲星龍以上，龍是宋國鄭國的星辰，所以宋、鄭必定要饑荒。玄枵三宿，虛星在他中間，枵的應同秏相近，土地虛秏，而人民不生產，不饑荒怎麼樣呢？」

㈡傳 夏，齊侯、陳侯、蔡侯、北燕伯、杞伯、胡子、沈子㈠、白狄朝于晉，宋之盟故也。齊侯將行，慶封曰：「我不與盟，何為於晉？」陳文子曰：「先事後賄，禮也。小事大未獲事焉，從之如志，禮也。雖不與盟，敢叛晉乎？重丘之盟㈡，未可忘也，子其勸行。」

【今註】㈠胡子、沈子：是楚國的屬國。因為宋盟誓的時候說：「晉楚之從交相見」所以他們全去朝見晉國。㈡重丘之盟：在襄公二十五年。

【今譯】夏天，齊侯、陳侯、蔡侯、北燕伯、杞伯、胡子、沈子、白狄到晉國朝見，這是因為在宋國盟誓的緣故。齊景公本來要去，慶封就說：「我們不要參加盟誓，為什麼要到晉國去？」陳須無說：「先做事情後賄賂，這是合於禮的。小國事奉大國，沒有得到事奉，先從事他如他所欲望的，這是合於禮的。雖然沒有參加宋的盟，齊國還敢反叛晉國嗎？我們不要忘了重丘的盟會，你必須勸君去。」

㈢經　夏衛石惡出奔晉。

傳　衛人討甯氏之黨，故石惡出奔晉。衛人立其從子圃以守石氏之祀㈠，禮也。

【今註】㈠立其從子圃以守石氏之祀：就立他的哥哥或弟弟的兒子石圃以保存石氏的祭祀。因為他的祖先石碏曾有過大功在衛國。

【今譯】衛國人討伐甯喜的黨羽，所以石惡逃奔到晉國去。衛國人立他的姪子石圃，以看守石氏的祭祀，這是合於禮的。

(四)**經** 邾子來朝。

傳 邾悼公來朝，時事也㊀。

【今註】㊀時事也：這是按著時候來朝見，不是宋的盟誓的關係。

【今譯】鄭悼公來魯國朝見，這是照例來的，不是宋盟的關係。

(五)**經** 秋八月大雩。

傳 秋八月，大雩，旱也。

【今譯】秋天八月，魯國舉行求雨的典禮，因為有旱災。

(六)**傳** 蔡侯歸自晉，入于鄭。鄭伯享之，不敬。子產曰：「蔡侯其不免乎？日其過此也㊀，君使子展廷勞於東門之外而傲，吾曰猶將更之，今還受享而惰，乃其心也。君小國事大國，而惰傲以為己心，將得死乎？若不免，必由其子，其為君也，淫而不父㈡。僑聞之，如是者恒有子禍。」

【今註】㈠日其過此也：從前到晉國去的時候，也經過鄭國。㈡淫而不父：他荒淫而不能做父親，因為他同他的太子班的夫人相通。

【今譯】蔡侯從晉國回，經過鄭國，鄭伯享宴他，蔡侯不恭敬。子產就說：「蔡侯將不免於禍害了，以前他往晉國去的時候，鄭君派子展在近鄭國都城東門之外去慰勞他，當時蔡侯很驕傲，我還希望他將來會更改。現在回來的時候，受到享宴，而他惰，這恐怕他心理的作用。他是小國事奉大國，而惰或驕傲，這是他心中如此，這還能夠善終嗎？要不能夠免必定由於他的兒子。他這做人君的荒淫而不守父道。我聽見說過這種的人必定有兒子的禍患。」

(七)**經**仲孫羯如晉。

傳孟孝伯如晉，告將為宋之盟故如楚也。蔡侯之如晉也，鄭伯使游吉如楚，及漢，楚人還之曰：「宋之盟君實親辱。今吾子來，寡君謂吾子姑還，吾將使馹奔問諸晉而以告㈠。」子大叔曰：「宋之盟，君命將利小國而亦使安定其社稷，鎮撫其民人，以禮承天之休㊁，此君之憲令，而小國之望也。寡君是故使吉奉其皮幣，以歲之不易，聘於下執事㊂，今執事有命曰女何與政令之有？必使而君棄而封守，跋涉山川，蒙犯霜露，以逞君心，小國將君是望，敢不唯命是聽，無乃非盟載之言，以闕君德，而執事有不利焉。小國是懼，不然其何勞之敢憚㊃？」子大叔歸復命，告子展曰：「楚子將死矣！不修其政德，而貪昧於諸侯，以逞其願，欲久得乎？周易有之，在復䷗之頤䷚㊄，曰：『迷復凶㊅。』其楚子之謂乎？欲復其願㊆，而棄其本㊇，復歸無所，是謂迷復，能無凶乎？君其往也，送葬而歸，以快楚心。楚不幾十年未能恤諸侯也。吾乃休吾民也。」裨竈㊈曰：「今茲周王及楚子皆將死，歲棄其次而旅於明年之次，以害鳥帑㊉，周楚惡之。」

【今註】㊀使馹奔問諸晉而以告：馹音（ㄖˋ）是驛車。將派驛車馬到晉國去問，再回來告訴你。㊁以禮承天之休：用禮節接受上天的福祿。㊂聘於下執事：鄭伯不能來楚國朝見，所以派我來聘問楚國的執事官。㊃其何勞之敢憚：那我不敢怕什麼辛苦。㊄在復䷗之頤䷚：在復卦變到頤卦。

㈥迷復凶：這是復卦的上六爻辭。意思是說居到上邊的位子而失迷，這是很凶的。㈦欲復其願：楚王願意鄭君來朝見達到他的願望。㈧而棄其本：而不修德就是丟掉他的本心。㈨裨竈：鄭大夫。㈩以害鳥帑：鳥帑是指著朱鳥的尾。

【今譯】 仲孫羯到晉國去，告訴晉國魯襄公因為宋盟的緣故，要到楚國去朝見。當時蔡侯到晉國去的時候，鄭伯派游吉到楚國，到了漢水的時候，楚國人使他退回來說：「宋的盟會，鄭君實在親自到我這兒來，現在改了游吉來，我楚君要我告訴你說，你姑且回去，我將派人乘驛車跑到晉國去問明白，再告訴你知道。」游吉就說：「宋的盟會，你楚王命對小國有利而使他們能夠安定他們的社稷，鎮撫他們的人民，用禮節承受上天的福祿，這是你的法令，而小國們所希望的，所以我們的國君，使我拿著皮幣，因為每歲的不容易，所以鄭君不能親自來朝見，就叫我來聘問執事們。現在執事們說你又不參加什麼政令，必定使你們的國君棄掉他的封守，跋涉山川，蒙犯著霜或露，以使楚王的心快活，小國全都指望著你，不敢不唯命是聽，但是這不是盟書上所說的話，這是使君德有闕，而對於執事，也有不利的地方。小國祇是害怕，要不然我又何必怕勞苦呢？」游吉回到鄭國，告訴子展說：「楚王將死，不修他的政治，而貪昧於諸侯，以達到他的願望，要想長久，可以嗎？在周易中有這句話，在復卦䷗變到頤䷚卦，說『迷復凶』，這就是指楚王說的，想達到他的願望，而扔掉他的本心，想回來也無從回來，這叫做迷復。能沒有凶事嗎？你就去吧，送了楚王葬再回國，使楚人心裡全都快樂。楚國不到十年，未能憐恤諸侯，我們可以使我們人民休息。」鄭大夫裨竈說：「今年周王及楚王皆將死，歲星丟掉他的次序，而錯行到明年的次序，以害到朱鳥的尾巴，周楚全要受此凶禍。」

(八)傳　九月鄭游吉如晉，告將朝于楚以從宋之盟。子產相鄭伯以如楚，舍不為壇㈠。外僕㈡言曰：「昔先大夫相先君，適四國，未嘗不為壇。自是至今，亦皆循之。今子草舍，無乃不可乎？」子產曰：「大適小則為壇，小適大苟舍而已，焉用壇？僑聞之，大適小有五美，宥其罪戾，赦其過失，救其菑患，賞其德刑，教其不及。小國不困，懷服如歸，是故作壇以昭其功，宣告後人無怠於德。小適大有五惡，說其罪戾㈢，請其不足，行其政事㈣，共其職貢，從其時命㈤，不然則重其幣帛，以賀其福而弔其凶，皆小國之禍也，焉用作壇以昭其禍？所以告子孫無昭禍焉可也。」

【今註】㈠舍不為壇：作個草房子，不作個土壇。㈡外僕：管居住地方的人。㈢說其罪戾：自己解說他的罪狀。㈣行其政事：奉行大國的政令。㈤從其時命：從著大國朝會的命令。

【今譯】九月，鄭國游吉到晉國去，告訴鄭君遵從宋的盟誓，將到楚國朝見。子產相鄭伯到楚國去，住到草房子裡，不封土為壇。管住的僕人說：「從前我們大夫們，相著先君們，到諸侯的國家未嘗不封土成壇，一直到現在，全都遵循他。現在你蓋了一間草屋，大約是不可以吧！」子產回答說：「大國到小國那裡去，就封土壇。小國往大國那兒去，蓋個草房子就好了，何必用壇呢！我聽見說大國到小國那兒去有五件美事。赦宥他的罪戾，赦他的過失，救他的禍患，賞他修德守法，教導他不知道的。小國不困倦，服從跟到家裏一樣，所以做了一個壇，以昭明他的勳功，使後人全都明白，對於德行不要懈怠。至於小國到大國那兒去，有五件壞的事情，自解說他的罪戾，奉請他不成的事，奉行大國的政事，供給大國所要的職貢，聽從他朝會的命令，不然就加重他的貨幣，為的賀大國的福，而弔大國的凶災，這全是小國的災禍，又何必作壇以昭示小國的禍？只要是告訴子孫不要昭禍就是了。」

(九)**經**冬齊慶封來奔。

傳齊慶封好田，而耆酒，與慶舍㈠政，則以其內實遷于盧蒲嫳氏㈡，易內而飲酒，數日，國遷朝焉㈢，使諸亡人得賊者以告而反之㈣，故反盧蒲癸，癸臣子之㈤，有寵妻之㈥。慶舍之士謂盧蒲癸曰：「男女辨姓，子不辟宗，何也？」曰：「宗不余辟，余獨焉辟之？賦詩斷章，余取所求焉，惡識宗？」癸言王何而反之，二人皆嬖㈦，使執寢戈而先後之。公膳日雙雞㈧，饔人竊更之以鶩，御者知之，則去其肉而以其洎饋㈨。

子雅、子尾⑩怒，慶封告盧蒲嫳，盧蒲嫳曰：「譬之如禽獸，吾寢處之矣。」使析歸父告晏平仲⑪。平仲曰：「嬰之眾不足用也，知無能謀也，言弗敢出⑫，有盟可也。」子家⑬曰：「子之言云，又焉用盟？」告北郭子車⑭，子車曰：「人各有以事君，非佐⑮之所能也。」陳文子謂桓子⑯曰：「禍將作矣，吾其何得？」對曰：「得慶氏之木百車於莊⑰。」文子曰：「可慎守也已！」盧蒲癸、王何卜攻慶氏，示子之兆⑱曰：「或卜攻讎，敢獻其兆。」子之曰：「克，見血。」冬十月，慶封田于萊，陳無宇從。丙辰，文子使召之，請曰：「無宇之母疾病，請歸。」慶季⑲卜之，示之兆曰：「死。」奉龜而泣⑳，乃使歸。慶嗣㉑聞之，曰：「禍將作矣。」謂子家㉒速歸，禍作必於嘗，歸猶可及也，子家弗聽，亦無悛志。子息㉓曰：「亡矣，幸而獲在吳越。」陳無宇濟水而戕舟發梁。盧蒲姜㉔謂癸曰：「有事而不告我，必不捷矣。」癸告之。姜曰：「夫子㉕愎，莫之止，將不出，我請止之。」癸曰：「諾。」十一月乙亥，嘗于大公之廟，慶舍涖事(二六)。盧蒲姜告之，且止之，弗聽，曰：「誰敢者？」遂如公。麻嬰為尸(二七)，慶奊為上獻(二八)，盧蒲癸、王何執寢戈，慶氏以其甲環公宮(二九)。陳氏鮑氏之圉人為優(三〇)，慶氏之馬善驚，士皆釋甲束馬(三一)而飲酒，且觀優，至於魚里(三二)，欒、高、陳、鮑之徒介慶氏之甲，子尾抽桷擊扉三，盧蒲癸自後刺子之，王何以戈擊之，解其左肩，猶援廟桷動於甍(三三)，以俎壺(三四)投殺人而後死，遂殺慶繩(三五)麻嬰。公懼，鮑國曰：「羣臣為君故也。」陳須無以公歸，稅服而如內宮。慶封歸遇告亂者，丁亥，伐西門弗克，還伐北門，克之，入伐內宮，弗克。反陳于嶽(三六)，請戰弗許，遂來奔。獻車於季武子，美澤可以鑑。展莊叔(三七)見之曰：「車甚澤，人必瘁，宜其亡也。」叔孫穆子食慶封，慶封汜祭(三八)，穆子不說，使工為之誦茅鴟(三九)，亦不知，既而齊人來讓(四〇)，奔吳，吳句餘予之朱方(四一)，聚其族焉，而居之，富於其舊。子服惠伯謂叔孫曰：「天殆富淫人，慶封又富矣！」穆子曰：「善人富，謂之賞，淫人富，謂之殃，天其殃之也，其將聚而殲旃㊸。」

【今註】㊀慶舍：慶封的兒子。㊁以其內實遷于盧蒲嫳氏：內是指著寶物同妻妾。把他的寶物同妻妾全搬到盧蒲嫳的家中。㊂國遷朝焉：於是凡朝見慶封的，全到盧蒲嫳家中去朝見。㊃使諸亡人得賊者以告而反之：亡人是指著因為崔氏的難而去奔到外國去的人。得到賊人告訴給慶封，慶封叫他們全回來。㊄子之：慶舍。㊅有寵妻之：慶舍很寵愛他，就拿他的女兒嫁給盧蒲癸。㊆二人皆嬖：王何同盧蒲癸現在皆為慶氏所寵愛。㊇公膳日雙雞：齊景公每天吃兩個雞。㊈洎饋：洎是肉湯。盛湯給齊景公喝。㊉子雅、子尾：全都是齊惠公的孫子。⑪使析歸父告晏平仲：使齊大夫告晏平仲一同計謀子雅跟子尾。⑫言弗敢出：但是不敢洩露計謀。⑬子家：析歸父。⑭北郭子車：齊大夫。⑮佐：子車的名字。⑯桓子：陳須無的兒子陳無宇。⑰得慶氏之木百車於莊：可以得到慶氏的木材一百輛車之多在大道上。⑱兆：占卜的龜兆。⑲慶季：即慶封。⑳奉龜而泣：無宇捧著龜甲就哭了。㉑慶嗣：慶封的族人。㉒子家：慶封。㉓子息：慶嗣。㉔盧蒲姜：盧蒲癸的妻子，慶舍的女兒。㉕大子：指慶舍。㉖涖事：臨祭事。㉗麻嬰為尸：麻嬰做祭祀所用的尸。㉘慶集為上獻：慶集做先獻。㉙環公宮：包圍著公的住所，因為大公的廟在公宮裡頭。㉚優：演戲的。㉛士皆釋甲束馬：慶氏的軍隊，全都把盔甲取下了拴上馬。㉜魚里：齊國都城中的里名。㉝猶援廟桷動於甍：還能攀援大公的廟屋椽，全屋全震動。㉞俎壺：祭祀用的茶壺。㉟慶繩：慶集。㊱嶽：里名。

㊲展莊叔：魯大夫。㊳汜祭：遠出散祭品。㊴茅鴟：是一篇逸詩，諷刺不敬的人。㊵來讓：責讓魯國。㊶吳句餘予之朱方：吳王夷末給他朱方那塊地方。朱方在今江蘇省鎮江縣城南。㊷其將聚而殲旃：就把他的族人合聚在一塊被殺。

【今譯】 齊國慶封喜歡打獵，又喜歡喝酒，把政權交給他的兒子慶舍。把他所有的寶物，妻妾全遷到盧蒲嫳的家中，交換妻妾而飲酒，幾天以後，齊國要見慶封的，全到盧蒲嫳家裡，很多逃亡崔杼禍難的人，得到賊人告訴慶封，慶封就叫他們回來。因此使盧蒲癸回來。癸做慶舍的臣子，慶舍很喜愛他，就把女兒嫁給他。慶舍的家人對盧蒲癸說：「男女應該分辨姓，你為什麼不躲避同宗的女人？」他回答說：「是同宗的人不躲避我，我怎麼樣能躲避他呢！這等於歌詩一樣，斷章取義，我祇希望所要求，又怎麼知道誰是同宗呢？」盧蒲癸又對慶舍說王何，使他回來，二個人全很得寵於慶氏，使他們拿著寢戈在左右。齊景公每天吃兩隻雞，做飯的偷著改了鴨，敬獻的人知道了，去掉了他的肉，祇拿著湯來給景公吃。惠公的孫子，子雅、子尾，因此就發怒，慶封以他們發怒的現象，告訴給盧蒲嫳。盧蒲嫳說：「譬如禽獸一樣，我可以殺他們，而蓋他們的皮。」慶封使析歸父告訴晏嬰，想對付子雅子尾。晏嬰說：「我的家眾不夠用，他們也不能夠計謀，你這幾句話我也不敢洩露，我可以對你們盟誓。」析歸父說：「嬰說了話了，何必用盟呢？」告訴北郭子車。子車說：「人各有事君的能力，這件事不是我能做的。」陳須無對他兒子陳無宇說：「禍亂將作了，我會得到什麼呢？」他就回答說：「會得到慶氏的木料一百車在大道上。」陳須無說：「可以謹慎的守住他。」盧蒲癸同王何占卜攻打慶氏，把所得的龜兆獻給慶舍看，說：「有人占卜攻打他的仇人，我敢供獻他的龜兆給你看。」慶舍說：「成功，必定流血。」冬十月，慶封到萊這地方田獵，陳無宇隨從去了。丙辰這天，陳須無叫他兒子回來，就說：「無宇的母親病得厲害，請准許他回來。」慶封占卜給他的龜兆看說：「要死。」陳無宇捧著龜就哭，就叫他回去。慶封的族人慶嗣說：「禍亂將發作了。」叫慶封趕緊回家。禍亂作必定在秋祭，趕緊回去，仍舊趕得上，慶封不聽，也沒有改變的意思。慶嗣就說：「要滅亡了，幸運的話，還能逃奔到吳越。」陳無宇過河就毀掉船，把橋也拆掉。盧蒲姜對盧蒲癸說：「有事情而不告訴我知道，必定不能成功。」盧蒲癸告訴他們想殺慶舍。盧蒲姜說：「他很剛愎，要不勸止他，他將不出來，我請去勸止他。」盧蒲癸說：「好吧！」十一月乙亥，在大公的廟中，行秋祭典禮，慶舍去管祭事，盧蒲姜告訴他，並且勸他不要去，他不聽。說：「誰敢來對付我。」就到公的宮中。麻嬰代表做尸，慶繩做先獻的人，盧蒲癸王何拿著寢戈，慶氏拿他的甲兵環繞公宮。陳氏鮑氏的馬夫唱戲，慶氏的馬匹很容易驚嚇。兵士都棄掉盔甲，把馬拴住，一面喝酒，且聽唱戲，一直到魚里，子雅、子尾、陳須無、鮑國他們的軍隊，穿了慶氏的盔甲，子尾抽了廟椽子敲門三下，盧蒲癸在後面就用槍刺慶舍，王何在前面打他，把他的左肩膀解下，慶舍還能攀援廟椽上使全屋震動，用祭祀的壺投過來殺人而後死。就殺了慶繩同麻嬰。齊景公害怕了，鮑國說：「羣臣是為的你啊！」陳須無陪著景公回來，脫了祭服就到宮裡邊去。慶封回來遇見有人告訴亂事起了，丁亥攻打西門，未能成功，又繞到北門，攻克了，想攻宮內，沒能成功。回去擺陣在嶽這地方，請戰，不准許，所以奔到魯國來，把車獻給季孫宿，車輛很美，光采可以照人。魯大夫展莊叔看見就說：「車很有光采，人必定憔悴，他的逃亡是應當的。」叔孫豹請他吃飯，慶封的祭祀不恭敬，叔孫豹不高興，叫樂工給他唱茅鴟這篇詩，慶封也不明白。後來齊國人來責讓魯國，慶封就逃奔到吳國，吳子夷末給他朱方的地方，聚集他的族人住在那兒，不久他的財富比以前還多。子服惠伯對叔孫豹說：「天很使淫人富貴，慶封又有財富了。」叔孫豹說：「善人有財富叫做賞，淫人有財富叫做殃，天大概是要給他殃，必將聚他族人然後來殲滅他。」

(十)**傳**癸巳，天王崩。未來赴，亦未書，禮也。

【今譯】癸巳這天周天王死了。沒有來告喪，也沒有寫在竹簡上，這是合於禮的。

(十一)**傳**崔氏之亂，喪羣公子，故鉏在魯，叔孫還在燕，賈在句瀆之丘㈠，及慶氏亡，皆召之，具其器用而反其邑焉。與晏子邶殿㈡其鄙六十，弗受。子尾曰：「富人之所欲也，何獨弗欲？」對曰：「慶氏之邑足欲，故亡，吾邑不足欲也。益之以邶殿，乃足欲，足欲亡無日矣。在外不得宰吾一邑，不受邶殿，非惡富也，恐失富也。且夫富如布帛之有幅焉，為之制度，使無遷也。夫民生厚而用利，於是乎正德以幅之，使無黜嫚，謂之幅利。利過則為敗，吾不敢貪多，所謂幅也。」與北郭佐邑六十，受之。與子雅邑，辭多受少。與子尾邑，受而稍致之。公以為忠，故有寵。釋盧蒲嫳於北竟。求崔杼之尸，將戮之，不得。叔孫穆子曰：「必得之，武王有亂臣十人，崔杼其有乎？不十人不足以葬。」既崔氏之臣曰：「與我其拱璧，吾獻其柩。」於是得之。十二月乙亥朔，齊人遷莊公殯于大寢，以其棺尸崔杼於市。國人猶知之，皆曰崔子也。

【今註】㈠句瀆之丘：此事在魯襄公二十一年。㈡邶殿：一統志說：「都昌在今山東昌邑縣西二里。」邶殿疑近都昌。

【今譯】崔杼那個亂子的時候，丟掉齊國很多公子，所以鉏在魯，叔孫還在燕，賈在句瀆之丘。等到慶氏敗亡以後，齊景公全叫他們回國給他們預備好了器用，並且送還他們的封邑。給晏嬰邶殿這地方，有邊鄙的六十邑，晏嬰不接受。子尾說：「富是人人所願望的，你為什麼獨自不願望呢？」晏嬰回答說：「慶封的邑足滿他的願望，所以他滅亡了，我本來的邑不夠欲望，再加上邶殿就夠了，假設滿足了欲望，我就滅亡沒有日子了。在外邊我不能管我的一個邑，所以不接受邶殿，不是怕富，是恐怕丟掉富。並且富等於布或綢子是有幅度的，給他定了一個幅度，就是使他不要遷移，並且人民生來的厚而用利益，就正他德性，以做為幅度，使他不會特別的放鬆，這叫做幅度的利。利益超過去，就失敗了，我不敢貪多，這就所謂幅度。」齊景公給北郭佐邑六十，他接受了，給子雅的邑，他辭謝多的，就受少的。給子尾的邑，先接受而慢慢的還給景公。景公以為他很忠心，就很得到寵愛。驅放盧蒲嫳到北邊的邊境上。求崔杼的尸首，將殺尸首，但是得不到。叔孫豹說：「必然可以得到，周武王有治亂的能力的臣子十人，崔杼能夠有嗎？不十個人不能夠下葬。」不久，崔杼的臣就說：「把他的大璧給我，我就把他的棺材獻出。」於是就得到了。十二月乙亥初一，齊國人把莊公的棺材遷到路寢去，再舉行殯禮，拿他的舊棺材，擺在崔杼的尸首旁邊在市上。貴族們全知道，就說這是崔杼。

(十二)

經十有一月公如楚。

傳為宋之盟故，公及宋公、陳侯、鄭伯、許男如楚。公過鄭，鄭伯不在，伯有迋勞於黃崖㊀，不敬。穆叔曰：「伯有無戾於鄭，鄭必有大咎。敬，民之主也，而棄之，何以承守？鄭人不討，必受其辜。濟澤之阿㊁，行潦之蘋藻㊂，寘諸宗室㊃，季蘭尸之㊄，敬也。敬可棄乎？」及漢，楚康王卒，公欲反。叔仲昭伯㊅曰：「我楚國之為，豈為一人行也？」子服惠伯曰：「君子有遠慮，小人從邇，飢寒之不恤，誰遑其後，不如姑歸也。」叔孫穆子曰：「叔仲子專之矣㈦，子服子始學者也。」榮成伯㈧曰：「遠圖者忠也。」公遂行。宋向戌曰：「我一人之為，非為楚也。飢寒之不恤，誰能恤楚，姑歸而息民，待其立君而為之備。」宋公遂反。

【今註】㈠黃崖：在今河南省新鄭縣東二十里。㈡濟澤之阿：很薄的土壤。㈢行潦之蘋藻：小河中的賤菜。㈣寘諸宗室：擱到宗廟中。㈤季蘭尸之：由女子來管理。㈥叔仲昭伯：叔仲帶。㈦叔仲子專之矣：叔仲子可以專任。㈧榮成伯：魯大夫榮駕鵞。

【今譯】因為宋的盟誓的緣故，魯襄公同宋公陳侯鄭伯許男到楚國去。魯襄公經過鄭國，鄭伯不在都城，伯有就到黃崖這地方去迎勞，不恭敬。叔孫豹說：「伯有若不叫鄭國所誅戮，鄭國必得到大災害。恭敬是人民的主人，而放棄他，就沒法承先祖守自己的家，鄭國人若不討伐伯有，必定受了他的災害。濟澤的薄土，小河邊的蘋藻賤菜，擺到宗廟裡頭，女子季蘭來管理，是因為恭敬。敬可以放棄嗎？」到了漢水，楚康王死了，魯襄公想回國，叔仲帶說：「我可是為的楚國，豈是為他一個人去的嗎？」子服惠伯說：「君子有遠慮，小人從近路，飢寒全不憐恤，誰顧他以後的事情，不如姑且歸魯國。」叔孫豹說：「叔仲帶可以專任，子服祇是開始學習的。」榮駕鵞說：「遠圖的人是忠於國家的。」魯襄公就仍舊前往。宋國向戌說：「我是專為一個人的存亡，不是為的楚國。飢寒尚不能憐恤，誰還能夠憐恤楚國呢？姑且回到宋國去，安息人民。等到他立君以後再看他怎麼樣，來防備他。」宋公就回國。

㈩三 經 十有二月甲寅天王崩。

傳 王人來告喪，問崩日，以甲寅告，故書之以徵過也。

【今譯】周人來告訴靈王的喪事，問他是那天死的，回答說是甲寅那天，所以就這樣寫著，以證明這是過錯。

㈩四 經 乙未，楚子昭卒。

傳 楚屈建卒，趙文子喪之如同盟，禮也。

【今譯】楚國令尹屈建死了，趙武對他如同盟一樣，這很合禮的。

卷二十　襄公六

襄公二十有九年（公元前五百四十四年）

(一)經春王正月，公在楚。

傳春王正月，公在楚，釋不朝正于廟也㊀。楚人使公親襚㊁，公患之，穆叔曰：「祓殯而襚，則布幣也㊂。」乃使巫以桃茢先祓殯㊃，楚人弗禁，既而悔之㊄。

【今註】㊀釋不朝正于廟也：解釋為什麼不在宗廟中朝見。㊁楚人使公親襚：楚人使魯襄公親自送葬衣給楚康王。㊂祓殯而襚則布幣也：先來使巫人祓除不祥，然後再送葬衣。這就等於朝見的布幣禮一樣。㊃乃使巫以桃茢先祓殯：就使巫人拿桃樹所做的掃帚先來祓除不祥。㊄既而悔之：他後來明白君臨臣喪才祇殯，就後悔。

【今譯】二十九年春王正月，魯襄公在楚國，這是為解釋為什麼不在廟中朝見。楚國人使魯襄公親自送楚康王的葬衣，魯襄公甚為憂患，叔孫豹就說：「先派巫人祓除殯所，然後再送葬衣，這等於同布幣無異。」就派巫人用桃枝所做的掃帚到楚康王的殯所祓除不祥，楚國人也不禁止，後來明白了，深以為後悔。

(二)**傳**二月癸卯，齊人葬莊公於北郭㊀。

【今註】㊀齊人葬莊公於北郭：北郭是齊都城北門的外邊。因為古代被殺的人不能入到墓地，所以把齊莊公單葬。

【今譯】二月癸卯，齊國人把齊莊公葬到北郭的地方，因為是古代的禮兵死就不能入祖墳，所以單葬在那裡。

(三)**經**夏五月，公至自楚。

傳夏四月，葬楚康王，公及陳侯、鄭伯、許男送葬至於西門之外，諸侯之大夫皆至于墓。楚郟敖㊀即位，王子圍為令尹。鄭行人子羽曰：「是謂不宜，必代之昌。松柏之下，其草不殖。」公還及方城㊁，季武子取卞㊂，使公冶問㊃，璽書追而與之㊄，曰：「聞守卞者將叛，臣帥徒以討之，既得之矣，敢告。」公冶致使而退㊅，及舍而後聞取卞㊆，公曰：「欲之而言叛，祇見疏也㊇。」公謂公冶曰：「吾可以入乎？」對曰：

「君實有國，誰敢違君。」公與公冶冕服㈨。固辭，強之而後受。公欲無入，榮成伯賦式微乃歸。五月，公至自楚，公冶致其邑於季氏，而終不入焉㈩，曰：「欺其君何必使余？」季孫見之則言季氏，如他日不見，則終不言季氏。及疾，聚其臣⑪曰：「我死，必無以冕服斂，非德賞也，且無使季氏葬我。」

【今註】㈠郟敖：楚康王的兒子熊麇。㈡方城：在今河南省方城縣東北四十里，方城山亦作外方。㈢卞：魯地，今山西省泗水縣東五十里。㈣使公冶問：公冶是季氏的屬大夫問襄公的起居怎麼樣。㈤璽書追而與之：蓋了印的書信，追去給公閱。㈥公冶致使而退：公冶說了季氏的使命就退下。㈦及舍而後聞取卞：到了住房而後才知道季氏佔領卞的消息。㈧欲之而言叛，祇見疏也：本來想著卞這地方，而說他反叛，這種假話祇是證明季氏同我的疏遠。㈨公與公冶冕服：魯襄公就給公冶做卿的衣服同帽子。㈩而終不入焉：不到季孫家裏去。⑪聚其臣：把大夫的家臣全聚在一塊。

【今譯】夏裡四月，給楚康王下葬，魯襄公同陳侯、鄭伯、許男，一直送到楚國都城西門的外邊，諸侯的大夫全送到墓地。楚康王的兒子郟敖即王位，康王的弟弟王子圍做令尹。鄭國行人子羽說：「這叫做不相宜，必定要替代昌盛。在松柏樹的底下，細草不能繁殖。」魯襄公回魯國，到方城的地方，季孫宿佔據卞邑，同時派他的屬大夫公冶問候魯襄公的起居，後來又把蓋了印的書信追交公治轉呈襄公，信上說：「聽見說守卞的人將要反叛，我祇好率著軍隊去討伐他，現在已然得到，敢告訴魯君。」公冶報告以後，就退下。到了住房裡方才聽見，佔據卞的事情。魯襄公就說：「想要佔據而說他反叛，這祇是顯得和我疏遠了。」因此他就問公冶說：「我可以回魯國嗎？」回答說：「國家是你所有的，誰敢違背你。」魯襄公就給公冶卿的衣冠，他先辭謝，但是襄公勉強他，然後方才接受。襄公想不回魯國，榮駕鵞就歌唱式微這篇詩，就回到魯國。五月，魯襄公從楚國回來，公冶把他所得的封邑給了季孫宿，從此以後不再入季孫氏的門。他說：「騙他的君，何必派我去呢？」季孫宿看見他，就講季孫氏，要是不見他的時候，永遠不講季孫。到了他病了，他就聚他的家臣說：「我死了以後，不要拿卿服來葬我，這不是好的賞賜，並且不要使季氏來葬我。」

㈣**經**　庚午，衛侯衎卒㊀。

【今註】㊀此經無傳。

【今譯】庚午這天，衛獻公死了。

㈤**傳**　葬靈王，鄭上卿有事，子展使印段往。伯有曰：「弱不可。」子展曰：「與其莫往，弱不猶愈乎。詩云：『王事靡盬，不遑啟處㊀。』東西南北，誰敢寧處㊁，堅事晉楚，以蕃王室也。王事無曠，何常之有。」遂使印段如周。

【今註】㈠王事靡盬，不遑啟處：這是詩經小雅的一段。意思是說周王室的事情不堅固，所以沒有方法安靜在這一個地方。㈡東西南北，誰敢寧處：東西南北，誰也不敢安居。

【今譯】周靈王下葬，鄭國的上卿全都有事情，子展派印段往周送葬。伯有說：「印段太年輕，不可以。」子展說：「要不然就沒人去，年輕的去總比不去好。詩經小雅說：『王事不堅固，沒有方法定居。』東西南北去奔走，誰敢安寧的居住，堅定事奉晉國同楚國，這是為著屏藩周王室。王朝的事情，沒有缺禮，又何必派固定的上卿去呢？」就派印段到周去。

㈥經 閽弒吳子餘祭。

傳 吳人伐楚，獲俘焉，以為閽，使守舟。吳子餘祭觀舟，閽以刀弒之。

【今譯】吳人伐楚國，得到一個俘虜，叫他做看門的人，使他看著船。吳王餘祭去看船，這個俘虜用刀殺了他。

㈦傳 鄭子展卒，子皮即位㈠，於是鄭饑而未及麥，民病，子皮以子展之命餼國人，粟戶一鍾㊁，是以得鄭國之民，故罕氏常掌國政，以為上卿。宋司城子罕聞之曰：「鄰於善，民之望也㊂。」宋亦饑，請於平公出公粟以貸，使大夫皆貸，司城氏貸而不書㊃，為大夫之無者貸，宋無飢人。叔向聞之曰：「鄭之罕，宋之樂，其後亡者也，二者其皆得國乎㊄。民之歸也，施而不德，樂氏加焉，其以宋升降乎㊅？」

【今註】㊀子皮即位：子皮是子展的兒子，替他父親做上卿。㊁一鍾：六斛四斗叫一鍾。㊂民之望也：人民也希望宋國的君也如此為善。㊃貸而不書：借貸給人民但是不記錄他們的名字。㊄其皆得國乎：可以得到國的政權。㊅其以宋升降乎：他會追隨著宋的盛衰。

【今譯】鄭國子展死了，他的兒子子皮替他父親做上卿，這個時候，鄭國正在饑荒，沒來得及種麥了，人民全很痛苦，子皮用他父親的遺命，給國裏的人民每一戶粟米一鍾，於是得到鄭國的人民擁護，所以罕氏永遠掌理鄭國的政權，做上卿。宋國的司城子罕聽見就說：「居善國的鄰人，人民全都希望他的君也做善。」宋國也遇到饑荒，子罕就請求宋平公出公家的粟米借給人民，使大夫們全出粟米來借給人民，司城氏借給人民而不記錄他們的名字，並且替大夫們沒有粟米的出借，宋國全都沒有飢餓的人民。晉國叔向聽見了就說：「鄭國的罕，宋國的樂，必是最後滅亡的，兩家全都能得國家的政權。人民之歸望他，施舍而不自居功德，欒氏更加重，他會隨著宋國的盛衰吧？」

(八)經 仲孫羯會晉荀盈、齊高止、宋華定、衛世叔儀、鄭公孫段、曹人、莒人、滕人、薛人、小邾人城杞。

傳 晉平公杞出也，故治杞㈠。六月，知悼子合諸侯之大夫以城杞。孟孝伯會之，鄭子大叔與伯石往，子大叔見大叔文子㈡，與之語。文子曰：「甚乎其城杞也！」子大叔曰：「若之何哉？晉國不恤周宗之闕，而夏肄是屏㈢，其棄諸姬，亦可知也已。諸姬是棄，其誰歸之？吉也聞之，棄同即異，是謂離德，詩曰：『協比其鄰，昏姻孔云㈣。』晉不鄰矣，其誰云之？」

【今註】 ㈠故治杞：所以修杞的城池。㈡大叔文子：大叔儀。㈢夏肄是屏：把夏國的殘餘來保護。㈣協比其鄰，昏姻孔云：這是詩經小雅的一句詩，意思是說協和他的近親戚，婚姻們就全都歸附他。

【今譯】 晉平公是杞國的外甥，所以修治杞國都城。六月，荀盈會合諸侯的大夫們，為修治杞國的都城。仲孫羯也參與其事，鄭國的游吉同印段全去了，游吉看見衛國的大叔儀跟他談話，大叔儀說：「晉國這次修理杞國都城，未免過甚了。」游吉說：「那有什麼辦法呢？晉國不憐恤周國同宗的闕事，為保護夏國的殘餘修城，他放棄各姬姓就可以知道。各姬姓全放棄了，還有誰來依附他？我游吉聽見說過，放棄了同姓聯合異姓，這叫做離德。詩經小雅有句詩說：『和協他的近親，婚姻們也就會歸附他。』晉國已經不和協近親，誰還來歸附他。」

(九)傳 齊高子容㈠與宋司徒㈡見知伯㈢，女齊㈣相禮。賓出，司馬侯言於知伯曰：「二子皆將不免。子容專㈤，司徒侈㈥，皆亡家之主也。」知伯曰：「何如？」對曰：「專則速及㈦，侈將以其力斃㈧，專則人實斃之，將及矣。」

【今註】㈠高子容：是高止。㈡宋司徒：華定。㈢知伯：荀盈。㈣女齊：司馬侯。㈤子容專：子容專橫自以為是。㈥司徒侈：華定奢侈。㈦專則速及：自以為是，就很快得到禍。㈧侈將以其力斃：奢侈到力盡的時候，就自己亡了。

【今譯】齊國的高止跟宋國的華定，見著荀盈，司馬侯來相禮。等到賓客走了以後，司馬侯對荀盈說：「這兩個人皆不能免於禍難。高止專橫自以為是，華定奢侈，這全是使家族滅亡的主。」荀盈說：「為什麼？」回答說：「自以為是就很快得到禍，奢侈到力盡的時候，就自己死亡，自以為是，旁人就使他毀亡，這些就將來了。」

(十)經 晉侯使士鞅來聘。

傳 范獻子來聘，拜城杞也。公享之，展莊叔執幣，射者三耦㊀，公臣不足取於家臣，家臣展瑕展玉父為一耦㊁，公臣公巫召伯仲顏莊叔為一耦，鄫鼓父黨叔為一耦。

【今註】㊀射者三耦：射箭的一共是三對。㊁為一耦：這意思是說公臣不夠，祇好用家臣以補充。

【今譯】士鞅來魯國聘問，為的拜謝魯國幫助修杞國的事。魯襄公享宴他，展莊叔拿著幣，射箭的人有三對，公家的臣不夠，就在家臣中去找。家臣展瑕展玉父為一對，公臣公巫召伯仲顏莊叔做一對，鄫鼓父黨叔為一對。

(十一) 傳 晉侯使司馬女叔侯來治杞田㊀，弗盡歸也。晉悼夫人慍曰：「齊也取貨㊁，先君若有知也，不尚取之㊂。」公告叔侯，叔侯曰：「虞、虢、焦、滑、霍、揚、韓、魏皆姬姓也，晉是以大，若非侵小，將何所取？武獻以下，兼國多矣，誰得治之？杞，夏餘也，而即東夷。魯，周公之後也，而睦於晉，以杞封魯，猶可，而何有焉㊃？魯之於晉也，職貢不乏，玩好時至，公卿大夫，相繼於朝，史不絕書，府無虛月㊄，如是可矣，何必瘠魯以肥杞？且先君而有知也，毋寧夫人，而焉用老臣。」

【今註】㈠使司馬女叔侯來治杞田：司馬女叔侯即司馬侯，晉平公命令他向魯國追討前次侵佔的杞國田地。㈡齊也取貨：女叔侯得到魯國的賄賂。㈢不尚取之：不以女叔侯取貨為然。㈣而何有焉：何必把杞田全歸給杞國呢？㈥府無虛月：晉國的府藏，沒有一月不受到魯國的貢獻。

【今譯】晉平公叫司馬侯來處理杞國的田地，魯國沒有全歸給杞國。晉國悼夫人發怒了說：「司馬侯得到賄賂，先君若知道這件事，一定不贊成。」晉平公告訴司馬侯，司馬侯說：「虞、虢、焦、滑、霍、揚、韓、魏這全是姬姓的國家，晉國因為滅了他們，所以擴大了，要不是侵略小國，那裡去拿呢？自從晉武公獻公以下，兼併的國家很多，誰能夠管呢！杞國是夏朝的殘餘，而行東夷的禮節。魯國是周公的後人，而對晉國很和睦，用杞的地方來封魯國還可以，何必歸還他所有的田地呢？魯國對晉國職貢不缺乏，玩好的貢獻常常送到，公卿大夫不斷的朝見，史書上不斷的寫，倉庫中也不斷受魯國的貢獻，這樣已經可以了，何必使魯國瘦而使杞國肥呢？並且先君若有知，寧可責備夫人，怎麼會責備我老臣！」

㈡經　杞子來盟。

傳 杞文公來盟，書曰子，賤之也㈠。

【今註】㈠賤之也：因為賤視他。

【今譯】杞文公因為魯國歸還他田地，而來盟會，春秋上寫著杞子來盟，這是賤視他。

㈢經 吳子使札來聘。

傳 吳公子札來聘，見叔孫穆子，說之，謂穆子曰：「子其不得死乎㈠？好善而不能擇人，吾聞君子務在擇人，吾子為魯宗卿，而任其大政，不慎舉何以堪之？禍必及子。」請觀於周樂㈡，使工為之歌周南、召南。曰：「美哉！始基之矣㈢！猶未也，然勤而不怨矣㈣。」為之歌邶、鄘、衛，曰：「美哉！淵乎！憂而不困者也㈤，吾聞衛康叔武公之德如是，是其衛風乎㈥？」為之歌王，曰：「美哉！思而不懼，其周之東乎㈦。」為之歌鄭曰：「美哉！其細已甚，民弗堪也，是其先亡乎？」為之歌齊，曰：「美哉！泱泱乎大風也哉！表東海者其大公乎㈧？國未可量也。」為之歌豳曰：「美哉！蕩乎，樂而不淫，其周公之東乎㈨。」為之歌秦，曰：「此之謂夏聲㈩，夫能夏則大，大之至也，其周之舊乎。」為之歌魏，曰：「美哉！渢渢乎，大而婉，險而易行，以德輔此，則明主也。」為之歌唐，曰：「思深哉！其有陶唐氏之遺民乎！不然，何憂之遠也。非令德之後，誰能若是？」為之歌陳，曰：「國無主，其能久乎⑪？」自鄶⑫以下無譏焉，為之歌小雅，曰：「美哉！思而不貳⑬，怨而不言⑭，其周德之衰乎？猶有先王之遺民焉。」為之歌大雅，曰：「廣哉！熙熙乎，曲而有直體，其文王之德乎。」為之歌頌，曰：「至矣哉！直而不倨⑮，曲而不屈⑯，邇而不偪⑰，遠而不攜⑱，遷而不淫⑲，復而不厭⑳，哀而不愁㉑，樂而不荒㉒，用而不匱㉓，廣而不宣㉔，施而不費㉕，取而不貪㉖，處而不底㉗，行而不流㉘，五聲和㉙，八風平㉚，節有度，守有序㉛，盛德之所同也。」見舞象箾南籥者㉜，曰：「美哉！猶有憾㉝！」見舞大武㉞者曰：「美哉！周之盛也，其若此乎。」見舞韶濩㉟者，曰：「聖人之弘也，而猶有慙德，聖人之難也。」見舞大夏[36]者，曰：「美哉！勤而不德，非禹其誰能修之？」見舞韶箾者[37]曰：「德至矣哉！大矣如天之無不幬也，如地之無不載也，雖甚盛德，其蔑以加於此矣，觀止矣，若有他樂，吾不敢請已。」其出聘也，通嗣君也[38]。故遂聘于齊，說晏平仲，謂之曰：「子速納邑與政，無邑無政，乃免於難，齊國之政，將有所歸，未獲所歸，難未歇也。」故晏子因陳桓子以納政與邑，是以免於欒高之難[39]。聘於鄭，見子產如舊相識，與之縞帶，子產獻紵衣[40]焉，謂子產曰：「鄭之執政侈[41]，難將至矣，政必及子，子為政，慎之以禮，不然，鄭國將敗。」適衛，說蘧瑗[42]、史狗[43]、史鰌[44]、公子荊、公叔發、公子朝，曰：「衛多君子，未有患也。」自衛如晉，將宿於戚聞鍾聲焉，曰：「異哉！吾聞之也，辯而不德，必加於戮[45]。夫子[46]獲罪於君，以在此，懼猶不足，而又何樂？夫子之在此也，猶燕之巢於幕上，君又在殯，而可以樂乎？」遂去之。文子聞之，終身不聽琴瑟。適晉，說趙文子、韓宣子、魏獻子，曰：「晉國其萃於三族乎？」說叔向，將行，謂叔向曰：「吾子勉之，君侈而多良，大夫皆富，政將在家，吾子好直，必思自免於難。」

【今註】㊀子其不得死乎：你恐怕不能夠壽終。㊁周樂：因為魯國有天子的禮樂。㊂始基之矣：因為周南、召南是周朝文化的開始。㊃勤而不怨矣：能夠勤勞而不怨恨。㊄憂而不困者也：這是憂愁而不會困惑。㊅其衛風乎：這三種全都是衛國的歌唱。㊆其周之東乎：這恐怕是周東遷以後的歌唱。㊇表東海者其大公乎：做東海的表率，就是大公。㊈其周公之東乎：周公為平管蔡之亂，所以東征武庚的時候。㊉夏聲：是夏的舊聲調。⑪其能久乎：這還能夠長久嗎？⑫鄶：鄶與曹全是小國，所以不再批評。⑬思而不貳：想文王、武王的德性，並沒有背叛的意思。⑭怨而不言：哀怨而不多說。⑮直而不倨：直爽而不倨傲。⑯曲而不屈：曲折而不屈橈。⑰邇而不偪：近而不太偪。⑱遠而不攜：離遠而不反叛。⑲遷而不淫：遷出而不淫蕩。⑳復而不厭：反覆而不厭煩。㉑哀而不愁：悲哀而不發愁。㉒樂而不荒：快樂而不荒淫。㉓用而不匱：用的永遠不完。㉔廣而不宣：寬廣而不顯露。㉕施而不費：施舍而不浪費人民的財利。㉖取而不貪：合義的事情然後取並不貪圖。㉗處而不底：處理一件事情，應該以道來守。㉘行而不流：行的事情應該以道義來節制。㉙五聲和：宮、商、角、徵、羽全都和協。㉚八風平：八方的風氣叫八風，全都相和。㉛節有度守有序：八音克諧無相奪倫。㉒見舞象箾南籥者：象箾是舞時所拿的，南籥也是與舞有關係，這些全是文王的樂。㉓美哉猶有憾：文王以為自己不能治太平，所以以為有憾。㉔大武：武王的樂。㉕韶濩：是殷湯的音樂。㉖大夏：夏禹的樂。㉗韶箾：舜的樂。㉘通嗣君也：因為吳王餘祭剛即位。㉙以免於欒高之難：事見於魯昭公八年。㉚縞帶紵衣：因為吳地以縞為貴族，鄭地以紵為貴族，各獻他貴族的衣服。㉛鄭之執政侈：指著伯有。㉜蘧瑗：蘧伯玉。㉝史狗：史朝的兒子。㉞史䲡：是史魚。㉟辯而不德，必加於戮：爭論而沒有德行，必定要被殺戮。㊱夫子：指孫林父。

【今譯】吳國的公子季札，到魯國來聘問，看見叔孫豹很高興，對他說：「你恐怕不得好死，你喜歡善人，而不能挑選。我聽見說，君子務必在選擇人才。你是魯國本家的卿，而擔任他的大政，你若不謹慎的舉人，怎麼樣能夠擔任呢？這個禍必連及你。」請觀王賜給魯國的天子之樂，魯國便差樂工唱周南召南的詩給他聽，季札聽了說：「好呀！文王的教化根基在此了，雖是還不能盡善盡美，然而勤勞是勤勞，卻沒有怨恨的意思了。」歌唱邶鄘衛三國的詩給他聽，季札說：「好呀，這個聲音真深沉呢！人民雖有憂思，卻並不困倦，我聽說衛國康叔武公的德化是這樣的，這不是衛風麼？」歌唱王風的詩給他聽。季札說：「好呀，人民雖有憂思，卻得了先王的遺風，所以沒有畏縮，莫非是周室東遷以後的詩麼？」歌唱鄭風的詩給他聽。季札說：「好呀！但他的政事煩碎得很，人民不堪其命，這國難道要先亡麼？」歌唱齊國的詩給他聽，季札說：「好呀！這弘大的聲音，像大風一樣呢！做東海的表率的，莫非是姜太公麼？國家的發達，真不可限量呢！」歌唱豳風的詩給他聽，季札說：「好呀！廣大得很，人民樂於農事，不做荒淫的事情，莫非是周公遭管蔡的變亂，東征時所做的詩麼？」歌唱秦國的詩給他聽，季札說：「這叫做夏聲，能夠得夏聲的，便可廣大，大到極點了，是那周朝舊地的音調麼？」歌唱魏國的詩給他聽，季札說：「好呀！這是中庸的聲音呢？高大了並且和婉，險阻了並且易行，倘把德行去輔助他，便可做賢明的君主了。」歌唱唐國的詩給他聽，季札說：「憂深思遠，難道是陶唐氏的遺民麼？否則他的憂愁為什麼這樣深遠呢？不是盛德的後代，那裏能夠這樣？」歌唱陳國的詩給他聽，季札說：「國中沒有君主，能夠長久的麼？」從鄶風以下的詩，季札聽了，卻沒有什麼批評，再歌唱小雅的詩給他聽，季札說：「好呀！想念文王武王的仁德，卻沒有反叛的心思，怨恨商紂的政令，卻能夠忍耐不言，那是周朝德化未盛的時候麼？猶有文武成康的遺風呢。」歌唱大雅的詩給他聽，季札說：「廣大呀！那聲音和樂得很呢！委曲了，卻有正直的本質，莫非是文王的盛德麼？」給他歌頌，季札說：「好極了！正直的卻能夠不至於倨傲；委曲的卻能夠不至於屈撓；親近的卻能夠不至於相逼；疏遠的卻能夠不至於攜貳；遷動的卻能夠以德自守，不至於淫蕩；反覆的卻能政教日新，不為人厭棄；哀思的卻能夠不至於憂傷；安樂的卻能夠不至於荒淫；使用的卻能夠不至於完，廣大而不宣傳，施舍而不浪費人民的錢，取用而不貪心，處理一件事，應該以道來守，常運行的卻能夠不至於流放，宮、商、角、徵、羽的五聲都和協；八方的風氣都平和；節奏有一定的法度；官守有一定的次序，這是凡有盛德都是相同的！」季札看見文王的武舞文舞，名叫「象箾」「南籥」的便說：「好呀！但文王還有遺憾在那裏呢！」看見了武王的樂舞叫「大武」的，便說：「好呀！周朝昌盛的時候，是這般的麼？」看了商湯的樂舞叫「韶濩」的，便說：「聖人道德的寬宏是這般的麼？卻還有慚愧的德行，可見聖人處亂世的艱難呢！」看了禹王「大夏」的舞便說：「好呀！能夠勤勞了，卻不自矜功德，不是大禹，那個能夠立起這般功德？」看見了舜樂「韶箾」的舞，便說：「舜德至此極了，和天地同大，好像天的沒有一物不覆，地的沒有一物不載，雖有極盛的仁德，卻不再比他好了，觀樂可以從此了如果再有別種的樂我也不敢再看了！」他來出聘各國，是為的與吳國的嗣君相通。他就到齊國去聘問，很喜歡晏平仲，對他說：「你趕緊把封邑同政權，交回給齊君，你若沒有封邑，也沒有政權，就可以免除於禍難。齊國的政權，將有所歸，要沒能夠歸到，禍亂沒法停止。」所以晏子就藉著陳桓交回他的封邑同政權，而免除了欒氏、高氏的禍難。到了鄭國去聘問，見到子產，如同老朋友一樣，送給子產縞帶，子產也送給他紵衣，他對子產說：「鄭國當政的人很奢侈，禍難將必來到。政權也必定到你身上，你要掌政權，必定對禮節很慎重，要不然，鄭國必定要失敗。」到衛國去，他又喜歡蘧瑗、史狗、史鰌、公子荊、公叔發、公子朝。他說：「衛國君子很多，不會有禍患的。」從衛國到晉國去，將在戚這地方住宿，聽見敲鐘的聲音，就說：「這真是奇怪了，我聽說過辯爭而沒有德行，必定被殺。這位先生得罪了衛君，所以在這裡，害怕還不夠呢，又有什麼奏樂呢？這位先生在這裡，等於燕子在棚子上搭窩。衛君方才出殯，又可以奏樂嗎？」就不在那裡住宿。孫林父聽見說了，從此不再聽琴瑟。到了晉國，喜歡趙武、韓起、魏舒，就說：「晉國恐怕就歸了這三家。」他很喜歡叔向，將走的時候，對叔向說：「你要勉勵啊！晉君奢侈，而有很多好的大夫，大夫們全富有，政權將歸到各家中，你喜歡直說話，必定想法避免禍難。」

(十四)經 秋九月葬衛獻公㈠。

【今註】㈠此經無傳。

【今譯】秋九月，給衛獻公行葬禮。

(十五)經 齊高止出奔北燕。

傳 秋九月，齊公孫蠆公孫竈放其大夫高止於北燕，乙未出，書曰出奔，罪高止也㈠。高止好以事自為功，且專，故難及之。

【今註】㈠罪高止也：因為以高止為有罪。

【今譯】秋天九月，齊國的公孫蠆公孫竈驅逐他們的大夫高止到北燕，乙未那天出奔。春秋上寫著出奔，這是以高止有罪，高止遇見事情自以為有功，並且專制，所以禍亂連及他。

(十六)經 冬，仲孫羯如晉。

傳 冬孟孝伯如晉，報范叔也。

【今譯】冬天，仲孫羯到晉國去，這是報答士鞅來聘。

㈦傳為高氏之難故，高豎㈠以盧叛。十月庚寅，閭丘嬰帥師圍盧。高豎曰：「苟使高氏有後，請致邑㈡。」齊人立敬仲之曾孫酀㈢，良敬仲也。十一月乙卯，高豎致盧而出奔晉，晉人城緜㈣而寘旃。

【今註】㈠高豎：高止的兒子。㈡請致邑：把他的封邑還給齊君。㈢敬仲之曾孫酀：高傒的曾孫高酀。㈣緜：在今山西省翼城縣西之緜城。

【今譯】因為高止的患難的原故，他的兒子高豎就以盧這地方來反叛齊國。十月庚寅這天，閭丘嬰帥領著軍隊來圍盧。高豎就說：「假設高氏可有後人，就將盧這地方還給齊景公。」齊國人就立了敬仲的曾孫高酀，這是以敬仲為賢良。十一月乙卯，高豎交了盧這地方，就逃到晉國去。晉國人修緜這個城，使他住在這裡。

㈧傳鄭伯有使公孫黑如楚，辭曰：「楚鄭方惡而使余往，是殺余也。」伯有曰：「世行也㈠。」子晳曰：「可則往，難則已，何世之有？」伯有將強使之，子晳怒，將伐伯有氏，大夫和之。十二月己巳，鄭大夫盟於伯有氏。裨諶㈡曰：「是盟也其與幾何？詩曰：『君子屢盟，亂是用長㈢。』今是長亂之道也，禍未歇也，必三年而後能紓。」然明曰：「政將焉往？」裨諶曰：「善之代不善，天命也，其焉辟子產㈣？舉不踰等，則位班也。擇善而舉，則世隆也㈤，天又除之，奪伯有魄。子西即世，將焉辟之？天禍鄭久矣，其必使子產息之，乃猶可以戾㈥，不然將亡矣。」

【今註】㈠世行也：你世代做行人。㈡裨諶：鄭大夫。㈢君子屢盟，亂是用長：君子屢次的會盟，亂事更要加多。㈣其焉辟子產：政權怎麼能夠躲開子產呢？意思政權必定要歸子產。㈤則世隆也：那麼子產就是當世最高的一個人。㈥乃猶可以戾：那就可以安定了。

【今譯】鄭國伯有叫公孫黑到楚國去，他辭謝說：「楚國與鄭國交往甚不好，而叫我去，這是想殺我。」伯有說：「你輩輩做行人官。」公孫黑就說：「可以就去，困難就不去，何必論世不世呢？」伯有將強迫他去，公孫黑惱怒，將攻伐伯有，大夫們全贊成。十二月己巳那天，鄭大夫們在伯有家裡盟會。鄭大夫裨諶說：「這種盟誓還能夠長得多久？詩經上說過：『君子屢次盟誓，亂更由此加多。』這是一種長亂的道理，禍沒有停止，必三年以後方能解除。」然明說：「政權將歸給誰呢？」裨諶說：「善人替代不善人，這是天命，政權如何能躲過子產？推舉官職不能踰越等次，論位子子產也應當掌政權。擇善人而推舉，也以子產為最高，天又保佑他，奪走伯有的魂魄。子西就要死了，子產怎麼能躲開呢？天禍害鄭國已經很久，必定使子產來安息他，就可以安定，要不然鄭國恐怕就要滅亡。」

襄公三十年（公元前五百四十三年）

(一)**經**春王正月，楚子使薳罷來聘。

傳春王正月，楚子使薳罷來聘，通嗣君也㈠。穆叔問王子㈡之為政何如。對曰：「吾儕小人，食而聽事，猶懼不給命而不免於戾，焉與知政？」固問焉，不告。穆叔告大夫曰：「楚令尹將有大事，子蕩將與焉㈢，助之，匿其情矣。」

【今註】㈠通嗣君也：是因為郟敖初即位，所以叫他聘問魯國。㈡王子：王子圍當時做令尹。㈢子蕩將與焉：子蕩即薳罷。他將參予這件事。罷音皮。

【今譯】春王正月，楚王派薳罷來魯國聘問，這是因為康王的兒子郟敖初即位的緣故。叔孫豹問王子圍為令尹，他的行政怎麼樣。他回答說：「我們小人們，吃飯以後聽著命令，尚且怕做不了，而做的錯誤，怎麼樣能知道行政如何呢？」堅持的問他，他不回答。叔孫豹告訴大夫們說：「楚國令尹將舉行大事，薳罷將參加，幫著他藏著他的真實性。」

㈡傳子產相鄭伯以如晉，叔向問鄭國之政焉，對曰：「吾得見與否，在此歲也。駟良方爭㈠，未知所成，若有所成，吾得見乃可知也。」叔向曰：「不既和矣乎？」對曰：「伯有侈而愎，子皙好在人上，莫能相下也，雖其和也，猶相積惡也，惡至無日矣。」

【今註】㈠駟良方爭：駟氏同良氏是指著子皙同伯有，方在爭奪政權。

【今譯】子產給鄭伯相禮，到晉國去，叔向問鄭國的政治情形，子產回答說：「我能夠看見他的結果或不能看見皆在今年。駟良兩氏，方才鬪爭，現在尚不知道他的結果，要能夠有結果，我看見以後就知道了。」叔向說：「不是已經和好了嗎？」回答說：「伯有奢侈又加以剛愎，子皙好在人的上面，沒有方法使他向下去。雖然已經和解了，這等於把惡藏在一塊，惡的來到沒有日子了。」

㈢傳三月癸未，晉悼夫人食輿人之城杞者，絳縣人或年長矣，無子而往與於食，有與疑年，使之年㈠，曰：「臣小人也，不知紀年。臣生之歲正月甲子朔，四百有四十五甲子矣。其季於今，三之一也。」吏走問諸朝。師曠曰：「魯叔仲惠伯會郤成子于承匡之歲也。是歲也，狄伐魯，叔孫莊叔於是乎敗狄于鹹，獲長狄僑如及虺也豹也，而皆以名其子，七十三年矣。」史趙㊁曰：「亥有二首六身㊂，下二如身，是其日數也。」士文伯㊃曰：「然則二萬六千六百有六旬也。」趙孟問其縣大夫，則其屬也。召之而謝過焉，曰：「武不才，任君之大事，以晉國之多虞，不能由㊄吾子，使吾子辱在泥塗久矣，武之罪也，敢謝不才。」遂仕之，使助為政，辭以老。與之田，使為君復陶㊅，以為絳縣師㊆，而廢其輿尉㊇。於是魯使者在晉，歸以語諸大夫。季武子曰：「晉未可媮也，有趙孟以為大夫，有伯瑕㊈以為佐，有史趙師曠而咨度焉，有叔向女齊以師保其君，其朝多君子，其庸可媮乎？勉事之而後可。」

【今註】㊀使之年：問他的年齡。㊁史趙：晉國史官。㊂亥有二首六身：亥這個字是上面二橫道叫二首。底下有六劃所以叫六身。㊃士文伯：士弱的兒子。㊄由：用的意思。㊅復陶：給晉君管理衣服的官。㊆以為絳縣師：做絳縣管理地域的官。㊇而廢其輿尉：因為輿尉用年老的人做工役的原故。㊈伯瑕：士文伯。

【今譯】 三月癸未那天，晉悼公的夫人賜食給造杞城的眾人吃。絳縣人有個年老無子的，也去享受食物，和他同去的人，疑心他的年紀，使自己說出年紀來。老人回答說：「我是無知無識的小人，連自己的年紀都不知道了，只記得我生的日子，是正月甲子初一那天，到現在已有四百四十五個甲子，最後一個甲子到現在又三分之一了。」官吏都算不出他的年紀來，便趕到朝中去問。師曠說：「這就是魯國叔仲惠伯，會郤成子在承匡的那年呢，那年長狄來伐魯國，叔孫莊叔打敗長狄在鹹的地方，捉住長狄僑如和虺、豹三人，都把他做了兒子的名字，到現在已有七十三個年頭了。」大史趙說：「亥字是用二字做頭，六做身子的，現在只把二拿下來，照身子一樣。這就是他的日數了！」士文說：「那麼就是二萬六千六百六十日啦！」趙孟問他的縣大夫，才知道是他的屬下，便召見老人，謝自己不識得人的差處，說：「武沒有才幹，擔任了君主的大事，只因國事多憂。不能用你，使你受辱在泥塗之中，已經很久了，這都是我的罪呢！敢於謝我的沒才幹。」就叫他做官，使他幫著幹政事，老人似年老推辭，趙武便給他些田地，使他做君主那裡管衣服的官，兼管絳縣的田租。卻把他絳縣管工役的官廢掉。當這時候，魯國的使臣正在晉國，回去便把這事告訴許多大夫。季孫宿說：「晉國還不可看輕他哩！有趙孟做了大夫，伯瑕做了幫手，有大史趙樂師曠可以問詢商酌，有叔向女齊做了晉君的先生和保護人，他的朝中多有些君子，難道還可以看輕他麼？要勉力服事他才好呢？」

㈣**傳** 夏，四月己亥，鄭伯及其大夫盟，君子是以知鄭難之不已也㈠。

【今註】㊀君子是以知鄭難之不已也：君子也明白鄭國的禍亂，即駟氏同良氏爭權還沒有完。

【今譯】夏天，四月己亥，鄭伯同他的大夫們盟誓，君子全都知道鄭國的患難還沒有完。

(五)經 夏四月蔡世子般弒其君固。

傳 蔡景侯為大子般娶于楚，通焉，大子弒景侯。

【今譯】蔡景侯為他太子般在楚國娶妃子，他就同她私通，大子就把他殺了。

(六)經 天王殺其弟佞夫。

(七)經 王子瑕奔晉。

經 初，王儋季㊀卒，其子括將見王而歎㊁，單公子愆期為靈王御士，過諸廷，聞其歎而言曰：「烏乎！必有此夫㊂！」入以告王，且曰：「必殺之，不慼而願大，視躁而足高㊃，心在他矣，不殺必害。」王曰：「童子何知？」及靈王崩，儋括欲立王子佞夫㊄，佞夫弗知，戊子，儋括圍蔿逐成愆㊅，成愆奔平時㊆。五月癸巳，尹言多、劉毅、單蔑、甘過、鞏成㊇，殺佞夫，括瑕廖奔晉。書曰天王殺其弟佞夫，罪在王也㈨。

【今註】㈠王儋季：即周靈王的弟弟。㈡其子括將見王而歎：他的兒子括，除去喪服去見靈王，到了朝廷而歎息。㈢必有此夫：表示他必要奪到朝廷的政權。㈣視躁而足高：眼睛看得很躁，而腳抬得很高。㈤王子佞夫：是靈王的兒子，景王的弟弟。㈥成愆：是蔿邑的大夫。㈦平時：在河南省孟津縣與平陰城中南。㈧尹言多、劉毅、單蔑、甘過、鞏成：這五個人全是周大夫。㈨罪在王也：因為佞夫根本不知這件事，所以是周景王的罪過。

【今譯】最初的時候，周靈王的弟弟儋季死了。他的兒子括去掉喪服，就去見王而嘆息，單公子愆期給靈王駕車，在朝廷上碰見他，聽見他的嘆息就說：「啊，一定要有這些。」進去就告訴王，並且說：「必定把他殺掉，他父親死了，而他不悲哀，而願望很大，往前看得很躁，而抬起腳很高，他的心應有所屬。不殺他必定害旁人。」靈王就說：「你小孩子知道什麼。」等到靈王死了，儋括想著立王子佞夫，佞夫不知道，戊子，儋括圍了蔿這地方，把成愆趕走，成愆逃到平時這地方。五月癸巳，尹言多、劉毅、單蔑、甘過、鞏成他們就把佞夫殺掉，儋、括、廖三個人全逃到晉國。春秋上寫著周景王把他弟弟佞夫殺掉，這罪過在周景王身上。

㈧經五月甲午宋災。

㈨經宋伯姬卒。

傳或叫于宋大廟曰：「譆譆出出！」鳥鳴于亳社㈠，如曰：「譆譆！」甲午，宋大災，宋伯姬卒，待姆也㈡。君子謂宋共姬女而不婦，女待人，婦義事也。

【今註】㈠譆譆出出：譆譆是發熱的意思，出出是告訴魯伯姬趕急逃走。㈡待姆也：她等著女師來保護所以被燒死。

【今譯】有人在宋國大廟中叫：「譆譆出出。」有鳥在亳社中叫，也叫：「譆譆！」甲午這天，宋國火災，宋伯姬死了，因為他等著保姆。君子說宋共姬祇能當小姐而不能當夫人，小姐是等著人方能行走，夫人就度事之宜而行。

㈩傳六月，鄭子產如陳涖盟，歸復命，告大夫曰：「陳亡國也，不可與也㈠。聚禾粟，繕城郭，恃此二者而不撫其民，其君弱植，公子侈，大子卑，大夫敖，政多門，以介於大國，能無亡乎？不過十年矣。」

【今註】㈠不可與也：不可以與他們結盟。

【今譯】六月，鄭國子產到陳國去結盟誓，回來復命，告訴鄭國各大夫說：「陳是要亡的國家，不能跟他結盟好。他仗著聚積米粟，修繕城郭，而不安撫他的人民，他的君很衰弱，公子們全奢侈，大子低微，大夫們驕傲，政出自多門，而在晉楚兩大國之間，能夠不亡嗎？大約不能超過十年了。」

(十一)經 秋七月，叔弓如宋葬宋共姬。

傳 秋七月，叔弓如宋葬共姬也。

【今譯】秋七月，叔弓到宋國去，這是為的葬共姬。

(十二)經 鄭良霄出奔許，自許入于鄭。

(十三)經 鄭人殺良霄。

傳 鄭伯有耆酒，為窟室而夜飲酒擊鍾焉，朝至未已。朝者曰：「公焉在？」其人曰：「吾公在壑谷㊀。」皆自朝布路而罷。既而朝㊁，則又將使子晳如楚，歸而飲酒。庚子，子晳以駟氏之甲伐而焚之，伯有奔雍梁㊂，醒而後知之，遂奔許。大夫聚謀。子皮曰：「仲虺之志，云：『亂者取之，亡者侮之。』

推亡固存，國之利也。罕、駟、豐同生㈣伯有汏侈故不免。」人謂子產就直助彊㈤，子產曰：「豈為我徒㈥？國之禍難誰知所儆，或主彊直，難乃不生，姑成吾所㈦。」辛丑，子產斂伯有氏之死者而殯之，不及謀而遂行，印段從之。子皮止之。眾曰：「人不我順，何止焉？」子皮曰：「夫子禮於死者，況生者乎？」遂自止之。壬寅，子產入，癸卯，子石㈧入，皆受盟于子晳氏。乙巳，鄭伯及其大夫盟于大宮，盟國人于師之梁㈨之外。伯有聞鄭人之盟己也怒，聞子皮之甲不與攻己也喜，曰：「子皮與我矣。」癸丑，晨自墓門㈩之瀆入，因馬師頡介于襄庫，以伐舊北門。駟帶(一一)率國人以伐之，皆召子產。子產曰：「兄弟而及此，吾從天所與(一二)。」伯有死于羊肆(一三)，子產襚之，枕之股而哭之，斂而殯諸伯有之臣在市側者，既而葬諸斗城(一四)。子駟氏欲攻子產，子皮怒之曰：「禮，國之幹也。殺有禮，禍莫大焉。」乃止。於是游吉如晉，還聞難不入，復命于介。八月甲子奔晉。駟帶追之，及酸棗(一五)與子上(一六)

盟，用兩珪質于河，使公孫肸入盟大夫，己巳，復歸⑰。書曰鄭人殺良霄，不稱大夫，言自外入也。於子蟜之卒也⑱，將葬，公孫揮與裨竈晨會事焉⑲，過伯有氏，其門上生莠。子羽曰：「其莠猶在乎？於是歲在降婁，降婁中而旦。」裨竈指之曰：「猶可以終歲⑳，歲不及此次也已。」及其亡也，歲在娵訾之口，其明年乃及降婁。僕展從伯有，與之皆死。羽頡出奔晉，為任㉑大夫。雞澤之會㉒，鄭樂成奔楚遂適晉，羽頡因之與之比而事趙文子，言伐鄭之說焉，以宋之盟故不可。子皮以公孫鉏㉓為馬師。

【今註】㊀吾公在壑谷：壑音（ㄏㄨㄛˋ）。即窟室。㊁既而朝：伯有去朝鄭伯。㊂雍梁：鄭地。在河南省禹縣東北。㊃同生：罕是子皮駟是子晳豐是公孫段，三家本是同母生的。㊄就直助彊：直是指子晳，彊是指罕駟豐三家。㊅豈為我徒：我豈能跟駟良為一黨嗎？㊆姑成吾所：我姑且中立。㊇子石：即印段。㊈師之梁：鄭國都城門。㊉墓門：鄭國都城門。⑪駟帶：即子晳的宗主。⑫吾從天所與：我聽著天，全都不偏向。⑬羊肆：賣羊肉的埠市。⑭斗城：在今河南省陳留縣南三十五里。⑮酸棗：今河南省延津縣北十五里，有古酸棗城。⑯子上：即駟帶。⑰復歸：游吉就回來。

(一八)於子蟜之卒也：子蟜是公孫蠆，他死在魯襄公十九年。(一九)晨會事焉：就參加他的葬事。(二〇)猶可以終歲：還可以滿十二年。(二一)任：今河北省任縣東南有古任城。(二二)雞澤之會：在魯襄公三年。(二三)公孫鉏：是子罕的兒子替代羽頡為馬師。

【今譯】　鄭國伯有很喜歡喝酒，做了一個地下室，夜裡起就喝酒，敲打鐘，一直到早晨也沒完。他家臣來上朝的就問：「他在那裡？」有人就回答說：「他在地下室裡。」於是他的羣臣全散朝回家去。後來他又朝鄭伯去，將派子皙到楚國去。回來又喝酒。庚子這天，子皙用駟氏的軍隊討伐伯有，燒掉他的軍隊，伯有逃到雍梁去了，醒來才明白，就逃到許國。大夫們全都商量這件事。子皮說：「仲虺的書裡說：『有亂政者就取掉他，該滅亡的就毀掉他。』毀掉該滅亡的，保全存在的，這是國家的利益。罕、駟、豐三個全是同母，伯有過於奢侈，所以不免於禍災。」有人告訴子產說幫助子皙直道的，又幫助三家的彊，子產就回答說：「我那能同駟良一黨呢？國的禍難誰知道所儆的在那裡，或者主持彊直，難就可以不生，我還是中立吧！」辛丑，子產收斂伯有氏陣亡的，而殯斂他們，不參加大家開會就走了，印段跟他去。子皮阻止他不要走。大家說：「人家既然不順從我們，何必不讓他走呢？」子皮說：「子產對於死的人全有禮，何況活著的人。」子皮就自己去阻止子產。壬寅，子產回了都城，癸卯，印段也回來了，全到子皙的家中去受盟誓。乙巳這天，鄭伯同他大夫們在祖廟中盟誓，並且在都城師之梁的門外與貴族盟誓。伯有聽見鄭國人對他盟誓發怒，又聽見子皮的軍隊不參加攻打，他又高興說：「子皮跟我要好。」癸丑這天早晨，從墓門的水門進到都城，利用馬師頡到襄庫中穿上盔甲，去攻打舊北門。駟帶率領著貴族來攻打他，兩邊全召子產去幫助。子產說：「兄弟要到了這種程度，我祇能幫助天所幫助的。」伯有死在賣羊肉的市中，子產給他穿上葬衣，把他頭枕在腳上，來哭他，把他收斂以後就在伯有的臣子在市的旁邊家中出殯，過了些時候，就把他葬在斗城的地方。子駟氏想攻子產，子皮就生了氣說：「禮是國的本幹，把一個有禮的人殺掉，這個禍沒有再大的。」大家就停止。這時間游吉到晉國聘問，聽見這個禍難，不敢進都城，叫他的副使來復命。八月甲子逃到晉國去。駟帶就追趕他，到酸棗這地方，游吉就與駟帶盟誓，用兩個玉珪扔到黃河，使公孫肸到都城來盟各大夫。己巳，游吉才回來。春秋上寫著鄭人殺良霄，不稱他大夫，表示他是從外國回來的。在公孫肸死的時候，舉行葬禮，公孫揮與裨竈早晨就來參加葬式，經過伯有氏的門上，他門上生了莠草，子羽說：「他的莠草還在嗎？這是歲星正在降婁，降婁到中央的時候，天就亮。」裨竈指著說：「祇能滿十二年，但是不能再到了降婁。」等到伯有死的時候，還沒有到降婁，明年方才到。伯有的同黨僕展跟從伯有同死了。馬師頡逃到晉國去做任這地方的大夫。雞澤會盟的時候，鄭國的樂成逃到楚國，又逃到晉國，馬師頡利用他，跟他聯合起來事奉趙武。提出伐鄭國的辦法，但是因為有宋的盟誓，所以不可以。子皮拿公孫鉏替代了馬師頡。

㈤傳楚公子圍殺大司馬蔿掩㊀而取其室。申無宇㊁曰：「王子必不免。善人，國之主也，王子相楚國，將善是封殖，而虐之，是禍國也。且司馬令尹之偏，而王之四體也，絕民之主，去身之偏，艾王之體，以禍其國，無不祥大焉，何以得免？」

【今註】㊀蔿掩：在魯襄公二十五年做楚國大司馬。㊁申無宇：是楚國芋尹。

【今譯】楚令尹公子圍殺了大司馬蔿掩，而分了他的家財。申無宇說：「王子圍必定不能免於禍難。善人是國家的主幹。王子圍是楚國的宰相，應該把善來封殖，反倒虐待他，這真是禍國家。並且司馬是令尹的輔佐，等於楚王的手足四肢，絕了人民的主幹，去掉身體的輔佐，去王的四體，以禍亂他的國家，這樣的不祥，沒有再大的，怎麼樣能免禍呢？」

(十五) **經** 冬十月葬蔡景公㊀。

【今註】㊀此經無傳。

【今譯】冬十月給蔡景公下葬。

(十六) **經** 晉人、齊人、宋人、衛人、鄭人、曹人、莒人、邾人、滕人、薛人、杞人、小邾人會于澶淵，宋災故。

傳 為宋災故，諸侯之大夫會以謀歸宋財。冬十月，叔孫豹會晉趙武、齊公孫蠆、宋向戌、衞北宮佗、鄭罕虎、及小邾之大夫會于澶淵，既而無歸於宋，故不書其人。君子曰：「信其不可不慎乎？澶淵之會，卿不書，不信也。夫諸侯之上卿會而不信，寵名皆弃，不信之不可也如是。詩曰：『文王陟降，在帝左右㊀。』信之謂也。又曰：『淑慎爾止，無載爾偽㊁。』不信之謂也。」書曰某人某人會于澶淵，宋災故，尤之也。不書魯大夫，諱之也。

【今註】㊀文王陟降，在帝左右：詩經大雅的一句詩。文王由天上下來，他是在天帝的左右。㊁淑慎爾止，無載爾偽：這是一句逸詩，意思是說要慎重你的舉動，不要行偽詐的事情。

【今譯】因為宋災的緣故，所以各諸侯的大夫全都會見，想著給宋國的財賄。冬十月，叔孫豹會晉趙武、齊公孫蠆、宋向戌、衞北宮佗和鄭子皮及小邾的大夫在澶淵開會，後來並沒給宋國財賄，所以不寫他們的名字。君子說：「信實是不可以不謹慎的？澶淵的會盟，各卿的名字全不寫，因為他們是沒有信實的。諸侯的上卿，開會而失掉信用，他的光寵全都廢棄。失信就不可以，如詩經大雅一篇說：『文王由天上下來，永遠在上帝左右。』這是文王能夠有信實，又一篇逸詩上說：『慎重你的舉動，不要行偽詐的事情。』這是指著不信而說的。」春秋上寫著某人們大家在澶淵相會，因為宋災的原故，這是看不起他們，不寫魯國卿，這是為國家避諱。

㈦**傳** 鄭子皮授子產政，辭曰：「國小而偪㈠，族大寵多，不可為也。」子皮曰：「虎帥以聽，誰敢犯子？子善相之，國無小，小能事大國乃寬。」子產為政，有事伯石㈡，賂與之邑。子大叔曰：「國皆其國也，奚獨賂焉？」子產曰：「無欲實難。皆得其欲，以從其事，而要其成，非我有成，其在人乎？何愛於邑，邑將焉往？」子大叔曰：「若四國何？」子產曰：「非相違也，而相從也，四國何尤焉？鄭書㈢有之曰：『安定國家，必大焉先㈣。』姑先安大，以待其所歸。」既，伯石懼而歸邑，卒與之。伯有既死，使大史命伯石為卿，辭，大史退，則請命焉，復命之，又辭。如是三，乃受策入拜。子產是以惡其為人也，使次己位。子產使都鄙有章，上下有服㈤，田有封洫㈥，廬井有伍㈦，大人㈧之忠儉者從而與之，泰侈者因而斃之。豐卷將祭，請田焉，弗許，曰：「唯君用鮮，眾給而已。」子張㈨怒。退而徵役，子產奔晉，子皮止之，而逐豐卷，豐卷奔晉，子產請其田里，三年而復之，反其田里及其入焉。從政一年，輿人誦之曰：「取我衣冠而褚之，取我田疇而伍之，孰殺子產，吾其與之！」及三年又誦之曰：「我有子弟，子產誨之。我有田疇，子產殖之。子產而死，誰其嗣之？」

【今註】 ㊀國小而偪：國家很小又偪近於晉楚兩個大國。㊁伯石：公孫段。㊂鄭書：鄭國史書。㊃必大焉先：必定先同大族和好。㊄上下有服：上下全都有服次分等級。㊅田有封洫：田地全有封疆。㊆廬井有伍：住家的五家互相保護。㊇大人：指大夫。㊈子張：即豐卷。

【今譯】 鄭大夫子皮授國政給子產，子產推辭說：「國土既小，卻是偪近大國，公族既大，寵用的人又多，不可以幹的。」子皮說：「只要我領了一般公族聽你的吩咐，那個還敢違拗你呢？只請你好好幫幹國事，國家強弱，不在大小，只在政治，小國只要能夠服事大國，為大國所體恤，國土便寬大了。」後來子產既然幹了政事，要使伯石做件事體，卻先把一塊地方送給他，子大叔說：「國是都有分兒的，為什麼他獨要私用呢？」子產說：「人們要沒有貪欲，實在是難的，只要人人都得他所要的，能靠他們做國家的事情，卻可要求他成功了，不是我設法使他成功，難道倒在他人麼？為什麼愛這塊地方呢？地方會逃到那裏去？」子大叔說：「恐怕被四鄰見笑？」子產說：「這並不是不依他們，正為的是要依他們哩！那些四鄰有什麼奇怪呢？鄭國的國史上說過：『要安定國家，必定要揀大族先和他要好。』現在姑且先定了大族，等他們的結局。」後來事即成就了，伯石卻害怕著，來還那地方，子產終究給了他，伯有既死以後，子產使大史吩咐伯石做卿，伯石推辭，及至大史退了下來，卻又請他發命了，他卻再辭謝，像這般的共有三次，方才受那命令，進去謝恩，子產因此厭惡他為人的虛飾，恐他鬧亂了，使他的官位僅比自己低一級。子產使國都同邊鄙坐的車同穿的衣服全按著尊卑的次序，公卿大夫們穿的衣服也各按著規矩，田地全有封疆溝洫，住的房子，分成井伍互相保護。卿大夫們忠儉的人，就幫助他們，花錢多的就把他殺掉。豐卷將要家祭了，請求要打獵供給祭祀用品，子產不許他說：「只有君王的祭祀，要用新鮮的野獸，眾臣只求完備便可以了。」豐卷便大怒，退朝下來，要招兵攻打子產，子產想逃晉國去，子皮留住他，卻逐去豐卷，豐卷便逃到晉國去，子產請求公家不要沒收他的田地，過了三年，使他回國，把田地和收入的租錢一概都歸還他，子產幹了政事一年，眾人都怨謗他說：「把我的衣冠沒收藏起來，把我的田岸結畔起來，那個去殺掉子產我和他同去。」等到過了三年，又有人頌揚他說：「我有了子弟，子產教誨他，我有了田畝，子產種殖他，子產倘死了，那個可以代替他呢？」

襄公三十有一年（公元前五百四十二年）

(一)經 春王正月。

傳 春王正月，穆叔至自會，見孟孝伯，語之曰：「趙孟將死矣！其語偷，不似民主。且年未盈五十㊀，而諄諄焉如八九十者，弗能久矣。若趙孟死，為政者其韓子㊁乎！吾子盍與季孫言之，可以樹善君子也。晉君將失政矣，若不樹焉，使早備魯，既而政在大夫，韓子懦弱，大夫多貪，求欲無厭，齊楚未足與也，魯其懼哉！」孝伯曰：「人生幾何，誰能無偷？朝不及夕，將安用樹？」穆叔出而告人曰：「孟孫將死矣！吾語諸趙孟之偷也，而又甚焉。」又與季孫語晉故，季孫不從，及趙文子卒㊂，晉公室卑，政在侈家，韓宣子為政，不能圖諸侯，魯不堪晉求，讒慝弘多，是以有平丘之會㊃。

【今註】㊀且年未盈五十：杜預說：「成二年，戰於鞌，趙朔已死，於是趙文子始生。至襄三十年會澶淵蓋年四十七八，故言未盈五十。」㊁韓子：即韓起。㊂趙文子卒：趙武死在昭公元年。㊃平丘之會：在昭公十三年晉人執季孫意如。

【今譯】三十一年春王正月，叔孫豹從澶淵開會回來。見了仲孫羯告訴他說：「趙武將死了！他的話很苟且，不像是人民的主人。並且他現在還沒滿五十歲，而托大得如八九十歲的人，大約就不能長久了。要是趙武死了以後，掌晉國政權的必定韓起了。你何不同季孫談一談，可以跟韓起預先親善。晉國君將失掉政權，若不跟他親善，使韓起早先為魯國預備，以後政權在大夫們的手中，韓起軟弱，大夫們多貪心，欲求沒有厭足，齊楚兩國全都沒有辦法，魯國豈不更可怕了嗎？」仲孫羯說：「人能夠有多少年，誰又能夠不苟且？早晨到不了晚上，何必預先親善？」叔孫豹出去告訴旁人說：「仲孫羯將死了！我告訴他趙武的苟且，而他更利害。」又將晉國的情形告訴季孫宿，季孫宿也不聽從，等到趙武死了，晉國的公室卑下，政權全在奢侈的大夫們手裡，韓起掌政權，不能圖謀諸侯，魯國也不堪於晉國的要求，各種謠言甚多，於是晉國才召集平丘的盟會。

(二)傳 齊子尾害閭丘嬰，欲殺之，使帥師以伐陽州㊀，我問師故，夏五月，子尾殺閭丘嬰以說于我師，工僂灑、渻竈、孔虺、賈寅出奔莒，出羣公子。

【今註】㊀陽州：續山東考古錄：「東平縣西北有大陽莊近是。」

【今譯】齊國子尾害閭丘嬰，想把他殺掉，使他率兵去打魯國的陽州，魯國問齊師來的原故。夏五月子尾就殺閭丘嬰，以對魯國解說。工僂灑、渻竈、孔虺、賈寅逃奔到莒國去，齊國逐出很多公子。

㈢經夏六月辛巳，公薨于楚宮。

㈣經秋九月癸巳子野卒。

傳公作楚宮。穆叔曰：「大誓云：『民之所欲，天必從之。』君欲楚也夫，故作其宮。若不復適楚，必死是宮也。」六月辛巳，公薨于楚宮。叔仲帶竊其拱璧，以與御人，納諸其懷而從取之，由是得罪。立胡女敬歸之子子野㈠，次于季氏。秋九月癸巳卒，毀也。

【今註】㈠立胡女敬歸之子子野：胡是歸姓的國，敬歸是襄公的妾，子野是敬歸所生。

【今譯】魯襄公在楚國看見宮殿很喜歡，回來就作了一間楚宮。叔孫豹說：「大誓說過：『人民所想要的，上天必定隨從他。』你很喜歡楚國，所以模仿作他的宮殿。若不再到楚國去，必定就死在楚宮中間。」六月辛巳，魯襄公就死在楚宮。叔仲帶就偷掉襄公的大璧，交給駕車的人，藏到懷中，然後再從他要回，因此就得了罪。立了胡女敬歸的兒子子野為魯君，住在季孫氏家中。秋九月癸巳，子野死了。因為哀毀的原故。

㈤經己亥仲孫羯卒。

傳 己亥孟孝伯卒。立敬歸之娣齊歸之子公子裯。穆叔不欲曰：「大子死，有母弟則立之，無則立長，年鈞擇賢，義鈞則卜，古之道也。非適嗣，何必娣之子？且是人也，居喪而不哀，在慼而有嘉容，是謂不度。不度之人，鮮不為患，若果立之，必為季氏憂。」武子不聽，卒立之，比及葬，三易衰，衰衽如故衰，於是昭公十九年矣，猶有童心，君子是以知其不能終也。

【今譯】 己亥仲孫羯死了。立了敬歸的女弟，齊歸的兒子公子裯。叔孫豹不以為然說：「太子若死了，有同母的弟弟就立他，沒有就立庶子年長的，年紀相同就選一個賢慧的，要賢慧相等就占卜，這是從古以來的道理。子野不是嫡出的兒子，何必立他女弟的兒子？並且這個人居喪而不哀痛，在憂愁的時候而有喜歡的容貌，這是不合法度的，不合法度的人很少不做患難的，要果然立他，必定使季氏有所憂愁。」季孫宿不聽，終究立他．等到下葬，三次換喪服，喪服大巾跟舊喪服一樣，這時昭公已經十九歲了，猶有兒童的心裡，君子所以知道他為君不能終。

㈥ **經** 冬十月滕子來會葬。

傳 冬十月，滕成公來會葬，惰而多涕。子服惠伯曰：「滕君將死矣，怠於其位，而哀已甚，兆於死所矣，能無從乎？」

【今譯】冬十月，滕成公到魯國，來會魯襄公的葬禮，不恭敬，並且多流淚。子服惠伯說：「滕君將要死了，在他的位子已經不恭敬，並且悲哀已經過甚，有死的徵兆，能不隨著他去嗎？」

(七)經 癸酉葬我君襄公。

傳 癸酉，葬襄公。公薨之月，子產相鄭伯以如晉，晉侯以我喪故，未之見也。子產使盡壞其館之垣，而納車馬焉。士文伯讓之曰：「敝邑以政刑之不修，寇盜充斥，無若諸侯之屬辱在寡君者何？是以令吏人完客所館，高其閈閎，厚其牆垣，以無憂客使。今吾子壞之，雖從者能戒，其若異客何？以敝邑之為盟主，繕完葺牆，以待賓客。若皆毀之，其何以共命？寡君使匄請命。」對曰：「以敝邑褊小，介於大國，誅求無時，是以不敢寧居，悉索敝賦以來會時事。逢執事之不間，而未得見，又不獲聞命，未知見時，不敢輸幣，亦不敢暴露。

其輸之，則君之府實也，非薦陳之不敢輸也。其暴露之，則恐燥濕之不時，而朽蠹以重敝邑之罪。僑聞文公之為盟主也，宮室卑庳，無觀臺榭以崇大諸侯之館。館如公寢，庫廄繕修，司空以時平易道路，圬人以時塓館公室㈠，諸侯賓至，甸設庭燎，僕人巡宮，車馬有所，賓從有代，巾車脂轄，隸人牧圉各瞻其事，百客之屬各展其物，公不留賓而亦無廢事，憂樂同之。事則巡之，教其不知，而恤其不足，賓至如歸，無寧菑患㈡，不畏寇盜而亦不患燥濕，今銅鞮之宮㈢數里，而諸侯舍於隸人，門不容車，而不可踰越，盜賊公行，而夭厲不戒，賓見無時，命不可知。若又勿壞，是無所藏幣以重罪也，敢請執事將何以命之。雖君之有魯喪，亦敝邑之憂也。若獲薦幣，修垣而行，君之惠也，敢憚勤勞。」文伯復命，趙文子曰：「信，我實不德，而以隸人之垣以贏諸侯，是吾罪也。」使士文伯謝不敏焉。晉侯見鄭伯有加禮，厚其宴好而歸之，乃築諸侯之館。叔向曰：「辭之不可以已也如是夫！子產有辭，諸侯賴之，若之何其釋辭也。詩曰：『辭之輯矣，民之協矣，辭之繹矣，民之莫矣㊃。』其知之矣。

【今註】㊀圬人以時塓館公室：塗泥的人按著時候來塗公室的牆壁。㊁無寧菑患：不會遇見災患。㊂銅鞮之宮：晉國的離宮長有數里。㊃辭之輯矣，民之協矣，辭之繹矣，民之莫矣：這是詩經大雅的一句詩，意思是說言辭要能輯睦，則人民會協和，言辭要能說繹，人民就能安定。

【今譯】癸酉這天，給襄公下葬。襄公死的這月裏，子產幫著鄭伯一同到晉國去，晉侯因為魯襄公喪事的緣故，所以不見鄭伯。子產便差人把館舍的牆壁，完全拆壞，放自己的車馬進去，晉大夫士文伯便來責備他說：「敝邑因為政治刑法不修明，盜賊很多，無如諸侯卿大夫等，都要屈駕到晉國來，朝見寡君，無可如何，所以差吏人造成諸侯所住的館舍，將里門巷門造得格外高，牆壁造得很堅厚，不令客人有盜賊的憂愁，如今你毀壞了，雖則你跟隨的人能夠戒備，但別國的賓客到此將怎麼樣呢？晉國做了諸侯的盟主，所以方才造成館舍，招待賓客的，如果來此的人，都把他拆毀了，那末叫我怎麼供應呢？寡君差我見你，請問所毀壞的緣故。」子產回答說：「因為敝邑土地狹小，夾在大國的中間，責求貢獻，沒有常時，所以也不敢安居，完全把敝邑的賦稅，搜括盡淨，隨時前來朝見。剛巧碰到你國君沒有空閒，不能相見，又得不到吩咐，不知道到底什麼時候纔可相見，既不敢就把幣帛貢獻進來，也不敢把他曬露在野外，如果直接搬到庫中去，那末這本是你君庫中的東西，只不是獻見了以後，也不敢送進的，如果曬露在野外，那末又恐怕晴雨不常，卻要爛壞蛀壞，加重敝邑的罪。我聽說從前晉文公做盟主的時候，自己的住室卻很卑小，並沒有宮觀和臺榭的，諸侯的館舍，卻格外宏大，和公的寢室一般，藏貨幣的庫，養馬的廄，都繕治修葺好，司空應時修治道路，泥水匠應時塗飾館舍宮室，諸侯來朝貢的時候，夜中設起了庭燎照亮他們，僕人巡宮查夜，車馬有安置的地方，賓從有差遣的役夫，管車的官，用脂膏塗在車軸上，僕隸和養馬的，各人都侍候好，一般百官，各陳列他應有物件，招待著賓客。文公也並不久留賓客，所以諸侯也並沒有廢闕的事；賓客的憂樂，晉人也和他同的，事情的得失，晉人也代他查察的，又教他們不知道的，體恤他們不夠的，所以賓客到來，好像回到家中一般，他的待遇，這般周到，難道會有災患麼？雖則有寇盜，也不用害怕，雖則有晴雨，也不致於腐爛了，如今銅鞮的宮室，有幾里路的廣闊，諸侯住到僕人的家裏，門容不下馬車，又有了牆垣，不可跨進去，盜賊公然的強奪，水潦災害，也沒有戒備，見賓客又沒有定時，召見的時期也不可測知，如果再不毀壞牆垣，便是沒有藏貨幣的地方，反而要加重罪了。敢請問你們國君，叫我把這幣帛藏在那裏呢？雖說你君有了魯國的喪事，這也是敝邑的憂愁啊！如果得能獻了幣帛，情願修好牆壁纔去，這也是你君的恩惠呢！敢怕勤勞的麼？」文伯便回報晉君。趙文子說：「不錯，我實在不好。把僕隸所住的房屋，作為諸侯的館舍，這是我國的不是啊。」便派士文伯去道歉。後來晉侯見鄭伯的時候，禮節加倍恭敬，宴會也格外豐盛，然後方纔送他回去。便另造諸侯的館舍。叔向歎著說：「辭令不可沒有，竟像這般呢。子產說了這幾句話，諸侯都靠著他受用，這樣說來怎麼樣可以把要說的話廢去呢？詩經上說：『言語能夠和睦，人民自然和氣了；說話能夠和樂，人民自然安定了。』做這詩的人，真知道這道理了！」

(八)傳 鄭子皮使印段如楚，以適晉告，禮也。

【今譯】鄭國子皮派印段到楚國去，告訴他將到晉國，這是很合於禮的。

(九)經 十有一月莒人弒其君密州。

傳 莒犂比公生去疾及展輿，既立展輿㊀，又廢之。犂比公虐，國人患之，十一月展輿因國人以攻莒子，弒之乃立㊁。去疾奔齊，齊出也㊂，展輿吳出也。書曰莒人弒其君買朱鉏，言罪之在也㊃。

【今註】㊀展輿：立他為太子。㊁弒之乃立：展輿把犂比公殺掉，就自己立為君。㊂齊出也：他母親是齊國女子。㊃言罪之在也：言罪過在買朱鉏。

【今譯】莒國犂比公生去疾同展輿兩個兒子，既然立了展輿做太子，又把他廢掉。犂比公很暴虐，貴族們全以為憂患，十一月展輿利用貴族來攻莒國君把他殺掉，自己就立為君。去疾就逃到齊國去，因為他是齊國的外甥，展輿是吳國的外甥，春秋上寫著莒國人把他的君買朱鉏殺掉，意思是罪狀在買朱鉏自己。

(十)**傳** 吳子使屈狐庸㈠聘于晉，通路也㈡。趙文子問焉曰：「延州來季子其果立乎？巢隕諸樊㈢，閽戕戴吳㈣，天似啟之，何如？」對曰：「不立，是二王之命也，非啟季子也。若天所啟，其在今嗣君乎？甚德而度，德不失民，度不失事，民親而事有序，其天所啟也。有吳國者必此君之子孫實終之，季子守節者也，雖有國不立。」

【今註】㈠狐庸：是巫臣的兒子。㈡通路也：通吳國同晉國的道路。㈡巢隕諸樊：在襄公二十五年。㈢閽戕戴吳：這件事在襄公二十九年，戴吳就是吳王餘祭。

【今譯】吳王叫巫臣的兒子屈狐庸到晉國聘問，這是為的通晉國的道路。趙武就問他說：「季札果然能夠立嗎？以前巢國人害了諸樊，看門的又殺了餘祭，天似乎預備開啟季札，你看怎麼樣？」回答說：「不立，這是兩個君的命運，不是天開啟季札。若是天所開啟的，必是在現今這位君？甚有德行而並且有度量，有德行就不會失掉人民，有度量就不會失掉事情。人民親愛他，而事情全有次序，這是天所啟發的。以後有吳國的人必是這個君的子孫，他仍會一直到末了。季札是位守節的人，雖然有國家，而不肯做君。」

(十一)【傳】十二月北宮文子相衛襄公以如楚，宋之盟故也。過鄭，印段廷勞于棐林㈠如聘禮，而以勞辭。文子入聘㈡，子羽為行人，馮簡子與子大叔逆客，事畢而出，言於衛侯曰：「鄭有禮，其數世之福也，其無大國之討乎？詩云：『誰能執熱，逝不以濯㈢。』禮之於政，如熱之有濯也，濯以救熱，何患之有？」子產之從政也，擇能而使之。馮簡子能斷大事，子大叔美秀而文，公孫揮能知四國之為，而辨於其大夫之族姓班位貴賤能否，而又善為辭令。裨諶能謀，謀於野則獲，謀於邑則否。鄭國將有諸侯之事，子產乃問四國之為於子羽，且使多為辭令，與裨諶乘以適野，使謀可否，而告馮簡子使斷之，事成乃授子大叔使行之，以應對賓客，是以鮮有敗事，北宮文子所謂有禮也。

【今註】㈠棐林：今河南省新鄭縣東南二十五里。㈡文子入聘：文子是北宮佗，他是為的報印段的迎接。㈢誰能執熱逝不以濯：這是詩經大雅的一句詩。意思是說誰能拿熱的東西而不先以冷水洗他的手。

【今譯】　十二月北宮佗為衛襄公相禮到楚國去，這是因為宋的盟誓的原故。經過鄭國的時候，印段去接他在棐林這地方，用聘禮，而加上以郊勞的言辭。北宮佗到鄭國都城聘問，子羽做行人官，馮簡子跟游吉迎接北宮佗，行禮以後就出來，告訴衛襄公說：「鄭國很有禮貌，這是幾輩子的福澤，不會有大國來討伐他？詩經大雅上有句詩說：『誰能夠拿熱東西，而先不拿冷水來澆手？』禮節對於政治，這是等於拿熱東西而先拿冷水澆手一樣，冷水來救熱東西，這然後有何患難呢？」子產掌政權的時候，挑選有能力的來派遣。馮簡子能夠決斷大的事情，游吉美秀而有文才，公孫揮能夠知道各國諸侯所想做的事，能分辨那些各國的大夫們的族姓班位貴賤能與不能，他又善於辭令。裨諶能夠計謀，在田野靜處計謀就能夠得到，在城市煩囂中則得不到。鄭國將有鄰國的事情，子產就問各諸侯國他們想做什麼？等著子羽回答，並且使他預備好很多辭令，叫他與裨諶坐車到田野中商量可以不可以，再告訴馮簡子使他決斷，等到事情成了以後就交給游吉，使他來做，如此的來應對賓客，很少有事敗的事情，這就是北宮佗所說的有禮。

㈩ 傳 鄭人游于鄉校㈠，以論執政，然明謂子產曰：「毀鄉校何如？」子產曰：「何為？夫人朝夕退而游焉，以議執政之善否。其所善者，吾則行之，其所惡者，吾則改之。是吾師也，若之何毀之？我聞忠善以損怨，不聞作威以防怨，豈不遽止，然猶防川。大決所犯，傷人必多，吾不克救也。不如小決使道，不如吾聞而藥之也。」然明曰：「蔑也今而後知吾子之信可事也。小人實不才，若果行此，其鄭國實賴之，豈唯二三臣？」仲尼聞是語也曰：「以是觀之，人謂子產不仁，吾不信也。」

【今註】㊀鄉校：鄉村的學校。

【今譯】鄭國人游於鄉校，因為議論執政大臣的得失，然明對子產說：「他們要在校中謗議國政，我們只把鄉校毀掉，你心中以為怎樣？」子產說：「為什麼要毀掉他呢？那般人朝夜工作畢後，游在那裏，議論執政的好歹，他們以為好的，我就依他去幹，他們以為歹的，我便更改他，這好比是我的先生呢！為什麼要毀壞他呢？我聽說熱心做好事，便可以息滅怨謗，沒有聽過作了威福，能防怨的，作威他們難道不畏懼，不就停止，但是好像防河決一個樣子，大決了，傷人定然很多，我也不能救的，不如讓他小決，使他得流通，不如使我聽得了，好作藥吃呢。」然明說：「蔑到現在，纔知你真能幹事呢！我實在沒有才學，如果你真的行了這政策，所有鄭國實在全靠你了，難道只是二三大臣受用麼？」仲尼聽到這話說：「從這般看來，有人說子產是個不仁的人，我卻不相信呢！」

(十三)傳 子皮欲使尹何為邑㊀，子產曰：「少，未知可否。」子皮曰：「愿吾愛之，不吾叛也，使夫往而學焉，夫㊁亦愈知治矣。」子產曰：「不可，人之愛人，求利之也，今吾子愛人則以政，猶未能操刀而使割也，其傷實多。子之愛人，傷之而已，其誰敢求愛於子？子於鄭國棟也，棟折榱崩，僑將厭焉，敢不盡言。子有美錦，不使人學製焉，大官大邑，身之所庇也，而使學者製焉，其為美錦，不亦多乎。僑聞學而後入政，未聞以政學者也。若果行此，必有所害。譬如田獵射御，貫則能獲禽，若未嘗登車射御，則敗績厭覆是懼，何暇思獲。」子皮曰：「善哉！虎不敏，吾聞君子務知大者遠者，小人務知小者近者，我小人也，衣服附在吾身，我知而慎之，大官大邑所以庇身也，我遠而慢之。微子之言，吾不知也。他日我曰：子為鄭國，我為吾家，以庇焉，其可也。今而後知不足㊂。自今請雖吾家聽子而行。」子產曰：「人心之不同，如其面焉，吾豈敢謂子面如吾面乎？抑心所謂危，亦以告也。」

子皮以為忠，故委政焉，子產是以能為鄭國。

【今註】㈠使尹何為邑：叫尹何做邑大夫。㈡夫：指尹何。㈢今而後知不足：我自己明白以後就對我的家也沒有方法保護。

【今譯】子皮要想差尹何做縣大夫，治理縣邑。子產說：「他年紀太輕，不知道使得使不得？」子皮說：「他做人小心忠厚，我很愛他，一定不會違背我的。叫他去學習學習，使他越發懂得政治了。」子產說：「使不得的，人家的愛人，說是想法子有利於他，如今你的愛人卻叫他去管理政事，這好像沒有能力拿刀，偏使他割東西，他自己所受的傷害，實在很多呢！你的愛人，不過是害人罷了，還有那個敢來求你的見愛呢？你在鄭國譬如房屋的棟樑，棟樑斷了，屋椽必定坍倒，連我僑也要壓死在裡面了。怎敢不盡心竭力的說呢？譬如你有好的綢緞，就不肯使人拿他學著裁衣的啦！現在這大官大邑，也是身子靠他保庇的呢，卻使學習的人去裁制他！那末他這種美錦，不也太貴得多了麼？僑聽說學習好了，方纔可進政界，沒有聽得用政事來叫他學習的啊？如果真的幹了這事，不但沒有利益，而且反有害的，譬如打獵一般，一定要射箭趕車子，練習得慣了，方纔能夠獵得禽獸。如果從來沒有登車射箭趕馬過，那末連失敗和翻車壓死，還來不及怕，那裡還有工夫想到捉獲禽獸？」子皮說：「好呀！我虎實在不能幹，我聽說君子專講懂得大的、遠的，小人專講懂得小的、近的，我是小人，衣服著在我身上，我就懂得小心他的，大官大邑是所以保護我身子的，我就遠著不以為意了。不是你這一說，我竟不知道呢。從前我總說：『你幹了鄭國的事，我幹吾一家的事，或者總使得了。』現在以後才知道還不夠事呢！從今天起，那怕我家裡的事，也請依了你的意思幹罷。」子產說：「人心的不同，像臉面一個樣子，我難道敢說你的臉面就像我的臉面麼？不過我心上以為危險的一定要拿他來告訴你的。」子皮因為子產實在是忠心的，所以交卸政權給他，子產因此能得治理鄭國。

㈩㈣ **傳** 衛侯在楚，北宮文子見令尹圍之威儀，言於衛侯曰：「令尹似君矣，將有他志。雖獲其志，不能終也。詩云：『靡不有初，鮮克有終。』終之實難，令尹其將不免。」公曰：「子何以知之。」對曰：「詩云：『敬慎威儀，惟民之則。』令尹無威儀，民無則焉。民所不則，以在民上，不可以終。」公曰：「善哉。何謂威儀？」對曰：「有威而可畏謂之威，有儀而可象謂之儀。君有君之威儀，其臣畏而愛之，則而象之，故能有其國家，令聞長世。臣有臣之威儀，其下畏而愛之，故能守其官職，保族宜家。順是以下皆如是，是以上下能相固也。衛詩曰：『威儀棣棣，不可選也㈠。』言君臣上下父子兄弟內外大小皆有威儀也。周詩曰：『朋友攸攝，攝以威儀㈡，』

言朋友之道必相教訓以威儀也。周書㊂數文王之德曰：『大國畏其力，小國懷其德。』言畏而愛之也。詩云：『不識不知，順帝之則㊃。』言則而象之也。紂囚文王七年，諸侯皆從之囚，紂於是乎懼而歸之，可謂愛之。文王伐崇，再駕而降為臣，蠻夷帥服，可謂畏之。文王之功，天下誦而歌舞之，可謂則之。文王之行，至今為法，可謂象之，有威儀也。故君子在位可畏，施舍可愛，進退可度，周旋可則，容止可觀，作事可法，德行可象，聲氣可樂，動作有文，言語有章，以臨其下，謂之有威儀也。」

【今註】㊀威儀棣棣，不可選也：這是詩經邶風的一句詩。棣棣是表示富而嫻習的意思。不可以選也是說多的不能數。㊁朋友攸攝，攝以威儀：朋友互相的輔佐，用威儀來輔佐。㊂周書：是逸書。㊃不識不知，順帝之則：詩經大雅的一句詩。不甚知道，祇是順從著上帝的法則。

【今譯】衛侯在楚國，北宮佗看見楚國令尹公子圍的威儀，就對衛襄公說：「令尹的舉動同言詞全都很像君王，他必定有旁的志願。雖然達到了他的志願，但不能善終。詩經上有句話：『沒有不開始的，很難有終了的。』終了很難，令尹恐怕不免於禍難吧！」衛襄公說：「你怎麼能夠知道呢？」回答說：「詩經上說：『恭敬而慎重，對於威儀這是為人民所效法的。』令尹假設沒有威儀，人民就沒有方法效法他。人民沒法效法他，而他在人民的上面，所以不可以終了。」襄公說：「真好。但是什麼叫威儀呢？」回答說：「有威望使人害怕叫威，有儀態而可以表現出來叫儀。君有君的威儀，他的臣子們又怕他而又愛他，效法他而表現出來，所以能夠享有他的國家，發展他的令聞，以至於長久。臣有臣的威儀，他的部下，也怕而又敬愛他，他所以能夠守住他的官職，保護他的族眾，使他的家族和順，再往下去全都如此，所以上下全能互相團結。衛國邶風那篇詩中有這話：『既多而且嫺習的威儀，沒有方法能數得清楚。』這是說君臣上下父子兄弟內外大小全都有威儀。大雅那篇詩中又說：『朋友互相的輔佐，用威儀來互相輔佐。』這是說朋友的道理，必用威儀來教訓。周書裡面有一篇解釋文王的德性也說：『大國怕他的力量，小國懷念他的德行。』意思是說，有的怕他而又愛他。詩經上又說：『全都不知道，祇是順著上天的法則。』這意思是說效法而表現他。商紂把文王囚了七年的工夫，諸侯們全都從著到文王囚犯的地方，商紂就害怕使他回國，可以說是愛文王。後來文王伐崇，兩次起兵崇就投降了，蠻夷也全投降給文王，可以說叫做怕他。文王的功勞，天下全知道，對他行歌舞的行動，可以說是效法他。文王的行為到現在可以為法度，可以說跟威儀的事有像，所以君子們在位子上使人害怕，施捨就叫人可愛，進退可為法度，周旋全可則效，容止可使人觀察，他做的事情可以為人法度，德性可以為象徵，他的聲音像貌，可使人樂，動作有文章，言語有章節，對著他的下屬，這就叫做威儀。」

校訂後記

春秋左傳今註今譯一書，初版於民國六十年印行，距今已二十年整。此書由李宗侗教授主其事，另有襄助者先後三人。大部分由李教授口述，襄助者筆記，難免有誤解誤記之處；又註者與譯者常非同一人，因之又有註文與譯文各說各話現象。二十年來，為本書提出訂正意見之學術界人士甚多。北投張鼎銘先生撰有「李宗侗註譯春秋左傳糾謬」約三萬五千言；臺南葛振東先生撰有「讀春秋左傳今註今譯筆記」，指出本書錯誤三百四十四條。這二位先生曾為本書投注了不少心力。

去年九月，本人應臺灣商務印書館之請，為本書作校訂。雖明知此一校訂工作出力不討好，但為了對左傳這部經書盡一點心力，仍勉為其難應允。校訂工作自去年九月迄今，歷時半年完成，校訂之前，曾擬就以下四點處理原則：

一、本書今註今譯文字，有其特殊語法。凡是文意尚屬可解，雖語句拗澀不順，亦不予更動。

二、全書體例不一，如春秋紀年下所標示公元紀年之位置不一；又如「文公十有四年」「昭公十四年」等書寫方式不一，凡此均無礙於文意，不予更動。

三、今註部分，原註如有其依據，雖有另一家註釋較此為勝，亦不予更動。

四、本書標點，問題最多。其中以、，。三符號錯雜使用情形最為普遍，無頁無之；該加未加或點錯位置者亦時有所見。上述情形中如明顯影響文意者均加訂正，其他不予更動。

半年來，雖為本書之校訂朝夕從事，但難免偶有疏忽之時；且所為者究係校訂工作，亦難免有不易使力之處。竟工之日，只能說：對左傳這部經書已盡了一點心力。

葉慶炳　八十年三月十二日識於臺北晚鳴軒

春秋左傳今註今譯　中冊

主編◆王雲五
註譯◆李宗侗
校訂◆葉慶炳
發行人◆王學哲
總編輯◆方鵬程
執行編輯◆葉幗英 吳素慧
校對◆趙偵宇 趙倍芬
美術設計◆吳郁婷

出版發行：臺灣商務印書館股份有限公司
臺北市重慶南路一段三十七號
電話：（02）2371-3712
讀者服務專線：0800056196
郵撥：0000165-1
網路書店：www.cptw.com.tw
E-mail：ecptw@cptw.com.tw

局版北市業字第 993 號
初版一刷：1971 年 1 月
二版一刷：2009 年 11 月
定價：新台幣 650 元

ISBN 978-957-05-2437-6（精裝）

春秋左傳今註今譯／李宗侗註譯；葉慶炳校訂
. --二版. -- 臺北市：臺灣商務, 2009. 11
冊 ; 公分.

ISBN 978-957-05-2430-7(全套：精裝)
ISBN 978-957-05-2436-9(上冊：精裝)
ISBN 978-957-05-2437-6(中冊：精裝)
ISBN 978-957-05-2438-3(下冊：精裝)

1. 左傳 2.注釋

621.732 98019170

100臺北市重慶南路一段37號

臺灣商務印書館　收

對摺寄回，謝謝！

傳統現代　並翼而翔

Flying with the wings of tradition and modernity.

讀者回函卡

感謝您對本館的支持，為加強對您的服務，請填妥此卡，免付郵資寄回，可隨時收到本館最新出版訊息，及享受各種優惠。

■ 姓名：________________________ 性別：☐ 男 ☐ 女

■ 出生日期：________年________月________日

■ 職業：☐ 學生 ☐ 公務(含軍警) ☐ 家管 ☐ 服務 ☐ 金融 ☐ 製造
☐ 資訊 ☐大眾傳播 ☐ 自由業 ☐ 濃漁牧 ☐ 退休 ☐ 其他

■ 學歷：☐ 高中以下(含高中) ☐ 大專 ☐ 研究所(含以上)

■ 地址：____

____

■ 電話：(H)________________________(O)________________________

■ E-mail:____

■ 購買書名：____

■ 您從何處得知本書？

☐ 網路 ☐ 書店 ☐ 報紙廣告 ☐ 報紙專欄 ☐ 雜誌廣告
☐ DM 廣告 ☐ 傳單 ☐ 親友介紹 ☐ 電視廣播 ☐ 其他

■ 您喜歡閱讀哪一類別的書籍？

☐ 哲學・宗教 ☐ 藝術・心靈 ☐ 人文・科普 ☐ 商業・投資
☐ 社會・文化 ☐ 親子・學習 ☐ 生活・休閒 ☐ 醫學・養生
☐ 文學・小說 ☐ 歷史・傳記

■ 您對本書的意見？（A/滿意 B/尚可 C/須改進）

內容__________ 編輯__________ 校對__________ 翻譯__________

封面設計__________ 價格__________ 其他__________

■ 您的建議：____

____

※ 歡迎您至本館網路書店發表書評及留下任何意見

臺灣商務印書館 The Commercial Press, Ltd.

台北市100重慶南路一段三十七號 電話：(02)23115538

讀者服務專線：0800056196 傳真：(02)23710274

郵撥：0000165-1 E-mail:ecptw@cptw.com.tw 網址：http://www.cptw.com.tw

部落格：http://blog.yam.com/ecptw http://blog.yam.com/jptw